权威·前沿·原创

皮书系列为

“十二五”“十三五”国家重点图书出版规划项目

中国社会科学院创新工程学术出版项目

编委会主任／马永良　陈建明
执行主任／洪文滨

2019年 温州经济社会形势分析与预测

ANALYSIS AND FORECAST ON ECONOMY AND SOCIETY OF WENZHOU (2019)

主　编／王　健　王春光　金　浩
副主编／朱康对　任　晓　陈中权

社会科学文献出版社
SOCIAL SCIENCES ACADEMIC PRESS (CHINA)

图书在版编目（CIP）数据

2019年温州经济社会形势分析与预测／王健，王春光，金浩主编. --北京：社会科学文献出版社，2019.5
（温州蓝皮书）
ISBN 978-7-5201-4556-5

Ⅰ.①2… Ⅱ.①王… ②王… ③金… Ⅲ.①区域经济-经济分析-温州-2018 ②社会分析-温州-2018 ③区域经济-经济预测-温州-2019 ④社会预测-温州-2019 Ⅳ.①F127.553

中国版本图书馆CIP数据核字（2019）第054691号

温州蓝皮书
2019年温州经济社会形势分析与预测

主　　编／王　健　王春光　金　浩
副 主 编／朱康对　任　晓　陈中权

出 版 人／谢寿光
责任编辑／宋　静
文稿编辑／吴云苓　宋　静

出　　版／社会科学文献出版社·皮书出版分社（010）59367127
地址：北京市北三环中路甲29号院华龙大厦　邮编：100029
网址：www.ssap.com.cn
发　　行／市场营销中心（010）59367081　59367083
印　　装／三河市东方印刷有限公司

规　　格／开 本：787mm×1092mm　1/16
印 张：26　字 数：390千字
版　　次／2019年5月第1版　2019年5月第1次印刷
书　　号／ISBN 978-7-5201-4556-5
定　　价／128.00元

温州蓝皮书编委会

主编简介

王　健　中共温州市委党校教育长、中国农村社会学专业委员会委员、浙江省社科信息学会第六届理事会副理事长、浙江省哲学社会科学重点研究基地“文化发展创新与文化浙江建设研究中心”研究员、温州市公共政策研究团队“社会治理创新”负责人。主要从事区域社会发展、人口结构变迁等研究，发表文章40余篇，获得地厅级成果奖10余项。2007年以来，一直主持温州蓝皮书日常编撰工作，2017年获得“皮书专业化二十年·致敬人物”。

王春光　中国社会科学院社会学所副所长，社会政策研究中心副主任，中国社会科学院社会学研究所首席研究员，博士，博士生导师，享受国务院特殊津贴专家。长期从事农村社会发展、农村流动人口、社会阶层和社会流动、海外移民等方面的研究。曾主持和参与国家社会科学基金课题、中国社会科学院重点课题的研究，先后出版了《社会流动和社会重构》《中国农村社会变迁》《中国城市化之路》《巴黎的温州人》《中国农村社会分化和农民负担研究》等专著，并先后在《中国社会科学》《社会学研究》《社会》《中国人口科学》等杂志上发表多篇文章。

金　浩　曾任中共温州市委讲师团团长、中共温州市委党校副校长、温州市乡镇企业局局长、温州市科学技术委员会主任。

摘　要

本书是中共温州市委党校与中国社会科学院社会学研究所合作推出的第12本《温州经济社会形势分析与预测》，由温州蓝皮书编辑委员会组织党校、研究机构、高校和政府部门专家和学者撰写。

本书对2018年温州经济社会发展形势进行了全面、多维度的分析，以实证研究为基本方法，以官方权威数据和第一手调查数据为依据，内容翔实，观点鲜明，对策可行，是社会各界了解温州、研究温州的重要文献。

总报告认为，2018年温州经济社会运行总体良好，地区生产总值增长7.8%，比政府目标超出0.3个百分点，产业结构比例演变为2.4∶39.6∶58，新旧动能转换接续良好，发展质量进一步向好。社会发展平稳有序，失业率处于较低水平，CPI处于较低水平，城乡居民人均可支配收入平稳，确保财政对公共事业的投入，公共服务的质量显著提高、可及性显著增强。积极争取国家战略落地温州，为高质量发展打造高端平台。2018年，民营经济“两个健康”先行区和国家自主创新区都落户温州，为2019年提供了具有战略性发展的重大契机。对照新发展理念和高质量发展要求，温州仍存在经济发展质量不高、教育资源供给与质量不高并存、引导消费扩大的环境不良、生态环境风险突出等问题，总报告提出了相应的对策建议。展望2019年，报告认为，当前温州虽然处于经济下行区间，但发展的基本面较好，发展环境明显改善，只要坚持深化改革，用好政策工具，优化公共服务，有效应对风险，预计2019年地区生产总值增长7.5%～8%，社会运行平稳有序。

经济篇深入分析了工业经济、服务业、金融业、农业、外贸、投资、旅游、财政、房地产业的运行形势，全景式呈现了温州经济发展的图景。

社会与政治篇着重研究社会治安、基层治理、农村改革、“最多跑一次”改革和城乡居民收入与支出状况。当前社会治安总体好转，传统型犯罪率逐年下降，但网络诈骗等新型犯罪问题突出，治理效果不理想。基层社会治理面临诸多问题与挑战，亟须创新基层社会治理方式。

文化篇回顾了文化工作取得的进展和成效，从名人故居保护、移风易俗改革、乡村艺术团、社会力量办体育等方面对温州文化发展进行了新的探索。

生态篇聚焦生态保护中的突出问题进行了深入分析，针对问题提出了专业的政策建议。

专题篇的研究体现了温州发展中的重点工作和经济社会发展中出现的新问题、新变化，是温州研究中具有前瞻意义的系列成果。

Abstract

This book is the twelfth book of The Analysis and Forecast on Economic and Social Development of Wenzhou. It is written by experts and scholars from party schools, research institutions, universities and government sector, organized by Wenzhou Bluebook Editorial Group Committee.

This book provides a comprehensive, multidimensional analysis of the economic and social development of Wenzhou in 2018. Based on empirical research, authoritative government data, as well as first - hand data through surveys, the informative content, distinct viewpoints and feasible countermeasures making the book one of the most important documents for all sectors of society to learn about Wenzhou and study Wenzhou.

According to the general report, the economic performance and social development of Wenzhou is generally sound in 2018. The GDP growth rate is 7.8% , which is 0.3% higher than government's policy objective. The proportion of three industries has evolved to 2.4 : 39.6 : 58.0, which ensured a smooth continuity of momentum for future development, and an improved high - quality economic development. The social development is steady and healthy, with the unemployment rate and CPI at a low level; There is a stable growth of disposable income per capita, public investment, while the quality and accessibility of public service is significantly improved. Wenzhou has striven to building platforms for high - quality development by gaining wider national strategic support. In 2018, the State Council approved the establishment of the "two healthy growth" pioneer zone for non - public economic sectors, and it has also approved the establishment of national independent innovation demonstration zone in Wenzhou, providing major opportunity for strategic development in 2019. In light of the new development concept and high - quality development requirements, there are still problems existing in the quality of economic development, the supply and quality of education resources, the social and economic environment for the expansion of the consumption demand, as well as the ecological environment. Corresponding countermeasures and suggestions have been given in this book. As for the year of 2019, the report believes that although we are currently in the midst of economic downturn, the fundamentals of the Wenzhou's economy are still sound, and there has been notable improvement in the development environment. By steadfastly deepening reform, adopting right policies, optimizing public service and making full preparation for various of risks, the GDP growth rate can be expected to be 7.5% –8% in 2019, maintaining a steady and healthy social development.

Economic Development includes profound analysis on operational aspect of Wenzhou's industrial economy, service industry, agricultural industry, foreign trade, investment, tourism, finance market and real – estate market, presenting a panoramic picture of Wenzhou's economic development.

Social and Political Development includes researches focusing on public security, community – level governance, reform in rural areas, social force's participation in developing sports industry, "One Stop, One Trip, One Paper" reform, and urban and rural residents' income and expenditure. The overall social security situation has improved with decreasing number of traditional crimes, meanwhile the online scams and frauds became a prominent problem, and the related governance hasn't yet been proved effective. Governance at the community level are confronted with many kinds of problems and challenges. There is thus an urgent need of innovative governance models.

Culture Development reviews the progress and achievements in cultural fields, including Wenzhou's explorations in preserving of the former residences of famous people, in encouraging the public to abandon outdated habits, as well as in developing rural art troupes.

Ecological Development includes profound analysis on noticeable problems in ecological environment protection and professional policy recommendations to these problems.

Special Topics includes researches that reflect the new problems and new changes in major tasks of Wenzhou's development and in Wenzhou's social and economic development, making it a series of forward – looking study cases of Wenzhou.

目　录

Ⅰ　总报告

Ⅱ　经济篇

Ⅲ　社会与政治篇

Ⅳ　文化篇

Ⅴ　生态篇

Ⅵ　专题篇

Ⅶ　附录

皮书数据库阅读使用指南

CONTENTS 

I General Report

II Economic Reports

Ⅲ Social and Politics Reports

Ⅳ Cultural Reports

V Ecological Reports

Ⅵ Special Reports

Ⅶ Appendix

总 报 告

General Report

B.1 2018年温州经济社会发展形势分析与预测

课题组 *

摘　要： 2018 年温州经济社会发展总体良好，地区生产总值增长 7.8%，比政府目标超出 0.3 个百分点，产业结构比例变为 2.4∶39.6∶58，新旧动能转换接续良好，发展质量进一步向好。社会领域发展平稳有序，失业率处于较低水平，CPI 处于较低水平，城乡居民人均可支配收入平稳，确保财政对公共事业的投入，公共服务的质量显著提高、可及性显著增强，积极争取国家战略落地温州，为高质量发展打造高端平台。2018 年，新时代“两个健康”先行区和国家自主创新区均落户温州，为 2019 年战略性发展提供了重大契机。对照新

* 课题组成员：王健（执笔）、王春光、金浩、朱康对、任晓、陈中权。

发展理念和高质量发展要求，本报告指出温州存在经济发展质量不高、教育资源供给与质量不高并存、引导消费扩大的环境不良、生态环境风险突出等问题，并提出了相应的对策建议。展望2019 年，课题组认为温州当前虽然处于经济下行区间，但发展的基本面较好，发展环境明显改善，只要坚持深化改革，用好政策工具，优化公共服务，有效应对风险，预计 2019 年地区生产总值增长 7.5% ~8%，社会运行平稳有序。

关键词： 经济　公共服务　“两个健康”先行区　温州

2018 年是深入贯彻执行党的十九大精神的开局之年，是改革开放 40 周年，也是温州迈向高质量发展的元年。温州坚持稳中求进的总基调，坚定不移地推动“八八战略”再深化，改革开放再出发，聚焦突破发展的关键问题，谋划再造改革开放新优势，在外部经济环境复杂多变、需求放缓、经济周期性下行的形势下，统筹推进“五位一体”的总体布局和“四个全面”的战略布局，强化创新驱动和深化改革，全市经济社会呈现良好的发展势头。经济增长超出预期目标，产业结构进一步优化，新旧动能加快转换；社会事业发展更加充分，城乡居民收入进一步提高，公共服务的质量显著提高、可及性显著增强。政策利好不断叠加，2018 年温州分别获批新时代“两个健康”先行区和国家自主创新示范区，开启了温州迈向更加平衡、更加充分的高质量发展新征程，掀开了奋力续写温州改革创新史的新篇章。

一　2018年温州经济社会发展总体形势

2018 年，温州地区生产总值跃上 6000 亿元台阶，达到 6006.2 亿元，经济总量位居浙江省第三，按可比价格计算，同比增长 7.8%，比政府报告预期增长目标高0.3个百分点，比浙江全省平均增速高0.7个百分点，比全国高1.2个百分点。全年第一产业增加值141.8亿元，同比增长2%，第二产业增加值2379.5亿元，同比增长7.6%，第三产业增加值3484.9亿元，同比增长8.2%，三次产业增加值增长水平分别比全省高出0.1个、0.9个、0.4个百分点，地区生产总值位列全国城市第35，在全国地级城市中排名第12。常住人口小幅增长，年末人口总数达到925万人，仅次于省会杭州，人均生产总值65055元。财政收入895.3亿元，居全省第三位，增长15%；一般公共预算收入547.6亿元，居全省第三位，增长17.7%，位居全省第二；一般公共预算支出874.1亿元，增长14.8%。

（一）经济运行平稳，总量跃上6000亿元级，产业结构进一步优化

2018年，国际经济形势动荡多变，美国遏制中国在先进制造领域后发先至的技术优势引发的贸易保护主义和冲突加剧，经济运行风险和不确定性比以往任何时候都大为增强。在此背景下，温州地区生产总值依然取得了7.8%增长，虽比上年降低0.6个百分点，但比温州政府工作报告提出的预期目标提高0.3个百分点，经济总量跃上6000亿元级台阶，第一、二、三、四季度经济增速分别为7.8%、7.9%、8.0%、7.8%，四个季度的经济增长均高于杭州、宁波，季度之间经济波动在0.2个百分点以内，经济运行稳定良好。区域内11个县（市、区）中有7个增长超过7.8%，保证了全市经济增长处于中高速区间，4个县（市、区）低于全市平均增长水平。乐清市、鹿城区经济体量双双进入千亿元级，分别达到1078.52亿元、1024.31亿元，全市乐清市、鹿城区、瑞安市、龙湾区、瓯海区五个市（区）进入全省县域经济30强，乐清市与平阳县以9.2%的增速并列县（市、区）增速第一，鹿城区同比增长6.8%，是唯一增速低于7%的县(市、区)。

工业产销情况良好，全年实现工业增加值1921.2亿元，同比增长8.6%，比上年提高1个百分点，其中4618家规模以上工业企业实现增加值

996.2亿元，同比增长8.4%，增速比上年提高0.5个百分点。分行业分析，全市规上工业33个大类行业中，28个行业增加值实现正增长，13个行业增速超过10%。五大传统支柱产业同比增长10.7%，其中电气、泵阀和服装增加值分别增长11.4%、26.8%和11.6%，比规上工业平均高出3.0个、18.4个和3.2个百分点。规上大企业带动作用显著，增速达10.8%，比规上工业平均增速高出2.4个百分点。

第三产业对经济的拉动效应继续增强。第三产业增加值为3484.9亿元，增长8.2%，三次产业比例变为2.4∶39.6∶58，其中第三产业的比重比上年提高了0.4个百分点，增速比一产、二产分别高出6.2个和0.6个百分点，对经济增长的贡献率达到61.4%。

（二）投资、消费、出口三大需求与上年相比呈现“两降一升”，增长质量进一步提升

2018年，投资、消费、出口分别增长8.1%、9.0%、12.5%，与2017年相比，投资、消费增速分别下降3.8个和1.6个百分点，出口则增加3.3个百分点，呈现“两降一升”。

投资增速稳健，投资结构良好。受温州投资环境改善、温商回归以及制造业转型升级的影响，投资增速依然较为稳健，全市固定资产投资同比增长8.1%，增速比上年略有回落，但分别高出全国和浙江省2.2个百分点和1个百分点。工业投资、房地产投资以及重点领域投资稳步推进，工业投资和房地产投资增速达到10.4%和14.9%，民间投资达到12.4%，重点领域里交通投资、生态环境和公共设施投资、高新技术产业投资分别增长12.5%、14.6%、30.3%。

消费市场总体平稳，价格小幅上涨。全年实现社会消费品零售总额3337.1亿元，同比增长9%，与上年相比出现小幅下降。从商品零售类看，2018年全国汽车消费疲软，汽车类消费增长-2.4%，据温州车管所统计，2018年温州汽车上牌数224603辆，同比增长-3.75%。全市汽车消费占限上消费品零售比重达44%，汽车消费下滑对全市消费总额的增长影响较为

显著。实体零售商业萎缩，前景黯淡，2018 年全市 24 家百货、31 家超市零售业销售额同比分别仅增长 3.7% 和 1.6%，网络零售交易额依然保持强劲增长势头，全市实现网络成交额 1968.2 亿元，比 2017 年增加近 400 亿元，同比增长 25.5%，居全省第 3 位。消费升级类商品则保持了较快增长，通信器材类增长 25.9%，文化办公用品增长 11.3%，化妆品增长 22.5%，建筑及装潢材料增长 41.1%，家具增长 42.3%，中西医药品增长 29.1%。旅游经济依然保持快速增长，全年旅游业总收入达到 1334 亿元，同比增长 18.8%，游客接待量 11917 万人次，增长 15.8%。全市限额以上批发、零售、住宿和餐饮业增长良好，全年实现销售总额 4204.36 亿元，同比增长 12.1%。受乡村振兴带动，各县乡村旅游带旺住宿和餐饮消费，文成、平阳、永嘉、苍南、泰顺增长率均超过 30%，分别达到 85.5%、55.2%、48.9%、34.3%、45.3%。文成县聚焦产业旺、生态美、乡风淳、治理优、百姓富，谋划了 12 条乡村振兴示范带，投入资金 13 亿元，打造全省乡村振兴的文成样板，效果显著。

CPI 小幅上涨，全年 CPI 上涨 2.3%，仅有食品烟酒和医疗保健类价格超过 CPI，分别上涨 4% 和 3.1%，其余如衣着、居住、生活用品及服务、交通和通信、教育文化和娱乐分别上涨 0.8%、2.2%、1.3%、0.7%、2.1%，其他用品和服务类价格同比降幅为 0.4%。

外贸增长势头良好，出口走势由剧烈波动转向稳步复苏，跨境网络零售出口贸易快速发展。全年实现进出口总额 1507.2 亿元，增长 13.6%，出口总额 1302.43 亿元，增长 12.5%，比上年提高 3.3 个百分点，增速位列全省第三。从出口地区看，中美贸易摩擦未对出口产生不利影响，全年对美货物出口 226.7 亿元，同比增长 21%，占对外出口总额的 17.3%。对“一带一路”沿线国家和地区的出口延续较快增长势头，实现出口值 474.85 亿元，同比增长 13.1%，增速与 2017 年基本持平。对欧盟出口达 357.22 亿元，增长 8.5%。从出口结构看，高新技术产品出口继续增长，高新技术和机电产品出口值分别达到 38.2 亿元和 601.5 亿元，两项合计占出口总额的比重接近 50%，出口结构进一步优化。从贸易主体看，民营企业依然是出口主力，出口值为1190亿元，占出口总额的91.4%。从贸易方式看，跨境网络零售出口快速发展，全年实现出口额52.5亿元，同比增长31.4%。

（三）金融运行继续保持稳中向好态势，社会融资规模实现较快增长，信贷增速回升明显；贷款投放结构不合理，大中型民营企业风险偏大，金融支持民营经济发展的效率亟待提升

2018年全市社会融资规模新增1725.7亿元，较上年增长23.1%。其中，人民币贷款增加1368亿元，同比增长130.6%；保险公司赔付74.2亿元，同比增长15.9%；股票融资下降明显，只占上年同期的13.4%；债券融资新增74.2亿元，同比下降11.9%；地方政府专项债券新增158.1亿元，同比下降7.7%。

存款增长总体平稳。2018年末，全市本外币存款余额11966亿元，比上年同期多增155亿元，增速同比回升1.1个百分点。住户存款增势强劲，12月末全市住户存款余额6741亿元，比上年同期多增542亿元；企业存款余额2683亿元，比上年同期少增48亿元；非银行业金融机构存款大幅下降，比上年同期多降269亿元。

贷款增长超出预期。2018年末全市贷款余额10051亿元，比上年同期多增800亿元，同比增长16.1%。国有单位贷款增长较快，2018年比上年同期多增232亿元；民营企业贷款有所回升，全年新增188.8亿元；个人经营性贷款超过消费性贷款，全年增加350亿元，比上年同期多增99亿元，消费性贷款比上年同期少增133.7亿元。2018年全市银行机构利润总额224.3亿元，同比增长48.4%；实现净利润190.1亿元，同比增长62.8%。

社会融资规模单极化现象突出。2018年全市社会融资规模增长过于依赖传统银行信贷，其信贷增量占比高达80.3%。信贷投放结构不合理，信贷支持效率不高。2018年全市政府类平台和个人贷款增量占比超过85%，民营企业贷款增量占比不足15%。受担保链、多元化投资等风险影响，2018年全市新增出险企业146家，其中大中型企业9家，涉及银

行贷款 40 亿元；在所有出险企业中，对外担保或互保位列出保原因首位。

（四）供给侧改革继续深化，新动能加速聚集，发展质量稳步提升

供给侧改革成效明显，产业转型升级加快。2018 年，以提高供给体系质量和效益、增强经济持续增长动力为目的的供给侧改革持续推进。第一，淘汰落后产能企业 132 家，整治“低、小、散”企业 5864 家。第二，推出一系列为企业降本减负政策，开展“万名干部进万企”活动，帮助企业解决难题，全年为企业减负 153 亿元，比 2017 年多减 31 亿元。第三，深化“亩均论英雄”改革，整治提升亩均税收低于 1 万元的企业 1868 家，盘活土地 6452 亩。率先在全省实施“标准地”改革，改变以价高得地为以项目预期投资强度、亩均税收、R&D 支出等指标量化考评，实现项目“全生命周期”监管，解决了长期以来工业用地供而未用、用而未尽的问题，2018 年“标准地”出让比例达到 64.4%，土地利用率和经济效益得到双提升。第四，营商环境改善提升，市场主体更趋活跃。“最多跑一次”改革全面深化，各项审批事项效率继续提高，创业创新环境明显改善。2018 年新注册民营企业 4.4 万家，市场主体更趋活跃，经济发展动能不断累积。第五，破解人才短板问题初见成效。温州民营企业占比高，企业“低、小、散、弱”现象比较普遍，转型升级受人才制约问题突出，人才生态环境不佳的状况一直难以改善。2018 年 5 月，《温州高水平建设人才最优市的 40 条意见》出台，从人才平台建设、引才用才、人才团队建设、人才发展保障等六个方面系统破解人才瓶颈。据统计，《温州高水平建设人才最优市的 40 条意见》发布以来，中国科学院大学温州研究院、浙江大学温州研究院这样的高水平创新平台分别落地，复旦大学温州生命科学创新中心正在推进；新增院士专家工作站 21 家，总量达到 69 家；新增“千人计划”“万人计划”等领军人才 65 人，新增硕士研究生以上人才 3083 人。2019 年 2 月 26 日，兑现 247 位国家、省、市重大人才工程人才和 14 个创新团队获得的累计 1.3 亿元的奖励资助。

改革新动能和政策红利叠加落地。新时代“两个健康”先行区、国家自主创新示范区、国家海洋经济发展展示区等一批国家级改革创新示范区、先行区落户温州，为温州加快发展提供了重要战略机遇。市人大十三届十六次会议审议通过了每年11月1日为温州“民营企业家节”，“民营企业家节”的设立对全社会营造尊重企业家环境、促进企业家健康成长和弘扬企业家精神有着深远的意义，有利于温州的民营企业家把自豪感转化为推进温州经济发展的强大动力，为再造温州改革开放新优势蓄积强大能量。

（五）三大攻坚战取得阶段性成果

抓住“两链”风险、不良贷款风险和政府隐性债务风险等关键风险点，摸清政府债务底数，着力去杠杆，有序进行政府隐性债务化解。持续深入处置不良贷款，2018年，全市累计处置不良贷款186.7亿元，比2017年减少58.9亿元。不良贷款和不良率分别为130亿元和1.29%，比上年减少37亿元和0.63个百分点，连续第五年实现双降。关注类贷款和金融案件数也呈现下降趋势，区域金融生态继续得到修复。

实施“千村消薄防滑”行动和“千企结千村，消灭薄弱村”专项行动，通过产业帮扶、搬迁帮扶、结对帮扶、金融帮扶等具体行动，有效带动了低收入农户收入稳步增长，全年低收入农户可支配收入增长超过10%。对全市仍未参加基本医疗保险的3833名低收入农户制订100%参保计划，防止低收入农户因病致贫、因病返贫。

大力推进污染防治，以中央环保督察问题整改为契机，全面推进突出生态问题整改，生态质量继续好转，环境信访案件大都得到解决。完成金属表面处理、线路板、皮革后处理、移膜革、蚀刻、卤制品、铸造七类重污染企业整治1852家。16个具体问题中要求在2018年底前完成的6个问题均已完成，516个信访问题已经整改到位507个，完成率98.3%。新增污水处理能力31万吨/日，荣膺全国水生态文明城市，温州市区和泰顺县均居全省分类排名第一。全市空气优良率达96.7%，比上年提高1.5个百分点，PM2.5平均浓度为27微克/立方米，比上年下降9微克/立方米。

（六）社会事业发展更加充分，城乡居民的获得感、满足感日益显著

城乡居民收入平稳增长，城镇居民可支配收入56097元，农村居民可支配收入27478元，分别增长8.2%和9.2%。财政政策的实施凸显“惠民生、促转型”，全年一般公共预算支出达874.14亿元，其中民生支出670.47亿元，增长12.4%，占总支出的比重为76.7%，各项社会事业发展更趋充分和平衡。

教育投入继续增长，教育供给侧改革有序推进，教育公平更加彰显，民办教育改革加快发展。全市一般公共财政预算教育收入188.99亿元，比上年增加9.85亿元，增长率为5.5%；生均一般公共财政教育支出17028元，比上年增加632元，增长率为3.86%；完善学生精准资助机制，惠及25万学生，资助金额4.03亿元。教育基础设施建设提速，新改扩建学校（幼儿园）296所，其中幼儿园74所，新建创新实验室132个、学科教室47个、功能室达标（示范）校160所，建成中小学笼式足球场37个，全市中小学生均教育装备投入达到871元，比上年人均增加249元，同比增长40.03%。

教育信息化建设取得新进展。温州教育大数据上线，收集数据2.4亿条，有助于提升未来全市教育设施规划建设、管理和决策的科学化水平。校园无线网络覆盖率达到96.3%，比上年提高5个百分点，基本建成了实时泛在的网络学习环境，中小学生在线答疑平台实现县（市、区）全覆盖，2000多名市级骨干教师常态化开展答疑，惠及50万中小学生。

高等教育追赶发展。温州医科大学入选第四批国家临床医学研究中心、首批眼视光行业产业省部共建协同创新中心，国家自然科学基金项目立项数位居省属高校第一；温州大学启动创建博士学位授予单位和省重点高校；温州肯恩大学被列为教育部和浙江省支持建设的国际化高水平大学；全市高校6个学科进入ESI（基本科学指标数据库）全球排名前1%，20个学科入选“省一流学科”建设项目，建成市级重点专业14个、特色专业11个、示范实验中心和实训基地18个、创新创业示范基地9个。

民办教育进入规范提升阶段。下发《温州市人民政府关于进一步深化综

合改革促进民办教育健康发展的实施意见》及9个配套子文件，形成3.0版的温州民办教育“1+9”政策体系。新引进和在建民办学校品牌项目23个。

社会力量兴办体育事业国家试点取得初步效果。2018年，温州作为全国唯一社会力量办体育的试点城市，根据试点要求积极探索体育类社会组织培育、政社脱钩。社会力量参与全民健身、竞技体育，健全相关体制机制以及创建国家运动健康城市。试点以来，社会资本在体育设施和体育产业已累计投入20多亿元，威斯顿智体小镇等一批体育重点项目进展顺利，全市目前体育场地总面积达1800多万平方米，位居全省第一；实行“管办分离”，全年185项体育赛事均通过政府购买服务方式由社会力量承办，政府采购金额3000万元。组建职业体育俱乐部，打破体育竞技人才政府包办的单一培养模式，在雅加达亚运会上，10名温籍运动员取得了10金4银1铜的历史最优成绩，其中4名是社会力量培养输送的。打造“十分钟健身圈”使百姓获得感大大提高，2018年新建20家百姓健身房，累计建成70余家“百姓健身房”。“百姓健身房”配备社会体育指导员，联合各体育协会组织开展送科学健身进百姓健身房活动，环境设施优良，最高收费1元/天，受到广大群众的热烈欢迎，有效推动了全民健身科学化工程，为创建国家运动健康城市夯实基础。

（七）社会保障扩面提质工作继续提升，基本养老金继续增加，就业状况总体良好，劳资关系有一定改善

全市户籍人口基本养老保险参保率达到94.5%，跃居全省第三；基本医疗保险参保率达到99.52%，位居全省第二；全市工伤参保人数较上年增加80957人。从2018年7月1日起，城乡居民基本养老保险基础养老金标准由每人每月170元增加到190元。从2018年4月1日起，享受城乡居民养老金待遇的年满80周岁（不含年满90周岁及以上且已享受政府高龄补贴人员）老年人的高龄补贴调整为每人每月50元。从2018年7月1日起，提高市区（不含洞头区）被征地农民基本生活保障缴费标准和享受待遇，新规定对已经享受基本生活保障金和待遇的被征地农民的基本生活保障金标准

进行调整，基本生活保障金分别调整为一档805元/月、二档685元/月、三档535元/月。被征地农民生活补助金享受标准从110元/月调整为160元/月。新参加的被征地农民基本生活保障金不再分档，统一为805元/月，统一缴费标准，对60岁以上的执行原有缴费优惠政策。

就业是民生之本，面对经济下行和中美贸易摩擦可能带来的失业问题，根据中央稳就业的要求，温州要求主管部门统筹抓好高校毕业生、困难人群等重点人群的就业工作。2018年全市就业状况总体平稳，登记失业率为1.8%，比上年下降0.03个百分点，继续维持在较低水平。

针对大学生就业难的现实问题，温州积极推进就业创业工作，出台了《关于做好全市新时期就业创业工作的实施意见》，推出了6个方面18项扶持政策；建立温州首家中国青年创业社区（温州站），设立一期资金规模为1亿元的青蓝科创文化基金。落实创业担保贷款政策，全年新增创业担保贷款2.1亿元，带动就业5000人。向1.2万家企业发放稳岗补贴1.1亿元，将失业保险单位缴费比例下调政策延长至2019年12月31日，减轻了企业负担。开展春风行动、就业援助月等专项服务活动，帮助各类特殊人群就业创业。

基于共享平台的灵活就业成为新的就业趋势。随着近年来共享经济的快速发展，传统就业的单一雇佣模式被打破，全职全时、固定工作场所的就业模式被取代，短期和临时的合同关系使兼职和分时工作成为可能，广泛涉及生产生活的出行、民宿、教育、修理、设备资源、购物等领域，提供了可观的灵活就业岗位，吸引了相当数量的市民，不仅有效缓解了就业压力，而且提高了就业质量。

完善劳动关系三方协调解决机制，劳资关系有一定改善。根据全省"无欠薪"平安建设考核要求，积极推进"温州无欠薪"创建活动，加强劳动保障执法检查，检查用人单位3.62万家，累计受理处置投诉案件5608起，补发、清欠工资金额1.82亿元，涉及劳动者1.68万人，同比分别降低25.9%、44.6%和36.2%，三项指标均大幅下降，全市"无欠薪"创建活动在全省排名中名列第二。

创新劳动人事关系解决机制。依托"互联网+调解仲裁"模式，建成并启用全省首个网络仲裁庭（调解室），建成省级示范仲裁庭 11 家，数量位列全省第一。全年处理劳动人事争议案件 6330 起，办结 5877 起，结案率 92.8%，调解结案 4726 起，调解率 80.4%，一裁终局 650 起，一裁终局率 56.5%。

（八）文化发展亮点纷呈，公共文化服务体系示范区创建成效明显。人均公共文化事业投入不足和文化设施布局不合理是温州文化发展指数排名落后的主要因素

2018 年，作为全国公共文化服务体系示范区创建城市，温州积极探索“政府主导、社会参与、市场运作、规范管理”的公共文化服务体系建设路子，以少量的财政资金撬动社会力量投入公共文化发展中，城市书房、百姓书屋、文化礼堂、文化驿站、非国有博物馆等多个具有标志性的公共文化服务品牌在温州声誉鹊起。这一系列文化创新活动在思想道德、科学文化教育、精神家园建设方面发挥了应有的作用，有效地解决了百姓对美好生活需要与供给的不平衡不充分，引起全国的关注，为我国公共文化服务体系建设的不断完善提供了“温州样本”。

（九）社会治理面临诸多挑战，社会治理创新不断推进

社会治安总体稳定。刑事、治安案件发案数连续多年呈下降趋势，同比分别下降 13.57%、1.60%；“两抢”案件发案数 215 起，同比下降 21.24%；命案发案数降至近年来最低，新发命案破案率 100%。扫黑除恶专项斗争成效明显，全年打击涉黑涉恶犯罪团伙 370 个，破获案件 2222 起。网络电信诈骗侵财案件依然高发，全年共抓获此类犯罪嫌疑人 2276 人，同比上升 8%，位居全省第一，据有关数据统计疑似被骗群众近 5 万人。

基层治理“四个平台”有序推进。不断完善“四个平台”指挥机构设置、平台运行机制、执法协调指挥、落实属地管理、全科网格建设、综合信息平台建设，有力推进了全市基层治理“四个平台”的落地实施，在提升社会管理和政府服务水平方面效果初显。

移风易俗改革试点全域推进。由点及面，通过整治温州婚丧礼俗中存在的突出陈规陋习，以政府为主导，党员领导干部率先示范，民间社会和民众积极参与，移风易俗改革全域推进，形成各方协同治理的良好局面。婚事新办、丧事简办、其他喜事不办或简办的新风初步形成，有效地遏制了长期存在的婚丧嫁娶风俗中的陋习恶习，减轻了群众负担，净化了社会风气，移风易俗改革成效为其他地方提供了可复制的“温州样本”。

（十）城乡环境治理加速推进，面貌焕然一新

完成温州都市区规划编修。建成“大建大美”项目193个，一批“两线三片”亮点工程展现新姿。编制出台《温州综合交通体系规划（2018～2020年）》，全年综合交通投入超过400亿元，市域铁路S1线、甬台温高速复线乐清段等一批重大基础设施建设完成并投用。高质量推进“四好农村路”建设，新建农村道路200千米，完成提升改造570千米。杭温高铁一期、龙丽温高速瑞文段、溧宁高速文泰段等重大基础设施项目推进顺利。

小城镇综合环境整治成效明显，涌现了一批治理工作优秀县和样板乡镇。环境综合整治紧密结合正在开展的“治危拆违”“三改一拆”“五水共治”，小城镇环境综合整治坚持群众参与，突出文化和特色，着力产业培育，全年完成计划内46个乡镇的整治项目687个，投资35.6亿元。整治“四无”企业（作坊），完成整治17800多家，关停淘汰8900多家，改造升级8900多家。改造提升公厕9970座，其中农村公厕9688座，城镇面貌发生了精彩蝶变。温州涌现一批特色魅力城镇，苍南矾山镇挖掘矾矿文化，打造矾山工业遗址特色旅游小镇；洞头区大门镇打造海岛渔村风情，催生了美丽海岛经济，吸引众多观光客纷至沓来。

二　推进高质量发展面临的问题与挑战

（一）经济发展质量不高

进入新时代，经济面临从中高速增长转向高质量发展的挑战，经济发展

质量不高是温州经济的发展现状和明显短板，一系列反映经济发展质量的指标在全省中处于落后位置，这些指标包括以下几个。全市一般公共预算收入占 GDP 的比重为9%，位居全省倒数第三，比杭州低4.5 个百分点；全市人均 GDP 则长期处于全省倒数，2018 年人均 GDP 为6.5 万元，仅略高于丽水的6.4 万元，为全省平均水平的65%，仅为杭州、宁波的45.5%和48.5%，相差甚远；规上工业新产品产值率为32%，低于全省平均水平 4.4 个百分点，规上工业增加值和增速列全省第 6 位，温州高新区的 R&D 投入仅为 2.1%；在岗职工平均工资水平低于全省平均水平，自 2013 年以来，工资水平从全省第五落到全省第六，城镇居民可支配收入水平列全省第六位，增速 8.7%，列全省倒数第二位；战略性新兴产业增加值仅占规上企业增加值的 18.6%，比全省平均水平低 11 个百分点；2017 年数字经济发展指数为 87.6，落后于杭州、宁波、嘉兴，与杭州（145.8）得分相差较大，在创新能力、质量效益、电子商务、数字金融、服务方式完备度等指标上都低于全省平均水平。

（二）教育资源总体供给不足，优质教育差距明显

教育问题涉及每个家庭，决定温州未来发展质量，是备受关注的民生问题。从教育资源的全省比较和需求来看，教育资源供给不足。教育局有关信息显示，全市中小学生人均占地、建筑面积均列全省倒数第二位。公办幼儿园数量不足，全市还有 38 个乡镇（街道）没有公办中心幼儿园。优质教育资源稀缺，供需矛盾突出。县域所有小学、初中办学条件校际优质均衡差异系数与高位均衡目标还有不小差距，不断增长的课外教育培训支出已经成为不少市民的家庭负担。在全省已经创成的 69 个教育现代化县（市、区）中，温州仅有 6 个，占全省的 8.7%。

（三）消费领域的体制机制建设滞后，不利于激发居民消费潜力

消费是最终需求。近年来，消费新业态层出不穷，消费升级转型加快，网络消费、个性化消费、体验式消费、时尚消费正成为新的消费热点，消费

已经成为拉动经济发展的最强引擎。但消费领域的诚信建设、监管机制、质量和标准体系、消费者保护机制等体制机制滞后，制约了消费的进一步扩大和消费升级。有关统计数据表明，全市消费领域的投诉量呈逐年上升态势，2018 年的投诉量增长 22.91%，达 31026 件，商品类投诉和服务类投诉均呈上升态势，其中商品类投诉 18835 件，占 60.71%，服务类投诉 12191 件，占 39.29%。以低价为噱头引发的装修合同纠纷，以次充好、冒充原件的汽车类质量投诉，过期变质的食品问题投诉，电信费用纠纷投诉，美容、教育、健身行业的预付式消费投诉等都是当前消费领域的突出问题，其中预付式消费涉及群体数量较大、消费维权难，不仅严重损害了消费者的权益，而且容易诱发社会稳定风险。

（四）生态环境风险依然突出

近年来，温州生态环境质量逐年好转，空气优良率达到 96.7%。但水、土壤环境问题依然突出，不容忽视。主要表现在：①平原河网水体流动性差，水体质量容易出现黑臭化反弹；②入海口超标排放普遍，近海海域水质难以改善；③土壤环境污染治理难，工业废弃土地环境风险高。

三　预测与展望

2019 年，从中央政策取向来看，李克强总理在政府工作报告中指出，继续坚持稳中求进工作总基调，坚持新发展理念，坚持推动高质量发展，坚持以供给侧结构性改革为主线，坚持深化市场化改革、扩大高水平开放，加快建设现代化经济体系，继续打好三大攻坚战，着力激发微观主体活力，创新和完善宏观调控，统筹推进稳增长、促改革、调结构、惠民生、防风险工作，保持经济运行在合理区间，进一步稳就业、稳金融、稳外贸、稳外资、稳投资、稳预期，提振市场信心，增强人民群众获得感、幸福感、安全感，确保经济持续健康发展和社会大局稳定。

从宏观经济来看，世界经济仍处于下行通道，由美国现政府采取的单边

主义贸易政策给全球贸易带来的争端不断，直接影响世界经济的复苏，一些主要经济体对2019年的经济增长做了下调。中国政府工作报告指出，要正确把握宏观政策取向，积极的财政政策要加力提效，稳健的货币政策要松紧适度，强化逆周期调节。中美贸易谈判出现向好趋势，中美贸易摩擦问题的解决有利于维护双方长远利益，到目前为止，中美贸易摩擦对出口并未产生太大的不利影响，经济蓝皮书（2019）预测出口贸易仍将增长，但增速回落。从国内来看，我国经济韧性强，经济基本面稳定的局面不会改变。从最新的经济运行数据来看，2019年3月，全国社融增量反弹至2.86万亿元，M2增速创13个月新高，3月人民币贷款大幅回升，出口同比增速14.2%，PMI指数逐步回升到50.5，经济出现向上运行态势。

从温州来看，2019年工作的总体要求是，强力推进“民营经济发展、改革开放深化、都市能级提升、社会治理创新、基层基础夯实、民生福祉增进”六个主攻点，把“民营经济发展”作为全年工作的首要任务，着眼于“打好高质量发展组合拳，重塑民营经济新标杆”，强调以新时代“两个健康”先行区、国家自主创新示范区建设为主载体，着力培育新动力、形成新动能，让温州经济实力更强、更壮、更有后劲。基于温州经济的基本面和内外发展环境的变化，课题组认为，2019年在“两区”建设的带动下，积极用好国家战略叠加的机遇，温州民营经济发展的环境将得到较大改善，市场主体规模有望进一步扩大，市场主体活力将得到更大程度激发。只要我们坚持深化改革，用好政策工具，优化公共服务，有效应对风险，区域经济社会将会持续保持稳定健康向上发展态势。课题组乐观预测，2019年温州生产总值增速大概率处于7.5%～8%，社会发展依然平稳有序。

四　政策建议

（一）打好高质量发展的组合拳

高水平做好国家重大战略纷纷落户温州的文章，加快推进新时代“两个健康”先行区和国家自主创新示范区的实施方案落地，加快“两区”政策落地开花。各项改革试点多点发力，快速形成一流营商环境，成为促进经济高质量发展的生产力和催化剂。

大力培育数字经济和战略性新兴产业，推动制造业高质量发展。大数据开启了信息化的第三次浪潮，要深刻把握数字经济发展的重要意义，抓住数字经济发展重要战略机遇，加快推进数字产业化、产业数字化，壮大智能产业，培育数字经济新动能。培育温州先进制造业产业集群，大力推进政府确定的智能装备、生命健康、数字经济、新能源智能网联汽车、新材料等战略性新兴产业的培育，推动世界级智能产业集群、千亿级时尚制造产业集群培育突破性发展，改造提升传统产业。

大力培育和引进科技创新平台，创新科技成果转化机制。支持温州医科大学、温州大学争创双一流高校，创建创新平台。加强国科大、浙大、北航、复旦等高水平大学在温研究院和在温大院名校研究机构建设，发挥它们在引育人才、信息服务、积聚创新资源、破解行业关键技术难题等方面的优势，破除阻碍产学研用顺利转化的体制机制，优化科技成果转化的路径，促进科技成果最新最快转化。要积极推进在温高校一流学科、优势学科的学科优势向应用、市场转化。发挥院士工作站在提升企业核心竞争力、推动创新驱动发展中的支撑作用。政府要制定相关措施激励企业加大 R&D 投入，改变创新投入不足的现状。

深化开放发展。积极参与多种国际贸易平台，提高温州经济的国际化水平。依托遍布“一带一路”海外温州商人的市场网络优势，创建世界华商综合发展试验区，积极参与“一带一路”建设。扎实推进鹿城区市场贸易采购方式试点，加快申报跨境电商综合试验区和保税区。加快建设浙南闽北赣东进口商品集散中心，打造温州的“世界商品超市”。通过产业融合互补，积极融入长三角国家战略。

加大招引优质产业力度。以优化产业结构调整为主线，以提升经济发展质量为目的，提高优质产业和大平台的招引能力，加快区域内国家、省级产业园区的建设和升级，强化工业用地保障。

（二）坚持优质均衡，加大教育供给侧结构性改革

发展更加公平有质量的教育，办好人民满意的教育是坚持以人民为中心理念在教育发展中的具体体现，是教育发展的根本遵循。

加大教育投入，推进教育水平在全省晋等升位。教育是今天的投入、明天的产出，是未来的希望。确保教育经费占地区生产总值的4%。加快教育基础设施建设，优化校网科学布局。加快公办幼儿园建设，补足学前教育短板，着力解决“入园难、入园贵”问题。推进苍南县、乐清市、永嘉县、平阳县、泰顺县创建省教育基本现代化县（市、区）。

促进民办教育健康发展。全面落实《温州市人民政府关于进一步深化综合改革促进民办教育健康发展的实施意见》，推动民办教育优质、规范、品牌、特色发展。重点实施好分类管理政策，细化对民办学校实行非营利性和营利性分类管理的操作办法。开展民办学校办学水平星级评估，进一步规范民办学校教学、招生、教师流动、财务等办学行为，坚决查处和制止学校之间无序抢生源、挖名师的现象，严禁社会培训机构与学校招生挂钩。构建校外培训机构治理长效机制，切实减轻中小学生课外负担。

（三）把握消费升级新趋势，激发居民消费活力

当前，拉动经济的最强引擎已经从投资向消费转变，消费正在从满足物质生活需要向满足美好生活需要转变。推动消费稳定增长对经济增长处于合理较高区间将发挥重要的基础性作用。

创新产品和服务供给。顺应消费需求的新变化，创新互联网教育、个性化旅游、养老地产、智能化产品、新能源汽车等新兴消费需求的产品供给，创新消费模式，创新消费金融服务，引导消费扩张。

凸显商圈文化特色，促进文化与消费融合。全市商业综合体同质性较高，经营方式单一，难以吸引消费者。要适应新消费变化，创新商圈文化特色和主题消费模式，丰富体验式消费项目，营造主题突出、业态丰富、体验优良、街区优美的商圈文化。

营造安全放心的消费环境。加大市场监管力度，将“放心消费”纳入政府考核体系，发挥企业信用体系的奖惩作用。完善消费维权的协同机制，加强社会监督，切实加强消费者权益保护，让民众放心消费、开心消费。

（四）坚决打好污染防治攻坚战

聚焦突出环境问题，精准发力。深入实施碧水行动，常态化推进“五水共治”，开展黑臭水体水质防反弹、工业园区废气、臭气异味等环境治理专项行动，提升环境质量。抓好污染土地的修复，控制土地污染扩大。

抓好源头治理，完善污染治理机制。以“污水零直排区”为主抓手，推动水环境质量提升。推进近岸海域污染防治，清理整治非法排污口。深化新一轮七大重污染行业整治提升。深入推进“五水共治”，进一步落实河长制。

实施生态环保基础设施提升计划。加大生态环保基础设施建设投入，实施生态环保基础设施提升三年行动计划，逐步实现污水管网全覆盖，加快城乡污水管网空白区的配套管网建设，推进农村污水处理终端标准化运维。

经 济 篇

Economic Reports

B.2
温州经济运行分析与预测（2018～2019）

高顺岳*

摘 要： 2018年，温州市积极应对异常复杂严峻的国内外经济形势，聚焦改革创新和高质量发展，优化发展环境，促进民营经济健康发展。全年实现地区生产总值6006.2亿元，首次突破6000亿元大关，按可比价计算（下同），比上年增长7.8%。全市经济增速有所回落，尚处在合理增长区间，质量效益进一步提升。但是经济下行压力有所加大，工业经济竞争力有待改善，传统服务业发展滞缓，投资、消费需求拉动减弱，经济发展不平衡问题仍较突出。展望2019年，全球经济调整风险加大，中美贸易摩擦存在不确定性，

* 高顺岳，温州市统计局副局长，高级统计师，高级会计师。

国内经济运行稳中有变，温州传统产业改造提升任重道远，预计2019年温州经济将呈现“质量提升、速度平稳”的发展态势。

关键词： 经济运行　高质量发展　温州

2018年，全球经济复苏稳中有变，增长预期有所下调，主要经济体分化加剧。美国加征关税对全球贸易复苏影响持续发酵，不过技术进步仍然是推动全球经济增长的内在动力。中国经济增长6.6%，总体上处于合理的增长区间，经济增长质量继续改善。温州坚持稳中求进工作总基调，深化改革开放，优化发展环境，促进民营经济发展，提升经济运行质量。全市经济运行总体平稳、稳中有进，供求结构持续优化，动能转换加快步伐，人民生活持续改善，高质量发展成效初显。同时也要看到，经济运行稳中有变、变中有忧，经济下行压力加大，有效投资和消费增长乏力，新动能有待进一步培育发展。

一　2018年经济运行基本情况

据初步核算，2018年温州市实现地区生产总值（GDP）6006.2亿元，经济综合实力迈上新台阶，首次突破6000亿元大关，经济总量居全省第3位，按可比价计算，比上年增长7.8%。分产业看，第一产业增加值141.8亿元，比上年增长2.0%；第二产业增加值2379.5亿元，比上年增长7.6%；第三产业增加值3484.9亿元，比上年增长8.2%。三次产业结构调整为2.4∶39.6∶58.0，第三产业比重比上年提高0.4个百分点。2018年温州经济增速分别高于全国和全省1.2个和0.7个百分点，居全省第3位，已经连续15个季度稳定运行在7.5%～8.5%的增长区间（见图1）。

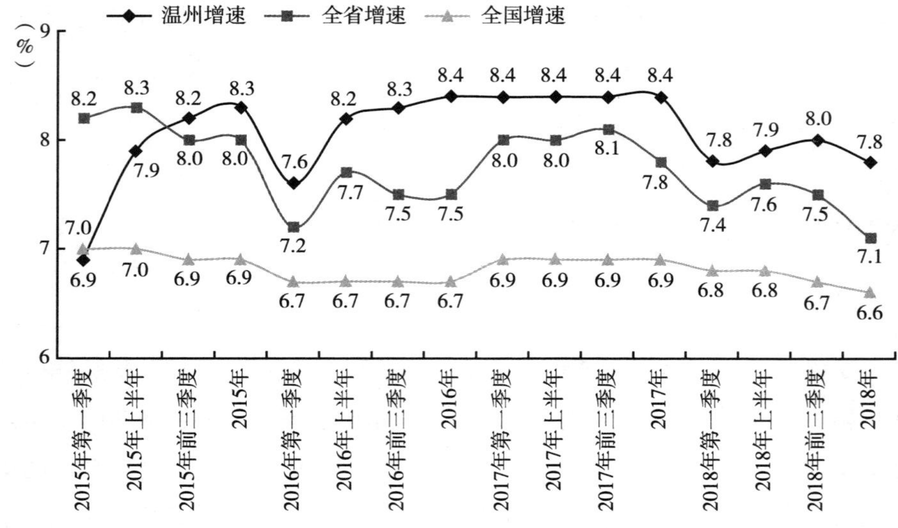

图1　2015 年以来温州与全国、全省 GDP 增速

（一）生产形势总体平稳，实体经济支撑作用有所增强

2018 年，工业增速提升，在一定程度上抵消了服务业发展减缓对经济增长的影响，但是服务业对经济发展的贡献仍然超过 60%。

1. 工业产销提速

2018 年，温州市工业经济在支柱行业、重点优势企业等带动下，实现了平稳较快的发展，但是企业分化发展比较明显。全年实现工业增加值 1921.2 亿元，同比增长 8.6%，其中 4618 家规模以上工业企业实现增加值 996.2 亿元，占比 51.9%，同比增长 8.4%，增速比上年提高 0.5 个百分点，全年工业生产呈现“高开低走”的态势。

工业销售产值增长 8.5%，其中，内销产值和出口交货值分别增长 8.8% 和 6.3%。从分行业看，规上工业 33 个大类行业中，有 28 个行业增加值实现正增长，有 13 个行业增速超过 10%。五大传统支柱产业同比增长 10.7%，其中电气、泵阀和服装增加值分别增长 11.4%、26.8% 和 11.6%，比规上工业高出 3.0 个、18.4 个和 3.2 个百分点。大企业引领作用增强，

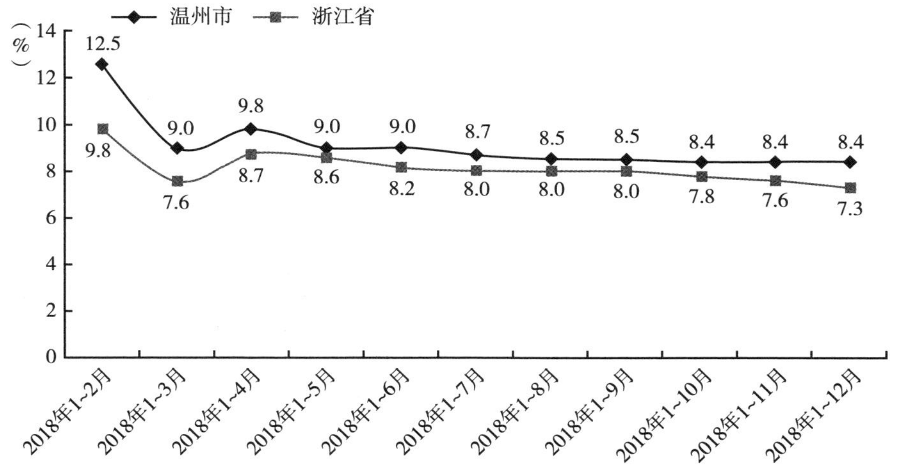

图2　浙江省、温州市规上工业增加值增速

规上工业大型、中型、小型企业增加值分别增长10.8%、6.6%和8.1%。

2. 服务业较快增长

2018年，温州市服务业继续发挥对经济发展的支撑作用，但是拉动力度有所减弱。全年实现服务业增加值3184.9亿元，同比增长8.2%，增速比上年回落1.5个百分点，分别高出一产、二产增速6.2个和0.6个百分点，对经济增长贡献率达61.4%。现代服务业较快增长。2018年，规上服务业中，科技服务业营业收入增长17.9%，增速比上年提高10.0个百分点；互联网和软件信息技术服务业、商务服务业、居民服务业营业收入分别增长44.9%、25.1%和21.9%，增速分别高于规上服务业39.7个、19.9个和16.7个百分点。在重点服务业领域中，全市旅游总收入增长18.8%，网络零售额增长25.5%，金融机构人民币贷款余额增长15.9%，保费收入增长9.6%，邮政业务总量增长38.9%，这些行业指标保持较快增长态势，形成了服务业发展的“亮点”。

3. 农业生产总体平稳

2018年，全市农林牧渔业增加值144.3亿元，按可比价格计算，同比增长2.1%。其中，种植业、林业、牧业和农林牧渔服务业增加值分别增长

3.3%、7.9%、2.8%和6.9%，渔业受海洋捕捞减产影响，增加值同比下降0.5%。粮食生产能力巩固提升，全年新建成粮食高产示范区40个，粮食生产功能区提标改造4.08万亩。持续推进畜牧业绿色发展，新建美丽牧场25个。大力推进休闲农业和乡村旅游精品工程，创建休闲乡村16个，休闲农业和乡村旅游接待人次达3996万人次。

（二）三大需求趋向协调，内需拉动有所趋缓

2018年，温州市投资、消费、出口分别增长8.1%、9.0%和12.5%，出口继续改善，投资增速回落，结构有所好转，消费拉动有所减弱。

1. 固定资产投资稳中趋缓

2018年，温州市固定资产投资同比增长8.1%，高于全省平均水平1.0个百分点。从投资结构看，工业投资和房地产投资对投资拉动作用明显，工业投资增长10.4%，房地产投资增长14.9%，增速分别比上年提高3.4个和1.4个百分点，基础设施投资增长8.6%。

2. 消费拉动减弱

2018年，温州市积极落实扩内需、促消费等各项政策措施，消费市场规模不断扩大，消费升级加快，但是受传统商业萎缩、汽车消费降温、外来人口减少等多重因素影响，全市实现社会消费品零售总额3337.1亿元，增长9.0%，其中限上消费品零售额941.6亿元，增长7.3%。从全年各季增势来看，一季度、上半年、前三季度、全年累计增速分别为9.4%、9.2%、9.2%和9.0%，呈现“逐季回落”的态势。从消费形态看，传统消费业态继续萎缩，全年温州市24家百货零售企业实现零售额32.68亿元，同比增长3.7%；31家超级市场零售企业实现零售额25.64亿元，同比增长1.6%，增速均低于限上社会消费品零售增速。市场消费商品向高端化、个性化发展，升级类商品消费保持快速增长态势。在全市限上批零单位中，通信器材类零售额增长25.9%，文化用品类和化妆品类零售额分别增长11.3%和22.5%，建筑及装潢材料类和家具类零售额分别增长41.1%和42.3%。在居民越来越注重健康以及药品价格上涨的情况下，中西药品类实现零售额

26.12 亿元，增长 29.1%，增幅比限上消费品零售总额高 21.8 个百分点。随着快餐、外卖等大众餐饮的蓬勃发展，以及民宿、农家乐等旅游经济的带动，温州市餐饮消费快速增长，限上住餐业零售额增长 11.5%，高于限上商品零售额 4.5 个百分点。汽车消费零售额同比零增长，占全市限上消费品零售比重达 44.6%，对温州市消费市场增长影响较大。旅游、文化娱乐、教育培训等服务型消费渐成热点。2018 年，全市接待国内外游客总人数 11917 万人次，同比增长 15.8%，实现旅游业总收入 1334 亿元，同比增长 18.8%，旅游经济继续保持快速增长。全市居民人均教育文化娱乐支出同比增长 21.6%，占消费支出的 12.1%，比上年提高 1.2 个百分点。

3. 外贸进出口平稳增长

2018 年温州外贸出口呈现稳步复苏的态势，对"一带一路"国家贸易增多，中美贸易摩擦导致年内对美出口出现加速出货的现象。2018 年，全市实现外贸进出口总额 1507.2 亿元，同比增长 13.6%，增速比上年提高 2.4 个百分点。其中：进口总额 204.7 亿元，同比增长 20.9%；出口总额 1302.4 亿元，同比增长 12.5%，增速比上年提高 3.3 个百分点。对美国出口保持稳定。2018 年，温州市对美货物出口 226.7 亿元，同比增长 21.0%。其中 12 月对美出口仍延续较好势头，当月对美出口 20.8 亿元，同比增长 19.7%。由于合同锁定和企业自我消化，短期内美国加征关税对温州市外贸出口影响尚不明显，但新订单已受到较大冲击。高新技术带动出口结构优化。2018 年，温州市机电产品出口 601.5 亿元，增长 14.0%，高新技术产品出口 38.2 亿元，增长 24.4%，两项增速分别高于全省平均 4.4 个和 12.9 个百分点。2018 年，民营企业出口 1190 亿元，增长 14.5%，占全市出口总额的比重达 91.4%。

（三）发展质量效益提升，民生福祉逐步改善

在经济平稳发展的同时，经济运行的质量效益有所好转。

1. 经济效益持续向好

2018 年，全市实现财政总收入和一般公共预算收入 862.48 亿元和

514.8亿元（剔除一次性因素），分别同口径增长10.8%和10.6%，高于上年同期3.3个和3.4个百分点。2018年，全市民营经济税收收入727.1亿元，同比增长12.4%，快于全市税收增幅2.0个百分点，占全市税收比重达88.2%，较上年同期提升1.5个百分点。2018年1～11月，全市规模以上实现利税总额411.41亿元，比上年增长13.2%，其中企业实现利润261.68亿元，增长19.4%。

2. 财政民生支出较快增长

2018年，温州市公共财政用于民生支出670.5亿元，同比增长12.4%，民生支出占一般公共预算支出的比重高达76.7%。特别是重点加大对城乡社区事务（增长52.2%）、科学技术（15.8%）、社会保障和就业（13.6%）、公共安全（12.2%）等民生领域的支出。

3. 居民收入持续稳定增长

2018年，温州市常住居民人均可支配收入43185元，同比增长8.7%，其中城镇居民人均可支配收入56097元，增长8.2%，农村居民人均可支配收入27478元，增长9.2%。城乡居民收入差距进一步缩小，农村居民收入增速高于城镇居民收入1.0个百分点，城乡居民收入比为2.04，比上年缩小了0.02个点。

（四）三大攻坚战开局良好，发展基础得到稳固

1. 金融风险化解取得明显成效

2018年末全市不良贷款余额129.89亿元，比年初减少36.64亿元。不良率1.29%，比年初下降0.63个百分点。同时关注类贷款占比也在下降，12月末全市关注类贷款余额239.9亿元，比年初减少48.37亿元；关注类贷款占比2.39%，比年初下降0.94个百分点。

2. 低收入农户稳步增收

前三季度，温州市低收入农户人均可支配收入9668.3元，增长15.2%，增速高于农村居民人均可支配收入6个百分点，位居全省第4。

3. 生态环境持续改善

2018 年，规模以上工业单位增加值能耗同比下降 6.3%，降幅比上年同期扩大 2.2 个百分点。2018 年全年，全市空气质量持续改善，有 347 天空气质量为优良。市区环境空气 AQI 优良率达 95.1%，较上年同期上升了 5 个百分点，排名全省第一，PM2.5、二氧化硫、二氧化氮等指标较上年均明显下降。2017 年生态文明建设评价排名全省第 5，比上年提升一位。

（五）就业形势总体稳定，市场价格符合预期

1. 城镇登记失业率较低

2018 年温州市就业形势总体稳定，全年城镇新增就业 11.7 万人，完成省下达的年度目标任务（9.5 万人）的 123.5%；城镇失业人员再就业 1.8 万人，年末实际登记失业人员 3.3 万人，城镇登记失业率为 1.8%，同比下降 0.03 个百分点，创下历史新低。

2. 物价水平温和上涨

全年居民消费价格比上年上涨 2.3%，处于温和上涨区间，低于 3% 的预期目标。分类别看，食品烟酒、教育文化和娱乐、医疗保健、衣着、交通和通信、居住、生活用品及服务同比分别上涨 4.0%、2.1%、3.1%、0.8%、0.7%、2.2% 和 1.3%；其他用品和服务同比下降 0.4%。

（六）新发展动能提升，市场活力不断增强

1. 新动能培育取得成效

全年规上数字经济核心产业制造业、高新技术产业、高端装备制造业和战略性新兴产业分别实现增加值 116.0 亿元、542.0 亿元、351.0 亿元和 185.1 亿元，同比增长 8.8%、10.9%、13.4% 和 10.1%，增幅均高于规上工业，增加值分别占规上工业的 11.6%、54.4%、35.2% 和 18.6%，比上年均有所提升。温州市工业企业创新投入不断增加，创新意愿、创新成效不断增强。2018 年温州市规上工业有研发活动的企业约占 49.3%，研发人员

数达5.31万人/年。1～11月，全市规上工业企业技术（研究）开发费支出97.5亿元，同比增长27.0%，占主营业务收入的2.5%，高于全省平均0.5个百分点。全年规上工业实现新产品产值904.8亿元，增长17.5%。

2. 新业态蓬勃发展

网络购物、网上订餐、智慧医疗、智慧交通等新业态快速成长，新零售助推线上线下融合发展，数字化、智能化生活方式渐成主流。2018年，温州市实现网络零售额1968.2亿元，同比增长25.5%，高于社会消费品零售总额增速16.5个百分点；居民网络消费额1127.5亿元，同比增长24.4%。全市完成快递业务量9.15亿件，同比增长26.5%。

3. 新市场主体大幅增加

2018年，新设立登记市场主体16.16万户，同比增长11.3%，新设个体工商户11.33万户，同比增长5.1%。截至2018年底，温州市在册市场主体96.9万户，居全省第2位，其中企业25.4万户，现有公司制企业数量在企业中的占比由上年的79.9%提高至83.7%。

二　经济运行存在的主要问题

（一）经济下行压力依然较大

当前，温州市经济运行稳中有变、变中有忧，经济面临较大下行压力。2018年温州市GDP增速为7.8%，比前三季度回落0.2个百分点，比上年回落0.6个百分点。从产业和需求支撑看，全年服务业增加值、农业增加值增速比前三季度均回落0.2个百分点，全年社会消费品零售总额和固定资产投资总额比前三季度分别回落0.2个和0.7个百分点。从经济增长贡献看，温州市经济增长主要得益于服务业增长的拉动作用，但是交通运输业、房地产业、传统商贸业等主要行业增速均有所放缓，服务业继续保持较快增长面临较大压力。

（二）工业经济发展优势不明显

近年来，温州市工业对经济发展支撑力度持续减弱，对经济增长的贡献率由以往的主引擎逐步变为次动力。2018 年全年温州市规上工业实现增加值 996.2 亿元，低于宁波、杭州、嘉兴、绍兴、台州等 5 个地市，居省内第 6 位，仅为宁波的 26.7%、杭州的 29.3%，总量首次被台州超越，比台州低 106.2 亿元。

1. 工业新增动能不足

2018 年，温州市数字经济核心产业制造业和战略性新兴产业增加值分别增长 8.8% 和 10.1%，增幅比全省平均低 3.0 个和 1.4 个百分点，其中战略性新兴产业总量明显不足，其增加值仅占规上工业的 18.6%，比全省平均低 11 个百分点。新产品产量相对较低，全市规上工业新产品产值率为 32.0%，比全省平均低 4.4 个百分点，居省内第 10 位。

2. 生产经营成本费用上升较快

2018 年，全市规上工业企业应付职工薪酬增长 12.0%，销售、管理和财务等三项费用合计增长 14.2%，增幅比主营业务收入分别高 6.3 个、8.5 个百分点，规上工业企业人均薪酬 5.8 万元，增长 15.4%。

3. 两项资金占比较高

2018 年 1～11 月全市规上工业应收账款和产成品存货合计达 1270 亿元，占流动资产的 45.1%，比全省平均高 5.6 个百分点，居省内第 1 位，企业资金流动风险加大。

（三）中美贸易摩擦对温州出口的影响将逐步显现

虽然 2018 年温州市进出口整体增长较快，但是受中美贸易摩擦影响的不确定因素较多。温州市对美国出口产品占比为 7% 左右，重点出口企业对美国市场依赖程度高，部分企业对美国出口占比达 60% 以上。对美出口订单的不断减少，短期内将逐渐影响企业供应链生态，考虑上下游因素，2019 年中美贸易摩擦对外贸出口的影响将逐步显现。

（四）有效投资增长后劲乏力

1. 投资结构性指标增速全省排名中等偏后

2018 年，温州市房地产开发投资增长 14.9%，成为拉动投资增长的主动力，而项目投资增长乏力，同比增长 3.4%。从投资结构指标看，温州市民间投资、交通投资、高新技术产业投资、生态环境和公共设施投资等四个结构性投资指标同比分别增长 12.4%、12.5%、30.3%和 14.6%，四个结构性指标增速在全省的位次中等偏后，工业投资和服务业投资分别增长 10.4%和 8.5%。

2. 重大项目投资不足

2018 年，全市新增 5000 万元以上项目 610 个，项目数量同比减少 124 个，特别是体量大、质量高的制造业项目偏少。重大项目投资支撑明显不足，省“152”工程项目和第五、第六批两批集中开工项目完成进度缓慢，合计投资额仅占固定资产投资的 19.2%。2018 年，1814 个 5000 万元以上项目完成投资增长 9.2%，仅拉动全部投资增长 4.5 个百分点。

三　2019年经济展望与对策建议

2019 年经济发展的外部环境更加复杂严峻，国内外权威机构均下调对经济增长的预期。从国际来看，在贸易摩擦加剧、国际融资环境趋紧、竞争性减税行为增多等因素影响下，世界经济增长温和回落。国际货币基金组织（IMF）将 2019 年世界经济增速预期下调至 3.5%，为三年来最低。

从国内情况来看，国内经济保持总体平稳、稳中有进的发展态势，“六稳”政策逐步显效，新动能加速成长，消费对经济增长的支撑作用增强，宏观经济有望延续平稳增长态势，质量效益进一步提升，但经济运行稳中有变、变中有忧，贸易战影响将逐步显现。需求不足，部分企业经营困难等，国内需求走弱将继续向生产端传导，导致全国经济下行压力有所加大。国家宏观经济监测预警信号系统表明当前宏观经济下行压力较大，综合警情指数运行于偏冷区间。据国家信息中心预测，2019 年我国 GDP 将增长 6.3% 左右。

2019 年，温州市经济发展面临的不确定性增多，但机遇与挑战并存。长三角一体化战略带来高水平融入的新机遇，温州市启动推进新时代“两个健康”先行区创建，经济发展环境不断优化，将支撑经济增长。但是，中美贸易摩擦对温州经济增长的影响将逐步加大，投资增长后劲不足，工业经济总体规模偏小，消费需求稳中有降，将对 2019 年工业、服务业生产形成一定冲击。预计 2019 年温州经济呈现“质量提升、速度平稳”的态势。

（一）振兴工业经济，推进动能转换

1. 加快推动传统产业转型升级

根据国内外经济环境新变化，尤其是当前高科技产业发展的新动向，加快培育一批以优势产业链与先进制造业集群为核心的产业网络，促进产学研用的协调发展，形成目标明确、分工协作的产业生态圈，有效促进要素自由流动。充分利用国内和国际资源，推动集群企业向全球价值链中高端攀升，形成“设计－制造－服务”一体化的先进生产模式。积极推动五大传统制造业改造升级，推进电气、时尚、新能源智能网联汽车及配套、智能装备等四大千亿元级产业集群打造，引导传统优势产业向智能化、信息化、时尚化、高端化提升发展。组织实施一批数字化生产线、车间、智能工厂的试点示范，促进工业企业“机器换人”改造提升。

2. 培育壮大新兴产业

全面抓好数字经济“一号工程”，深化“互联网＋”“大数据＋”“标准化＋”“机器人＋”等融合应用，着力通过招引一批大项目，培育壮大新材料、新能源、高端装备制造和节能环保等新兴产业，推动生命健康、新能源智能网联汽车全产业链发展，招引培育一批数字经济产业示范项目，推出一批互联网工业设计示范项目。

3. 增强工业创新创业能力

加快温州自创区建设，建立健全自创区“一区五园”发展模式，利用好政策先行先试的优势，加快产品创新、模式创新和业务创新，切实提高创

新创业能力，重点抓好制造业创新中心建设、关键领域核心技术攻关、工业强基等专项工程的实施。

（二）优化投资结构，加快重点项目推进速度

温州投资重点应在制造业和基础设施领域，要通过政府和民间投资，提高投资效率，优化投资结构，为经济发展提供有力支撑。

1. 狠抓产业项目投资

进一步谋深谋细温州产业发展导向，明确重大产业投资项目，通过内外联动，采取自筹资金、上市融资、金融部门制造业贷款等多种手段，改造提升温州的电气、汽车、泵阀等产业，加快培育新兴产业，加大制造业投资力度。

2. 强化招商能力建设

实行引资、引智、引税“三管齐下”，精准招商，聚焦龙头企业，推进温商回归与外资引进、央企合作相结合，力争引进一批大企业项目。

3. 着力抓好要素与服务

在土地、资金等关键要素上给予支持，强化拟上市和先进制造业企业用地保障，切实增强对优质产业项目招商环境吸引力。

（三）聚焦“温州特色”，促进民营经济发展

在温州经济结构中，民营经济总量占80%以上，民营经济在提供税收、安排就业等方面做出巨大贡献，是温州经济的活力之源。

1. 优化民营经济发展环境

要通过贯彻实施“两个健康”41条意见和80条新政，持续推出具有引领性、突破性和温州个性的政策举措。持续深化“最多跑一次”改革，进一步优化营商环境。加大金融支持实体经济发展力度，用好融资担保公司、上市企业稳健发展支持基金、信保基金、应急转资金等金融帮扶组合拳，有效破解企业融资难融资贵问题。加大企业降本减负力度，推进涉企行政事业性收费零收费。

2. 着力促进民营企业发展

要培育更具竞争力的优质民营企业，推动落实金融支持小微企业发展的政策措施。优化制造业发展环境，降低企业成本负担，稳定国内有效需求。要进一步稳定并扩大外贸，积极应对贸易摩擦，提高外贸便利度，做好市场化采购试点，促进装备制造和国际产能合作。要力促用工稳定，加快改善劳动力聚集区的生活环境和品质，着力降低生活成本，研究适度放宽人才政策适用对象，如涵盖企业工作达到一定年限的老技工、熟练工，力促劳务市场供需平衡。

（四）激发消费市场需求，多措并举增强消费后劲

要以消费为引领，激发市场经济活力，增强最终需求对供给侧的牵引作用。

1. 巩固传统消费支撑作用

鼓励“汽车流通＋互联网”、汽车金融等模式创新和跨行业融合发展；协调推进新能源汽车充电桩设施建设，刺激电动车购车需求释放；完善二手车交易保障机制，促进二手车便利交易，刺激二手车消费，带动提升新车换购需求，为汽车销售市场带来新的增长点。大力发展各类节日促销平台，利用重大节庆假日、“双十一”等，联合各大百货、超市策划实施一批家电节、家装品牌团购等促进消费的活动，有效拉动市场消费。加快会展业发展，举办各类产品推介会、营销会和订货会，集聚更多的人流、物流，带动本地消费增长。

2. 加快推进传统零售业转型升级

培育和壮大本土电子商务企业，积极引导传统零售企业创新改革，将本地产品和服务推广至线上，实现“互联网＋”模式全覆盖，不断培育消费新热点；加快改造提升传统零售市场，加快零售业线上线下融合，完善仓储、货运代理、物流配送、交通运输等各类配套设施服务；对不同区域内的零售业态进行科学布局，通过业态多元化满足消费多层次需求，助推新零售发展。

3. 培育消费新热点

围绕健康、文化、旅游、养老、教育培训等重点领域，从满足不同群体多层次需求出发，引导社会资本加大投入力度，完善基础设施，提高服务水平，将商业、文化、旅游各行业有机结合，培育新的消费增长点，促进消费转型升级，推动消费市场健康持续发展。

B.3

温州工业经济运行分析与展望（2018～2019）

任 晓*

摘　要： 2018年温州工业经济运行总体态势可以概括为，“稳中有缓，缓中有忧”，其核心逻辑则是“缩量提质”。工业经济可能已经悄然迈入“后去产能”阶段。在过去两年中，推动工业经济增长加速的有效支撑力量未能真正形成，未来工业经济运行的可持续性与稳定性堪虞。也因为当前内在驱动力量积聚尚不充足，工业经济需要更长的平台期以逐步实现新旧动能转换，不具备在近期走出提速增长态势的条件。年内偏弱的需求替代此前库存的去补轮动，成为左右产能节奏调整的主导逻辑。结构调整方面，产业新旧动能逐步接续，结构调整有所“黏滞”。效益表现方面，工业企业收入成本双降延续，利润增速“降中有稳”。温州工业企业并未进入新旧动能结构性的整体改善进程，当前生产效率改善仍然是阶段性的，后期企业盈利将从高位走弱。跨越“后去产能”阶段解法在于代表高质量增量产业新动能的崛起。2019年产业政策聚焦于发现与培育工业经济增量新动能，尽快形成和巩固支撑制造业高质量产能培育的地方系列政策，发挥制造业中小企业结构性宽松和减税减负托底提振效应，催化投资投放加速，打破增量投资僵局。

* 任晓，中共温州市委党校图书馆馆长，教授。

关键词： 工业经济　新动能　产业政策

2018 年温州工业经济延续弱势表现，总体来看，“稳中有缓，缓中有忧”。规模以上工业产值增速累计同比的指标表现较前一年加快 0.6 个百分点，居浙江省内地区第 6 位，排位与上年持平。与“工业生产在 2018 年内的下行风险可以排除，但景气水平是否能再走新高仍然不够确定”，以及工业经济基本面“内在增长坚韧性”的判断相符。具体而言，“稳中有缓”指，按规模以上工业企业增加值累计增速比较，二季度后逐月下行。跳出温州从更宏观视角看，这与外围条件出现深刻变化拖压经济基本面有关，年内整体经济形势受到内外复杂多变环境的严峻挑战。二季度以来市场需求渐走渐弱，宏观经济走出“底部徘徊”时间预期难以确立，工业经济增速随之承压走软。

“缓中有忧”指，工业销售产值累计同比增速退至浙江省内地区第 9 位，较上年滑落 3 个序位，1～11 月规模以上工业增加值总量不仅被台州市超越，且两地拉开百亿级体量差距。工业投资占全部投资比例低于全省平均水平 10 多个百分点，新投产入库规上工业企业偏少，战略性新兴产业培育滞后等。这都表明在过去的一年里“温州工业尚存在过剩，工业内部结构仍然未能调整至合意水平”的老问题依旧未见改善。虽然一年来传统产业转型提升，数字经济发力，新兴产业培育均有进展，① 但进展有限，收效甚微。“发现与找到驱动工业增长的新动能与新增长点”仍然还在路上，“中期视角下的新动能缺乏，引致对强劲增长的弱预期”，还是 2019 年工业经济亟待突破的主题。不过，调整的时间窗口收窄，随着问题迫近一步，回旋余地则会缩紧一圈。

---

① 针对传统产业转型提升的四大千亿产业集群打造计划典型项目包括巨一集团的智能制造，庄吉公司的“智慧工厂”等；新兴产业培育壮大项目包括瑞浦能源动力电池产业园，唯品会创业创新中心，威马新能源汽车、正泰高压研发中心，力邦合信电子制动系统等；应用新一代信息技术的数字经济进展包括近万家“上云”企业与近千万个新增物联网。

一　工业经济运行整固筑底，年内增长提速机会不大

2018年1～11月规模以上工业增加值同比增长8.4%，前值7.8%，微幅提升0.6个百分点。全年产出增长速度月度进程高起低走，不同于上一年低起平走的情形，月度同比增速指标上半年起伏明显，下半年以来逐月稳步加速（见图1）。进入二季度后累计增速一度高见9.8%，此后逐月放缓，直至稳定于8.4%～8.5%，10月、11月两个月连续停留于年内低点。

2018年内总体工业经济运行节奏反映“两个过程，一个效应”，一是2017年四季度以来库存回补周期过程，尽管历时不长；二是，2018年下半年宏观不确定因素增多后，后半程以“稳产能”优先的生产安排，是一个防御性调整过程；另外，上一年增速的基数较低，从统计角度上对当期数据带来一定的翘尾效应。

比较浙江省2018年地区间工业经济运行总体表现，1～11月温州规模以上工业增加值累计增速高于浙江省平均水平0.8个百分点，而上一年这一指标低于全省平均水平0.6个百分点。进入2018年后，按统计技术性变动后可比对象，[①] 温州规模以上工业产出增速自1月始指标反超省平均水平。

可以说，主要是非经济原因，排除了此前“温州工业未来可能背离浙江省工业上升的增长态势的风险”的预期，2018年走出了平均增速高过上年1.2个百分点以上的更快速度（见图2）。按照浙江省和温州市年度数据趋势拟合，从增加值增长趋势来看，温州工业经济后半程发力不足。如果

---

① 统计制度方法要求，比较对象需要同口径、同范围，同批企业进行比较才能真实反映经济情况。因此，计算规模以上工业企业增加值增速，要用当年规模以上工业企业增加值除以上年同批企业的同期增加值。规模以上工业企业数量根据企业经营状况的变化进行调整，综合新建、注销、合并、进入、退出等各种情况。因此，工业统计的企业数量处于动态变动中。2017年度温州市新增规模以上工业企业736家（数据来源：温州市经济和信息化局，http://wzjxw.wenzhou.gov.cn/art/2018/4/26/art_1210190_19752608.html），纳入2018年统计，2017年1～11月温州规模以上工业企业增加值为982.49亿元，2018年1～11月温州规模以上工业企业增加值为890.66亿元，同口径、同批企业累计同比增速为8.4%。

2019 年内外围条件未见改善，甚至国际上出现“黑天鹅”“灰犀牛”等意外，这将对承压支撑能力会有一轮新的考验，需要各方协力，进一步发掘后劲，提前准备必要储备以对冲风险。

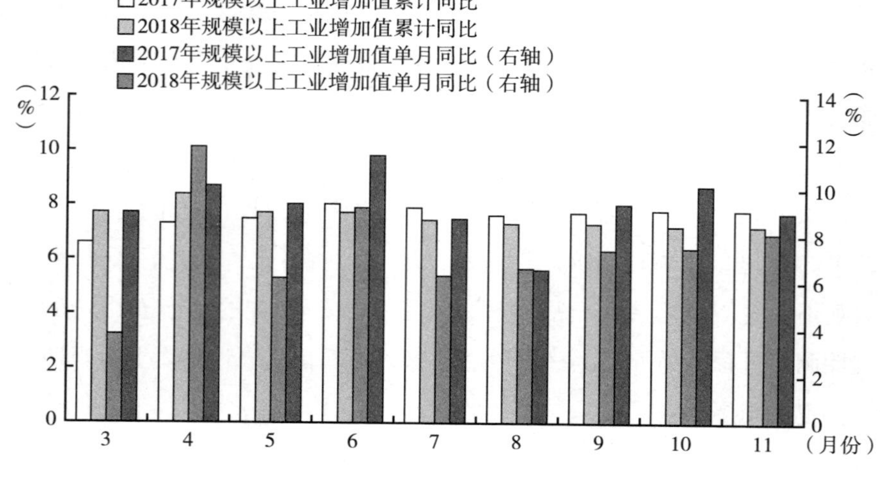

图 1　温州市工业经济分月份运行态势（2017～2018）

资料来源：《温州统计月报》，温州市统计局，2017～2018。

另外，2018 年 1～11 月，温州规模以上工业销售产值增速低于浙江省平均水平 2.6 个百分点，而上一年同期数据较全省平均水平低 1.5 个百分点。其间，一季度温州销售增速也曾领先全省，5 月后，省市间销售增速差距逐月拉大，直至 11 月企稳（见图 2）。这主要是温州工业产品所处区段下游接收终端，传导链条更短，更早受到市场需求收缩冲击的结果。

从工业经济运行形态来看，比较 2017～2018 年和 2016～2017 年的累计增加值月度增速。跨年进度数据变动情形反映，2016～2017 年，工业增加值增速起伏不大，年度间分月度数据互有高低，且能够平稳保持在一个合理的增长中枢附近。而 2017～2018 年的工业增加值增速波动幅度表现为高起快落、渐趋收窄的态势（见图 3）。

观察 2017～2018 年单个月度增速变化与累计月度增速变化，较高波动

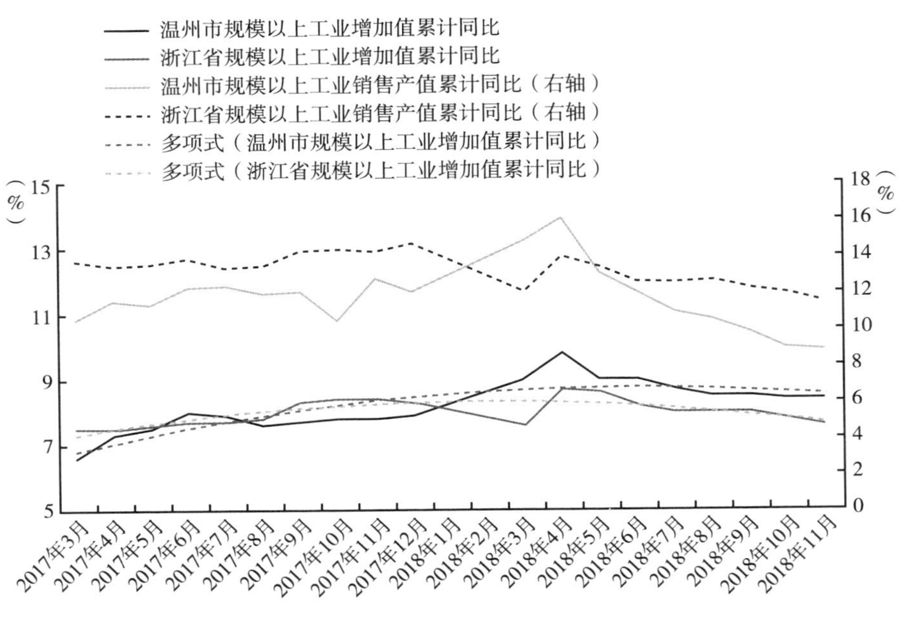

图2　浙江省、温州市工业经济增长水平

资料来源：《温州统计月报》，温州市统计局，2017～2018；《浙江省统计月报》，浙江省统计局，2017～2018。

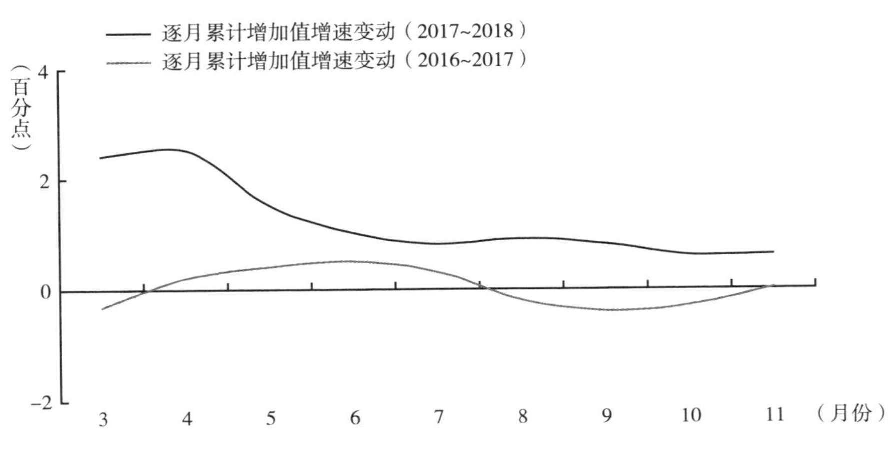

图3　2016～2018年分月份工业产出增速的变动

资料来源：《温州统计月报》，温州市统计局，2016～2018。

率的单月表现集中于上半年，在跨过一季度假期因素影响后，便进入稳定阶段。进入下半年后，1～7月、1～9月、1～10月、1～11月等多数月份的累计增速收至小于1%的窄幅波动走廊（见图4）。

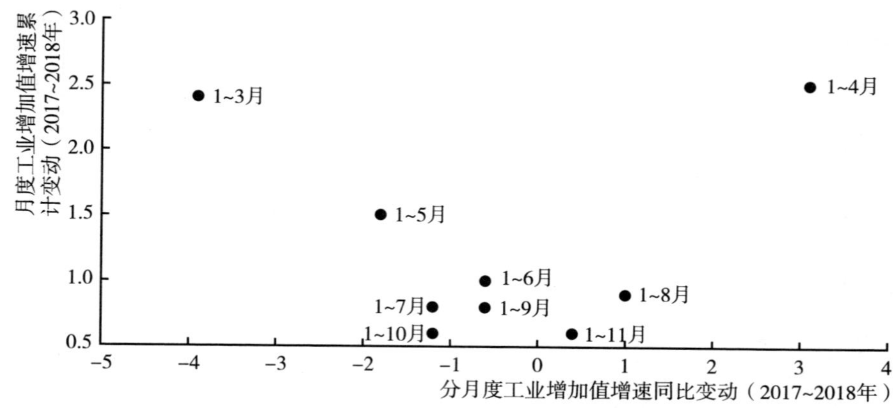

图4　2017～2018年分月份工业产出增速的变动

资料来源：《温州统计月报》，温州市统计局，2017～2018。

2018年1～11月温州工业用电量累计增速为5.0%，较上年同期低了0.5个百分点，分月度工业用电量同比增长平均水平为5.5%，弱于上年同期1.2个百分点，更是较2016年同期水平低了4.7个百分点，接近腰斩（见图5）。也就是说，早在2016年和2017年之际的工业用电量大幅缩减后，并未在2018年迎来反弹，相反，更低的增幅表明，包括规模以上工业企业在内的地方工业经济整体走弱，虽然滑落走低态势已经有所遏止，2018年1～11月逐月工业用电量环比增速指标数值月度波动依然较大，但环比增速标准差较前一年减少6.52，表现较前值更为平稳，反映了生产节奏总体趋于正常，这也能进一步证实工业生产进入相对正常的生产周期，整体产出经过前两年的反复变动确认后，向调整后新的增长中枢回归。

考虑到年同比增速一般不能排除季节因素和上一年基期数据的干扰，拟通过季调方法加入这两部分影响在短周期中得到更为可靠的同比增速预测，

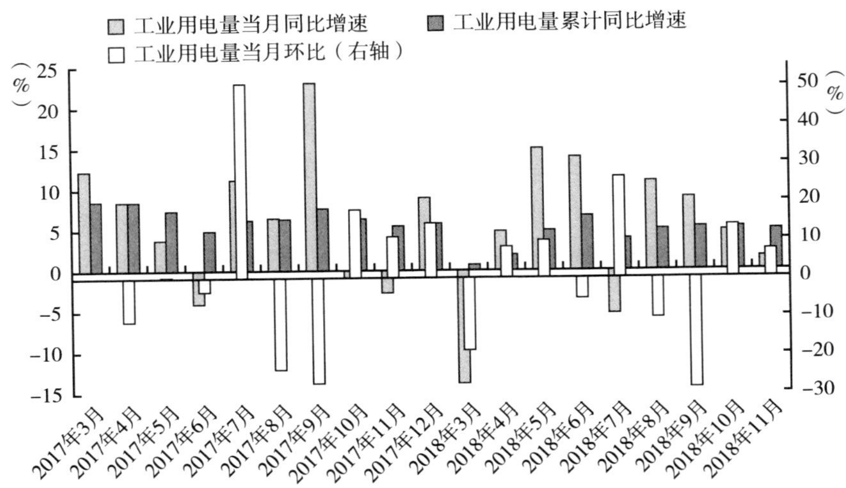

图5　温州市工业用电量增速

资料来源：《温州统计月报》，温州市统计局，2017～2018。

以推断运行走向的趋势。按季调月环比轨迹①，2018年季节调整后的工业增加值增速隔月间歇性出现正负交替，从环比数据节奏上看，回落压力在收窄，而上升力度在积聚放大，进入三季度后，环比增速从9月的－0.89%缩小至10月的－0.43%，而11月的提振则达到1.79%的幅度（见图6）。这也再次确认了工业内增长积极因素更多，本地工业经济运行的韧性不变（见图6）。不仅此前“工业经济内生新动能尚未确认，工业自生增长缺乏有效驱动支撑”得到进度数据支持，而且反映出一个令人不安的事实，即推动工业经济的增长加速的有效支撑力量在过去两年中不见峥嵘，增长的可持续性与稳定性堪虞。简单来说，当前本地驱动力量积聚不足，工业经济运行不具备在近期走出提速增长态势。

① 一般而言，虽然同比增速是分析经济走势的常用指标，但同比数据难以剔除季节影响，且相对滞后环比数据，难以准确反映经济走势。季调环比趋势增速数据能够剔除季节因素与不规则项，估计结果更能反映经济的实际趋势。在对经济趋势预期研判时，倾向于参考应用环比数据模拟结论。本文考虑处理两端数据缺失便利，采用以“中心化12项移动平均”为基础的X12季调方法，直接应用Eviews进行计算季调环比趋势。

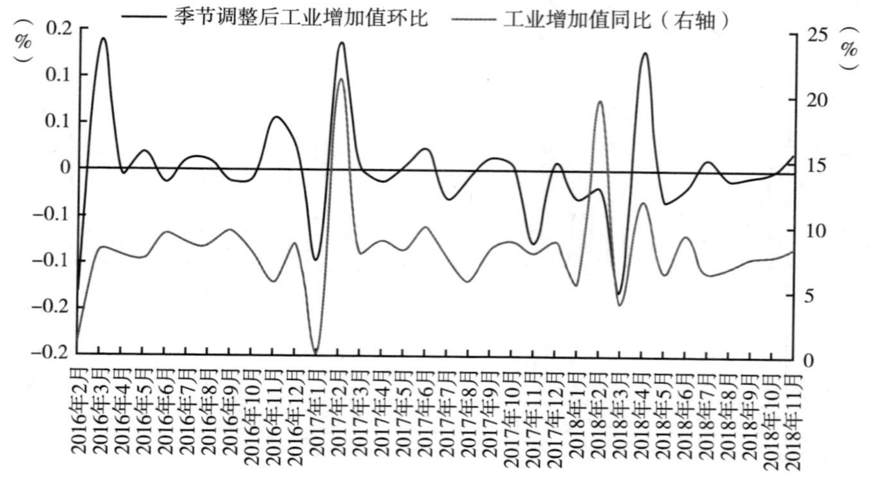

图 6　季节调整后温州市工业增速变动（2016 ~ 2018）

资料来源：《温州统计月报》，温州市统计局，2016 ~ 2018，本文计算整理。

从更长的时间轴观察，工业增速环比表现已经迈过 2017 年下半年至 2018 年二季度以来的收缩调整。截至目前，此前分析中“新动能缺乏”“进取能力不够”的困难并未排除或缓解，需要更长的平台期以逐步实现新旧动能转换，形成“真正驱动未来工业经济增长的内生性引擎”，而增速则可能因此出现“稳中有忧”。

此外，产出扩张与销售指标收敛的背离，表明进入 2018 年以来，偏弱的需求替代此前库存的去补轮动，主导产能节奏调整。另外，“库存去化弱周期”后的“新一波库存重新回补”已然终结于 2018 年上半年。企业生产节奏持续放慢态势则可能在更早的 2019 年第二季度观察到。总体来看，预期 2019 年工业经济总体运行形势保持整固筑底。

二　新旧动能逐步接续，结构调整略见“黏滞”

从产业新旧动能接续看，一批新型高起点高质量的产能兴起。新增境内外上市工业企业4家、“小升规”工业企业616家[①]、“隐形冠军”培育工业企业55家、“专精特新”培育工业企业2898家、上云企业1.65万家，均居全省前列。[②] 此外，市场主体制造业数字化改造进展顺利。2018年1～11月，数字经济核心产业稳步增长，数字经济产业规模不断壮大，产值亿元以上数字经济核心制造业企业突破100家，产值5亿元以上企业12家，10亿元以上企业4家，累计入选省级制造业与互联网融合发展试点示范企业17家。入选国家两化融合管理体系贯标试点企业10家。入选国家两化融合管理体系贯标企业3家。入选省级制造业“双创”平台试点示范企业5家。[③] 国家北斗产业基地、国家物流综合信息服务平台、交通安全应急信息技术国家工程实验室温州分实验室等签约落地温州。数字核心产业制造业工业增加值达103.26亿元，占地区工业增加值的11.2%。创建温州高新区（浙南科技城）、浙南产业集聚区、瓯江口产业集聚区、温州市大学科技园、生命健康小镇等承载数字经济新增产能落地的五大创新平台。[④] 温州入选2018年度全国数字经济百强城市，居浙江省第3位，数字经济成为温州经济高质量增长的新引擎。

另外，从传统产业改造提升看，一方面，小微企业平台建设领先发展，新开工小微企业园23个，竣工面积345万平方米，新增入园企业623家，小微企业园建设成为浙江省全省样板。[⑤] 另一方面，进一步强化“大抓产业项目、抓大产业项目”的意识，积极融入浙江省大湾区建设，打造高标准

---

① 2018年温州市“小升规”工业企业616家居全省首位。2018年，规上工业月度新建投产和年度“小升规”企业合计654家，其中年度“小升规”616家，居浙江省首位，月度新建投产企业38家，居全省第7位。此外，温州市主动申请“退规”的规上工业企业有196家。《2018年温州市“小升规”工业企业616家居全省首位》，温州市统计局，2019年1月9日。

② 温州市经济和信息化局：《数字经济，温州发展新引擎》，2019年1月7日。

③ 温州市经济和信息化局：《数字经济，温州发展新引擎》，2019年1月7日。

④ 大企业、大项目提供用地、用人等方面的优惠政策，并成功吸引了天心天思、中交北斗等项目的顺利落地。

⑤ 陈伟俊：《“八八战略”再深化，改革开放再出发，在抓住用好机遇中续写好新时代温州创新史》，中共温州市委十二届七次全体（扩大）会议上的报告（印刷稿），2019年1月10日。

大平台，招引高质量大项目。2018 年 1～11 月，新引进亿元以上重大产业项目共 61 个，数量同比增长达 65%。新引进的重大产业项目中，省“152”工程项目落地开工 42 个，新引进亿元以上单体制造业项目 93 个①。

从产品结构调整看，进度数据反映，2018 年 5 月新产品产值单月同比增速为 8%，跌落至年内最低位，此后出现连续 4 个月的回升后趋于稳定，但新产品产值率的中枢位置有所下移。温州规模以上工业新产品产值增速与同期规模以上工业增加值增速相对比例呈现两个明显特征。其一，“U”形走势。从 3 月的 2.53 年初高位，逐月降到 7 月的 1.60，此后再一路回升至 11 月的 3.23。其二，2018 年相对增速比值大幅低于前值，最高比值 3.23 出现在 11 月，仅高于 2017 年最低 4 月的 3.21（见图 7）。主要逻辑是，市场需求整体偏弱，上半年工业供应链上游材料供给紧张，大宗商品能源价格涨幅较大，上游价格持续走高，挤压中下游利润，生产经营风险提高，新旧产品更替趋于谨慎。此外，宏观经济不确定性加剧，弱需求约束下，创新预期不利，保守观望情绪加重。工业新产品迭代如果不能尽快进入新一轮加速周期，在不确定性上升的局面下，将拖累以新旧动能更替加快为目标的结构调整进程。

从规模结构看，处在不同规模层级上的工业企业呈现较明显产出分化变动态势。分别以 2016 年、2017 年为基期，对照观察 2017 年、2018 年连续两年的月度进度数据，在 2017 年进入三季度前，小微工业企业月度增加值增速均高于同期全部工业企业的平均增加值增速。2017 年 10 月至 2018 年 11 月在所有可获得数据的 14 个月中，小微工业企业月度增加值增速低于工业企业平均增加值增速的有 9 个，高于的有 3 个，相等的也有 2 个。

进一步，再细化比较小微工业企业与全部工业企业的逐月累计增加值增速，可以从分月份数据中看到，增速差从 2018 年 1 月的 -0.6 个百分点，到 11 月的 -0.7 个百分点，幅度并没有收敛。1～11 月，从以各个月份为节

① 温州市发展和改革委员会：《温州市召开重大产业项目招引推进会暨大湾区建设工作会议》，2018 年 11 月 8 日。

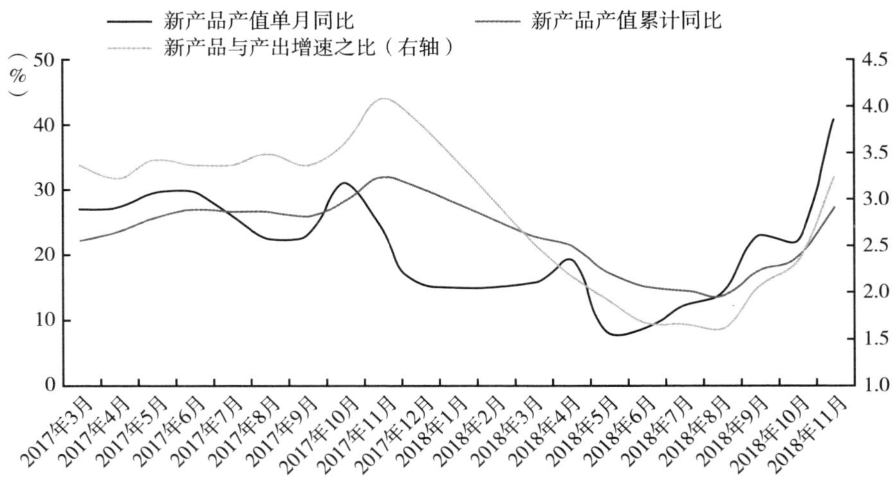

图 7　温州规模以上工业企业新产品产值增速

资料来源：《温州统计月报》，温州市统计局，2017～2018。

点的累计增速来看，小微工业企业增速均慢于工业企业整体水平。

按年度增速比较看，2018 年小微工业企业增加值的月平均增速较上年同期累计增速低 3.38 个百分点。2017～2018 年两年间小微工业企业的增速走势表现为持续放缓，从 8.9% 减缓至 7.7%，相反，工业企业整体的增速则在稳步加快，累计增速从 7.8% 上升至 8.4%（见图 8）。

从上述结果可以看到，2018 年小微工业企业扩张低于平均水平，且收缩态势明确坚决。主要原因，一是需求走弱条件下，市场竞争趋于激烈，成本驱动型的价格竞争倒逼不能通过规模效应有效压缩成本的小型产能退出；二是在生产端组织资源的能力竞争中，企业的体量越大就越有可能得到政策支持与金融等关键要素的优先对接。这一结果与宏观层面的结构性变动一致，2018 年 12 月制造业 PMI 为 49.4%，在整体弱景气度中大型企业 PMI 为 50.1%，高过小型企业的 48.6%。[①] 这就是说，处在 2018 年复杂宏观经济

① 《2018 年 12 月中国制造业采购经理指数和非制造业商务活动指数一降一升》，2018 年 12 月 31 日。

形势中的工业企业，不论是前端资源要素的供给优先序位，还是后端产品价格的弹性空间，两者均有利于规模更大的企业，并造成对体量更小的企业的“挤出”。2018 年多项专门针对小规模企业的减税、融资、降费等纾困扶持政策密集出台，在经过半年左右政策时滞后，小规模企业或有望在 2019 年得到政策效应。

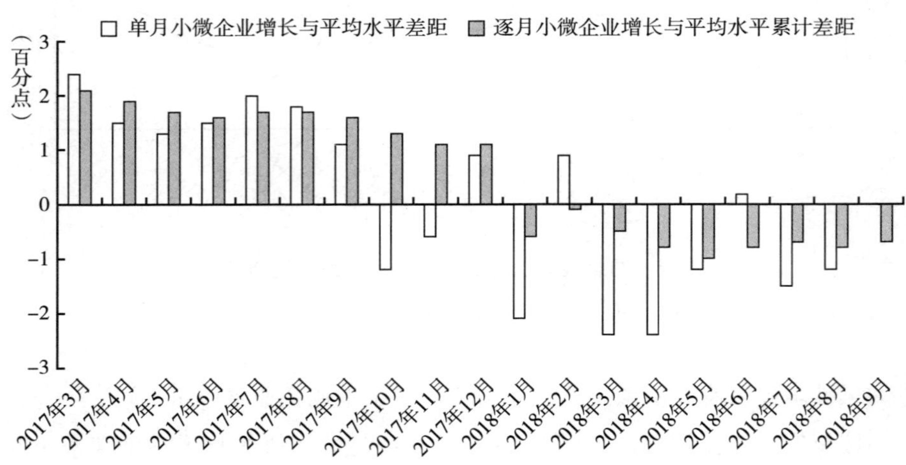

图 8　温州市小微企业增速变动比较（2017 年 3 月至 2018 年 9 月）

资料来源：《温州统计月报》，温州市统计局，2017～2018。

三　收入成本双降延续，利润增速“降中有稳”

2018 年 1～11 月温州规模以上工业企业利润总额增长累计同比增速为 19.4%，由于口径调整，通过单月同比换算出的上一年的基数发现，增速较上年同期有 9.8 个百分点大幅提高，但较 1～10 月 23.1% 的增速回落 3.7 个百分点。1～10 月工业企业主营业务收入累计增长 6.2%，较上年同期增速大幅下降 8.3 个百分点，较 1～9 月前值则有 0.1 个百分点减缓（见图 9）。比较两者各自增速起落和相对变动可见，量减利增局面初步形成，工业企业盈利能力得到改善。对“工业经济以速度换结构，坚持走‘质’而非‘量’之路，宁可让‘速’，不应让‘道’”理念的坚持收获早期成效。

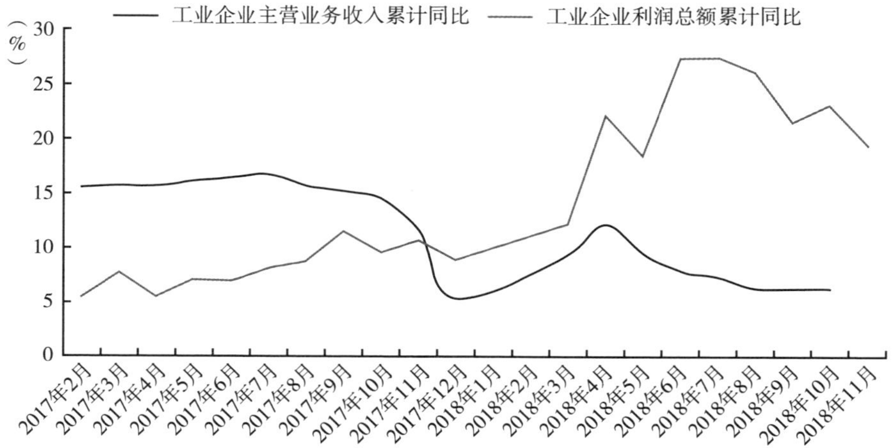

图9　温州市工业企业利润与主营收入累计变动

资料来源：《温州统计月报》，温州市统计局，2017～2018。

2018年1～10月规模以上工业企业利润率为6.75%，较1～9月6.51%略提升0.24个百分点，10月单月规模以上工业企业利润率为8.66%，较9月6.02%大幅提升2.64个百分点，利润率处于高位且仍有上升迹象（见图10）。

工业企业每百元主营业务收入中的成本为83.09元，同比减少1.5元，而每百元资产实现的主营业务收入为74.04元，同比减少9.1元。[①] 可总结为，成本率下降，其中，资金成本有较大幅度的下降。

不过，尽管成本降低，却也难以抵消收入下行的影响，因此利润增速呈现“降中有稳”态势。前者“降”是指景气周期下行对收入的压制，后者“稳”是指成本率的下降。

利润总额可进一步分解为业务收入乘以利润率，而业务收入又可以再分

① 根据数月度指标数据计算。资料来源于《温州统计月报》（2017～2018），温州市统计局。

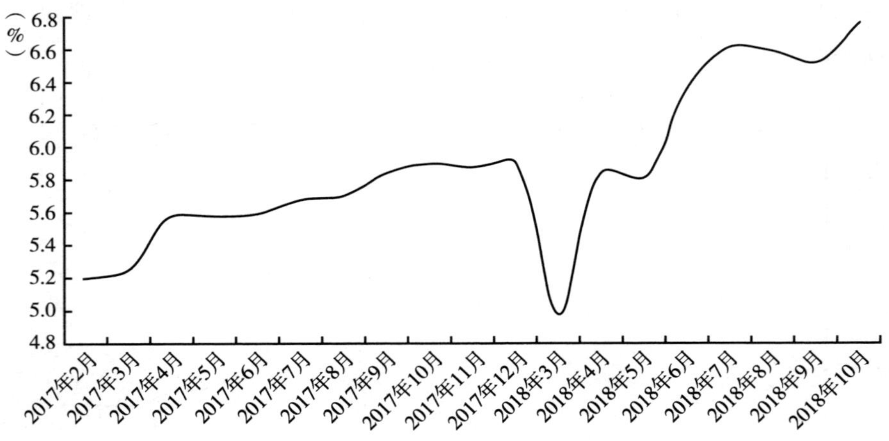

图 10　温州市工业企业利润率走势

资料来源：《温州统计月报》，温州市统计局，2017～2018。

解为增加值乘以 PPI，分别作为量、价两端的替代性指标，进而可以从量、价、利润率三维度分别分析工业增加值、PPI、利润率等影响利润的主要因素。

从以上三项因素看，2018 年 1～10 月温州规模以上工业企业利润总额同比增速上升主要受益于利润率提高。10 月利润率增速提升 1.07 个百分点，利润率增速的提升给利润增速带来更多贡献；数量方面，10 月工业增加值累计增速持平上一个月；价格方面，10 月 PPI 累计同比增速下滑 0.1 个百分点（见图 11）。

2018 年温州工业企业的生产者购进价格指数（PPIRM）从 2017 年度一路走高，进入快速回落，指数从 2018 年初 2 月高点 104.4 滑落至 10 月 101.7，而且结束上半年上下波动后，随着油价大幅下降以及市场需求低迷、原材料价格下跌，进入下半年后，PPIRM 环比增速逐月向下。

另外，量价双降局面中的 PPI 会延续走弱态势。展望后市，PPI 大概率仍将停留在“1 时代”，利润增速不仅难以从价格上升上得到进一步提速，而且可能因此承压进一步放缓（见图 12）。如果 2019 年内本地 PPIRM 同比增速不发生方向性变动的小概率事件，预期 2019 年本地 PPI 将保持大体持平。

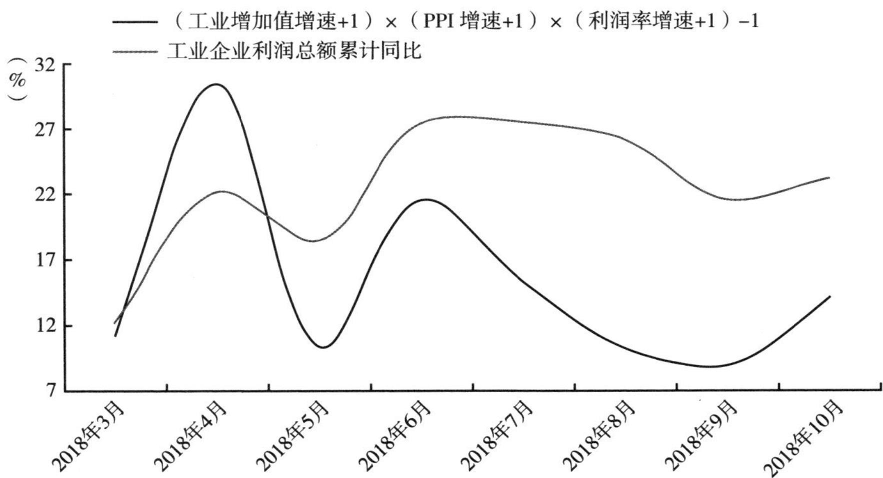

图 11　温州市工业企业利润增速拆分

资料来源：《温州统计月报》，温州市统计局，2018。

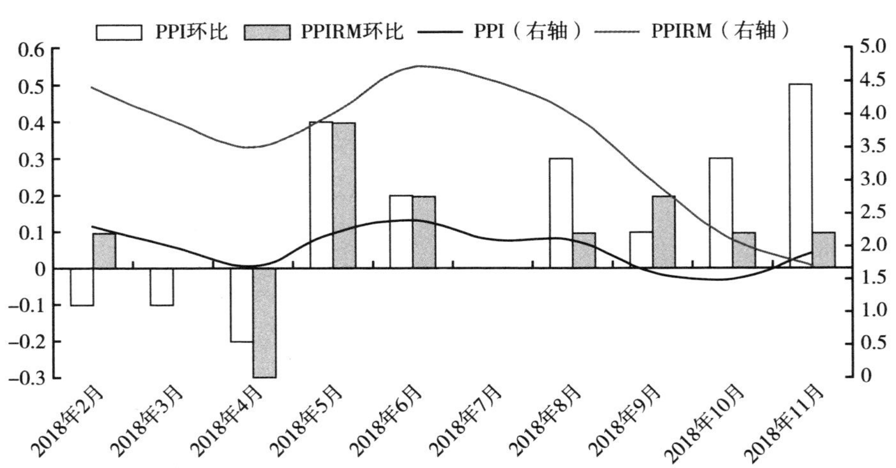

图 12　温州市 PPIRM 和 PPI 变动

资料来源：《温州统计月报》，温州市统计局，2018。

从销售利润率、PPI 和 PPIRM 变动时序轨迹看，一是 2017 年以来 PPIRM 开始独立走高并拉动 PPI 上升，但两个指数升幅差距过大，压制工业企业销售利率的上升。二是 2018 年后，两个指数变动幅度收窄，尤其是 PPIRM 涨幅回落，伴随工业企业销售利润率快速提升。

有理由认为，对于温州工业经济而言，企业销售利润水平更多地受到供给成本端影响，而不是需求价格侧。这也符合温州工业产成品通常居中下游，更接近终端市场，竞争更加激烈，且本地制造业企业个体及企业群整体，均不具备影响产品市场价格的能力（见图 13）。

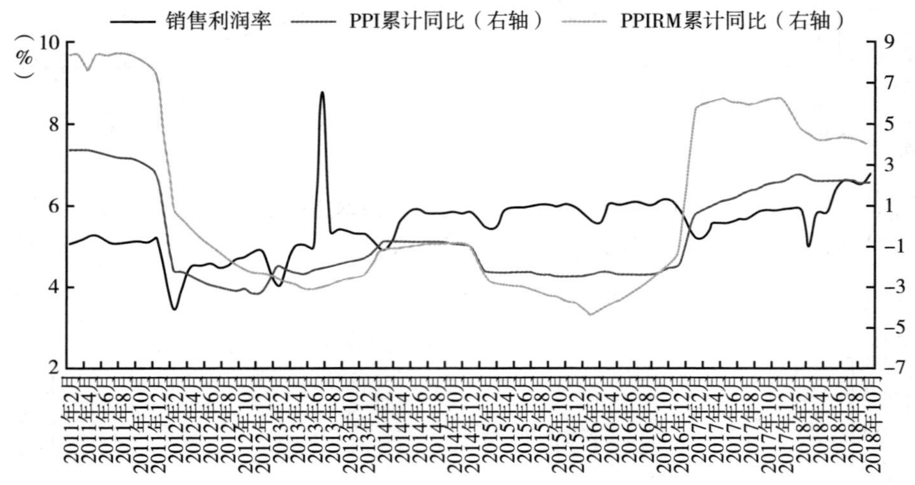

图 13　温州市工业企业销售利润率与 PPI 同比

资料来源：《温州统计月报》，温州市统计局，2010～2018。

总体而言，2018 年 1～10 月温州规模以上工业企业利润增速表现与此前预期相符，“工业企业的销售利润率仍有提升潜力，工业企业的销售利润率走势大概率呈现减速上升的形态”。利润率是表面主因，其背后实质则是生产效率。也即“生产效率大幅度改善是净利润增速持续高于主营业务收入增长的长期主因”，当前生产效率改善仍然是阶段性的，温州工业企业并未进入新旧动能结构性的整体改善进程。

企业盈利后将持续走弱。一是供需两弱且双向负强化格局短期难破。外部需求疲软，同时，地方工业内部供给产能收缩，增加值和业务收入绝对水平下降。此外，前期贸易抢出口效应产生峰谷交替式外需萎缩还需要消化。二是融资难、融资贵问题依旧突出。2018 年三季度前，信用收缩与上游原材料涨价效应导致本地制造企业被动加杠杆，一度出现大企业信贷不良率上升。三是成本刚性上升。国内工业上游 PPI 已经开始走高，预计 2019 年难见回落，可能进一步叠加社保征收趋紧等因素造成用工成本上行，这将加重对温州中下游制造业的边际利润挤压。

虽然决策层高度关注民营企业经营困难，各类纾困政策不断出台，包括降低增值税率在内的多项优惠措施出台，政策面利好较多。理论上，2019 年减税等举措能够降低企业的成本负担，有助于改善企业盈利水平。但也有部分“降成本”政策设计复杂，传导需要打通各个环节，迂回有余且精准不足，预期与实效时常不相对应。特别对于几乎全部由民营制造企业主导的工业经济来说，政策见效可能存在时间更长、利益传导链更长等干扰因素，另外，企业行为驱动目标也相对更多元等，政策利好基本面对经济效益的综合拉抬效应不足以改变工业经济效益 2019 年内走弱大势。

四　主要结论与建议

2018 年温州工业经济运行总体态势可以概括为，“稳中有缓，缓中有忧”，其核心逻辑则是“缩量提质”。需要提示注意的是，温州工业经济可能已经悄然迈入“后去产能”阶段。一方面，“产出增长缺乏内生性正向增长因素支撑”，“自生增长乏力”，再次被印证。另一方面，具备投资必要条件的制造业资本开支不足。尽管温州工业销售利率已经回到 2010 年以来高位，但历史偏高位置的利润和长时间的储备积累前提下本应有的强投资意愿，却没有同期对应规模的后续投资。

跨越“后去产能”阶段解法在于代表高质量增量的产业新动能崛起，“产业政策着力的重点领域和政策的理念定位落脚于发现与培育工业经济新动能上”的思路已经在前些年的实践中逐渐清晰。2019 年 1 月 10 日召开的中共温州市委十二届七次全会提出，工业是温州经济的“根基”“家底和基本盘”。要求把“制造业高质量发展摆上突出位置，大力推进标准强市、质量强市、品牌强市建设，打响‘温州制造’品牌”,[①] 表明前期发生的地方金融风波风险排摸与处置阶段已经结束，投资意愿和信心的恢复已经就绪，工业经济全面回升预期时间确立。

产业政策主旨把握与方案谋划方面，坚持按照2018年中央工作经济会议中提出当前经济运行稳中有变、变中有忧，外部环境复杂严峻，经济面临下行压力，经济增长的企稳回升需要更大力度的政策发力的判断和宏观政策要强化逆周期调节的要求，尽快形成和巩固支撑制造业高质量产能培育的地方系列政策框架。坚持按照2018年11月1日民营企业座谈会上，习近平主席重点强调的降低企业税负以支持民营企业的发展的指示，落实制造业中小企业结构性宽松和减税减负托底提振政策，实施激发微观主体投资投放加速政策。据此，2019年内温州地方配套产业政策和举措，不妨借“势”着力于为产业增长新动能打破目前增量投资僵局提供“催化剂”。

① 陈伟俊:《“八八战略”再深化，改革开放再出发，在抓住用好机遇中续写好新时代温州创新史》，中共温州市委十二届七次全体（扩大）会议上的报告（印刷稿），2019年1月10日。

B.4
温州市农业农村经济发展形势分析（2018～2019）

谢小荣　林晓滨*

摘　要： 2018年温州农业农村经济稳步发展，产业发展质量明显提高，农村改革取得新突破，绿色发展持续推进，城乡居民收入比进一步收窄。同时农村经济新增长点尚未全面形成、生态农业高要求对传统农业的挑战、农民收入不平衡、西部山区经济发展要素制约显现等问题需要引起重视。本文最后从优化乡村振兴制度环境、推进项目和平台建设、增加村集体和农民收入、强化人才要素保障方面提出对策建议。

关键词： 乡村振兴　农业农村　温州

2018年，温州按照“产业兴旺、生态宜居、乡风文明、治理有效、生活富裕”的总要求，以乡村振兴示范带、西部生态休闲产业带建设为重点，狠抓现代农业、美丽乡村、农村改革和低收入农户增收等重点，农业农村经济呈现稳步发展态势。全市实现农林牧渔业增加值增长2.0%，农村居民人均可支配收入增幅9.2%，城乡居民收入比收窄到2.04∶1。

---

* 谢小荣，温州市人大常委会委员、温州市人大法制委员会副主任委员，温州市决策咨询委员会委员，温州市农村经济学会会长，浙江省农村发展研究中心研究员；林晓滨，温州市委农办（市农业局），高级经济师。

一　2018年温州市农业和农村总体情况

（一）农业生产发展稳中向好

1. 粮食生产稳中有升

根据最新农业普查和遥感数据调查，全市粮食播种面积162.98万亩，比上年增加1.87万亩，增长1.16%。总产量约64.67万吨，比上年略增，高于前三年平均水平62.66万吨。实施“藏粮于技”战略，早稻早播早栽技术、晚稻两壮两高和精确定量栽培技术等粮食作物主推技术到位率98.87%，粮食功能区提标改造4.08万亩，创建粮食高产示范区35个。乐清市浦岐镇的连作晚稻百亩方平均单产800.91公斤、攻关田856.62公斤，双双打破省级纪录。

2. 经济作物生产形势良好

蔬菜播种面积94.20万亩，同比增长2.88万亩，增长3.16%。中草药材13.23万亩，同比增加0.84万亩，增长6.74%。铁皮石斛面积1.2万亩，高端精品仿野生铁皮石斛行业产值趋增。新发展水果面积7688亩，预计产量30万吨、产值24亿元左右，比上年分别增长4%、12%。其中杨梅面积32.9万亩，产量11.5万吨、产值12.9亿元，同比增长4.3%、26%。柑橘面积10.85万亩，预计产量10.81万吨、产值6.29亿元，同比增长6.71%、10.93%。春茶总产量3507吨、总产值88980万元，同比增长1.56%、3.83%，其中名优茶产量2392.7吨，产值79042万元，同比增长5.72%、4.41%。

3. 畜牧业存栏数下降，出栏数增加

自2018年8月22日乐清被宣布为非洲猪瘟疫区以来，全市上下始终保持全局一盘棋，建立健全有效防控机制，统筹抓好舆论宣传引导、肉品市场供应、信访问题化解、基层条件改善、基础产能提升。10月10日，乐清非洲猪瘟疫情解除。全市生猪存栏34万头，同比下降19.11%，生猪出栏74

万头，同比增加14.74%。家禽存栏800万只，同比下降3.4%，其中蛋鸡存栏165万只，肉鸡存栏440万只；家禽出栏1950万只，同比增加1.17%，其中肉鸡出栏1475万只，同比增加7.05%。牛存栏3.4万头，同比下降1.47%，其中奶牛存栏0.53万头，同比下降14.34%；牛出栏2万头，同比增加17.31%。羊存栏13万只，同比下降3.04%，出栏18万只，同比增加3.34%。

4. 一二三产融合加深

围绕农业供给侧结构性改革，在现代农业种养殖、“新六产”等方面全面发力，做大做强平阳奶业、乐清铁皮石斛、瓯海花卉、泰顺竹木、瑞安水产、苍南水产等超10亿元全产业链。其中，泰顺县竹木产业示范性全产业链被评为2018年全省示范性农业全产业链。加大畜牧凤凰计划力度，继佩蒂成功上市后，2018年熊猫乳业、一鸣乳业、顶诺牛排3家企业上市工作也有序推进。泰顺云岚生态牧场累计接待游客4万余人，旅游总收入达285万元。牧羊人牧场打造全省首家“牧场+餐饮体验店”模式的火锅店。

（二）农村改革取得新突破

1. “消灭薄弱村”工作成效明显

全市村级集体经济总收入54.57亿元，同比增长32.83%；经营性收入33.92亿元，同比增长29.7%；经营性收入10万元以上村3592个，占比从2017年的36.4%提高到66.47%；总收入超100万元的经济强村1211个，较2017年新增358个。

2. 全面完成土地确权工作

农村土地确权通过审计署的延伸审计。按照“三权分置”要求，进一步拓展土地经营权权能，2018年全市流转面积124.73万亩，流转率62.54%，开展股份合作2.05万亩。农房抵押贷款余额135.63亿元，同比增加15.24%；农民资产受托代管融资38.81亿元；闲置农房盘活1612幢，完成年度目标的143.92%。开展农业生产托管，形成集约规模效应，2018

年全市土地托管服务面积73.81万亩，包括耕、种、防、收四个环节，接受托管服务农户近16万人。

3. 农村改革发展成就彰显

永嘉农村产权交易中心“民营资本参与农村产权交易市场建设模式”作为全省26条经济类改革典型经验向全省推广；瓯海农民资产授托代管融资推荐申报省经济体制改革试点；鹿城、永嘉获新一批农业部农村集体产权制度改革试点。

（三）绿色发展持续推进

1. 绿色示范创建有效推进

创建省级农业绿色发展先行示范县4个、示范区16个；国家级农产品质量安全示范县1个、省级示范县3个，农产品质量安全追溯体系覆盖11个县（市、区）。开展畜牧业绿色发展示范市创建，乐清、平阳通过省级畜牧业绿色发展示范县创建验收，平阳县通过国家级示范县创建验收；完成美丽牧场建设25家，累计建成109家，启动建设万头猪场4家；完成农牧对接绿色循环体建设10个。

2. 农业面源污染防治取得阶段性成效

精准推进肥药减量增效，推广应用测土配方施肥、有机肥替代、绿肥翻压、秸秆还田等技术，测土配方施肥260.8万亩次，覆盖率达到90.63%；推广商品有机肥8.14万吨，统防统治面积88.35万亩、化学农药减量30.497吨、绿色防控示范面积11.91万亩、绿色防控技术推广面积84.83万亩次；全年减少化肥使用量1110.65吨；建成氮磷生态拦截沟渠24条。完成废弃沼气池安全处置1546处，推广秸秆综合利用七大主推技术，产生可收集秸秆62.07万吨。深化畜禽养殖废弃物资源化利用，完成存栏500头以上规模猪场集粪棚改造189个，全面完成存栏500头以上规模猪场提升改造，畜禽养殖废弃物资源利用率达到98.16%。

3. “互联网+”现代农业较快发展

创成瑞安国家级示范县、乐清省级示范县，完成5000亩农业物联网建设任务。推进乐清农业物联网示范县（试点市）项目，完成项目平台及各基地的整体方案设计，通过验收的物联网基地共7个，建设面积达1700多亩。建成1家国内领先的高科技数字化牧场（瑞安市华鑫禽业有限公司）。

（四）乡村振兴取得新成效

1. 建成一批乡村振兴示范带

洞头区、文成县、永嘉县列入省部共建乡村振兴示范县创建，洞头区被授予“绿水青山就是金山银山”实践创新基地，永嘉岩坦楠溪古韵示范带、文成县百丈漈天鼎湖闲情示范带、泰顺司前竹里民族示范带等一批乡村振兴项目成为典型样板。美丽乡村建设获省政府表彰并记集体二等功，永嘉、文成开展省美丽乡村示范县创建，继续创成省级美丽乡村示范乡镇13个、精品村45个，市美丽乡村标杆乡镇10个，乡村振兴示范带17条。

2. 农村垃圾得到有效处置

完善线上线下联动督查，建立“温州农村垃圾治理曝光台”微信群，建立3个工作日整改长效机制。提前完成省民生实事项目农村生活垃圾分类处理村1144个。各县（市区）广泛开展“最脏村庄”评选活动，动真碰硬向农村脏乱差“开刀”，使干净整洁成为农村环境的常态。

3. 脱贫攻坚任务高质量完成

农村扶贫开发得到省委通报表彰。全市异地搬迁2.62万人，占全省的58%；泰顺县“富民安民的生态搬迁工程”被评为第五届浙江省公共管理创新案例；巩固和新增产业增收帮扶低收入农户14992户，完成率为115.3%；完成低收入农户家庭医生签约100113人，占年度计划的125.1%；产业就业帮扶小农户特别是低收入农户13722人。

（五）新型农业经营主体培育取得新成效

1. “万家农业经营主体提质”行动成效明显

培育市级示范性农民专业合作经济组织269家、市级示范性“三位一体”农村合作组织189家、市级示范性家庭农场160家，培育省级示范性家

庭农场69家，瑞安、泰顺两地入选全国农民专业合作社质量提升整县推进试点单位。培育市级农业龙头企业62家，新增原野园林和藤桥食品等两家国家级农业龙头企业，培育8家农业企业筹备上市。农村资金互助社正式营业1家，农村资金互助会正式营业57家，共发放5657笔7亿元信用互助资金。

2. 培育一批新型职业农民

全市培养农村实用人才12112人，其中新型职业农民2731人，新招收农民中等职业教育学员392人，培育农创客170名。举办第四届全市农民技能大赛暨2018年省农业职业技能大赛选拔赛，选送的6组选手分别荣获省一等奖、二等奖。

3. 农业科技人员服务农业力量加强

创设温州乡学院，建成128所“新时代乡村讲习所”，建成省级农民田间学校15个，培养壮大温州现代农业发展带头人。组建18个乡村振兴产业服务团队，温州市蔬菜产业创新与服务团队获浙江省十大农业产业技术团队称号。提升农业科技示范基地23个，完成35个省级农业科技示范基地创建，推广水肥一体化技术8.09万亩，落实省市两级粮油、瓜菜等农作物新品种展示示范点18个。

（六）农业主导产业提质增效明显

1. 农业“两区”建设成效良好

新增省级1个现代农业园区和2个省级特色农业强镇，创成2个省级特色农业强镇。乐清大荆铁皮石斛产业集聚区成功转为省级现代农业园区，并获列入全国一二三产融合发展先导区（全省仅4个）；苍南县沿江省级现代农业园区项目开工率达70%以上；2017年立项的瑞安市马屿稻菜特色农业强镇、平阳县水头茶叶特色农业强镇2个项目有序推进。落实25个粮食生产功能区提标改造，完成提标改造面积4.08万亩。全力推进种植业“五园”建设，打造大棚番茄、花椰菜、铁皮石斛和温栀子等一批特色主导产品高质量发展样板。苍南县成为全省唯一部级蔬菜绿色高质高效创建项目县，农村农业部农技推广中心全国设施蔬菜生产示范现场观摩会在温州市苍南召开。

2. 农业品牌提档升级

新培育示范性农业全产业链6条，其中，泰顺县竹木产业示范性全产业链创成省级示范性农业全产业链；新增7个省级名牌农产品，新增平阳鸽蛋、平阳黄汤、文成杨梅等3个浙江区域名牌农产品，雁荡山铁皮石斛入选“最具影响力十强品牌”，平阳黄汤入选“最具成长性十强品牌”。实施文成县珊溪生态杨梅绿色示范区等市县共建项目，开展杨梅凋萎病研究等科研合作。抓好杨梅避雨栽培、丁岙杨梅矮化栽培、柑橘安全完熟栽培、黄汤加工、红茶加工等示范点建设，全市共引进推广水果良种7688亩，引进推广茶树良种9128亩。

3. 组织绿色优质农产品进城系列活动

举办第八届温州特色农业博览会，绿色优质农产品供给质量和品牌效益明显。强化“三品一标”生产过程管控与标志使用规范，全市新增绿色农产品基地1.47万亩，新增绿色食品24个、无公害农产品96个、地理标志农产品1个，绿色食品认证产品59个，无公害农产品486个，“泰顺三杯香”“平阳黄汤”“雁荡铁皮石斛”“泰顺猕猴桃”“雁荡毛峰”等5个产品获得国家农产品地理标志认证。大力培育“温州早茶”“温州瓯柑”“雁荡山铁皮石斛”“文成原农”“楠溪嘉品”等农产品区域公共品牌。

4. 农业品牌建设带动农产品增值

坚持品牌引领，雁荡山铁皮石斛成功获得国家地理标识认证，“苍农一品”“平阳五个鲜”取得初步成效，文成糯米山药向国家工商总局申请证明商标，永嘉“楠溪嘉品”区域品牌已向国家工商总局申请注册。确定顶味百嘉、日月井、信心、百强、太禾等5个作为省级名牌农产品培育对象，平阳黄汤、平阳鸽蛋和文成杨梅等3个品牌作为省级名牌区域农产品培育对象。同时，加大对温州优质农产品宣传推介，一鸣牛奶等农业龙头企业入驻永强机场航站楼。

二　当前农业农村经济运行中应关注的问题

（一）关注培育农业农村经济新的增长点

从全市农业农村发展形势来看，传统种养业效益下滑，支撑现代农业转型升级的新的增长点尚未有效形成，一二三产融合发展的文章还没有做透；“互联网＋现代农业”前景广阔，路径初步形成，农业数字经济有待进一步发力。在民宿业蓬勃兴起的同时，如何加大乡村振兴示范带和西部生态休闲产业带“串点连线成片”建设，做好一二三产融合发展文章，拓宽农民增收渠道，为现代农业转型提升提供强有力的支撑。

（二）关注环境生态资源和农业转型

随着农业供给侧结构性改革和生态文明建设的深入推进，农业生态化要求越来越高，农业发展方式亟待转型。种植业方面，农业面源污染治理、药肥双控、农药废弃包装物回收处置力度还须加大，发展绿色农业还须加力。养殖业方面，生猪养殖准入门槛越来越高，畜牧业转型升级十分迫切，特别是2018年8月乐清市发生的输入性非洲猪瘟疫情，虽然目前已解除，但给生猪市场带来的冲击依然非常大。

（三）关注农民增收中出现的新问题

一是农民群体间的不平衡，主要表现在农村居民收入低于平均水平和农村居民家庭人均可支配收入低于平均水平占比较高，缩小农民群体间收入差距仍然任重道远。要全面建成更高水平小康社会的目标，就必须加大相对薄弱区域跨越式发展。二是巩固“消薄”“扶贫”工作，做好消除薄弱村工作，加强对低保的动态管理，对因病致贫、低保户及时排摸，确保做到应保尽保。

（四）关注西部山区发展要素制约

温州“七山二水一分田”是当前实施乡村振兴战略的发展资源，但西部山区受制于区位特点、生态红线等因素，产业培育不足、交通网络不畅、人才支撑不足等问题亟须破解。

三　对策建议

（一）以农村改革为引领，进一步优化乡村振兴制度环境

1. 推进农村承包地经营权和宅基地使用权流转

实施农房盘活工程，继续深化瑞安、平阳农村宅基地三权分置改革试点并向全市推开，推广土地整村流转、承包经营权和宅基地使用权抵押担保等典型做法，鼓励村集体经济组织统一农村承包地经营权、宅基地使用权流转。

2. 推进瓯海农民资产授托贷款融资扩面

在完成全国农村改革试验区任务的基础上，通过扩面增量，进一步拓宽授托代管融资的资产种类，最大化地激活准贷证的有效启用，扩大普惠金融成果；同时强化金融机构和村股份经济合作社的双向联动管理，健全风险管理体系。总结瓯海经验向全市推广，协同市金融办、市银监局、市人行落实承办金融机构，争取市政法委、市中院在司法层面的支持。

3. 推进“三位一体”农民合作体系建设

实施“三位一体”农民合作组织体系建设工程，推进农合联组织完善提升，加快组建农合联资产经营公司与设立农民合作基金。支持有条件的农民合作社发展生产、供销、信用“三位一体”综合业务合作，打造精品特色地方“三位一体”品牌。探索引导贫困地区依托农民合作社开展产业扶贫脱贫。

4. 推进农业数字化转型

实施农业信息化工程，依托温州智慧农业综合服务平台建设，推进农业企业管理、服务、销售数字化转型；完成全市范围的农业主体基础数据采集，通过信息技术手段汇聚食堂、农贸、农批等农产品消费数据，打通与省农业农村厅、市各部门数据共享通道，建立起动态更新、有持续数据支持的农业大数据中心。

（二）推进项目和平台建设，进一步优化乡村振兴产业布局

1. 实施乡村振兴示范带提升工程

坚持党建引领、规划先行、产业优先、环境优美，编制完成乡村振兴示范带专项规划，开展乡村振兴示范带等级评定。在温州北部、南部和洞头分别打造“山水雁楠”“红都绿野”“海上花园”3 条乡村振兴黄金带。

2. 实施农村人居环境提升工程

紧盯农村环境这一关键点，围绕省级美丽乡村示范县创建，持续做好全市农村生活垃圾分类处理，创建省级新时代美丽乡村达标村、乡村振兴精品村、A 级景区村、美丽乡村示范乡镇等。

3. 实施产业项目提升工程

持续推进传统农业转型升级，加快建设省级现代农业园区、省级特色农业强镇、市级田园综合体，精细推进实施西部生态休闲产业带产业项目建设。开展公益服务型民宿品牌创建试点，实施民宿提升工程，推动“民宿 +”发展模式。

4. 推进农业品牌建设

继续开展“一县一专场”和市民下乡“探秘之旅”活动，建设市区西部绿色优质农产品展示体验中心，组建温州西部生态休闲产业带区域品牌创建主体，统一策划运营铁皮石斛、温州早茶、温郁金等优质农产品。同时，启动西部生态休闲产业带农产品合格率“998”工程，全面推行食用农产品“智慧云码”，推进农产品质量安全监管全程管控。

（三）以稳增长为重点，做好村集体经济和农民增收两篇文章

1. 做大村级集体经济

开展“五千”精准攻坚行动，以“飞地”抱团项目为重要抓手稳步推进村级集体经济高质量发展，推进农村集体“三资”管理“五严五规范”。推进以农村承包地、农村集体建设用地等多种形式入股参与农业产业建设、村企混合所有制经济建设。加强村集体经济财务规范，巩固严禁“白条入账”成果，发挥监管平台功效，实现“三资”非现场监管。

2. 做强合作社和家庭农场

实施农民合作社提升与家庭农场提升工程，积极发展“农户＋合作社”“农户＋合作社＋公司”等模式，加强面向小农户的社会化服务。同时，推进农业企业和农业企业家健康成长，重点培育发展市级以上农业龙头企业。

3. 做实农民持续增收

首先是低收入农民扶贫和增收。实施异地搬迁深化工程，推广泰顺县生态大搬迁经验，推进搬迁户向中心镇集聚，在同城同待遇、同镇同待遇的基础上，鼓励在就业创业政策上予以倾斜，推广财政资金折股量化、公益性岗位就业、来料加工等扶贫模式。

（四）以典型示范为驱动，着力营造“大众创业、万众创新”新环境

1. 推出一批农业农村系统劳模和先进人物典型

开展“树模范、学标兵”专题活动，加大对返乡创业就业先进典型、先进事迹、先进经验的宣传力度，发挥典型示范作用。实施红色领雁工程，全面落实乡村振兴指导员制度，培养一批好干部、好支书。

2. 培养一批创业创新人才

以乡贤促乡兴为切入点，通过加大政策配套力度，吸引温商乡贤、退伍军人、大学生等各类人才上山下乡，为乡村振兴献计献力。建成温州市农创客孵化园，打造农业领域“创业苗圃＋孵化器＋加速器”的全程孵化链条，吸引科技人才、农创客与农业创业项目入驻；实施农村领军人物培育计划，

打造在全市有一定影响力的个人工作室或团队，形成工商资本下乡、农旅融合、农村电商、农业服务创新等方面有示范带动。

3. 打造一批美丽乡村示范典型

通过省级美丽乡村示范县、示范乡镇、特色精品村创建，对标浙北、浙西地区，分类推进城郊结合地区、平原、海岛以及边远山区的美丽乡村建设，重点把乡村振兴示范带做成精品带、样板带，以点带面推动美丽环境向美丽经济转变，美丽乡村风景向良好风尚转变。

B.5
温州市固定资产投资形势分析与展望（2018～2019）

孙福国　陈沛思*

摘　要： 2018年温州市固定资产投资质量进一步提升，投资结构进一步优化，重点建设项目和省“152”工程项目稳步推进，但存在的问题和短板不容忽视，防范化解金融风险风向未变，去杠杆、去产能等政策叠加效应仍在延续。在全国“稳投资”力度不断加大的背景下，结合温州实际，提出保持投资稳健增长，坚持以结构调整促进投资高质量发展，不断加大基础设施领域补短板力度和重大产业项目招引力度，科学安排工程项目建设等建议。

关键词： 固定资产投资　经济形势　项目建设

2018年固定资产投资结构进一步优化，发挥固定资产投资补短板、增后劲、惠民生的关键性作用，为温州市“两个高水平”建设提供支撑。

一　2018年固定资产投资维持中高速运行

（一）投资增速较快

2018年温州市固定资产投资同比增长8.1%，快于全省平均增速1.0个

* 孙福国，温州市发改委投资处处长；陈沛思，温州市发改委投资处。

百分点，居全省第 2 位，创近 5 年来最高名次，比全国增速高 2.2 个百分点，已经连续六个月维持在 8.0% ~8.8% 增速区间，表明温州市投资基本维持在一个中高速运行的新阶段，与全国投资增长总体疲软状态形成反差。

（二）投资结构持续优化

2018 年，温州市高新技术产业投资、生态环境和公共设施投资、交通投资、民间投资分别增长 30.3%、14.6%、12.5%和 12.4%（见图 1）。高新技术产业投资增长迅速，投资结构不断优化。

（三）省“152”工程项目率先完成

2018 年，温州市共 55 个项目列入省“152”工程清单，率先完成省下达任务，项目数居全省第 2 位，全年落地项目 42 个，落地率 76.4%，超额完成年度落地率 50% 目标任务。温州立足本地产业基础，谋划一批产业转型升级的重大项目，项目质量进一步提升。如依托汽摩配产业优势，谋划新能源汽车项目（整车及关键零部件）6 个，总投资 109 亿元。

（四）省“4 +1”重大项目圆满完成

2018 年，温州市共有 27 个项目列入省“4 +1”重大项目建设计划，其中实施类项目 24 个，年度计划投资 227.1 亿元，全年共完成投资 273.3 亿元，完成率 120.3%；全年计划新开工项目 7 个，已全部开工。

（五）市重点建设项目超额完成

2018 年，完成投资 1022.12 亿元，完成率为 123.0%；其中 111 个省重点建设项目完成投资 409.5 亿元，完成率为 117.1%，居全省前列。

（六）市级政府投资进一步提速

2018 年，温州市共安排市级政府投资项目 457 个，计划投资 338.4 亿元。全年完成投资 338.2 亿元，完成年度投资计划的 99.9%，快于上年进度。其中，计划安排新开工项目 102 个，年度投资计划 36.5 亿元，全年完成投资 32.5 亿元。

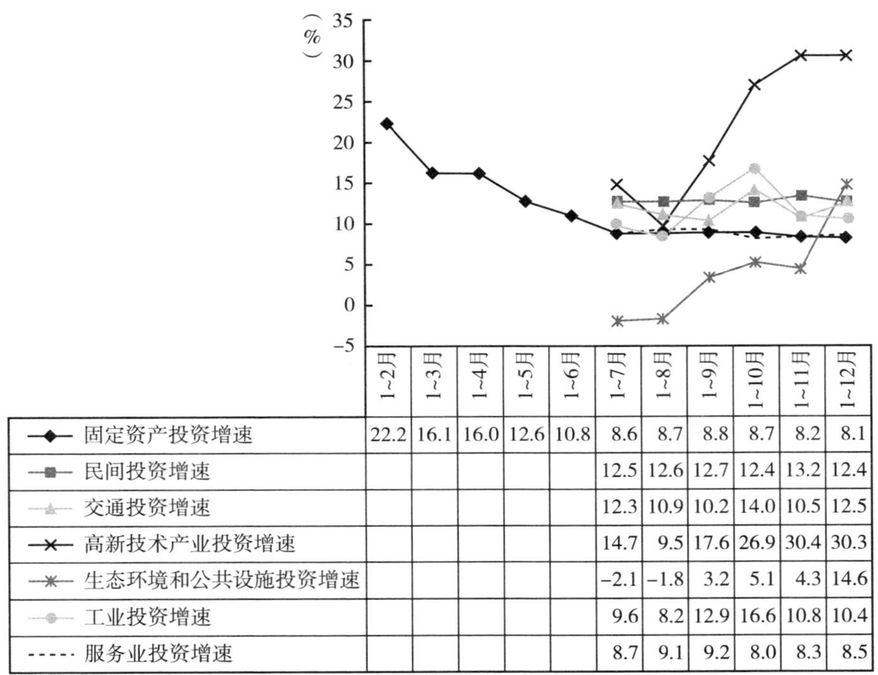

	1~2月	1~3月	1~4月	1~5月	1~6月	1~7月	1~8月	1~9月	1~10月	1~11月	1~12月
固定资产投资增速	22.2	16.1	16.0	12.6	10.8	8.6	8.7	8.8	8.7	8.2	8.1
民间投资增速						12.5	12.6	12.7	12.4	13.2	12.4
交通投资增速						12.3	10.9	10.2	14.0	10.5	12.5
高新技术产业投资增速						14.7	9.5	17.6	26.9	30.4	30.3
生态环境和公共设施投资增速						-2.1	-1.8	3.2	5.1	4.3	14.6
工业投资增速						9.6	8.2	12.9	16.6	10.8	10.4
服务业投资增速						8.7	9.1	9.2	8.0	8.3	8.5

图　温州市 2018 年全年逐月投资增速走势

二　主要做法

（一）及早部署，分解任务促落实

新年伊始，温州市召开全市扩大有效投资推进会，将投资列入市委市政府中心工作。《温州市 2018 年进一步优化投资结构提高投资质量实施方案》（温委办发〔2018〕40 号），明确投资工作导向，提出全年“1＋4＋2”的投资工作目标，并将指标任务分解到各地、各部门，落实“块抓条保”责任主体，明确目标责任制。

（二）项目导向，围绕节点抓攻坚

坚持项目为王和项目中心制，创新性推行项目报备管理，建立与投资盘子相匹配的全市投资项目库，各县（市、区）每月向发改委报备全口径的谋划建设投资项目，滚动推进，动态调整，全流程加强监管，确保“投资项目真实可靠、投资数据真实可靠”。如对省“152”项目强力实行“项目清单化、清单节点化”管理，实时监测进度，重点抓好供地和开工两个关键节点，对照时间表、任务书，实行挂图作战，“三色”预警，及时提醒应开工未开工项目、进度滞缓项目和任务不达标地区进行追赶纠偏，确保完成全年任务目标。

（四）加强督考，完善机制促落实

一是建立市领导联系重大项目制度，形成领导带头抓项目的良好风气和重大项目统筹协调机制。对领导挂钩联系的省“4+1”项目及重点工程，项目属地政府或建设单位为责任主体，挂钩联系市领导定期开展重点督办、现场办公等，市级主管部门专门联络指导，及时协调解决项目推进中遇到的困难和问题。二是将重大项目建设推进情况纳入市委市政府统一安排的“温州擂台·六比竞赛”，开展重大产业项目擂台比拼活动，集中精力抓好项目建设大提速。三是突出考核引领作用，2018年进一步提高了县（市、区）有效投资工作考绩分值比重，各地2018年重点攻坚任务中的投资考绩分值约占1/4（省级产业集聚区更是达到45%）。四是落实“监测、通报、约谈、督查”等投资推进工作机制，建立按月通报各地“1+4+2”投资指标和重点项目进度、按旬通报重大项目占用永久基本农田预审进度和“标准地”、按周通报省市县长项目工程、按日通报“最多100天”进展情况等通报制度。

（五）紧扣政策，深化改革强保障

一是紧抓政策窗口期，加强项目建设要素保障。2018年下半年投资工作迎来新一轮政策机遇，政治局会议、国务院常务会议相继召开强调要稳投资，国家发改委、自然资源部和财政部在中央预算内资金拨付、永农、专项债等方面均有较大调整。2018 年，温州市积极做好政府债券的发行工作、推进符合新规的涉及永农项目前期、组织省重大产业项目申报。

二是开展 PPP 入库项目清查，提升 PPP 项目规范化水平。全年向社会新推介 PPP 项目 34 个，总投资逾 800 亿元。温州市洞头区因推广政府和社会资本合作（PPP）模式工作有力、社会资本参与度较高获国务院通报表扬，是浙江省唯一入选地区。

三是制定《温州市本级政府投资项目储备生成指导意见》，会同市级有关部门建立市本级政府投资项目储备库，作为政府投资建设项目决策和编制年度政府投资项目计划的重要依据，并按各自职责配合对建设项目储备实施管理与监督。

四是结合温州市营商环境提升年行动，大力推进企业投资项目“最多跑一次”改革，全面推广“标准地”改革，结合温州市工程建设项目审批制度改革试点，深化“六联一模一优”企业投资审批服务改革，确保一般企业投资项目开工前审批“最多 100 天”，力争竣工验收“最多 30 天”。

三　影响投资增长的几个因素

（一）交通投资仍囿于要素保障

2018 年，影响交通投资增速的主要是土地、资金两大瓶颈性因素。土地方面，耕占指标短缺和先行用地审批窗口未完全放宽。当前，各地耕地占补平衡指标均不足，地方政府无论是从造地解决指标等统筹调配指标还是异地购买指标方面均较困难，仅在建和计划近期开工的高速、国省道项目就亟须落实耕占指标 7062 亩；自然资源部对浙江省先行用地报批管控严格，部分项目拟采用先行用地开工受阻。资金方面，建设资金落实仍然严峻。国家一系列防范重大金融风险和规范地方债务的调控政策、PPP

项目模式进行规范清理整顿、投融资渠道紧缩，导致相关项目暂缓实施或投资规模缩减。

（二）民间投资增速排位靠后

2018 年，温州市民间投资增速比全省平均低 5.4 个百分点，排全省第 10 位，主要体现在项目投资支撑不足，对房地产开发投资存在依赖。剔除房地产开发投资的民间投资增速仅为 7.6%，凸显了其他领域的民间投资项目不足。温州市房地产开发投资占温州市固定资产投资的比重达到 43.7%，贡献率达到 75.6%，在农房集聚点改造、农村安置房等民间其他房地产项目大幅缩减的情况下，保持房地产开发投资高速增长并带动民间投资高速增长的情况或将难以为继。

（三）统计监管影响大

2018 年适逢统计制度改革，5000 万元以下按财务支出统计，5000 万元以上从严从实监管，尤其对投资数据统计入库工作管理非常严格，对不能提供凭证的数据进行核减或暂缓统计，压缩了每月投资完成空间。

四　2019年固定资产投资预测与建议

相比 2018 年，2019 年温州市投资总量保持中高速增长的不确定性有所增加，机遇与挑战并存。

从有利因素看，一是 2018 年下半年以来全国稳投资力度有所加大。二是要素制约有望缓解。自然资源部适度放开占用永农重大项目用地预审，财政政策有积极转向，金融机构保障项目建设合理正常融资等政策红利逐步释放。三是取消或减少阻碍民资、外资进入基础设施和公共服务的限制条件，为来年稳投资创造了有利条件。四是 2018 年 42 个重大市县长项目工程和两批 159 个省集中开工项目陆续落地开工，对全年投资（尤其是产业投资）构成良好支撑。

从不利因素看，一是国家防范化解金融风险包括地方隐性债务风险并未根本转向，比如新上政府投资项目均需要做财政风险评估和承受能力评价，去杠杆去产能、海洋环保督查等政策叠加效应仍在延续。二是浙江省全面实施投资新政，本届省政府坚持考核“4＋1”重点领域投资，引导各地各部门由重投资总量转向重投资结构和质量提升。三是温州市土拍市场和新房销售呈降温走势，仅市区出让住宅用地就减少500多亩，全年房地产市场并不乐观，考虑到房地产投资占比已近五成的情况下，将成为全市投资总量能否维持快速增长的最大不确定因素。

综合上述有利与不利因素，预计2019年固定资产投资增长8%左右；民间项目投资、交通投资、高新技术产业投资、生态环境和公共设施投资增长10%以上。

为发挥固定资产投资在稳增长中的重要作用，针对影响投资增长的因素，特提出如下建议。

1. 加大交通建设投入

按《加快打造全国性综合交通枢纽城市的实施意见》组织实施“8223”工程，着力保持综合交通大投入、大建设、大发展。

铁路方面，加快推进杭温高铁一期（温州段）全线建设，乐清湾港区铁路支线通过验收投入使用，争取温武吉铁路前期工作获得实质性突破。

公路方面，建成甬台温高速复线灵昆至阁巷段、瑞安至苍南段、龙丽温高速文瑞段，加快溧宁高速文泰段、文景段建设，推进瓯江北口大桥和七都大桥北汊桥建设，争取开工建设金丽温高速东延线、沈海高速温州东互通至温州龙湾国际机场连接线工程，积极推进瑞苍高速、文青高速、温义高速前期工作。

空港方面，加快机场综合交通中心建设，开工航空物流园区，启动城市东部综合交通枢纽、机场第二跑道和T3航站楼等项目前期。

港口方面，开工建设乐清湾港区C区一期工程，加快建设状元岙港区二期工程，以及中石化灵昆码头、小门岛LNG等临港产业配套码头项目，大力发展海铁联运、水水中转，推动大宗散货、集装箱向核心港区集聚。

城轨方面，全线开通运营市域铁路 S1 线，继续加快建设 S2 线一期，深化 S3 线前期研究并争取开工建设。编制完成温州市城市轨道交通 M 线建设规划并上报审批。

2. 加大实体经济投资

一是做好“存量优化”文章。大力提升优势传统产业，加快“腾笼换鸟”“机器人 +”步伐。二是写好“增量倍增”文章。一方面，加紧谋划大湾区和沿海产业带规划，重点打造电气、智能装备、时尚产业、新能源智能网联汽车及零部件等千亿级产业集群。另一方面，建立强有力高效率招引机制，聚焦培育智能装备、生命健康、数字经济、新能源智能网联汽车、新材料等重点战略性新兴产业。

3. 增加生态环境投入

围绕“打好污染防治攻坚战”目标，加大治水、治土、治气、治废投资，加快水利基础设施、污水垃圾收集处理等环保硬件设施建设。实施生态环保基础设施提升三年行动计划，开展市区排水管网整治两年攻坚行动，完善“一城一网一主体”运维机制，加快建设一批“污水零直排区”，逐步实现管网全覆盖、污水全收集。提速推进百项千亿防洪排涝工程，加快温瑞平原东片和西片排涝工程等项目建设，持续推进温州生态园三垟城市湿地公园建设工程、温州市龟湖街坊建设工程等“两线三片”生态项目建设。

4. 加大清洁能源投资

以全省清洁能源示范县和新能源示范镇建设为重点，积极参与能源结构调整，推进能源生产和消费革命，加快发展清洁能源产业，统筹推进光伏发电、海上风电、核电等新能源项目。大力推广新能源汽车，新建公共充电桩。

5. 全力扩大民间投资

全面落实《温州市创建新时代“两个健康”发展先行区总体方案》（温委发〔2018〕50 号），创建世界（温州）华商综合发展试验区，重点探索支撑民营企业深度参与国际产能合作的有效机制，探索民营资本和海外智力回归双向撬动机制，探索以境外华商网络为依托的国际贸易新机制，把温州建设成为世界华商回归创业创新主要目的地城市。推动社会资本进入各类基础设施、重大民生工程、新型城镇化以及教育、医疗、特许经营等领域，规范 PPP、EPC 项目投资程序，引导民营企业参与投资。加快完善社会信用机制，强化政府守信践诺，完善民营企业、经营者的“红名单”“黑名单”“白名单”制度和信用档案，差别化对待信用受损企业、入黑名单企业和破产企业，建立信用修复、污点销号机制，让企业“重整旗鼓”。

B.6 温州外经贸形势分析及预测（2018～2019）

林 俐　陈雪旭　周思雨　金 辉　潘咪咪*

摘　要： 2018年温州市对外贸易在起伏中总体保持增长，实际利用外资快速增长，以并购为主导的境外投资持续推进。预计2019年温州市外贸将保持稳定增长的发展态势，吸引外资将在2018年实际外资良好态势基础上继续保持增长，随着“一带一路”建设的推进，境外投资将会延续增长态势。最后结合本市的实际情况，本文提出优化贸易结构、简化引资流程、构建对外投资风险防范机制等政策建议。

关键词： 外经贸　对外贸易　温州

一　温州市外经贸发展情况

面临复杂多变的国内外形势，2018年温州市对外贸易在起伏中总体保持增长，实际利用外资快速增长，以并购为主导的境外投资持续推进。

（一）对外贸易：起伏波动中保持增长

根据杭州海关数据统计，2018年温州全市累计进出口总额1507.15

* 林俐，温州大学商学院教授、副院长，研究方向为区域开放与企业国际化；陈雪旭、周思雨、金辉，温州大学商学院硕士研究生，研究方向为产业经济与国际化；潘咪咪，温州商务局综合处。

亿元，同比增长 13.6%。其中出口 1302.43 亿元，同比增长 12.5%；进口 204.72 亿元，同比增长 20.9%。从出口方面看，1～4 月在正负增长之间上下振荡，5 月后稳定回升于正增长。从进口方面看，1 月，增长率达到峰值，2 月增速呈高位回落，3～7 月，反弹至正增长，8～12 月再现负增长（见图 1）。

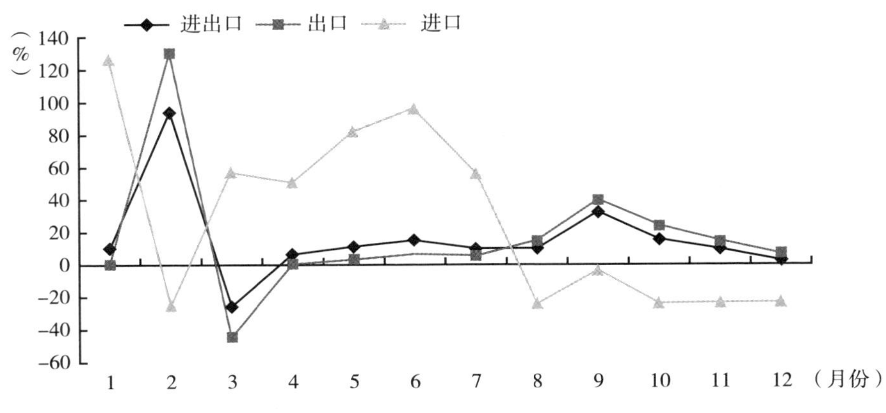

图 1　2018 年温州市 1～12 月进出口增长率

资料来源：根据杭州海关数据整理。

横向比较来看，2018 年，全省 11 个市（地区）外贸进口与上年同期相比都呈现不同程度的增长，其中舟山市以 78% 的增幅位居全省第 1，温州市增幅位居第 4。从出口方面来看，除杭州、衢州两地外，其他地区出口同比都有所增长，温州市的出口增长率在 11 个地市中位列第 3（见图 2）。

1. 商品结构

出口商品结构持续优化，高新技术产品出口增长较快，机电产品和传统劳动密集型产品仍占主导地位。根据温州市商务局最新数据，2018 年全市出口机电产品 601.5 亿元，同比增长 14.0%，占比 46.2%，比上年上升 0.6 个百分点；出口传统劳动密集型产品 543.2 亿元，同比增长 8.6%，占比 41.7%，比上年下降 1.5 个百分点；出口高新技术产品 38.2 亿元，同比增

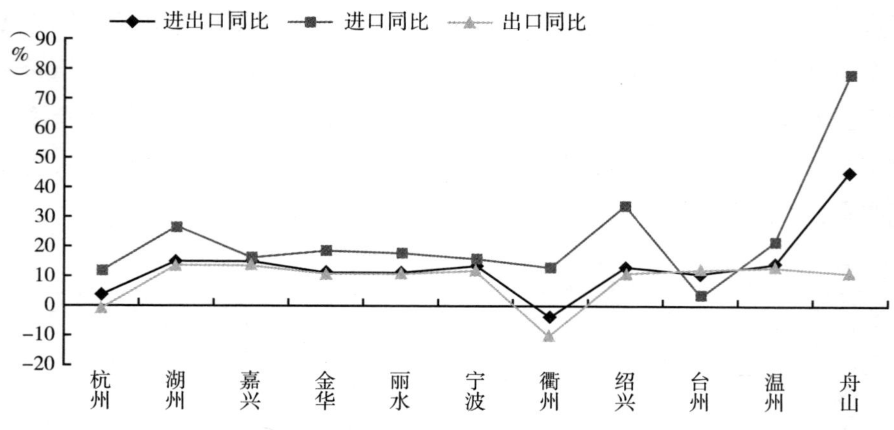

图2　2018年浙江省1～12月各地区同比增长率

资料来源：根据杭州海关数据整理。

长24.4%，占比2.9%。其中，机电产品、高新技术产品出口增幅高于同期全省同类产品出口平均增幅。进口方面，钢坯及粗锻件、钢材、铁合金、液化气、初级形状的塑料、原木等六类原材料商品进口合计128.93亿元，占同期进口总值的62.98%。

2. 市场结构

贸易市场以欧盟、美国、拉丁美洲和东盟为主，对“一带一路”沿线国家进出口增长稳定。根据温州海关最新数据，2018年，温州市对“一带一路”沿线国家出口474.85亿元，同比增长13.1%，占同期温州市出口总值的36.5%；对欧盟出口357.22亿元，同比增长8.5%；对美国出口226.72亿元，同比增长21.0%；对拉丁美洲出口133.56亿元，同比增长13.9%；对东盟出口115.40亿元，同比增长12.9%。温州市进口前五大市场分别为“一带一路”沿线市场、东盟、印度尼西亚、非洲和日本。其中自“一带一路”沿线国家进口102.93亿元，同比增长65.3%，占同期温州市进口总值的50.3%；自东盟和印度尼西亚进口增速较快，分别进口80.20亿元和59.97亿元，同比增长1.8倍和3.4倍，自非洲和日本进口增长率呈负值。

3. 贸易主体

温州市2018年各类企业进出口中，私营企业仍然占据着主导地位。如表1所示，2018年温州市私营企业进出口额为1325.36亿元，同比增长16.87%。其中出口1168.42亿元，同比增长14.89%；进口156.95亿元，同比增长34.13%。国有企业进出口64.33亿元，同比增长0.94%，其中出口份额与上年同期相比略有下降。从出口比重来看，私营企业占89.71%，国有企业占5.95%。此外，2018年温州市跨境网络零售出口额累计52.5亿元，同比增长31.4%，占同期全省跨境网络零售出口总额的9.1%。跨境电商的快速发展对温州市贸易主体的发展产生了重要影响。

表1　2018年1～12月温州进出口情况

单位：万元，%

企业性质	进出口		出口		进口	
	累计		累计		累计	
	数量	同比	数量	同比	数量	同比
国有	643347	0.94	514223	-2.1	129125	15.22
合作	37	-39.14	37	-39.14	0	—
合资	672105	-2	454052	-1.02	218053	-3.97
独资	283724	-25.13	155675	-20.62	128049	-29.97
集体	216973	-4.22	215336	-4.69	1637	179.26
私营	13253634	16.87	11684169	14.89	1569465	34.13
其他	1728	49.64	837	32.26	891	70.72
合计	15071548	13.58	13024329	12.5	2047219	20.91

资料来源：根据杭州海关数据整理。

（二）引进外资：实际到位增长较快

温州市实际利用外资情况总体处于增长状态。据温州市商务局公布的数据，2018年温州市新增外商直接投资企业89家，同比增加34.8%；合同外资金额11.93亿美元，同期降低44.5%；实际利用外资5.34亿美元，同期增加 49.2%，利用外资增速居全省第 3 位。

从完成进度看，超额完成省定年度任务目标。全年外资企业家数增长较为平稳，前两季度增速较上年同期有所下降，后两季度增速稳步提升，实际利用外资基本保持增长态势（1～2 月除外），合同外资呈现负增长（1～3 月除外），温州市吸引外资呈现稳中求进、质量并重的理性发展特点。本年度实际利用外资目标为 3 亿美元，实际完成 5.34 亿美元，超额完成省定年度任务的 178%，完成速度较上年有较大提升，创四年来新高。

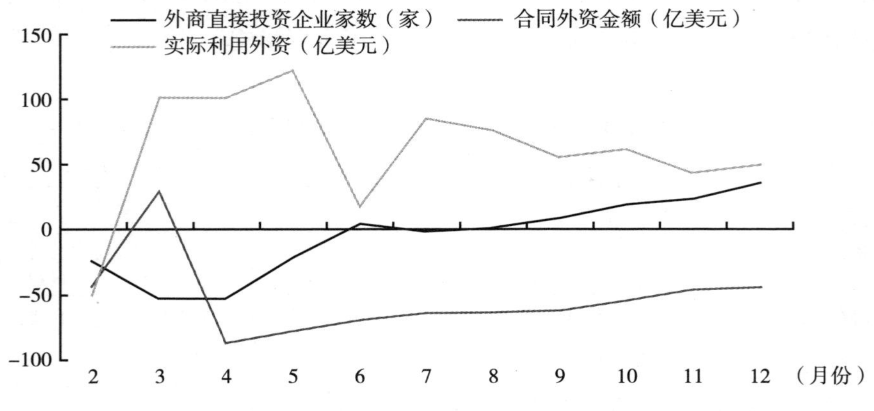

图 3　2018 年 1～12 月温州市利用外资累计同比增长率

注：1 月数据缺失，横轴为月份累计，即 2 代表 1～2 月，3 代表 1～3 月，…，依次类推。

资料来源：根据温州市商务局发布数据整理。

从单体规模来看，大项目发挥了完成任务的支撑作用。全年省定实际利用外资目标为 3 亿美元，1～11 月实际引进 3.77 亿美元，提前超额完成目标任务。无疑，大项目起到了很好的支撑作用，同期实际到资 2000 万美元以上项目 7 个，其中到资 5000 万美元以上项目 2 个，到资额 1.3 亿美元。

从投资区域来看，各县区及功能区呈现不平衡。如图 4 所示，全年实际利用外资占据前三位的分别是平阳县、乐清市、龙湾区，分别占 19.74%、13.78% 与 13.72%，累计占 47.24%。其中，洞头区、瓯江口产业集聚区、永嘉县、苍南县、浙南产业集聚区、瓯海区较上年分别同比下降 95.61%、55.56%、44.54%、44.21%、33.87%、11.53%。

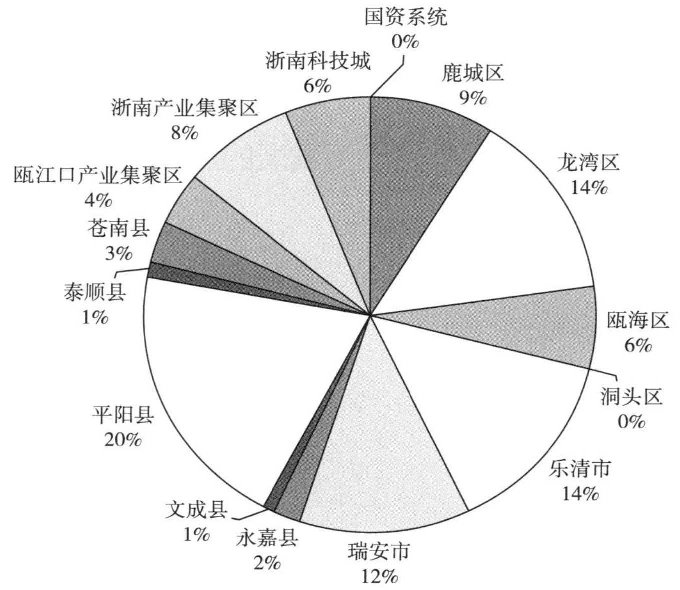

图4　温州市各地区实际吸引外资百分比

资料来源：根据温州市商务局数据整理。

（三）境外投资：并购占主导

温州市积极发挥对外投资经验优势，在大项目的引领下，对外直接投资实现快速增长。2018 年温州市境外投资中方投资总额 5.92 亿美元；新批境外投资项目 35 个，同比增长 40%，其中“一带一路”沿线国家投资 3.81 亿美元，占 64%。

境外并购成为对外投资的主要形式。经济转型升级理念使境外投资具体形式发生新变化，境外并购支撑温州市企业转型。如森马服饰股份有限公司成功收购法国高端童装企业 Kidiliz 集团，总投资达 1.56 亿美元。通过并购，该企业获取了先进技术与品牌知名度，成功跻身全球专业童装市场第二，加速企业国际化。

境外经贸合作区产业发展趋于多元化。温州市是全国拥有最多国家级境外园区的地级市。目前，温州已建成 3 个国家级境外经贸合作区和 1 个省级境外经贸合作区，总数占全省的2/3。以鹏盛工业园投资方为主的金盛贸易公司正在筹建推进农业园区项目，目前已获当地政府划拨土地224公顷。

二　温州市外经贸发展的影响因素

2018年以来，尤其是中美贸易摩擦，对我国各行各业都产生了深远的影响，尤其是对我国外经贸事业产生了不可预计的影响，对此，我国政府已经推出各项政策积极应对。截至目前，全球经济仍然面临着经济增长的压力，世界经济仍旧处于艰难的复苏发展阶段。温州市在这样复杂多变的国际形势下，在政府及业界共同努力下，积极应对，2018年以来温州市外经贸获得了稳定发展，但仍存在一些问题不容忽视。

（一）传统贸易结构未改变，高新技术产品占比少

温州市贸易结构仍然以机电产品和传统劳动密集型产品为主，虽然高新技术产品出口有所增长，但是占比仍不足。温州市出口机电产品和传统劳动密集型产品占总出口额的比重分别为46.2%和41.7%，高新技术产品占比仅为2.9%。民营企业在温州市对外经贸中占有主体地位，而对于大部分民营企业来说，生产规模普遍较小，缺乏开拓市场、创造市场的能力和动力。出口高新技术产品通常缺乏核心技术和竞争优势，面临激烈的国际竞争环境。此外，2018年进口的前五大商品集中于初级产品，技术含量明显不足。

（二）国际贸易摩擦加剧，危机依然潜在

当前国际上的大环境依旧错综复杂，贸易保护主义、中美贸易摩擦增加了全球经济的不确定性。美国作为温州市传统主要贸易市场，虽然到2018年为止并未给温州市出口贸易带来较大的直接影响，但是此次贸易摩擦不容小觑。根据温州市统计局统计，温州市2018年对美国出口保持稳定，由于合同锁定和企业自我消化，所以中美贸易摩擦对温州市影响并不大，但是新的订单将受到冲击，接下来的发展形势并不乐观。

（三）外资制约因素较多，快捷服务平台缺乏

温州整体营商环境有待改善，吸引外资方面常面临诸如审批流程复杂、资金运用审批烦琐、外来人员出入境审核程序繁杂等问题，使得外来资金落户温州积极性下降，这已经直接反映在2018年合同外资的急剧下降上。此外，温州吸引外资缺乏快捷高效的服务平台。

（四）海外风险常在，防范体系尚未构建

在对境外企业的调查中，大多数企业认为东道国国内的非市场风险对企业经营的影响更大，而且这种风险防范的难度更大，海外风险防范体系尚未构建。据不完全统计，2017～2018年，浙江省境外经贸遇险事件累计已达到11起，其中不乏温州企业。近年来“一带一路”沿线，尤其是东南亚、中东欧等发展中国家投资增长较快，但是这些国家大多政局不稳定及法律法规不健全，对投资者权益保护不足，境外投资仍存在不可预测的风险。温州市3个国家级境外经贸合作区分别分布在越南、泰国以及俄罗斯，按世界银行公布的最新全球治理指数（Global Governance Index，GGI）中的腐败控制（Control of Corruption）指标来衡量政府质量，泰国（－0.4）、越南（－0.45）、俄罗斯（－0.86）等国政府质量在零线以下，均为负值，说明这些国家投资风险不可忽视。

三　2019年温州市外经贸发展态势预测与政策建议

中美贸易形势，对我国对外贸易产生了重大影响。由于合同锁定和企业自我消化，短期内美国加征关税对温州市外贸出口影响尚不明显，但新订单已受到较大冲击，2019年形势不容乐观。但是值得期待的是，2018年12月1日，中美协商停止加征关税。如果这一协议能实施下去，2019年将会对温州市外经贸的发展产生积极影响。此外，基于浙江省、温州市有关推进对外开放力度的政策红利等因素，我们推断，如果中美停止加征关税，2019年

温州市外贸将会在2018年稳定增长的基础上快速增长，吸引外资将在2018年实际利用外资良好态势基础上继续保持增长，随着“一带一路”建设的推进，境外投资将呈现多元化发展。为完成以上目标，提出如下对策建议。

（一）寻求多元化发展，优化贸易结构

出口方面，支持和鼓励高新技术企业自主创新，充分调动企业的积极性，制定相关优惠政策，鼓励高新技术产品出口。通过主动淘汰低效率经贸外贸企业，帮扶有发展潜力的外贸企业不断提高其竞争实力，努力创建自主品牌，提高产品品质，扩大国际市场份额。抓住“一带一路”发展契机，积极开拓沿线国家服务贸易市场。

进口方面，鼓励引进重要原材料、先进技术装备和关键零部件及元器件，更好地服务企业自主创新。

（二）推进改革，提高外经贸服务效率

通过政府权力下放，推进外资领域工作改革。首先，通过简化管理流程，放宽企业备案条件，减少政府审批管理环节，大力提高引进外资工作效率，缩短外资进入时间，方便其高效把握市场时机。其次，建设便捷服务平台，完善规范外资服务流程，推动服务效率提高，为外商投资企业资金运用等方面工作提供便利，以吸引更多的投资项目。第三，健全跨境电商物流配送体系，打造高效通关服务体系，助力商品服务出口。

（三）充分利用“一带一路”建设机遇，加大对外投资

加强优势产业对外投资，鼓励企业为工业园区、出口加工区和境外经贸合作区等各类基地提供服务支撑，形成跨国产业体系和价值链体系。以“一带一路”沿线国家为对外投资的主要目的地，把握好沿线国家基础设施建设机遇，根据各国资源禀赋、区位优势等特点加强差异化的产业导入，扩展投资渠道，将跨境电子商务海外仓、跨境合作区和境外合作区等作为投资平台，服务国际产能合作，服务“一带一路”建设。

（四）构建风险防范机制，为境外投资提供有力支撑

建立有效的风险防范机制，帮助企业在境外选择投资区位，避免进入风险较大的投资地区。充分解读《中国海外安全风险评估报告》，积极分析当前主要投资国家或地区可能存在的政治、经营环境、法律等方面的风险，为企业提供境外投资参考建议。立足温州本土，发挥温商网络优势，建立快捷高效的信息传递链，完善外贸预警机制，减少企业财力人力损失，保障境外投资企业利益。另外，可根据温州境外生产基地、合作园区、贸易集散地的分布，在贸易地区设立提供咨询、法律援助等功能的工作站，为外商投资提供及时精准的服务。

B.7

温州服务业发展形势分析与预测（2018～2019）

郑黎明*

摘　要： 2018年温州服务业较快增长，引领支撑全市经济增长，税收收入保持快速增长，经济稳定器作用持续显现。预计2019年服务业仍处于较快增长期。同时主城区服务业发展趋缓、实体消费增长乏力、服务业平台建设滞后等问题不容忽视。本文最后从培育消费增长点、推进现代服务业发展、强化服务业集聚平台建设、提高服务业科技含量等方面提出建议。

关键词： 服务业　服务模式　温州

2018年，温州市服务业（第三产业，下同）仍较快增长，全年服务业实现增加值3484.9亿元，按可比价计算（下同），比上年增长8.2%，高出同期GDP增速0.4个百分点，高出第二产业和第一产业增速0.6个和6.2个百分点。服务业对GDP增速贡献率高达59.3%。

---

* 郑黎明，温州市统计局原党组副书记、副局长，高级统计师。

一　2018年服务业运行总体特征和行业发展现状

（一）服务业运行总体特征

1. 服务业持续引领支撑全市经济增长

2015～2018 年，服务业增速分别为 10.4%、12.4%、10.9%、8.2%，高于同期地区生产总值增速 2.1 个、4.0 个、2.5 个和 0.4 个百分点，对全市经济增长起到“稳定器”和“压舱石”作用。与全省相比，2018 年温州市服务业发展相对较快，服务业增加值增幅（8.2%）比全省平均增幅高 0.4 个百分点，增幅居省内 11 个城市第 2 位，仅次于湖州（8.5%）。与前两年相比较，服务业增速呈现趋缓态势。

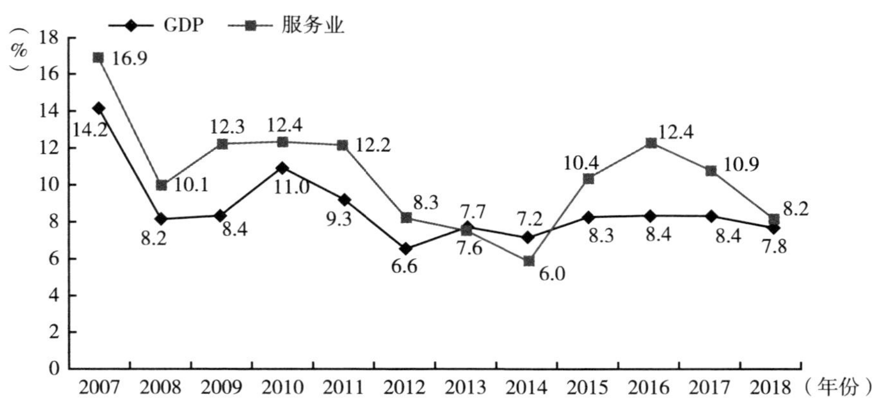

图 1　2007～2018 年温州服务业与生产总值增速

2. 集聚化发展稳步推进

2018 年，温州共拥有市级及以上服务业集聚示范区 32 家，其中创建成功省级服务业集聚示范区 10 家。按类型来看，10 家省级服务业集聚示范区以生产性服务业平台为主，其中物流园区 2 家、总部基地 3 家、科技创业园 2 家、旅游休闲度假区 2 家、新型专业市场 1 家。各大集聚区目前已成为推动全市产业转型升级的重要力量。

3. 服务业税收收入保持较快增长

2018 年，全市服务业实现各项税收 439.4 亿元，比上年增长 15.9%，高于一般公共预算收入增速 5.3 个百分点，占全部税收的 53.3%，增幅高于第二产业 11.4 个百分点，进一步巩固了服务业在国民经济中的龙头地位。

4. 各行业发展差异明显

从 GDP 七大行业板块看，以商务服务业、软件和信息技术服务业为代表的营利性服务业大类发展迅速，实现增加值 619.4 亿元，增长 18.2%；批发零售业、住宿餐饮业、交通运输仓储邮政业等传统行业发展相对缓慢，分别仅增长 5.5%、5.3% 和 4.6%；金融业经历这几年互保链风波后，2018 年有所恢复，增长 6.1%，比上年提高 1.7 个百分点。房地产业增加值 389.8 亿元，增长 5.9%，比上年回落 2.9 个百分点。以教育、卫生、社会保障为主体的非营利性服务业增加值 888.3 亿元，增长 6.9%。

（二）服务业主要行业（领域）发展状况

1. 汽车消费增幅回落，通信类消费增长迅速

2018 年全年社会消费品零售总额 3337.1 亿元，同比增长 9.0%，增速与全省持平。2018 年限上批发零售业单位共实现汽车零售额 420.2 亿元，与上年持平，增幅比上年回落 6.3 个百分点。汽车消费占限上社零总额比重高达 44.6%，是影响温州市社零总额增长的重要因素。部分消费品增长较快：得益于智能手机销售火爆，通信器材类增长 25.9%；受价格上涨推动，中西药品类增长 29.1%；在越来越多的大众追求品质生活带动下，服装、鞋帽、针纺织品类增长 13.4%。

2. 物流业运行总体平稳

全市主要港口集装箱吞吐量 67.4 万标准箱，比上年增长 12.1%；公路货运周转量 98.7 亿吨公里，增长 9.2%，增幅比上年回落 4.0 个百分点；快递业务总量 9.2 亿件，增长 26.5%，邮政业务总量增长较快，实现 194.4 亿元，增长 26.7%。

3. 新服务模式给居民生活带来便利

服务业的快速发展和服务领域的不断延伸，使各类服务网点遍布城乡各个角落，服务方式多种多样，特别是电子商务、网上银行、电子货币、网上订票、共享单车、远程教育等数字化应用的新服务模式进一步拓展，极大地方便了居民生活，提高了工作效率和生活质量，拓宽了居民消费空间，促进了消费结构加快升级。2018 年，全市城镇居民和农村居民家庭人均可支配收入分别为 56097 元和 27478 元，同比分别增长 8.2% 和 9.2%；全市城镇居民和农村居民家庭人均消费性支出分别为 36709 元和 19568 元，同比分别增长 9.0% 和 7.7%。城乡居民消费结构实现了跨越式发展，教育、住房、通信、旅游休闲、家庭用车、网络购物等逐渐成为城乡居民的消费热点。

4. 旅游业呈现快速发展态势

2018 年，温州市积极推进全域旅游工程，全年共接待国内外游客 11916.7 万人次，比上年增长 15.8%；实现旅游业总收入 1334.4 亿元，比上年增长 18.8%。分国内外游客看，国内旅游呈现较热态势，全年接待国内游客 11861.1 万人次，实现收入 1315.1 亿元，分别比上年增长 15.9% 和 19.2%。海外游客入境游有所下降，全年全市共接待海外游客 55.5 万人次，比上年下降 2.7%，实现海外创汇 2.9 亿美元，增长 1.7%。

5. 房地产市场运行稳定

2018 年全市商品房销售面积累计 1165.76 万平方米，在上两年增幅高达 47.2% 和 38.3% 的基础上，增幅回落至 8.9%，但销售面积及其增幅仍居全省第三、四位（见图 2、图 3）。全国 70 个大中城市住宅销售价格监测数据显示，2018 年 12 月温州新建商品住宅销售价格指数环比上涨 0.3%，同比上涨 1.9%；二手住宅销售价格指数环比下降 0.1%，同比上涨 0.8%。

6. 营利性服务业营收增速稳居全省前列

2018 年，全市营利性服务业营业收入增速位次稳居全省第二。据测算，2018 年全市规上营利性服务业增加值达 85.08 亿元，同比增长 22.6%，拉动 GDP 增速约 1.8 个百分点，贡献率超过 24%，是服务业中拉动 GDP 增长

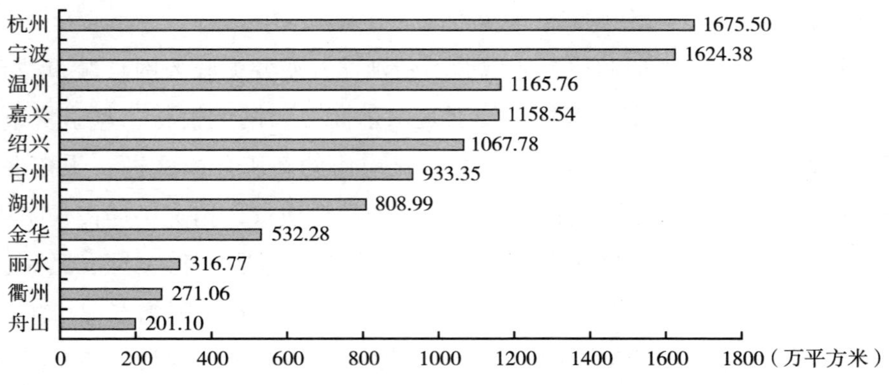

图2　2018年全省各设区市商品房销售面积情况

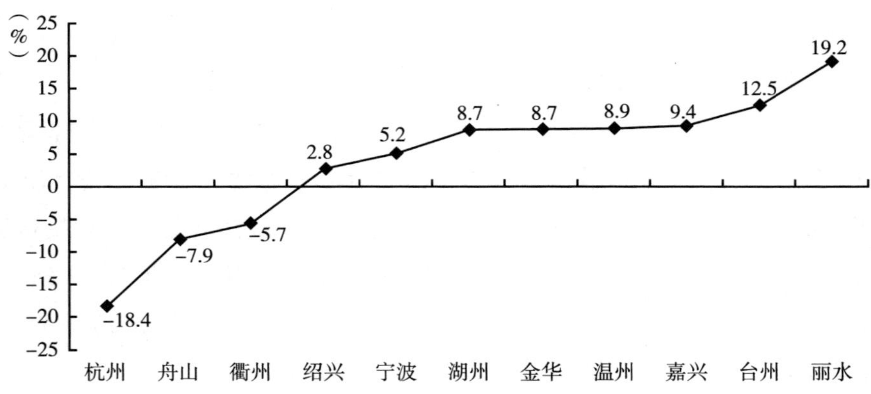

图3　2018年全省各设区市商品房销售面积增速情况

最多的行业。2015～2017年，全市营利性服务业对GDP增长的贡献率分别达12.4%、33.6%和27.3%，超过批发零售、住宿餐饮、房地产、金融等行业，是第三产业中对GDP增长贡献率较大的指标。

7. 金融生态秩序进一步改善

全年温州市不良贷款实现双降，截至2018年末，全市银行业不良贷款余额129.9亿元，比年初减少36.6亿元，不良率1.29%，比年初下降0.63个百分点。随着金融风险的不断化解，金融生态秩序基本恢复。金融机构人民币存款余额11736.7亿元，比上年增长7.9%，金融机构各项贷款余额实现首超万亿元的历史性突破，本外币贷款余额达10050.88亿元，增长16.1%，其中人民币贷款余额9970.5亿元，增长15.9%。银行业账面利润明显好转。据央行温州中心支行初步统计，全年温州市银行机构实现利润总额224.3亿元，同比增长48.4%，其中净利润达177亿元（见图4）。保险业平稳发展，全市保险业实现保费收入265.0亿元，同比增长9.6%。全年证券交易额18521.9亿元，比上年下降21.8%；期货成交额17294.6亿元，下降3.0%。

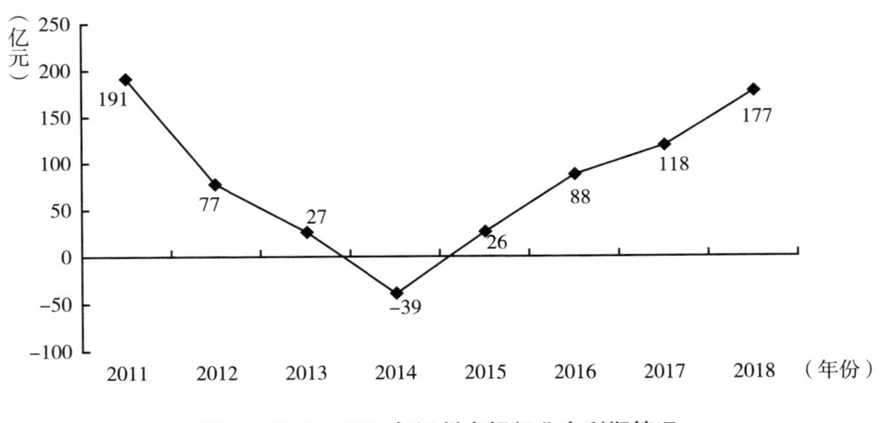

图4　2011～2018年温州市银行业净利润情况

8. 商务服务业规模扩大

商务服务业行业规模扩大较快，规上商务服务业企业期末资产704.7亿元，比上年增长24.8%，增幅比全省平均水平高13.2个百分点；全年实现营业收入52.3亿元，增长21.4%，实现营业利润2.7亿元，增长7.7%。

二　服务业发展中需要关注的问题

1. 主城区服务业发展趋缓，拖累全市发展

鹿城区作为全市中心城区，是服务业发展的高地，其服务业总量占全市的比重达22.0%。近年来，鹿城区服务业发展趋缓，不仅影响到鹿城区的GDP增长，也影响全市服务业的发展。全年鹿城服务业增加值768.3亿元，

比上年增长6.1%，增幅比全市平均增幅低2.1个百分点，居全市最后一位，是唯一低于全市平均增长水平的县（市、区）（见表1）。

表1　2018年温州及各县（市、区）服务业增加值及增速

单位：亿元，%

地区	增加值	增速	三产比重	地区	增加值	增速	三产比重
温州市	3484.9	8.2	58.0	苍南县	326.3	10.3	58.2
鹿城区	768.2	6.1	75.0	文成县	65.0	8.4	66.7
龙湾区	220.8	9.0	48.9	泰顺县	64.9	11.4	65.5
瓯海区	295.5	9.6	50.5	瑞安市	539.0	9.0	56.9
洞头区	51.3	8.4	60.4	乐清市	601.9	10.0	55.8
永嘉县	222.5	9.1	53.7	开发区	63.7	9.8	27.7
平阳县	264.0	10.3	57.4				

注：洞头区为小洞头数据，不含瓯江口产业集聚区。

2. 实体店消费增长乏力

受电子商务、海外代购冲击，超市、百货等主要传统消费载体成了“试衣间”和“比价台”，实体零售业增长乏力。2018年，温州市限上单位中24家百货零售企业实现零售额32.68亿元，同比增长3.7%；31家超级市场零售企业实现零售额25.64亿元，同比增长1.6%，增速均低于限上消费品零售额增速。市区五大百货公司经营不大景气，2018年共实现零售额21.35亿元，零售额比上年增长2.3%，与温州市限上消费品零售增长7.3%的平均水平差距较大，其中，一百、开太百货、财富中心、时代广场等四大百货公司零售均同比下降。

3. 服务业发展平台建设相对滞后

据2018年11月浙江省发改委、省财厅、省统计局等三家单位联合公布的省级服务业集聚示范区评价结果，在全省100家服务业集聚示范区中，温州10家省级服务业集聚区成绩不够理想，平均位次为第61位，比上年后退1位。其中排名最高的是温州“印象南塘”文化休闲旅游区，也仅居第23位；有4家分别列第33位、第42位、第47位和第48位，其余5家列在第

70 名外。列在同类型集聚区最后一位的有 2 个，温州源大创业园列在科技创意园类最后一位，温州（鹿城）总部经济园列在总部基地类最后一位。当前温州市服务业集聚区发展制约因素多，规模较小，产业层次相对较低，生产性服务业集聚区建设滞后。

三 2019年服务业发展展望与建议

2019 年是新中国成立 70 周年，是全面建成小康社会关键之年。中央经济工作总基调仍然是坚持稳中求进，坚持新发展理念，坚持推动高质量发展，“促进形成强大国内市场”成为一项重点工作任务，服务业发展将迎来新机遇。温州市在贯彻中央、省经济工作会议精神的同时，突出温州特色，将以创建“两个健康”先行区为引领，推动民营经济高质量发展。基于当前经济发展的战略选择和温州市促进服务业转型升级扶持政策的进一步强化等因素综合考虑，预计 2019 年温州市服务业仍处于较快增期。

1. 强化消费新增长点培育

加快本地消费品品牌建设，提高产品对消费者的吸引力。发展商圈经济，合理规划商业网点，根据地区经济发展状况、消费群体分布、购买力水平等因素，推进城市综合体、连锁店、大市场、商业街建设，打造中高端消费品特色街区，引进中高端消费品牌，挖掘中高端消费潜力。完善物流体系，建设跨境物流机构、集散中心、电商平台，增强商品中高端产品有效供给能力，抑制“消费外溢”现象。

2. 推进现代服务业发展

以营利性服务业为重要组成部分的现代服务业已成为服务业高质量发展的重要因素，成为拉动经济较快增长的关键指标。应加强现代服务业方面的招商引资，根据温州实际，在信息服务、文化创意、科技服务、现代商务、休闲健身等方面引进一些优势项目和企业，发挥鲶鱼效应，推动全市服务业向价值链高端延伸，促进营利性服务业以更高的效率、更快的速度迈上新台阶。

3. 强化服务业集聚发展平台建设

趋向集聚化是服务业发展的必然规律，服务业集聚区是服务业高端要素集聚的窗口和产业转型升级的重要推动平台。推进现代服务业发展，要树立以推进服务业集聚化发展的工作理念，在规划引领、工作机制建设、集聚区公共平台、周边配套设施建设等方面，加大政策倾斜力度，着力推进服务业集聚示范区建设，打造服务业发展新高地。

4. 提高服务业发展科技含量

鼓励基于互联网的新型研发服务业态发展，积极发展基于大数据、云计算、移动互联网等现代信息技术的新型服务业，深化细化服务业分工，调整优化服务业结构，大力培育新兴服务业和高技术服务业，发展新业态，提供新产品，激发新需求。

B.8

温州地方财政运行形势分析与预测（2018～2019）

陈宣安　金童童*

摘　要： 2018年温州财政收入总体运行平稳，增速有所回升。在此基础上，本文结合2019年温州地方经济形势，从有利因素和不利因素两方面对2019年财政运行形势进行分析，其中不利因素主要包括产业结构调整带来转型阵痛，政策性减税影响持续扩大、防风险与促发展压力并存；有利因素主要包括新旧动能转换带来税源增多、城市转型提升经济活力、改革开放推动经济新飞跃。本文最后结合温州实际，从培育财源、健全机制、提升绩效等方面提出具体建议。

关键词： 财政运行　公共预算　温州

一　2018年温州地方财政运行态势及评价

2018年，全市财政总收入895.26亿元，增长15.0%（不含中央环保督查罚没862.48亿元，增长10.8%）；一般公共预算收入547.58亿元，增长17.7%（不含中央环保督查罚没514.80亿元，增长10.6%），完成年初预算的109.5%（不含中央环保督查罚没为103.0%）；税收收入438.14亿元，增长12.0%。全市一般公共预算支出874.14亿元，增长14.8%，完成年初

---

* 陈宣安，温州市财政局党组书记、局长；金童童，温州市财政局办公室副主任科员。

预算的 114.1%。温州市财政总收入、一般公共预算收入、税收收入增幅分别列全省第 7 位、第 2 位和第 9 位。一般公共预算收入总量列全省第 3 位。一般公共预算支出增幅列全省第 7 位，总量列第 3 位。

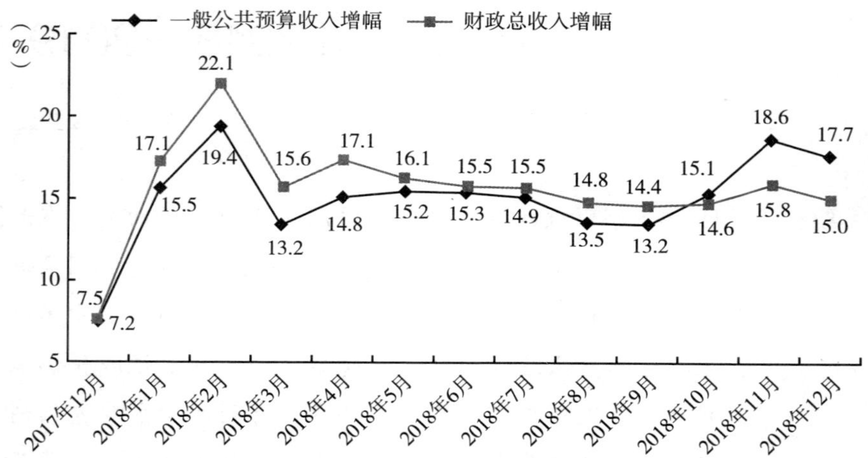

图 1 温州市一般公共预算收入分月累计增幅

（一）收入质量明显提升①

一般公共预算收入占财政总收入的比重达到 59.7%，超过全省平均水平 3.7 个百分点；税收占一般公共预算收入的比重达 85.1%，高于上年 1.1 个百分点；一般公共预算收入占 GDP 比重为 8.7%，超过考核目标 0.5 个百分点，收入质量创三年来最好水平。

主体税种方面，契税、改征增值税、企业所得税贡献最大，其中，契税入库 51.10 亿元，增长 33.9%，贡献增收 26.2%；改征增值税入库 69.71 亿元，增长 18.1%，贡献增收 21.6%；企业所得税入库 61.97 亿元，增长 14.9%，贡献增收 16.2%。三大税种合计入库 182.78 亿元，占税收收入的 41.7%，对税收的增收贡献率达 64.0%。

① 以下分析均不包含中央环保督查一次性罚没收入。

（二）区域发展总体平稳

从收入增幅来看，各县（市、区，除文成外）普遍快于上年同期，而且基本实现两位数增长。全年一般公共预算收入对全市贡献度排在前五的有乐清市（87.99 亿元）、瑞安市（71.09 亿元）、苍南县（37.72 亿元）、瓯海区（36.85 亿元）、永嘉县（35.07 亿元）；可比增幅高于全市平均水平的有瓯江口（187.5%）、开发区（25.8%）、洞头区（15.1%）、瑞安市（12.0%）、苍南县（11.9%）、永嘉县（11%）、乐清市（10.8%）等。从收入质量来看，税占比较高的是瑞安市（90.6%）、乐清市（89.2%）、龙湾区（87.7%），税占比提升较快的是泰顺县和洞头区，分别提升 14.5 个和 11.3 个百分点。

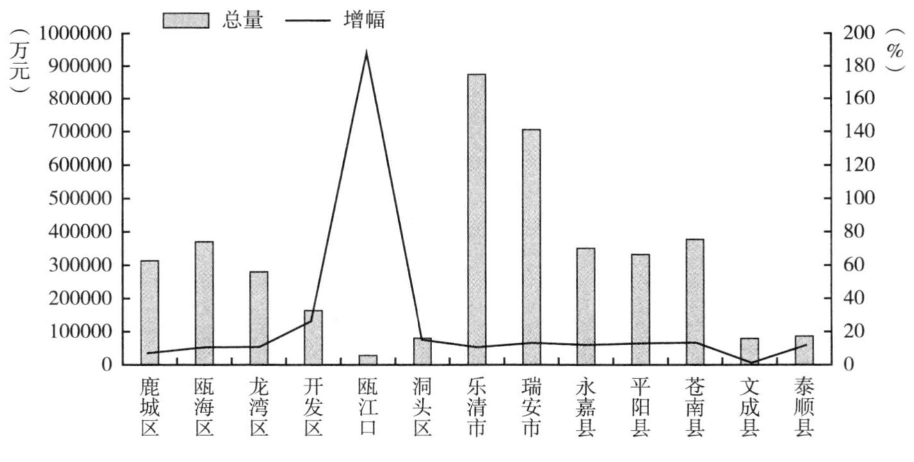

图 2　2018 年各县（市、区）一般公共预算收入情况

（三）三产税收增长快于二产

2018 年全年全市二产和三产税收收入 199.4 亿元和 238.3 亿元，分别增长 7.9% 和 15.6%。从行业税收看，在城市“大拆大整”“大建大美”政策推动下，房地产业和建筑业是 2018 年主要增收来源，共计入库 156.70 亿元，占地方税收的35.8%，贡献地方收入增收61.5%，拉动一般公共预算收入增幅6.5个百分点；租赁和商务服务、交通运输、信息传输等生产性服务业增长较快，共计入库26.07亿元，增长23.2%，税收贡献率达10.4%。制造业入库161.59亿元，占地方税收的36.9%，增长5.2%（剔除免抵调因素增长10.4%，较上年回落6.1个百分点）。金融业入库30.48亿元，下降4.5%，其主要原因是递延税款增多。批发零售业入库39.01亿元，增长13.3%，行业增幅趋缓并呈现前高后低态势，其主要原因是上年高基数（上年增长28.3%）作用下，招商引税的拉动作用减弱。

表1　2018年1～12月全市分行业税收增长情况

单位：亿元，%

指标名称	总额	占比	增速	贡献率
税收总额	438.14	100.0	12.0	100.0
#二产税收	199.39	45.5	7.9	30.9
#制造业	161.59	36.9	5.2	17.1
建筑业	30.29	6.9	27.9	14.1
三产税收	238.34	54.4	15.6	68.5
#房地产(含公共管理)	126.41	28.8	23.2	50.6
批发零售业	39.01	8.9	13.3	9.7
金融业	30.48	7.0	-4.5	-3.0
租赁和商务服务业	17.80	4.1	18.5	5.9
信息传输、软件和信息技术服务业	2.77	0.6	59.9	2.2

（四）重点支出运行平稳

2015～2017年，温州市一般公共预算支出分别增长14.6%、16.9%和14.2%，积极财政政策持续发力。财政政策“惠民生、促转型”政策效应不断加强，其中2018年民生支出670.47亿元，增长12.4%，占总支出的比重为76.7%，占比高于全省平均值0.8个百分点。与GDP相关的八项支出670.11亿元，增长15.4%，占比76.7%。同时，市财政局积极整合涉企专项资金，市、区两级财政部门网上兑现、当年兑现产业政策奖励资金14.6

亿元，集中财力支持实体经济发展。

重点民生支出项目中公共安全支出 64.3 亿元，增长 12.2%；教育支出 189.0 亿元，增长 5.5%，剔除上年一次性支出因素后，同口径增长 10.2%；科学技术支出 18.3 亿元，增长 15.8%；文化体育与传媒支出 14.0 亿元，同口径增长 5.7%；社会保障和就业支出 100.5 亿元，增长 13.6%；医疗卫生与计划生育支出 76.1 亿元，增长 10.5%；节能环保支出 9.3 亿元，下降 4.3%，剔除省补资金和上年一次性项目因素，同口径增长 3.7%；城乡社区支出 110.5 亿元，增长 52.2%，剔除新增债券和一次性支出等因素，同口径增长 10.9%；农林水支出 70.1 亿元，同口径增长 6.1%；住房保障支出 18.3 亿元，增长 2.2%。

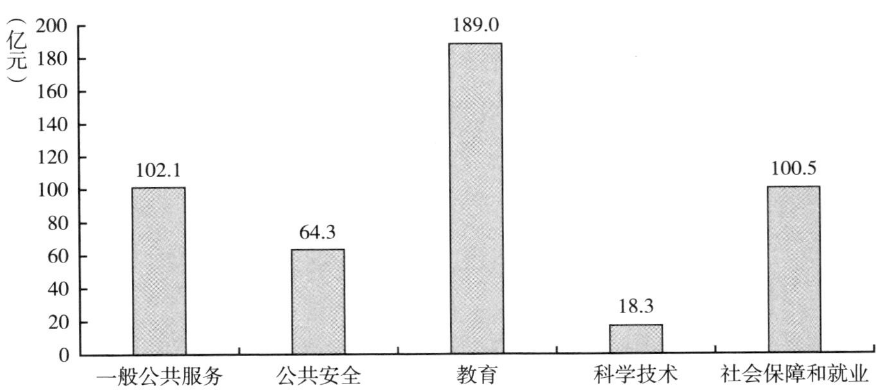

图 3　2018 年全市一般公共预算主要科目支出情况

一是助推教育发展。深化民办教育综合改革，下拨民办学校政府购买服务经费 1.14 亿元。完善温大、温职院、温肯等高等教育院校经费保障方案。推进市区教育体制改革，积极做好 14 所上划普高经费保障工作。

二是支持社保改革。获批第二批中央财政支持开展居家和社区养老服务改革试点，引导投入 2.1 亿元完善居家和社区养老服务体系。全市已建成社区居家养老服务照料中心 3792 个、老年食堂 2530 个，享受政府购买居家养老服务补贴的老年人 5.1 万人。助推温州列入全省长期护理保险试点城市。

三是推动文体繁荣。启动国家公共文化服务体系示范区创建，安排

5800万元建设文化礼堂，投入2420万元扶持《温州三家人》《好人兰小草》等文艺精品创作。“城市书房”被评为全省公共文化服务体制机制创新项目。保障百姓健身房等体育民生项目经费，2018年温州市体育场地总面积跃居全省第一。出台市民卡健身消费等政策，带动体育新增消费5000多万元。

四是提升安全保障。全市安排政法经费74.6亿元，争取上级补助3.15亿元，推进司法体制改革。下拨公交补贴3.7亿元，建成BRT3号线、4号线，公共出行更加便捷。市级兑现农贸市场改造奖补资金3100万元，安排储备粮油预算7039万元，大力保障“米袋子”“菜篮子”安全。

2018年，全市财政运行情况总体保持平稳态势，较好地完成了全年财政收支目标。但是我们也看到全年财政收入增速呈波浪形增长，收入较快增长主要依靠环保罚没收入集中入库等一次性和不可持续因素带动。财政总收入和税收收入总量被嘉兴反超，巩固全省“铁三角”地位的压力很大。同时，各领域支出需求依然强烈，收支矛盾仍很突出。

二　2019年温州地方财政运行形势展望

展望2019年，财政改革力度加大，财政运行机遇与挑战并存、困难与希望同在。结合“十三五”总体规划、财政收入增长与GDP增长基本同步的要求，2019年全市一般公共预算收入目标为556.0亿元，增长8.0%。一般公共预算安排支出910.8亿元，同口径增长6.5%。

（一）2019年财政运行不利因素分析

1. 产业结构调整带来转型阵痛

目前温州市经济结构还是以传统产业为主体，新兴产业培育还未转入快速发展轨道，仍存在不少低端产业、落后产能企业，对照高质量发展的要求，产业结构调整势在必行。据与嘉兴对比分析，温州市税源存在“不高、不足、不优”三个深层次原因。一是税收产出率不高。2018年温州市GDP

税收产出率14.0%，而嘉兴市达到20.1%，是温州市的1.4倍。二是税收大户支撑不足。2018年温州市税收规模1000万元以上企业只有963家，但嘉兴市2017年这一数据已经达到1133家。温州市现有产业平台税收贡献度极低，2018年瓯江口和浙南两大省级产业集聚区财政总收入只有32.2亿元，占全市比重仅为3.7%。嘉兴市5个国家级园区和16个省级平台合计税收占到了全市总量近1/3。三是税收结构不优。特别是温州市二产税收占税收收入比重不高，2018年只有46.6%。而嘉兴市2017年达到了58.4%。

2. 政策性减收影响持续扩大

积极财政政策落地和更大规模的减税降费持续推进，将带来新的政策性减收，2019年温州市减税降费规模要达到150亿元以上。仅贯彻浙江省实施小微企业普惠性税收减免政策一项，2019年温州市对小微企业减免税费预计新增19.85亿元以上。国务院政府报告指出，2019年还将制造业等行业现行16%的税率降至13%，将交通运输业、建筑业等行业现行10%的税率降至9%，全国预计全年减轻企业税收和社保缴费负担近2万亿元。“减税降费”将降低企业生产成本、增强市场活力，同时也给温州市财政收入可持续增长和赶超发展带来了巨大挑战。

3. 防风险与促发展压力依然并存

虽然2018年温州市实施防范化解地方政府性债务风险专项行动，积极推进隐性债务风险化解，超额完成了年度化解任务，但接下来几年的化债压力会越来越大。隐性债务化解密切关系到政府可用财力和政府建设项目的资金链条。若政府建设项目投融资创新不足，项目产出挖掘能力不够，无法用项目自身收益来覆盖建设成本，将会造成巨大的财政支出压力。

（二）2019年财政运行有利因素分析

1. 新旧动能转换将带来税源提升

温州市产业税收中三产优势较为明显，随着经济结构逐步调整，创新驱动促进产业转型，浙南产业集聚区、瓯江口产业集聚区、浙南科技城、特色小镇、产业园、小微园等各类平台建设和新建项目逐步推开，为温州带来稳定的税源保障和新增的税源收入。同时，总部回归带来税收回归，2018 年签约落地了 25 个总部回归项目，预计 2019 年新增税收 15 亿元以上。2019 年要新引进回归 30 个项目，预计全年税收贡献 15 亿元以上。

2. 城市转型将有效提升经济活力

随着城市“大建大美”向“全域美”拓展、向“精建精美”提升，“两线三片”先期项目集中亮相，乡村振兴示范带和西部生态休闲产业带建设提速推进，中心城区首位度不断提高，新业态、新产业、新经济、新模式正在形成。随着城市化进程的加快，土地出让机制的不断完善，预计未来三年房地产业、建筑业税收仍将保持平稳增长。同时，以建设全国性综合交通枢纽城市为契机，温州高铁高速、轨道交通、空港海港和城市快速路建设提速推进，温州大都市区集聚辐射能力逐步增强，这都必将带来新的税收增长点。

3. 改革开放将推动经济新飞跃

新时代“两个健康”先行区、国家自主创新示范区、国家海洋经济示范区等“国字号”改革纷纷落户温州，重大利好政策将促进温州市经济转型升级。温州市贷款 2018 年增长 15.9%，跑在 GDP 增速前面，也说明温州人信心逐步恢复。同时，世界华商综合试验区创建、融入长三角一体化、自贸区扩区扩权、鹿城轻工产品市场采购贸易方式试点等开放经济发展，为加快温州税收高质量发展注入澎湃动能。

三　确保温州地方财政平稳运行的工作措施

为确保温州地方财政平稳运行，必须从激发市场活动、提升财政收入质量、强化财政支出绩效管理等方面下功夫。

（一）突出政策激励导向，全面激发市场主体活力

1. 做好“养税”文章

整合 16 亿元专项资金支持民营经济，高效兑现“两个健康”温州先行

“80 条新政”等系列政策，主动上门服务，让企业有更多获得感。用好融资担保公司、国有金融管理公司、上市企业稳健发展支持基金、信保基金、应急转贷资金等金融帮扶组合拳，加大“白名单”企业帮扶力度，推进产业基金 2.0 版，有效破解企业融资难、融资贵问题。大力实施“百企上市、千企上规”计划，发挥上市风险共担基金减负作用，引导企业股份制改造，加快企业上市步伐。

2. 做好“创税”文章

牢牢抓住“万亩空间、千亿产业、百亿企业、五十亿税收”这个导向，配合各县（市、区）政府以“152”工程为抓手，聚焦 20 亿元以上、5 亿元以上单体制造业项目抓招引。同时，把招商与引税结合起来，严格执行“亩均论英雄”“标准地”制度，促进增量经济发展。出台楼宇经济的扶持政策，加快培育一批税收“亿元楼”。

3. 做好“引税”文章

充分挖掘温州人经济这个富矿，实施“鸟巢计划”，推动总部回归、产业回归、税收回归。以长三角一体化发展国家战略为契机，全方位深化与上海嘉定等地的战略合作，争取民营经济创新发展基金尽快落地，推动两地民营企业税收反哺温州。突出培育壮大本土金融机构，力争温州更多金融二级行升格为一级行，努力扩大地方税源。

（二）突出高质量导向，全面提升财政收入质量

1. 加强协调抓收入

加快适应国地税合并带来的深刻变化，完善政府领导、财税协同、上下联动的收入协调机制，健全基层协税护税机制。全市财政部门树立“全市一盘棋”思想，合理把握组织收入的力度、进度和节奏，在确保实现开门红的基础上，争取“全年红”“满堂红”。

2. 健全考核重效益

健全对税务部门、县（市、区）政府、乡镇街道的考核奖励办法，将一般公共预算收入、税收实缴收入、税源企业培育作为重点指标纳入年度考

绩，调动各县（市、区）政府和重点镇（街）抓收入的积极性。

3. 突出质量促增收

坚持质量第一、效益优先，强化“三个比例”的考核应用，尤其是税收占一般公共预算收入的比重要达到85%以上，切实提高收入质量。不折不扣落实新一轮降本减负措施，建立“三个100强”① 企业动态跟踪机制，通过数据管税、公平税负，切实推动税收增收提效。

（三）突出绩效管理导向，全面保障地方可持续发展

1. 厉行节约控支出

坚持政府过“紧日子”，一般性支出压减5%以上，“三公”经费再压减3%左右，提高财政资金配置效率和使用效益。强化预算执行动态监控，硬化预算刚性约束，全面施行政府会计制度，提高支出预算执行的均衡性和规范性。

2. 健全机制提绩效

全面实施“全过程、全融合、全覆盖”的预算绩效管理体系，编制三年行动计划，建立以绩效为核心的预算管理机制。逐步推进部门整体绩效预算改革，探索在财政非税收入环节开展绩效管理，强化绩效评价结果应用。逐步建立审计、财政监督联动机制，加快完善和健全内控制度体系和执行体系，提高国有资产运行效益。

3. 防范风险促发展

坚决打好防范重大风险攻坚战，科学经营城市，做大土地出让收入盘子；争取新增债券资金，用好债务管控空间，全力支持地方建设发展；规范运作PPP项目，用好政府投资基金等工具，广泛吸引社会资本参与政府项目建设。在财政紧平衡的现状下，全力拓展规范融资渠道，发挥好财政资金“四两拨千斤”的作用，为温州可持续发展提供坚实的财力保障。

---

① 税收贡献100强企业名单、税收同比减量最大的100家企业名单、电税比潜力最大的100家企业名单。

B.9

温州市金融形势分析与展望（2018 ~2019）

周荣俊*

摘　要： 2018 年，温州金融运行总体呈现稳中向好态势。社会融资规模增长较快，信贷增速明显回升，不良贷款继续双降，金融市场运行良好，金融生态趋于优化。但是，运行中也存在社会融资规模构成不均衡、贷款投放结构不合理、民营大中型企业风险偏大等问题，金融支持实体经济特别是民营经济发展的效率有待进一步提升。展望 2019 年，要在稳总量、优结构、防风险上下功夫，继续优化区域金融生态环境，切实发挥金融要素支撑作用，有力保障区域经济平稳健康发展。

关键词： 金融形势　信贷　温州

一　2018年温州金融运行情况

（一）社会融资规模总体保持较快增长，但股票融资下降明显

2018 年，温州全市社会融资规模新增 1725.7 亿元，比上年多增 324.3 亿元，增长 23.1%。其中，人民币贷款增加 1368 亿元，同比增长 130.6%，

* 周荣俊，中国人民银行温州市中心支行高级经济师。

占到融资规模增量的79.3%，接近4/5。保险公司赔付74.2亿元，同比增长15.9%。但股票融资下降明显，仅增23.2亿元，只占上年同期的13.4%。债券融资新增74.2亿元，同比下降11.9%。新纳入社会融资规模口径的资产支持证券新增28.1亿元，同比下降34.9%；贷款核销59.4亿元，同比下降34.6%；地方政府专项债券新增158.1亿元，同比下降7.7%。总体而言，2018年以来全市新增社会融资规模总量较大，较好地满足了经济社会发展需求。

（二）信贷总体回升较快，贷款实现超预期增长

2018年，全市信贷运行总体呈现“存款增长稳、贷款投放快、不良贷款降”的格局，金融运行效率和服务能力进一步提升，信贷投放指标在全省排名有所上升，巩固了全市经济发展稳中向好的态势。

1. 存款增势稳健

2018年，温州存款增长总体平稳。12月末，全市本外币存款余额11966亿元，比年初增加748亿元，同比多增155亿元；增速6.7%，比上年回升1.1个百分点，分别低于全国、全省平均1.1个和1.9个百分点，与全省平均增速的差距比上年缩小0.3个百分点。全省排名第9，与上年持平。

从增长结构上看，一是住户存款增势强劲。12月末，全市住户存款余额6741亿元，比年初增加988亿元，同比多增542亿元。增速17.2%，比全国、全省平均快6.1个和3.3个百分点。2018年以来，全市住户存款增势强劲，增量占比达到132%，据调查，主要影响因素有：①棚改货币化安置短期内派生大量存款；②受P2P暴雷等互联网金融风险事件影响，资金回流银行；③证券市场超跌，居民股票、基金账户资金回流银行；④资管新规出台后银行理财业务调整，资金回流存款等。

二是企业和政府存款相对平稳。企业存款余额2683亿元，比年初新增115亿元，同比少增48亿元。分期限来看，企业存款增长集中在活期存款，全年新增250亿元，同比多增57亿元。主要是企业结算性存款沉淀增加，

特别是房地产类企业、棚改建设企业及上市企业的项目建设资金、募集资金留存增加。企业定期及其他存款全年下降136亿元，同比多降105亿元。定期存款下降与国有企业单位存款上划母公司及招投标分流有关，也与理财新规出台限制了企业结构性存款续做有关。2018年，全市企业结构性存款下降51亿元，同比多降163亿元。广义政府存款余额1804亿元，比年初新增59亿元，同比少增96亿元，主要是机关团体存款同比少增112亿元。

三是非银行业金融机构存款大幅下降。12月末，全市非银行业金融机构存款余额676亿元，比年初下降406亿元，同比多降269亿元。近两年来温州非银存款呈持续大幅下降，一方面是金融去杠杆背景下资管新规等政策进一步封堵了资管产品资金经多层嵌套后回流做非银存款的通道，另一方面与非银存款业务逐步上划至各银行总行有关。

2. 贷款增长超预期

2018年，全市信贷投放呈现逐步加快的趋势，先后突破9000亿元和万亿元大关，年末余额10051亿元，温州成为继杭州、宁波之后省内第三个贷款余额突破万亿元的城市。全年新增1386亿元，同比多增800亿元，增量创历史新高；同比增速16.1%，高于上年8.8个百分点，高于全国平均3.2个百分点，但低于全省平均1.1个百分点；位列全省第5，快于宁波、嘉兴、台州、金华及绍兴等同类城市，排名比上年提升5位。

从投放对象看，国有单位贷款快速增长，个人贷款总体平稳，私营企业贷款有所回升。2018年，全市国有单位贷款增加559亿元，同比多增232亿元；其中，棚改项目贷款增加383亿元，占比接近七成，比上年增长46.7%，远快于全市信贷平均增速。个人贷款增加638.2亿元，比上年同期少增34.8亿元。其中，消费贷款增加288.8亿元，同比少增133.7亿元；经营性贷款增加350亿元，同比多增99亿元，个人经营性贷款增量回升并超过消费类贷款，体现了2018年以来贷款用途监管加强、信贷服务实体经济的有效性逐步提升。民营经济支持力度明显加大，私营企业贷款复苏明显，全年新增188.8亿元，较上年下降414.4亿元，有显著改观。

从投放行业看，以国有平台项目为主的五个行业贷款投放较为集中，而制造业贷款投放相对乏力。12 月末，全市租赁和商务服务业、房地产业、水利环境和公共设施管理业、建筑业、交通运输仓储和邮政业这五个行业新增贷款位列前五，合计新增贷款 619.4 亿元，占全市非金融企业及机关团体贷款新增的 82.4%。相比之下，全市制造业贷款增长相对乏力，12 月末全市制造业贷款余额 1502.9 亿元，比年初增加 30.5 亿元，扭转了近年持续下降的态势。

从房地产信贷看，投放总体稳中趋缓。2018 年，全市房地产贷款新增 544.7 亿元，同比多增 189.3 亿元；占全市新增贷款的比重为 39.3%，较 2017 年下降 21.4 个百分点。其中，个人住房贷款新增 245 亿元，同比少增 57.5 亿元；增速 15.4%，比上年回落 8 个百分点。但是，房地产开发贷款新增较多，比年初新增 251.1 亿元，同比多增 217.5 亿元。其中，保障性住房开发贷款增加 142.3 亿元，同比多增 88.6 亿元。

从投放机构看，四大国有银行、地方法人银行成为信贷增长主力，而股份制银行贷款投放回升较快。2018 年，四大国有银行、地方法人银行贷款分别比年初增加 475 亿元和 393.5 亿元，同比多增 254.3 亿元和 183 亿元，分别占全市新增贷款的 34.3% 和 28.4%。股份制银行一改上年疲态，出现较为强劲的复苏势头，比年初新增 286.2 亿元，同比多增 203.1 亿元。城市商业银行及其他类银行增长平稳，比年初分别增加 78.6 亿元和 119.3 亿元，同比分别多增 50.5 亿元和 69.2 亿元。总的来看，各银行机构针对温州“大建大美”和经济发展实际，加大了贷款投放力度。

从票据融资情况看，2018 年温州票据融资余额 229.2 亿元，比年初新增 103.6 亿元，同比多增 388 亿元。票据融资企稳回升与 2018 年贴现利率降低、企业贴现意愿上升有关，也与信贷规模放松背景下银行经营动机有关。其中，票据直贴余额 127.4 亿元，较上年增加 57.4 亿元，同比增长 82%；买断式转贴现余额 101.8 亿元，较上年增加 46.2 亿元，同比增长 83.1%。票据承兑业务继续增长，12 月末全市承兑汇票余额 684.8 亿元，较上年增加 49.7 亿元，同比增长 7.8%。企业开票主要集中在制造业和批发零售业，2018 年全市商业汇票承兑发生额 1112.5 亿元，较上年增加 84.5

亿元，同比增长8.2%，其中制造业和批发零售业票据占96.8%，一定程度上支持了实体经济特别是制造业和批发零售行业的融资需求。

（三）信贷资产质量继续改善，经营效益明显好转

1. 不良贷款继续保持“双降”态势

12月末，全市不良贷款余额130亿元，同比下降37亿元；不良率1.29%，比年初下降0.63个百分点，继续保持“双降”态势。其中，企业不良贷款余额87.8亿元，不良率2.06%，比上年同期分别下降36.8亿元和1.38个百分点。关注类贷款余额240亿元，关注类贷款率2.39%，比上年同期分别下降48亿元和0.94个百分点。2018年，全市累计处置不良贷款186.7亿元，比上年少处置58.9亿元，压力趋于缓解。新发生不良贷款继续下降，全市新发生不良贷款150亿元，比上年少44.8亿元。全市金融纠纷案件收件数1.74万件，同比下降4.8%；收案标的额147亿元，同比下降36.3%，区域金融生态进一步趋于优化。

2. 银行效益持续改善

2018年，全市银行机构利润总额224.3亿元，同比增长48.4%；实现净利润190.1亿元，同比增长62.8%。银行经营效益回升主要得益于资产减值损失下降和投资收益增加。全市银行资产减值损失35.4亿元，同比下降53.2%；实现投资收益65.7亿元，同比增长115.6%。而作为主要收入来源的利息净收入保持平稳，全年利息净收入286亿元，比上年增加9.9亿元，增长3.6%。

（四）金融市场符合预期，运行总体稳健良好

1. 证券交易有所萎缩

2018年，全市证券交易额18521.8亿元，同比下降27.8%；占全国总交易额的2.1%，同比下降0.06个百分点。新开户数16.3万户，同比下降3.6%。资金净流入83.8亿元，同比下降46.1%。12月末，托管市值1452.9亿元，同比下降18.7%。期货交易额17294.6亿元，同比上升3.6%。

2. 保费收入稳健增长

2018 年，全市实现保费收入 265 亿元，同比增长 9.6%。从结构看，人身险收入 177 亿元，同比增长 10.0%；财产险收入 88 亿元，同比增长 8.8%。赔付支出 74.2 亿元，同比增长 15.7%，其中人身险赔付 27.6 亿元，同比增长 30%；财产险赔付 46.6 亿元，同比增长 8.6%。

3. 跨境收支规模小幅增长

2018 年，全市跨境收支总体规模 272.6 亿美元，同比增长 5.2%。其中，收入 216.7 亿美元，同比增长 4.2%；支出 55.8 亿美元，同比增长 9.4%。收支顺差 160.9 亿美元，同比扩大 2.5%。结售汇规模增长，顺差扩大。全市结售汇总额 250.7 亿美元，同比增长 12.9%。其中，结汇 215 亿美元，同比增长 11.6%；售汇 35.7 亿美元，同比增长 21.3%。结售汇顺差 179.4 亿美元，同比扩大 9.9%。

4. 债券融资有所增加

温州企业债券融资步伐加快，银行间市场债务融资工具等直接融资工具发展较为迅速。2018 年，全市企业债券融资新增 107.7 亿元，其中非金融企业债券新增 54.7 亿元（非公开定向 3 亿元、中期票据 29.5 亿元、短期融资券 12 亿元、超短期融资券 10.2 亿元），同比增加 4.7 亿元；银行二级资本债券 13 亿元，小微企业专项金融债券 40 亿元。

二　2018年温州货币政策执行效果及存在的主要问题

2018 年，中国人民银行温州市中心支行（下称“市人行”）认真落实稳健中性货币政策，扎实做好宏观审慎管理工作，积极运用货币政策工具，引导全市金融机构合理安排信贷投放节奏，切实加大对全市民营企业、重点项目及普惠金融领域信贷投放力度，有效增强金融服务实体经济能力。

（一）政策举措及主要效果

1. 认真落实双支柱金融调控政策

充分发挥宏观审慎评估（MPA）的逆周期调节和引导功能，将外币贷款纳入广义信贷范畴，住房信贷政策执行情况纳入“信贷政策执行”指标，并明确对C档机构的十条约束措施。2018年前三季度辖内地方法人金融机构MPA结果明显改善，A档17家次、B档42家次，分别比上年同期多4家次和1家次，C档2家次，比上年同期减少1家次。根据形势变化，及时做好法人金融机构信贷指导的预调微调，引导加大对制造业和普惠金融等领域的信贷投放。12月末，全市法人金融机构人民币贷款新增571.5亿元，同比多增335.5亿元，其中普惠口径小微贷款新增265.8亿元，占比46.5%。

2. 探索推进利率定价机制创新

为积极推动存贷款利率和金融市场利率“两轨并一轨”，市人行指导辖内法人金融机构探索以市场利率为基准进行贷款利率定价。2018年以来，温州银行和民商银行共发放以市场利率为定价基准的贷款90.5亿元。引导辖内法人金融机构参与利率市场化改革创新，2018年共有20家法人金融机构参与合格审慎评估，其中18家成为自律机制基础成员，2家成为观察成员。积极推动同业存单和大额存单发行，全市法人金融机构全年累计发行同业存单756亿元、大额存单163.8亿元。

3. 推动制造业贷款止跌回升

2018年，市人行通过按月监测按季通报信贷投向结构情况、对制造业企业贷款下降幅度较大或工作推动不利的银行机构开展约谈等方式，推动制造业贷款实现自2013年以来的首次正增长。12月末，全市制造业贷款余额1502.9亿元，比年初新增30.5亿元。考虑不良贷款处置等因素后，全市制造业贷款实际比年初增加115.6亿元。制造业贷款止跌回升，表明温州市银行机构的信贷投向结构不断优化，对温州实体经济的支持力度正逐步加大。

4. 加大金融服务乡村振兴战略力度

全市银行机构积极贯彻落实金融服务乡村振兴的八大金融举措，主动对接乡村振兴战略和温州市西部生态产业带建设，金融支持成效明显。一方面，乡村振兴领域贷款增速较快。12月末，全市涉农贷款余额4502.6亿元，同比增长13.5%；农户贷款余额2642.4亿元，同比增长18.4%。另一方面，农村金融产品创新取得突破。2018年，温州市民宿经营权贷款、农

村集体经济股权质押贷款等农村金融创新产品实现零的突破，农房抵押贷款业务继续推进。

5. 积极支持棚改项目授信和融资需求

市人行高度关注棚户区改造政策变化、资金来源、融资成本及期限匹配等问题，指导银行守信执行相关合同，加大对棚改项目的信贷支持，全市棚改融资余额突破1000亿元。12月末，全市银行机构（不含国开行）对棚改项目授信1791亿元，棚改融资余额1020亿元，比年初新增547亿元，同比增长115.6%，其中贷款增加383亿元。从资金用途来看，主要用于货币化安置547亿元，占比53.6%，其次是安置住房及配套设施建设249亿元、资本金融资116亿元。从融资成本来看，棚改贷款利率定价较低，基准上浮30%以内的占63%。

6. 进一步完善小微园金融服务

2018年，市人行重点做好小微园“防炒作”引导，要求金融机构通过征询经信部门意见等方式，加强对厂房按揭贷款主体生产经营真实性审核，合理确定贷款额度，加强提前还款管理。2018年末，温州小微企业贷款余额2168.5亿元，比年初新增269.4亿元；小微园贷款余额99亿元，其中25家小微园获得开发建设贷款，850家小微企业获得小微园厂房购置贷款，1542家小微园内企业获得流动资金贷款，有力地支持温州“低小散”的小微企业集聚集约发展。

（二）存在的主要问题

1. 社会融资规模单极化现象突出

2018年，全市社会融资规模增长过于依赖传统银行信贷，信贷增量占比80.3%，超过4/5，成为社会融资规模增量的主要构成。但是，受金融去杠杆政策等因素影响，全市通过直接融资渠道实现的增量明显不足，股票、债券融资增加均不足百亿元，与上年相比支撑明显偏弱。

2. 信贷结构仍存“短板”

虽然全市信贷投放总量回升较快，但从投放结构看，不合理因素仍然存在，主要是政府类平台和个人贷款增加较多，占比超过85%，而民营企业贷款增量不足15%，特别是制造业贷款回升基础并不扎实，余额占比只有15.3%，比上年下降近2个百分点，信贷结构"短板"较为明显，影响信贷支持效率。

3. 政府项目融资增长面临较大不确定性

一是货币化安置需求放缓。2018年温州棚改融资中，货币化安置总体占比较高，12月占比为64.2%；但新政出台后，环比增速从5月20.2%回落到12月的5%，预计2019年会更偏向于实物安置等方式解决，货币化安置融资需求会有所下降。二是尚未列入政府隐性债务的棚改项目融资难度增大。政策转向后，新增棚改融资管控严格，难度加大，后续只能采用棚改专项债或置换的方式加以解决。三是部分已签合同尚未放款项目后续放款分化明显，对于无法追加担保等方式的项目，放款难度有所增加。

4. 大型民营企业风险暴露不容小视

2018年，温州部分大型民营企业陆续出险，给金融机构、资本市场、地方产业以及地区金融生态带来较大负面影响。一是出险企业涉贷金额大幅增加。全市新增出险企业146家，涉及银行贷款金额134亿元。其中，大型企业有9家，银行贷款余额40亿元。二是普遍存在股权质押率高的现象。据调查，温州辖内A股20家上市公司中有15家公司的控股股东存在股权质押行为，股权质押比例在50%以上的有5家。三是担保链风险和多元化投资仍是出险主因。2018年新增9家大型出险企业中有7家涉及对外担保及代偿。从全市所有出险企业的原因看，对外担保或互保列首位，占55%；多元化投资是另一个主要因素。

三　对策建议

2019年是新中国成立70周年，是浙江全面推进"两个高水平"建设的关键之年，也是温州"再造改革开放新优势，再创高质量发展新辉煌"的

深化年。全市金融系统要积极推动实现总量指标和结构指标的动态平衡，促进表内贷款更好地发挥主导作用；进一步落实好民营、小微企业金融支持政策措施，做好“优结构”文章，扎实推进金融服务实体经济发展工作；妥善处理好稳增长与防风险的平衡，为“两个健康”先行区创建和高质量发展营造更好的金融环境。

1. 保持社会融资规模均衡发展

2018 年，温州贷款投放创历年新高，相对于 2017 年，主要是因为棚改融资和表外转表内融资增加较多。当前，棚改融资逐步弱化，表外融资回表放缓，预计 2019 年贷款投放将会相对少增，回归常态式增长。因此，要尽量保持信贷总量稳定合理增长，避免大起大落。同时，着力把握好当前国家扶持发展民营经济的新一轮契机，要加大力度推进企业债券融资发展，积极探索股权融资渠道，确保社会融资规模平稳适度增长。

2. 着力优化信贷投放结构

强化政策协调，健全引导金融资源向民营、小微企业倾斜的机制，重点发展中小银行、民营银行、互联网金融等金融服务新业态，实施差别化的监管政策，增设民营企业融资的专项激励指标，构建信贷支持温州民营企业的长效机制，推动民营企业信贷投放。结合国家扶持政策，聚焦地方产业规划，探索建立制造业转型企业融资需求库，对转型提升效果明显、带动作用显著的企业贷款进行贴息，推动制造业贷款与全市信贷同比例增长，实现对实体经济更大的支持。

3. 强化重点领域金融支持

在符合政策要求的前提下，高度重视做好社会民生等重点领域的金融支持。按照市场化原则，着力保障重点基础设施在建工程及棚改项目的合理融资需求，加快推动温州“大建大美”进程，避免出现资金断供、工程烂尾的情况。同时，积极改善乡村振兴、扶贫领域的金融服务，支持温州西部休闲产业带建设发展。

4. 推进民营企业风险有序化解

构建多维度民营企业风险管控体系，及时反馈苗头性、倾向性风险隐患。继续做好对本地集团公司、上市公司等大中型企业股权质押、债券违约等风险的预警防范，按照“一企一策”原则加以有效处置。建立健全信用信息的反馈、共享和应用机制，保障金融政策和产业政策相互协调、相互促进。继续加大对恶意逃废债行为打击力度，增加企业违约成本，优化区域金融生态。

B.10 温州旅游经济分析与预测（2018～2019）

胡念望*

摘　要： 2018年温州市旅游市场高速增长，入境市场增长虽有所放缓，但仍处于平稳发展状态，旅游服务质量稳中有升，旅游经济继续保持优质高效的发展态势。同时温州旅游经济运行中存在着的客源结构不合理、产品竞争力不强、项目投资规模不大等问题，2019年温州旅游发展应围绕“国际化休闲旅游度假城市”目标，通过打造旅游核心产品、推动旅游产业融合、提升文化旅游品质、拓展文化旅游市场空间，促进温州旅游业健康发展。

关键词： 旅游经济　文化旅游　温州

随着人民生活水平提高及温州市旅游基础设施改造提升，2018年温州市旅游市场高速增长，入境市场增长虽有所放缓，但仍处于平稳发展状态，旅游服务质量稳中有升，旅游经济继续保持优质高效的良好发展态势。

一　2018年全市旅游经济运行基本情况

2018年，温州市接待境内外游客1.19亿人次，同比增长15.76%；旅

* 胡念望，温州市文化广电旅游局处长，温州市决咨委研究员、中国海洋学会海洋旅游分会理事、第十届温州市十大杰出青年。

游总收入1334.39亿元，同比增长18.82%。全市旅游市场在2017年实现旅游总人次过亿和旅游总收入过千亿元“双突破”的基础上，继续快速发展。

（一）全市旅游市场运行情况

1. 国内市场

一是旅游消费持续增长，接待规模和旅游收入再创新高。2018年温州市国内旅游市场持续发力，保持了较快增长的态势。据统计，1～12月全市累计接待境内旅游者11861.12万人次，同比增长15.86%；旅游收入1315.1亿元，同比增长19.15%。

二是各区县旅游人数、收入差异较大，但增长幅度相对均衡。据统计，2018年接待国内旅游者人数居前的为乐清市、鹿城区和平阳县，分别为1962.71万人次、1681.1万人次和1528.29万人次；国内旅游收入居全市前列的为乐清市、鹿城区和永嘉县，分别达268.28亿元、221.83亿元和138.53亿元。而有的县域内旅游资源少、景点知名度低，或交通不便，或接待容量偏小，造成旅游接待总量和收入相对较低。但是在增长幅度上，各县区相对均衡，同比增长率在20%以上。

三是过夜游客数量大增，外地一日游游客比例走高。随着乡村旅游的快速发展以及民宿、康养等新兴业态规模的扩大，旅游住宿设施类型的多样化，过夜游客数量迅速增长，外地游客比例随之逐步走高。2018年，全市接待国内过夜游客5882.85万人次，比2017年增加了16.84%。一日游游客接待量为5978.27万人次，其中，接待外地一日游游客3534.35万人次，接待本地一日游游客2443.91万人次，外地一日游游客比例由上年的55.85%提高到59.12%。过夜游客数量的增加和外地一日游游客比例的提高，在一定程度上反映了中远程客源市场有所扩大。

四是游客停留时间有所延长，人均消费水平与2017年持平。据测算，2018年温州国内过夜游客的平均停留时间为1.9天，比2017年的1.8天有所延长。从消费水平来看，2018年来温旅游的国内游客人均消费1108.75元，与2017年的1108.32元基本持平。

五是本省及周边省份游客仍是主体，中远距离客源市场有所拓展。据统计，浙江本省及周边省份游客仍在温州国内客源市场上占主体地位。在2018年经由旅行社接待的国内游客中，浙江本省游客为91.97万人次，所占比例为81.59%，本省游客比例已连续多年占八成以上。从客源地分布情况看，除浙江省外，2018年江苏、福建、上海、广东和安徽继续居温州市国内客源市场前五位。近年来，温州市不断拓展温州的国内客源空间，吸引中远距离的游客来温旅游，客源结构有所改善。

六是乡村旅游持续火爆，乡村旅游收入成倍增长。据测算，2018年全市乡村旅游共接待4156.76万人次，同比增长38.14%；乡村旅游经营总收入30.27亿元，实现成倍增长，增幅达112.36%；其中，住宿收入6.50亿元，餐饮收入12.55亿元，产品销售收入6.57亿元，景点门票收入2.94亿元。

2. 入境市场

一是入境旅游市场低迷，旅游收入增长速度放缓。2018年全市住宿设施共接待入境过夜游客55.53万人次，同比下降2.72%；全年旅游外汇收入2.92亿美元，同比增长1.72%。

二是外国游客人数增长，港澳台游客人数减少。根据住宿设施统计数据，2018年全市累计接待外国游客41.53万人次，同比增长16.48%；香港特区游客4.1万人次，同比减少46.14%；澳门特区游客1.56万人次，同比减少65.88%；台湾地区游客8.35万人次，同比减少27.03%。从入境旅客的客源构成来看，来温旅游的外国游客占74.79%，香港特区游客占7.38%，澳门特区游客占2.81%，台湾地区游客占15.03%。从入境的外国游客人数来看，亚洲仍是温州入境旅游的主要客源市场。排在温州市入境市场前五位的国家分别是韩国（3.66万人次）、美国（2.83万人次）、日本（2.54万人次）、印度（2.39万人次）和意大利（2.28万人次）。

三是入境旅游目的地集中，观光休闲游客不多。根据各县（市、区）测算数据，入境游客接待主要集中于鹿城、瑞安和瓯海三个县区，接待量分别为14.49万人次、13.19万人次和9.1万人次，三个县区的接待量占全市入境游客接待总量的77.21%，而其他各县区仅占23%左右。2018年旅游外汇收入排在前列的鹿城、瑞安、瓯海分别为6457.53万美元、4905.28万美元和2271.4万美元，而有的县区旅游外汇收入不足百万美元。入境游游观光休闲游客不多，总量偏小，对地方旅游经济的拉动效应弱。

3. 出境市场

一是出境市场散客化，团队旅游走低。2018年全市通过旅行社组织的出境团队为4209个，同比下降40.73%；出境团队旅游人数为9.01万人次，同比下降17.22%。出境旅游自由行所占比例不断提高。

二是亚洲国家仍是出境旅游首选，韩日旅游人数大减。2018年出境人数排在前列的目的地分别是越南（2.48万人次）、日本（2.35万人次）、泰国（2.07万人次）、印尼（0.89万人次）和韩国（0.68万人次），其中前往韩国和泰国旅游的人数较往年有所减少。在欧美国家中，前往法国、俄罗斯、意大利的游客较多，前往奥地利、捷克、匈牙利等中欧、东欧国家的游客人数增长最快，但总量不大。

（二）旅游企业运行状况

1. 旅游住宿设施

一是旅游住宿接待能力提升。截至2018年底，全市共有旅游住宿接待单位8621家，其中星级酒店66家；各类旅游住宿设施拥有客房16.61万间，床位31.9万张。2018年全市纳入统计的住宿设施累计接待人数为865.53万人次，同比增长12.67%。营业收入38.04亿元，同比增长8.31%。餐饮收入占营业总收入的45.88%，占比略有下降，营收结构有所改善。全市平均客房出租率62.89%，同比增长0.22个百分点；平均房价299.06元/（间·天），同比上涨0.19%。

二是星级饭店面临经营压力。以“小众消费”“个性化”为代表的“非标准住宿”新兴业态涌现，导致星级宾馆饭店市场产品供给过剩，全市星级饭店数量大为减少，经营面临着较大压力。据统计，2018年全市星级饭店营业总收入21.19亿元，同比下降5.82%；平均客房出租率57.87%，同比下降4.95个百分点；平均房价337.71元，同比下降6.26%。

三是饭店经营业绩区域差距明显。11个县（市、区）在饭店营业收入、客房平均出租率、客房平均出租率等方面的差距仍然较大。2018年，住宿设施营业收入居前的为鹿城区（11.96亿元）、永嘉县（6.6亿元）、瑞安市（4.55亿元），其中鹿城区住宿设施营业收入与居后的泰顺县（0.29亿元）相差41倍；平均房价最高的是鹿城区［366.26元/（间·天）］、洞头区［356.28元/（间·天）］、乐清市［323.41元/（间·天）］，其中鹿城区住宿设施平均房价与最低的泰顺县［140.78元/（间·天）］相差了2.3倍。

2. 旅行社

一是入境业务、国内组团出游业务回暖，出境业务、接待国内旅游业务下滑。截至2018年底，全市纳入统计的旅行社企业共331家，比2017年增加了16家。2018年外联境外游客0.91万人次，同比增长6.02%；接待境外游客2.56万人次，同比增长115.22；国内组团出游149.38万人次，同比增长8.48%。全市旅行社接待国内游客112.78万人次，同比下降0.54%；组织出境游9.01万人次，同比下降17.22%。

二是国内组团以中短线为主，长线旅游增长较快的是西北、东北。旅行社组织出游的主要目的地为浙江本省（101.53万人次）、福建（13.68万人次）、江苏（3.76万人次）、海南（2.69万人次）和上海（2.65万人次）。出游线路以中短程为主，其中浙江省内短线出游的游客占67.98%。长线出游人数较多的目的地省份有海南、北京、云南、广西和湖南，出游人数都在万人次以上。增长最快的组团线路是温州至西北（青海、宁夏、新疆等）和东北地区（吉林）。相反，往年较热的西南地区线路（如四川、重庆）表现平平，增长幅度不大。

三是有出境资质的旅行社不多，出境业务集中。2018年全市涉及出境旅游业务的旅行社共有13家，出境组团业务主要集中在有限的几家旅行社，有的旅行社全年组织出境团队只有数个，组织出境游客人数仅逾百人。

3. 旅游景区

一是旅游景区接待量增幅较大，营业收入稳定增长。2018 年，全市纳入统计监测的 3A 以上旅游景区景点增至 60 个，共接待境内外游客 4680.34 万人次，同比增长 24.66%；景区景点营业收入 4.89 亿元，同比增长 16.18%，其中门票收入 4.2 亿元，同比增长 14.06%。需要注意的是，许多景区下调了门票价格，但营业收入和门票收入仍继续保持稳定增长，这主要是游客人数增加，使得景区综合收入不降反升。

二是传统重点景区仍是绝对主力，非 A 景区地位更加重要。截至 2018 年底，全市共有 5A 景区 1 个、4A 景区 20 个（含 2018 年新增的 2 个），4A 级以上景区累计接待海内外旅游者 4224.87 万人次，同比增长 23.77%，占旅游景区接待总量的 33.94%。4A 以上景区门票收入 38866.22 万元，同比增长 17.13%，占旅游景区门票总收入的 46.54%。随着乡村旅游发展和旅游特色村镇创建，非 A 级景区和旅游特色村镇的游客接待量和营业收入较快增长，全年累计接待游客 7452.64 万人次，同比增长 15.68%；营业收入 3.38 亿元，同比增长 5.99%，非 A 级景区占全市旅游景区接待总量的 59.88% 和营业收入的 40.45%，在旅游经济发展中的地位越来越重要。

（三）旅游项目投资情况

2018 年计划投资 113 亿元，实际完成投资 151.44 亿元。从县区分布情况来看，瑞安、永嘉、乐清、苍南总投资数额最大，分别为 65 亿元、47.24 亿元、22.4 亿元、21.57 亿元。从已完成的投资项目类型看，旅游景区项目完成投资 52.73 亿元，服务于旅游业的基础设施的项目完成投资 48.19 亿元，旅游饭店项目完成投资 13.4 亿元。从项目投资规模来看，全市在建的上 100 亿元项目有 3 个，上 50 亿元的项目有 8 个，除铁路、公路交通建设项目以外，以旅游为主的大型建设项目有泰顺县廊桥－氡泉旅游度假区、文成自由港空中花园小镇（天湖旅游度假区）、文成天湖庄园与山地运动中心、“东方慢城”飞云湖小镇（半岛小镇）等。

二　旅游经济运行存在的问题及原因

（一）客源结构不合理，中远距离游客比例不高

来温旅游的本省游客占比超过 80%，而外省游客也主要集中于苏、闽、沪、皖等周边省份，近距离游客仍是温州市国内游客的主体，本省、本市、本地游客特别是一日游游客所占比例近年来一直较高。近年来，温州市入境旅游市场虽然保持了一定的增长，但入境旅游接待总量偏小，与省内其他主要旅游城市相比，还存在较大差距。

（二）旅游产品竞争力不强，缺乏知名的主题乐园

旅游产品开发方面，主要表现为休闲度假类和参与体验类等高品质创新型旅游产品开发相对滞后，缺少具有较强市场竞争力的拳头产品。例如，目前全省共有国家 5A 级景区 16 家，而温州市仅雁荡山位列其中；国家级旅游度假区全省 5 家，温州无一上榜。温州也缺乏上规模有特色的主题乐园。

（三）项目投资规模不大，缺乏品牌项目支撑

温州的山水资源闻名遐迩，集山、江、海、湖、岛、泉之大成，有山有水有风光，而且还有独具一格的瓯越文化，以及位列全省前列的非遗资源和工业遗迹，旅游资源类型和丰度全省首屈一指。但是，现有已开发的旅游产品大多属于“低小散”，缺乏龙头型、品牌型项目带动。虽然近些年温州旅游项目投资明显增多，但实际落地建设项目不多，建成精品项目更少，缺乏类似于湖州龙之梦、宁波方特等骨干项目支撑。

三　2019年旅游经济发展建议

围绕“国际化休闲旅游度假城市”目标定位，树立“优质旅游”“休闲

旅游”“全域旅游”“旅游大融合”的理念，把旅游业打造成为引领温州发展的一个新引擎。

（一）打造旅游核心产品

一是抓好发展三级联创与创新试点。发挥两线三片、西部生态休闲产业带主平台作用，务实推动全域旅游示范区创建。重点抓好文成刘伯温故里、永嘉楠溪江等5A级旅游景区创建与雁荡山5A级旅游景区提升，并以创建浙江省放心景区为契机，扎实推进全市A级景区整体提升；支持洞头、泰顺创建国家级旅游度假区；推进雁荡山、江心屿、大罗山等景区整治提升。以实施乡村振兴战略为抓手，全面开展千村景区化创建活动，培育A级景区村。

二是抓好重大项目谋划助推。围绕“谋划一批、包装一批、落地一批”的要求，狠抓重大旅游项目的推进，力求形成一批有区域影响力与市场竞争力的温州旅游拳头产品和核心吸引物。突出抓好泰顺华东大峡谷国际旅游度假区等96个在建重大旅游投资项目与招商引资项目的推进与落地。

三是抓好招商项目签约落地。实施重点旅游招商项目局班子领导挂钩联系制度，指派专人加强跟踪服务和全程指导，及时协调帮助解决存在的困难和问题，全面优化招商引资政务环境，并积极参与宁波中东欧招商大会、对台项目招商等，以此招引更多的优秀企业参与温州乡村振兴行动（西部生态休闲产业带建设），助力乡村休闲旅游业大发展大提升。

（二）推动旅游产业深度融合

深入推进全域型的文化和旅游融合发展，牢固树立“宜融则融，能融尽融，以文促旅，以旅彰文”的理念，指导县（市、区）设立文旅产业融合改革试验区，启动打造文化和旅游融合发展“金名片”工程。坚持培育开发以“体验型”为导向，以“文化、邮轮、研学、体育、乡村、康养”为重点的“旅游+”“+旅游”系列产品，深入推进跨界产业融合发展，积极构建多层次、特色化、中高端的优质旅游产品体系。

（三）提升文化旅游服务品质

开展“品质旅游年”“品质生活旅游文化周”活动，创建、评选一批省级放心景区、星级旅行社、品质服务饭店，创建、评定一批文明旅游先进县（市、区）、文明旅游示范单位和最美旅游人，不断提供更丰富优质高效的旅游公共服务。重视旅游接待服务能力提升，重点推进高品质旅游酒店、游客中心、停车位、旅游厕所建设。致力打造特色化旅游，立足区域特色优势，加大高品质创新型旅游服务设施建设，引导传统旅游景区转型升级，并推进购物一条街、小吃一条街等特色街区建设，拉长旅游消费产业链。致力打造品质化旅游，制定出台游钓基地、精品民宿、自驾车营地等建设标准，引导各类旅游新业态加强标准化服务，实施标准化，促进品质化，增强游客舒适感和满意度，提升游客回头率。按照“快进内畅互联慢游”的旅游交通要求，指导全市主要景区出入口及旅游通景道路沿线景观改造提升、更新完善道路指引标识系统和旅游出行查询服务系统；推进县级旅游集散中心建设，在主要景区设置游客服务中心，完善旅游集散咨询休憩服务功能，加快形成区域一体化游客集散服务网络。全面加强旅游投诉和安全生产监管工作，提升旅游服务“软硬环境”建设。

（四）拓展文化旅游市场空间

强化旅游精准营销，积极借助传统媒体、新媒体与自媒体，强化与大媒体、大平台合作，加强与高铁、地铁、航空资源和OTA平台等合作，开展立体化、全方位宣传“传奇温州”城市旅游形象；办好中国（温州）网络旅游节、温州休闲旅游博览会、中国雁荡山夫妻文化节等旅游品牌节庆活动。采取“走出去，请进来”相结合的方式，突出长三角、珠三角等重点市场促销；推进“驾临温州，玩转山江海”自驾游名城产品推广；与百家旅行商精准对接营销活动；开展在外温州人带领外地朋友游温州系列活动，并深化与重点旅游客源市场节庆互动，推动两地资源互补、市场共建、客源互送，提升温州旅游在国内外的知名度与影响力。

B.11

温州市区住房市场运行分析及展望（2018～2019）

金　瓯*

摘　要： 2018年温州市区住房成交规模与上年持平，仍处于历史高位，前期较大的土地出让规模使得新建商品住房供应量创历史新高，而住房需求增长放缓，住房成交价格涨幅趋缓。2019年温州市区新建商品住房供应量可能再创历史新高，而助推住房需求扩大的力量较薄弱，市区住房价格上行的动力将明显趋弱，但在货币适度宽松的环境下，住房价格出现大幅波动的可能性较小。

关键词： 住房市场　住房价格　温州

自2015年全国住房市场进入上升周期后，部分城市的住房成交量及价格出现井喷式发展，但是，温州市区住房市场的成交量稳步增长，价格稳步提升。2018年国内外经济形势均面临一定压力，金融财政政策定向宽松，中央释放进一步稳定住房市场的信号，全国住房成交量增速回落，部分城市成交量及价格均回落，而温州市区住房市场仍相对稳定，住房成交规模与上年持平，住房价格涨幅趋缓。

---

* 金瓯，中共温州市委党校经济学教研部副教授。

一　2018年度温州市区住房市场运行的基本情况

2018 年温州市区[①]商品住房市场的整体运行与我们年初预测的结论基本一致：新建商品住房供应量创历史新高，商品住房成交规模仍处于历史高位，住房价格涨幅趋缓，住房市场总体平稳。

1. 新建商品住房供应量创历史新高，年末库存同比增长186%

2018 年温州市区批准预售商品住房面积及套数分别为 319.6 万平方米和 25120 套，同比分别增长 92% 和 89%，新建商品住房供应量再创历史新高。市区批准预售商品住房面积中，鹿城区、龙湾区、瓯海区和经开区分别占 24%、31%、27% 和 18%。在批准预售商品住房中，大、中、小户型占比分别为 16.8%、71% 及 12%。[②]

截至 2018 年 12 月末，温州市区可售新建商品住房为 164.22 万平方米，同比提高 186%。按照前 12 个月的月均销售面积计算，库存总量的去化周期为 9 个月，其中，大、中、小户型的去化周期分别为 12 个、9 个和 2.5 个月，尚在合理区间内[③]。不过，需要关注两点，一是大、中户型住房的去化周期明显提升（见图 1）。2018 年末大、中户型的去化周期分别是上年末的 2 倍和 4.7 倍。二是库存量存在区域差异。大、中户型库存量主要分布于鹿城区和龙湾区。大、中户型的新建商品住房库存去化周期提升幅度最大的均为龙湾区，分别是 3 倍和 24 倍，而均值分别是 2 倍和 4.7 倍。

2. 住房成交量与上年基本持平，处于历史高位

2018 年温州市区住房成交面积和套数分别为 468 万平方米和 43046 套，与上年同期基本持平。温州市区新建商品住房成交面积、套数及金额分别为 214 万平方米、17370 套和 425 亿元，同比分别增长 7.3%、3% 和 -1%。2018 年新建商品住房成交量仍处于历史高位。2018 年温州市区二手住房成

① 由于目前洞头区与其他各区商品住房市场的联动性较弱，本文的分析暂不包括洞头区。

② 本文中的大、中、小户型分别指 144 平方米以上、90 ~ 144 平方米以及 90 平方米以下户型。

③ 住建部认定的合理区间为 6 ~ 16 个月。

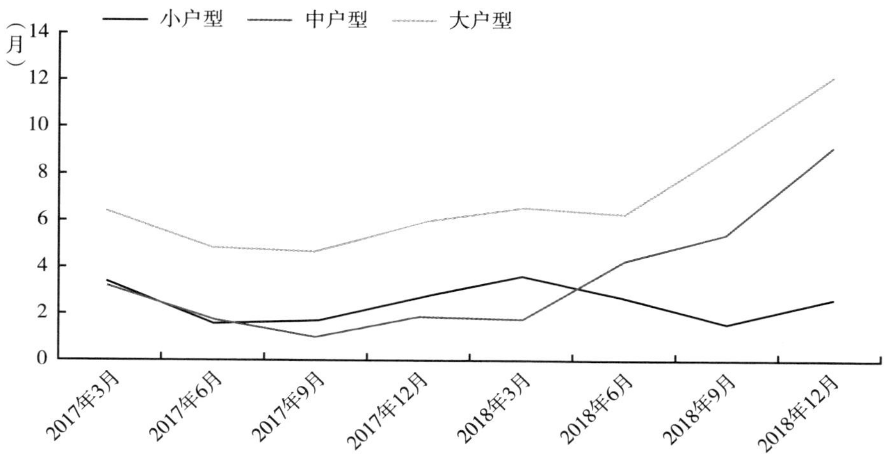

图1　各面积户型的新建商品住宅库存去化周期

交面积和套数分别为254万平方米和25676套，同比分别减少2.2%和3.8%，虽然成交总量有所下降，但也仍处于历史高位。按成交套数来看，二手住房占比为59.6%，比上年同期下降了2.6个百分点，二手住房的市场活跃度相对下降。

（1）从成交住房的区域分布来看，鹿城区最受青睐

从成交住房的区域分布来看，鹿城区、龙湾区、瓯海区以及经开区分别占52%、15%、24%以及8%，鹿城区仍是温州人最爱居住的地方。这反映了鹿城区的核心经济圈地位，经济集聚以及相对完善的城市公共配套带来了人口集聚，市区人口的50%分布于占市区土地面积27%的鹿城区。

（2）从成交住房的户型结构来看，中等户型最受青睐

2018年温州市区成交的商品住房中，大、中、小三类户型占比分别为16.1%、45.5%和34%，与上年同期基本一致。新建商品住房市场以大、中户型为主，2018年批准预售商品住房中，大、中户型分别占16.8%和71.3%，相应的，这两类户型成交量分别占17%和64.4%。[①] 二手住房成交

① 按套数来计算。

的户型结构以中、小户型为主，这两类户型分别占 32.7% 和 52%，与上年同期一致。

3. 住房价格涨幅趋缓，新建与二手住房价差扩大

（1）2018 年温州市区住房价格涨幅趋缓

2016 年以来，新建商品住房与二手住房价格均呈现上涨态势，[①] 但 2018 年住房价格涨幅趋缓。根据国家统计部门[②]的监测，2018 年温州市区住房价格涨幅明显小于上两年，从以 2015 年为基的价格指数来看，2018 年 12 月末新建商品住房和二手住房价格指数较年初分别上升 2.1 个、0.9 个点，而 2016 年、2017 年分别上升 6.5 个、4.9 个点与 7.2 个、6.7 个点。

（2）新建商品住房与二手住房的价差扩大

2018 年温州市区新房与二手住房价格的涨幅有较强的关联性（见图 2），而二者价差呈扩大趋势（见图 3）。从国家统计局发布的价格指数（2015 年为基）来看，2016 年二者差距超过 1 的有 4 个月，最大值为 1.6；2017 年

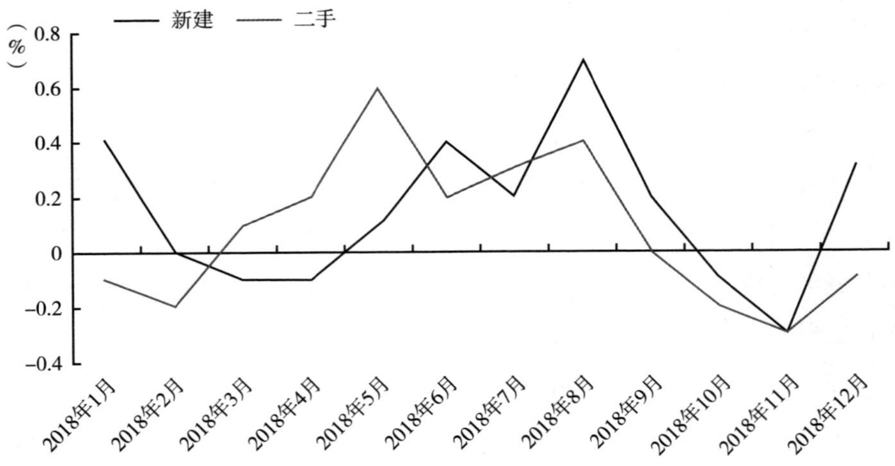

图 2　2018 年 1～12 月温州市区住房价格环比涨幅

① 国家统计局的数据。

② 国家统计局公布的《70 个大中城市住宅销售价格变动情况》，其调查范围为 70 个大中城市的市辖区（不包括县）。

两者差距超过 1 的有 10 个月，最大值为 2. 2；2018 年两者各月的差距均超过 2，最大值为 3. 3。①

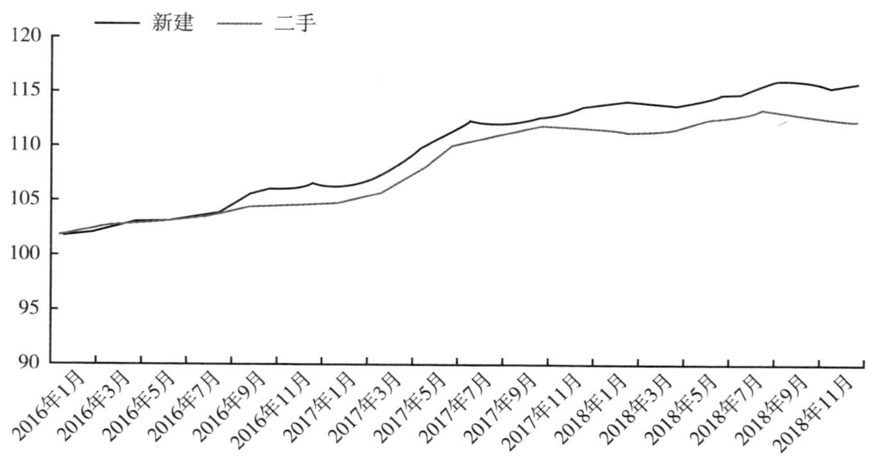

图 3　2016 年 1 月至 2018 年 12 月温州市区住房价格指数（定基 2015 年为 100）

二　市区住房市场运行情况的进一步分析

自 2015 年全国住房市场进入上升期以来，温州市区住房市场总体稳步发展，但是稳中有缓、缓中有忧。

1. 货币化拆迁安置依然助推着住房需求，但不可持续

2018 年温州市区签订货币化拆迁安置协议的有 15062 户②，同比下降 35. 3%。考虑到部分 2017 年已签订货币安置协议，但尚未领取安置款的拆迁户③，估计 2018 年与 2017 年温州市区货币化安置规模基本持平，那么根

① 这部分涨幅数据均定基 2015 年为 100。

② 鹿城区、龙湾区和瓯海区分别为 7570 户、2040 户、5452 户。

③ 2017 年鹿城区货币安置对象有 10023 户，其中的一部分于 2017 年领取了安置款，金额约为 21. 5 亿元，另一部分于 2018 年领取了安置款，金额约为 212 亿元。这两部分涉及的户数无法精确统计，只能利用总户数、两部分安置款的比例来估算这两部分的户数。

据2016~2017年的调研结果[①]来推测，2018年由货币安置对住房需求的推动依然不可小觑。

虽然2018年市区货币化安置量与上年持平，但是拆迁规模已大幅减少。2018年市区拆迁涉及的户数为23805户[②]，同比下降52.8%。货币化拆迁推动了部分改善型需求提前释放，随着拆迁规模的进一步减少，货币安置释放的购房需求不可持续。

2. 多因素导致住房市场活跃度下降

2018年温州市区住房市场活跃度有所下降，表现为：一是经营性土地成交规模下降。2018年温州市区挂牌经营性土地的流拍率由2017年的0%提高至2018年的23.4%（见图4），2018年经营性土地成交规模也同比下降13.5%。二是住房价格上升趋缓。2018年温州市区住房价格涨幅明显小于上两年。以司法拍卖住房为例，温州市区司法拍卖不动产的成交价相对于评估价的比值（见图5），由2013年的60%逐渐提高至2017年的101%，之后小幅回落至2018年的95%[③]。

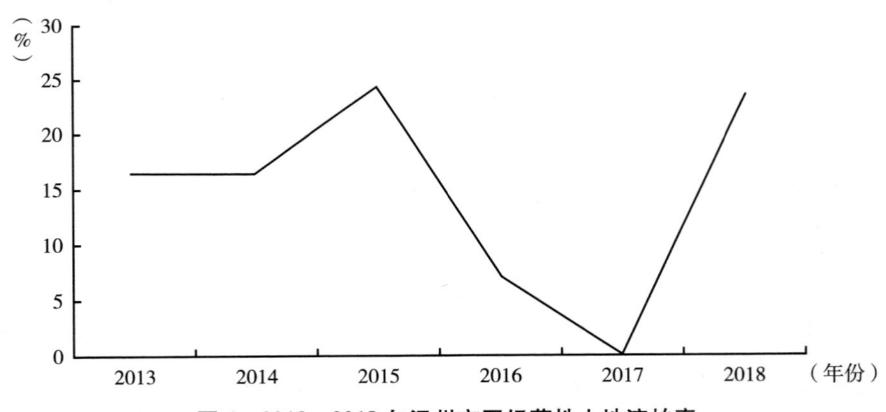

图4　2013~2018年温州市区经营性土地流拍率

① 不同拆迁地块有差异，购房比例为60%~80%，详见2017年与2018年“温州蓝皮书”。

② 鹿城区、龙湾区和瓯海区分别为9327户、4117户、10361户。

③ 司法拍卖住宅的起拍价一般为评估价的70%，当成交价大于评估价的70%时，一般已经实现溢价，那么，溢价的高低也就体现了这部分房源的市场需求状况，也在一定程度上反映了市场活跃度。

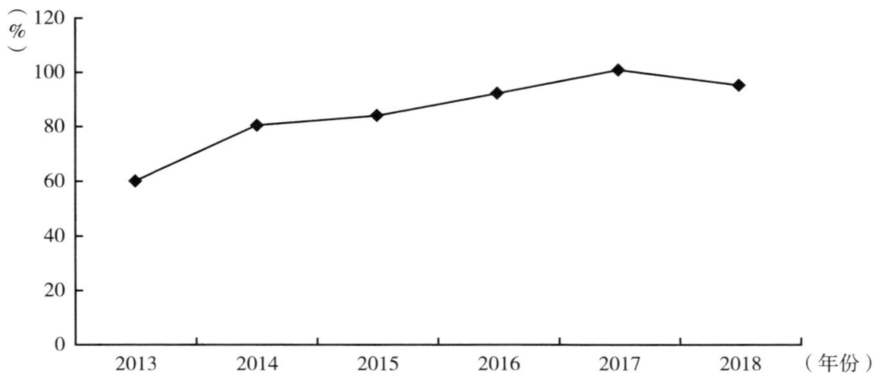

图 5　2013～2018 年温州市区司法拍卖住房成交总价与评估总价的比值

温州市区住房市场活跃度下降并非个别现象，由很多共性因素导致，包括限购、限贷、限价等调控政策的累积效应、市场高位增长之后的自发调整以及“坚决遏制房价上涨”，推动市场预期明显转变等。除此之外，也有个性化因素。

一是有效需求相对不足。2018 年末温州市常住人口为 925 万人，较 2017 年末增加 3.5 万人，但是考虑到人口的自然增长率①，人口实际增长为 -2.49 万人。在校小学生增减通常能较好地推断住房真实需求的变化，2000～2017 年温州小学在校生年均增加 0.62 万人，是同期杭州年均增加数的 41%（1.52 万人）。二是供需的短期性变化。与 2017 年温州市区住房供应减少、需求增加相比，2018 年情况相反，市区住房供应扩大、需求相对减少。前几年市区大规模的棚改加速了土地整理与供应，市区新建商品住房供应量创历史新高的市场预期，使购房者购房心态趋缓。

3. 需求升级和理性消费促使住房产品价格更分化

与二手住房相比，新建商品住房更加注重环境、智能、服务以及功能分区，因此新建商品住房与二手住房存在价格差异。近几年，需求升级推动着

① 浙江省统计局发布的《2018 年浙江省人口主要数据公报》。2018 年温州市人口自然增长率为 6.5‰。

新建商品住房与二手住房的价格进一步分化。

二手住房中不同产品的价格同样分化，2016～2018 年大、中、小户型二手住房价格指数进一步分化，增幅依次增加（见图 6）。每套住宅在面积、户型设计、建筑质量以及其他配置等方面都有差异，任何方面的提高，都会在价格上有所体现，不同产品的价格分化，恰恰是消费升级与理性消费的体现。

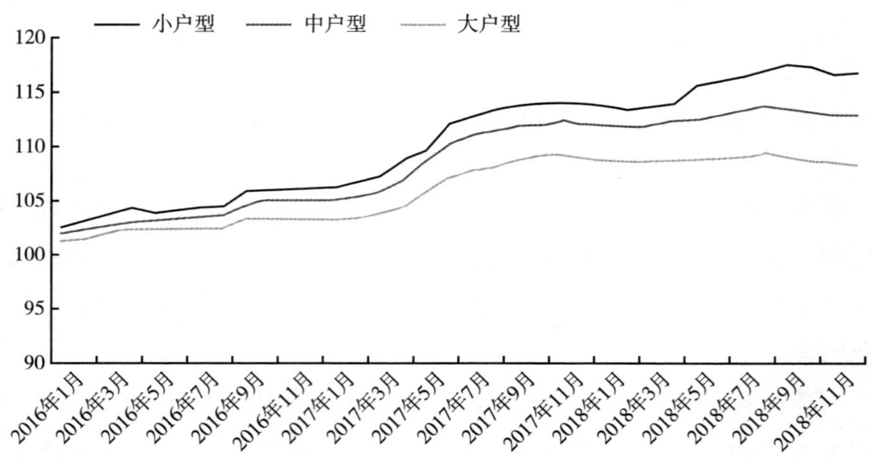

图 6　2016 年 1 月至 2018 年 12 月温州市区二手住房分类价格指数（定基 2015 年为 100）

4. 土地价格上涨助推了新建商品住房市场的供需结构性矛盾

2015 年以来，市区住宅用地成交价格总体不断提高。土地高溢价率以及高楼面价的现实使得开发商只能通过提高产品定位和住宅单价来实现项目盈利，而大、中户型因其价格弹性更高成为开发商的首选。以鹿城区为例，随着住宅用地成交溢价率以及楼面价的不断提升，近年来新建商品住房供应量中大于 90 平方米的户型占比总体提高，2018 年该比例为 88%，小户型供给不足，供需结构性矛盾在所难免。

5. 仍须关注家庭高负债率的负面影响

2018 年温州市新增房地产贷款 544 亿元，占新增贷款总额的 39%，较上年下降21个百分点。2018年12月末个人购房贷款在总贷款余额中的比重为18.7%，与上年末基本持平，而近五年该比值年均增加2个百分点（见图7）。[①] 虽然房地产信贷规模扩张速度下降，但在总贷款余额中依然占有不小的比重，因此，仍须关注家庭高负债率可能引发的经济社会问题。

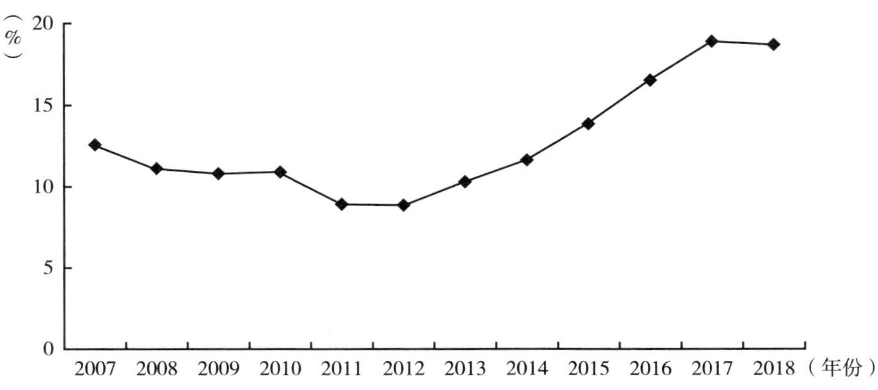

图7　2007～2017年个人购房贷款占贷款总额的比重

注：该比重＝个人购房本外币贷款/金融机构本外币贷款总额。

三　展望

2019年中美贸易争端的长期走向并不明确，中国经济在由高速增长向高质量增长的转型与结构调整过程中，风险可能释放，宏观经济运行情况存在不确定性。温州区域经济运行有一定下行压力，地方性棚改规模逐步减少，推动温州区域住房需求进一步扩大的力量仍薄弱，区域房地产调控政策仍将以稳为主。

2019年温州市区新建商品住房供应量仍可能创历史高位。截至2018年末，温州市区已出让土地还将提供约540万平方米的新建商品住宅。2017

① 数据均来自中国人民银行温州市中心支行。

年出让土地可提供约360万平方米住宅，其中约有50万平方米和210万平方米分别于2017年、2018年完成上市，未售面积的85%均属于2017年、2018年已启动项目的剩余部分，这85%中的绝大部分将会于2019年完成上市，面积约为90万平方米。2018年出让土地可提供约440万平方米住宅，其中约50万平方米已于2018年完成上市，考虑到2018年已经出现住房需求增长乏力，以略低于2017年出让住宅用地的新建商品住房供应速度来判断，大约有200万平方米于2019年上市。因此，截至2018年末，已出让土地可能为2019年提供约300万平方米的住宅上市。除此之外，2019年市区新增住宅用地也将有一部分形成当年的实际供应量。如果2019年市区土地出让规模与上年持平，按照2017～2018年出让住宅土地的开发节奏[①]以及2018年住宅用地的平均容积率来计算，2019年出让的住宅土地约有50万平方米的住宅于当年上市。因此，2019年市区至少有350万平方米的新建商品住宅上市，供应量再创历史新高。

促进住房需求进一步扩大的力量较薄弱。一是M2适度增速，但未必能对住房需求产生强刺激效应。在经济下行压力较大的背景下，适当增加流动性利于稳定经济增长，2019年M2增速会有所提升，但是也“要平衡好稳增长和防风险的关系，把握好节奏和力度”[②]，也就是说，空间有限，货币对住房需求和价格的刺激作用也将有限。二是推动区域经济持续稳定增长的有效支撑力并未真正形成，难以推动住房需求的进一步扩大。温州区域经济运行仍有一定下行压力，经济发展不充分、不平衡的问题仍突出，传统产业并未真正进入新旧动能更替的阶段，产业发展的内在驱动力尚不充足，部分企业生产效率的改善仍可能是阶段性的，实体经济运行的稳定性有待提升。三是二孩政策产生的人口红利，无法在扩大住房需求上产生立竿见影的效应。四是拆迁对住房需求的助推不断弱化。2019年将“推动市区从‘拆整’为主全面转入‘建美’为主”、“全面完成2018年

① 2017～2018年当年出让土地形成当年实际供应量的平均比例为12.5%。

② 《习近平在省部级主要领导干部坚持底线思维着力防范化解重大风险专题研讨班开班式上发表重要讲话》，新华社，2019年1月21日。

城中村改造项目‘清零’”[①]，这意味着温州市区拆迁规模将进一步缩小，拆迁对住房市场的影响必然弱化。

综上所述，2019 年温州市区供应量可能创历史新高，但助推住房需求扩大的力量较薄弱，市区住房价格上行的动力将明显趋弱。在货币适当宽松的环境下，住房价格整体上出现大幅波动的可能性较小。但是不同板块住房价格变化趋势会不尽相同，不排除部分板块部分类型住房价格下调的可能。

① 陈伟俊：《“八八战略”再深化，改革开放再出发，在抓住用好机遇中续写好新时代温州创新史》，中共温州市委十二届七次全体（扩大）会议上的报告（印刷稿），2019 年 1 月 10 日。

社会与政治篇

Social and Politics Reports

B.12 温州社会治安形势分析*

黄建春**

摘　要： 2018年，温州社会治安形势在保持稳定的基础上继续呈现良好发展态势。刑事发案数下降；传统侵财案继续走低；命案减少并全破；扫黑除恶成效明显。与此同时，网络违法逐渐成为治安防控重点，表现在通讯（网络）诈骗案件数持续保持高位，网络平台涉众型经济案件频发。温州社会治安在发展态势上呈现两个特点：一方面，以互联网为载体的治安违法案件占比将有可能继续加大；另一方面，与之相对应，新科技要素与治安防控结合将更加紧密。为顺应社会治安新形势，下阶段应着重构建社区治安治理模式，提升虚拟治安管控能力。

关键词： 治安形势　虚拟管控　治安治理　温州

* 治安类数据采自温州市公安局。

** 黄建春，中共温州市委党校政法与统战教研部主任，副教授。

一 2018年温州社会治安基本情况分析

近年来，围绕创建“平安温州”创建、优化营商环境等目标，温州持续开展扫黑除恶、打击通讯（网络）诈骗和黄赌毒犯罪等行动，百姓的安全感、满意度不断提升，社会治安形势总体保持稳定。2018 年温州刑事立案数、治安案件受理数同比分别下降 13.57%、1.6%，治安状况继续呈现良好态势。

（一）传统侵财类案件发案数不断走低

抢劫、抢夺（以下简称“两抢”）案件发案数继续下降。在前几年案件发案数大幅下降的基础上，温州“两抢”案件继续走低，2018 年共发案 215 起，比 2017 年减少 57 起，同比下降 21.24%。对于社会公众而言，“两抢”案件的发案数是传统社会治安的晴雨表和风向标，发案数的下降能直接提升他们安全感、满意度。温州“两抢”案件从 2003 年日均发案 80 余起，2007 年 56 起，2014 的 3.52 起，到 2017 年降至 0.75 起，再到 2018 年的 0.63 起。不仅发案数下降，衡量“两抢”打击成效关键指标的“人案比”和“破案率”于 2018 年分别达到 102.32% 和 64.65%，该两项指标均列全省第一，究其原因，除了温州治安基础要素管控的预警预测预防能力不断提升外，同时也与近年来温州人口呈现净流出态势以及日常随身携带现金量减少不无关系。

（二）命案发案数下降，连续两年命案破案率达100%

2018 年，温州发生命案数同比下降 4%，发案率创历史新低且破案率达 100%。破命案积案 16 起，占全省 1/4，其中破获 10 年以上的命案积案 13 起，占比达 82%，破获 20 年以上的占全年破积案数的一半，时间最久的积案距今 26 年，该案系 1992 年 8 月 15 日温州平阳县的一起斗殴致人死亡的命案因当时条件有限，案件久侦未破，后经过专案组辗转福建、江苏、江西等地，最终通过技术手段于2018年抓获犯罪嫌疑人苏某，这也是浙江省2018年破获的发案最久的命案积案之一。2018年不仅实现现发命案全破，而且命案的破案速度也在继续提升。2014年温州警方破获命案的时间在9~15天，2016年已经缩短到一周之内，2017年，随着视频监控的逐渐推广以及刑事科学技术的不断发展，不仅现发命案实现全破，破案周期已经缩短至1.6天，2018年更是缩短至1.24天，其中93.3%的命案在24小时内告破。在命案发案数与破案率均有所变化的同时，恶性命案仍有发生，特别是发生在2018年8月24日温州乐清市女孩乘坐“滴滴顺风车”被杀害案和2018年9月21日温州瑞安市校园学生被杀案，引发全社会关注，造成恶劣社会影响。

（三）扫黑除恶成效明显

为了维护社会稳定、进一步加强基层政权、助力乡村振兴战略，2018年中央宣布在全国开展“扫黑除恶”专项行动。1月，浙江省公安厅发布了《关于深入开展扫黑除恶专项斗争的通告》，向社会各界、广大群众征集涉黑涉恶违法犯罪线索，并公布公安机关重点打击整治“把持基层政权、操纵破坏基层换届选举、垄断农村资源、侵吞集体资产的黑恶势力”“利用家族、宗族势力横行乡里、称霸一方、欺压残害百姓的‘乡霸’‘村霸’‘地霸’”等10个方面内容。温州在打（扫）黑除恶成效连续6年全省第一的基础上，2018年成立了包括市纪委、市委组织部、市委宣传部及公检法司等27家市直单位在内的专项领导小组。27家市直单位又各自分别成立领导小组，出台相应工作实施方案。市委政法委、市公安局、市纪委（市监委）、市委组织部和市委宣传部分别牵头组建综合协调、侦办打击、执法执纪、基层组织建设、宣传报道等5个专项工作组，分工负责“扫黑除恶”所涉各方面工作，确保组织部署到位。2018年，温州相继开展了“钱潮1号”“打黑缉枪”等系列活动，打掉了以陈康旭为首的黑社会性质组织犯罪，深挖“套路贷”“校园贷”“车贷”等隐蔽性较高的新型涉黑涉恶犯罪行为。截至2018年，温州累计打击处理涉黑恶犯罪团伙370个，破获案件2222起，打击成效排名全省前列，平安建设基础进一步好转。

（四）网络诈骗案件高发

1. 通讯（网络）诈骗成为治安防控重点领域

2018 年温州共抓获通讯（网络）新型违法犯罪嫌疑人 2276 人，打击处理人数连续三年保持全省第一。同时温州市反诈骗中心通过有效手段，及时制止或挽回财产损失。2018 年诈骗中心回访疑似被骗群众近 5 万人次，劝阻避免直接经济损失 1965 万元；冻结止付被骗金额 1.08 亿元，返还 2600 万元，返还资金数量位居全省第一。在通讯（网络）诈骗中，网络信贷理财诈骗案件上升势头迅猛，发案数首次超过网络兼职刷单诈骗，占总发案的 19.42%。犯罪分子通过非法渠道获取正要办理网络贷款人员的身份信息，以“无抵押、月息低”为诱饵，称可快速办理贷款。一旦受害者信以为真，对方即以先付利息、保证金等名义要求转账。在被骗人群中，男性占 59.42%，女性占 40.58%。其中，90 后群体更易受骗，占被骗人群的 42.27%。从支付途径看，诈骗案件中支付宝、微信等第三方支付占 65.57%，第三方支付中又以时下流行的扫码支付为主。近年来，温州在打击通讯（网络）诈骗犯罪的过程中也积累了不少经验，2017 年温州反诈骗中心被确定为全国八个一级反诈基地之一，并被公安部授予打击治理电信网络新型违法犯罪研判中心。即使重拳打击，但通讯（网络）诈骗案数仍然处于高位，2018 年共抓获各类通讯（网络）诈骗犯罪嫌疑人 2200 余名，同比上升 8%，打掉 3 个百人以上团伙。

2. 网络平台涉众型经济案件频发

近年来，互联网金融异军突起，同时借金融创新之名行非法集资之实的企业也随之增多。特别是以 e 租宝、“泛亚国际”为代表的重大案件，规模之大、影响之广前所未有。由于金融行业比较特殊，关系到千家万户，金融风险对社会稳定有很大的影响，牵一发而动全身。2017 年 6 月“书画宝”平台涉嫌犯罪；2018 年 8 月温商贷单方面宣布展期；2018 年 12 月温州三信融民间融资信息服务有限公司以涉嫌非法吸收公众存款罪立案侦查等表明温州这一两年互联网金融风险不可小觑。此类案件一般具有以下特点。一是涉案损失金额高。2017 年温州公安部门立案侦查的“书画宝”案件涉及投资金额 4 亿多元，巨额资金的聚集易对社会生活秩序造成危害。二是案件涉及的地域及人员范围广泛，易引发社会不安心理，给社会安定带来压力。e 租宝案件涉及全国 90 多万人；“泛亚国际”案件涉及全国 20 个省份 22 万投资者；“书画宝”平台停止交易前，通过平台注册并充值交易的投资者达 2 万余人；温商贷虽然公布了为期 36 个月的展期兑付方案，但还是引起部分投资者的不安与恐慌。三是案件处置难度大，时间久。涉众型案件往往情况复杂，需要受害者协助配合做好调查取证。2017 年 7 月温州公安部门立案侦查“书画宝”案件；2018 年 6 月该案进入司法审查起诉阶段；后续要等待法院判决生效后，公安部门才能启动涉案资产拍卖、变现，再按比例清偿，才能最终结案。

二　温州社会治安发展新态势

从近年温州社会治安情况分析可见，以互联网为载体的治安风险已成为当前乃至今后几年治安防控的重点，同时相关职能部门在应对上也将更加注重大数据以及高新技术在治安防控领域的运用。

（一）以互联网为载体的治安风险继续凸显

1. 传统犯罪行为开始依托互联网平台，衍生出新变化

2018 年，温州侦破了多起新型网络违法案件，截至 2018 年 8 月，温州侦破网络刑事案件 300 多起，抓获犯罪嫌疑人 1900 余名，约占全省的 1/7；破获侵犯公民个人信息案 62 起，抓获犯罪嫌疑人 314 名；另外还破获多起网络赌博、黑客攻击破坏、网络制贩毒、敲诈勒索案件，以及传播淫秽视频、组织考试作弊等其他网络案件。其中，2018 年 5 月破获的“4・18”直播平台开设赌场案，抓获犯罪嫌疑人 20 人，现场查扣服务器 11 台，由于涉案金额巨大，该案在浙江省公安厅“净网 2018”专项行动新闻发布会上，作为全省打击整治网络赌博犯罪行为典型案例压轴介绍。2018 年 6 月，一

起以高价回购收藏品为诱饵实施的诈骗案，抓获犯罪团伙共61人，涉及公民个人信息300万条，涉案金额达800余万元，被中央电视台新闻频道“法治在线”栏目专题报道。

2. 网络舆情引发社会治安风险扩大

“互联网+”时代，信息传播网络化已不可逆转。当前，一些社会负面情绪和歪曲事实的谣言通过网络传播所产生的负面影响不断显现。网络不仅具有传播迅速的特点，而且其事件本身的破坏性和负面影响力会不断被放大，甚至会成为社会不安定的新因素。另外，原本一些是正常的事件和问题，经过网络有可能完全背离了原本的事实。类似工资纠纷、交通事故、医疗纠纷等经网络“洗礼”，容易引发群体维权事件。为此，温州整合党委政府、官方媒体、网络平台等各方面资源，开通了全国首个地级市辟谣举报平台，对网络谣言进行监测、预警、研判、辟谣，打造谣言“过滤器”。该平台成为中央网信办官方网站推荐的全国五大辟谣平台之一。截至2018年8月，温州网信部门会同属地公安机关对于违反《中华人民共和国网络安全法》、《互联网信息服务管理办法》和《互联网新闻信息服务管理规定》等互联网法律法规，破坏网络传播秩序违规从事新闻信息服务、传播有害不良信息的温州个别网站及自媒体账号，予以查处。共查处相关案件17起，依法约谈13人次，责令整改网站2家，停更公众账号7个，被公安机关行政拘留3人，刑事拘留1人。

（二）高新技术与治安防控结合日益紧密

1. 大数据在治安防控中得以充分运用

一是在反诈骗领域。2015年12月，温州在全省率先成立温州市反通讯（网络）诈骗中心。该反诈骗中心以公安部门为主，由5家银行和3大运营商派专人进驻，通过快捷的沟通联动机制，实现接警后及时冻结相关账户，尽快从骗子手中把钱截下。2017年至2018年4月，温州反诈骗中心共回访疑似受害人3.5万人次，阻止案件2800多起，劝阻拦截金额近亿元。另外针对跨境诈骗案件，温州首创了“由人到案”的“人员流”打击通讯（网络）诈骗新战法。利用大数据的应用，建立“人员流”数据模型，由大数据团队基于全国的数据，源源不断计算筛选出境内人员曾经或者正在境外诈骗窝点实施电信网络诈骗犯罪的人员信息，数据成熟一批，集中打击一批。

二是在命案破案领域。传统命案发生后，首先要查明尸体身份，如果是无名尸体，需要大范围地调查、走访及协查。有了大数据的“系统识别”，在其支撑下，基层一线能够直接得到后方支援，后方能快速精准为一线输送资源。温州永嘉县曾在2017年发生一起杀死两人的命案，犯罪嫌疑人逃跑后畏罪自杀于一间废弃房屋内，身份不明。侦查人员通过系统比对，仅3秒钟就查明了无名尸体的身份，锁定命案嫌疑人。有了这种大数据的服务支撑机制，扭转了以往一线民警孤军奋战的局面，重塑了基层破案的架构。

2. 立体化治安防控要素体系日趋成熟

从2014年开始，温州依托物联网传感技术和数据处理技术，将“人、房、车、物”，即流动人口、出租房和电瓶车等治安要素相关联。截至2018年，温州在全市范围内架设了3.3万个物联网感知设备，构筑了一张基于物联网技术的城域治安管控网，通过实现智能化识别、定位、跟踪、监控和管理功能，逐渐构建了一条以物联网技术为核心的社会治安虚拟管控模式。

以卡管人。运用物联网技术，对流动人口发放具有身份识别功能的“e居卡”，研发使用“流管通”，进行现场信息核查、比对、采录，设立社区“e居站”，对流动人口进行信息采集，实现了“人来即有信息，人在就有轨迹”的效果。

以卡管房。对群租房、群租小区、出租散户等分类建设智能门禁系统，开展企业门禁系统、考勤系统建设，研发数据传送平台，实现对流动人口居住信息和进出信息的实时掌控，实现了“人来登记、人走注销、人户一致”。温州已建成门禁系统（考勤系统）覆盖流动人口162.6万人，在线使用率达96%。

以卡管车。对电动车实行登记备案，并在车身安装具备射频识别技术（RFID）功能的牌照标签。同时，在温州各主要道口、“警灯工程”岗亭、小区停车场等关键部位建设侦测天线基站，配备车载、手持侦测设备。被盗信息输入平台后，一旦电动车经过基站附近时，平台就会自动报警，从而形成覆盖全市的电动车防盗追踪“一张网”。从 2014 年 10 月开始电动车登记备案后，电动车被盗的年发案数由登记备案前的 2.8 万余起下降到当前的 4100 余起，下降率 87%，防盗成效显著。

以卡管物。在对人、房、车管理的基础上，物联网技术在易制毒化学品、人脸比对、车辆抓拍、居家安防、散装汽油、涉案财物等公共安全及失智老人走失查找等领域的应用也在不断拓展。尤其是查找失智老人的“安心行动”，根据病情严重程度，为失智老人免费发放不同的“安心手环”。“安心行动”自 2016 年 10 月启动以来，截至 2018 年累计发放“安心手环”2 万余个，找回走失老人 200 多人，找回率达 100%，且基本在 1 小时内快速找回，极大地减小了老人孤身在外的危险，减轻了老人走失后查找的巨大人力、物力负担。

三　温州社会治安对策建议

近几年，温州社会治安防控体系不断趋于成熟，在平安温州建设中发挥了重要的基础性作用。但面对社会治安新形势，防控体制与机制仍有提升完善的空间。

（一）构建社区治安治理模式

当前温州社区治安管理主体仍显单一，社区民众参与程度不高，虽然温州治安状况不断改善，总体呈现良好态势，但过分强调和依赖行政力量，特别是警察力量的问题比较明显。事实上，单纯地依靠行政资源（基层警力）不仅造成基层民警工作强度、压力大，同时也无法满足社会治安形势的需求。虽然，温州推行的物联网治安管控工作在社区治安管理上取得了一定成效，但一些老旧小区由于门禁系统落后以及保安力量不足，仍经常发生偷盗问题，社区秩序相对较乱。因此如何有效激发社区民众（包括社会组织）的主体意识，参与社区治安治理是今后社区治安防控新的工作延伸点。

1. 在社区治理中构建多元合作机制，提升社区服务与治理水平

按照社区治理理念，应使多元主体共同参与社区事务，在平等协商、互利共赢的互动协作过程中实现社区和谐发展。社区治安、社区自治都是社区治理的组成部分，仅由其中的一个供给主体或一种供给模式来提供管理与服务在今后无法满足社区民众的真正需求。扩大社会多元主体参与社区治理，建立一种功能互补的多元供给合作机制，实现行政与自治双中心的社区治理运行是未来温州社会治安良好状态的保障。

2. 在硬件设施方面，吸引社会资本，提高参与投资的积极性

当前不仅是社区民众不愿意自己出资为社区建设，相关的市场主体也不愿意做无利可图的事情，涉及社区治安管理的大量项目都由政府来出资。而由于财力的限制，政府对社区治安提供的财政补助也是很有限的。因此，在社区治安方面，以“谁主管、谁负责”“谁受益、谁出资”原则，调动各种社会资源积极投入社区治安防控中，特别是发挥社区中小区物业以及保安在社区治安防控中的作用，明确社区各主体的分工，形成多元立体的社会治安防控网络。

（二）提升虚拟治安管控能力

在“大智移云”等信息迅猛发展的今天，社会治安防控领域，应顺应时代发展，构建起“互联网＋社会治理”新模式，这不仅可以解决警力不足的问题，也是有效应对当前违法犯罪智能化、专业化的现实要求。目前温州大多数县级公安虽然都设有网络安全部门，但是既懂治安业务知识又懂计算机技术的复合人才还相对紧缺。在“互联网＋”背景下，治安防控领域逐渐扩大，新问题不断出现，比如，专业化趋势的通讯（网络）诈骗犯罪、时有失真且被放大的网络舆情等都对防控技术提出了更高的要求。

1. 强化预防机制

数据时代最重要的是情报，有效情报信息是违法犯罪预防机制的前提条件和中枢神经。一方面，需要对温州历年治安情况进行综合分析，加以研判，找出共性，分析规律，预测走向，为治安防控的全局与重点提供科学的

情报信息支持。另一方面，建立治安热点地图，对特定阶段性、突发性和小众型的案（事）件进行分析研判，以实现精确防控。

2. 形成合作机制

“融合”是“互联网+”时代的特征之一。单干、封闭、独享的思维和行为方式，将无法应对网络安全日趋复杂的社会治安形势。一方面，政府各部门间应有效地实现信息共享，建立起公共数据统一开放平台，消除各自分割的块状资源“孤岛”局面，形成整体思维，整合行政各项资源，实现部门间的优势互补和合力。另一方面，在公安系统内打通单元部门间无形隔离，依托特定平台或是具体案件将信息采集、线索发现、经营研判、人案关联、固定证据等环节高效合成、无缝对接。

B.13
2018年温州农村改革试验研究报告

徐　炯*

摘　要：　2018年温州市承担了农房抵押贷款、农民资产授托代管融资和“三位一体”农民合作体系建设三项国家级农村改革试验任务。由于抵押物处置缺乏司法操作配套，农房抵押贷款存在隐患；农民资产授托代管融资中则因农民资产的民生属性，难以获得法律保障，不利于贷款风险防范；农民合作社和基层农合联的运作机制不健全，也影响了“三位一体”综合服务作用的发挥。针对农村改革试验存在的问题，需要国家层面相关法律和政策体系的支持，特别是涉及集体属性的农村民生资产处置方面，还要总结提炼农村改革试验的成功经验和成熟做法，突出制度安排和机制创新，坚持农民权益保障，发挥政府主导作用，注重市场机制运用，稳步有序推进试点扩面。

关键词：　改革试验　农房抵押　授托代管　三位一体

2018年是农村改革40年，也是全面实施乡村振兴战略的起始之年。根据国家、省关于深化改革工作部署，温州市以乡村振兴战略为引领，以深化农业供给侧结构性改革为主线，以保障农民权益、增进农民利益为核心，积

---

* 徐炯，温州市农业农村局政策法规处（农村改革处）处长，浙江农林大学中国农民发展研究中心研究员、温州市决咨委研究员、温州政协智库。

极培育农业农村转型发展新动能，改革氛围日渐浓厚，改革效应逐步显现。本文以当前温州市承担的三项国家级农村改革试验任务为主要内容，总结改革试点成效及做法，分析工作进展中存在的问题，提出下一步深化改革的建议和措施。

一 农村改革试验进展情况

农房抵押贷款、农民资产授托代管融资和“三位一体”农民合作体系建设是温州目前正在推进的三项国家级农村改革试验任务。改革试验旨在通过温州实践，实现农民财产资产化，拓展融资渠道，构建综合合作的经营体系。

（一）农房抵押贷款试点

2015 年 12 月，经全国人大授权，温州乐清、瑞安两地列入全国农房抵押贷款试点地区。截至 2018 年底，温州市农房抵押贷款余额 135.63 亿元，比试点前增加 52.83 亿元。其中，试点地区农房抵押贷款余额 120.24 亿元，比试点前增加 45.04 亿元，业务量稳居全国首位。乐清、瑞安连续两年在全国试点中期评估结果中列前两名；其他 9 个县（区）都不同程度地开展试点，农房抵押贷款余额合计 13.6 亿元。

1. 创新农房抵押司法处置方式，强化试点推进保障

一是探索制定抵押物处置制度。乐清、瑞安两个试点地区出台了抵押农房司法处置的制度性文件，将抵押农房司法处置范围拓宽至县域农业户口范围。二是探索创新抵押物处置模式。目前，温州市形成了以司法拍卖为主，以自主催收、“第三方预接盘”、平移转贷和减额续贷为辅的多种处置方式并存的模式。试点以来，温州市新发生农房抵押不良贷款 744 笔、金额 3.11 亿元，已成功处置 533 笔、金额 2.39 亿元，平均受偿率为 80% 以上。三是探索建立政府兜底保障机制。乐清、瑞安两地共建立农房抵押贷款风险补偿基金 1000 万元，主要用于抵押住房腾空安置周转、维稳兜底以及补偿

贷款本金损失等。特别是对处置抵押住房出现腾空困难的农户，拨付一定的货币安置周转金用于借款人腾空后租房安身，实现政府和银行风险共担，确保农户不会因为农房处置而流离失所，保障了农民的基本权益。

2. 完善金融产品和服务，健全风险防控体系

一是创新金融产品和服务。创新推出农房抵押公积金贷款、农房使用权抵押贷款、农房抵押循环贷款等产品，依托助农服务点受理农房抵押贷款业务资料，方便偏远农村和金融空白点的农户办理业务。同时放宽办贷准入条件，将农房房龄准入标准由 25 年延长至 30 年，将抵押农房范围从主要城镇扩大至偏远农村，拓宽业务受惠面。

二是构筑良好的风险防控体系。将农房分成一般房产与优质房产，实施差异化的风险管理措施。例如，根据房产变现能力实行不同抵押率，主要城镇房产视同国有房产，抵押率为 70%，农村一般房产抵押率为 50% ~60%；对地处偏远农村或变现能力相对较差的农房抵押贷款，要求追加第三人连带责任保证等。

三是继续优化贷款投向。建立农房抵押贷款资金流向及资金用途的跟踪监测机制，禁止贷款资金用于购买商品住房、股票等非生产生活性用途。据调查，目前，温州全市九成以上的农房抵押贷款资金用于个体工商经营，贷款农户利用这部分资金，扩大生产经营规模，有效实现收入增加。

3. 强化配套政策，夯实改革试点基础

一是加快确权登记颁证。乐清、瑞安两个试点地区出台了农村宅基地确权登记规定，进一步明确农村宅基地确权登记范围、流程等，同时以不动产统一登记为契机，建立产权信息数字化管理系统，减少两证不齐现象。目前，乐清、瑞安农房确权颁证率分别为 92%、96%；宅基地确权颁证率分别为 95%、93%，为两地农房抵押贷款试点奠定了较好的基础。

二是简化抵押登记流程。将“两证 + 三书”（宅基地使用权证、房屋所有权证，村集体同意抵押及司法处置证明书、抵押人有第二处住宅证明书和不再申请宅基地承诺书）作为抵押登记要件，特别是针对村集体同意抵押及司法处置证明书，从试点前的逐户证明改为整村授权证明，大大简化了登

记手续。

三是加大农房抵押资金供给。中国人民银行温州市中心支行专门划出14.8亿元支农再贷款额度，定向支持试点地区金融机构发展农房抵押贷款业务，并设立专项经费，主要用于农房抵押贷款风险补偿和业务奖励。此外，积极开办农房抵押贷款小额保证保险、“农房抵押＋担保”等业务，充分发挥保险、担保的风险分散功能。

（二）农民资产授托代管融资试点

2015年10月，温州市瓯海区率先在瓯海农商银行开展“农民资产授托代管融资”，是指农户采取书面承诺方式，以自有的动产、不动产及其他经济权益作为担保物，经第三方公司评估和托管，就能获得农商银行的授信及贷款。这种变财产抵（质）押为托管授信的融资模式，极大地拓展农民的产权价值，激活了农村巨量沉睡资产。此项改革于2017年7月申报获批国家级温州农村改革试验区拓展试验项目。截至2018年底，瓯海农商银行“农民资产授托代管融资”模式已覆盖瓯海区226个村，受理资产12类10639宗，发放该项贷款9198户38.81亿元（其中历史上从来没有贷过款的农民有3985户，金额共达8.61亿元），平均贷款利率约为8.13%，贷款不良率约为0.12%。

1. 开展农民资产联审建档，健全评估授信基础信息

将农房、农村商业经营房、村股份经济合作社股权、土地（林地）承包经营权等农民认为有经济价值、银行认为可以托管的风险可控资产，列入抵（质）押品范围。为方便农户和确保财产信息可靠，瓯海农商银行在全区各村建立普惠金融服务站，会同村集体经济组织和第三方公司，对辖区内农户的动产、不动产及其他经济权益进行建档立卡，并对每个农户的贷款资格、自有财产测算、偿贷能力等进行联合评估界定，确定授信额度，目前已完成3.84万户的资产评估，对3.33万户授信评定，授信金额126.03亿元。

2. 开展农民资产报备登记，明确授托代管方式

瓯海农商银行对有贷款意向的农户资产进行登记，建立授托代管资产情

况表；村集体经济组织接受报备登记，出具监管登记报备回执；房管、工商、林业、拆迁办等相关部门根据法规规定对登记的资产办理登记手续，确保授托期内已经办理过授托承诺的动产、不动产，不给予权属过户及重复担保登记，并在此基础上，由瓯海农商银行、第三方公司、村集体经济组织联合对登记资产进行授托代管，规定所有权证类文本或其他纸质权利证明资料的原件由农商银行代管；受托代管动产类资产除家禽、农作物等需要人工培育饲养外由第三方公司代管；受托代管的不动产及未纳入第三方公司受托代管的动产的现场管理由村集体经济组织负责。

3. 开展授信承诺实现便捷办贷，通过动态监管防控风险

对财产进行登记和明确托管责任的农户，由瓯海农商银行发给资产授托代管融资“准贷证”，通过优化办事流程，对已发放“准贷证”的农户，只要签一份“授信承诺”，最快可在 2 小时内办完贷款业务，实现农户贷款“最多跑一次”，目前已发放“准贷证”3.33 万户。为确保信贷资产质量，强化风险防控，瓯海农商银行联合村集体经济组织对农户贷款用途、动产和不动产情况进行定期回访，并要求协贷员对借款农户的信贷用途、生活及生产状况、受托资产运行信息进行采集，动态掌控情况，帮助贷款农户应对突发事件和生产生活困难。

（三）“三位一体”农民合作体系建设

“三位一体”农民合作体系建设于 2006 年率先在温州瑞安开展试点。十多年来，温州市通过不断深化生产、供销、信用“三位一体”综合合作，着力健全农民合作经济组织体系，促进了为农服务功能不断拓展和农民合作经济持续发展。2017 年，“三位一体”改革实践被写入中央一号文件，同年 7 月，此项改革获批国家级温州农村改革试验区拓展试验项目。

1. 夯实基础，规范发展农民合作经济组织

一是开展以规范产权结构为核心的合作社改造提升行动。扩充社员数量，拓展服务功能，延伸经营领域，完善分配机制，目前创建市级以上示范合作社 323 家，其中国家级 27 家、省级 78 家。

二是强化对合作社的规范管理。完善评级制度和年度报告制度，开展“空壳社”“睡眠社”的清理整顿，同时将未报送年度报告的、公示信息弄虚作假的合作社列入“经营异常名录”。

三是引导组建联合社和行业协会。通过政策、财政等激励扶持，引导合作社组建专业性或综合性的联合社，或与其他涉农经营主体组建行业协会，提升组织水平和服务能力。目前共组建合作社联合社 74 个、涉农行业协会 100 个。

2. 强化合作，不断提升为农综合服务水平

一是加强生产合作。立足本地优势资源和特色产业，全面开展技术、品种、植保、机收等方面合作，在县级以上示范社推行生产资料统一供应、技术标准统一执行、产品销售统一经营，推动农业标准化、规模化生产。

二是创新供销合作。大力发展农村电子商务，注重信息化管理及运用，开展多渠道、多形式的产销对接，同时培育瑞安农产、苍农一品等区域公共品牌，创建温州早茶、雁荡山铁皮石斛等特色农产品品牌，2018 年温州市农业电商销售额近 70 亿元，形成产值超 10 亿元以上的 6 条农业全产业链。

三是支持信用合作。稳妥发展合作金融，引导有条件的合作社组建农村资金互助会。目前 56 家农村资金互助会向会员累计借款 30.5 亿元，支持农民合作组织开展信用体系建设，健全融资担保运作机制。目前温州市农信机构对 4000 多家合作组织实行整体授信，9 家县级农信担保公司贷款担保 38.6 亿元。

3. 创新机制，建立健全农合联组织体系

一是健全农合联组织架构。坚持农有、农治、农享原则，联合农民合作经济组织和各类为农服务组织，组建非营利性社会团体——农合联，并依托供销社成立执委会。目前温州市构建了由市、县、乡镇农合联已全覆盖，8300 多家农民合作经济组织、为农服务组织（企业）加入农合联。

二是完善农合联制度建设。构建农民合作基金、资产经营公司两项制度

载体，促进合作经济向更高层次发展。目前温州市已筹集农民合作基金1.75亿元，主要用于为农服务事业、涉农产业扶持、信贷风险补偿等。瓯海区率先组建农合联资产经营公司，联合103个经济薄弱村成立强村实业发展公司，承接小微园、停车场、菜农房等优质项目，为每个村增加年收入5万元以上；另外通过与53家花木专业合作社联合投资，带动800多户花农共同建设温州花城。

三是提升基层农合联服务能力。在提供农业生产传统服务的基础上，基层农合联还强化了品牌创建、市场对接、金融合作等综合服务功能，目前温州市建成现代农业服务中心11家、农村各类服务站点800多家。如瑞安马屿镇农合联为农服务中心，集农资农具、种子种苗、庄稼医院、金融保险、电商服务、农技信息等服务于一体，农民可以享受从种植到销售全程化、一站式的服务。

二　农村改革试验中存在的问题

温州市农村改革试验虽然成效明显，但在推进过程中面临许多问题，既有法律法规层面上的，也有运作机制方面的，还有试点后法律不调整的潜在风险。

（一）抵押物处置缺乏司法操作配套，农房抵押贷款试点存在不少隐患

由于“房地一体”的属性，尽管全国人大豁免了《物权法》《担保法》中对农村宅基地不能抵押的禁止性条款，但在实际操作层面的司法解释和司法处置意见尚未出台，实践中抵押物处置仍面临诸多障碍，例如，农房转让范围受限而造成的流拍现象；一旦处置的农房有老人居住，将会出现腾空难、执行难等问题。另外，根据试点精神，在2018年底试点期限届满后，全国人大将视试点成效，决定是否修改相关法律法规。若不修改，将对温州市130多亿存量农房抵押贷款具有较大的威胁。

（二）农民资产的民生属性，授托代管融资因缺乏法律保障不利于贷款风险防范

作为农村金融改革的新生事物，“农民资产授托代管融资”模式在推进过程中也面临限制和障碍，需要法律的支持。农民资产特别是土地承包经营权、农房财产权作为一种具有保障民生属性的特殊物权，在其流转过程中容易诱发其他法律争议和法律纠纷。授托资产处置缺乏明确的法律依据，不利于有效防范和化解贷款风险。如宅基地使用权、农房所有权、集体土地承包经营权等作为具有传统农村、农民赖以生存物质基础属性的财产，事实存在设定抵押登记难（没有法定机构办理登记）、诉讼判决执行处置难（法院审理裁判不敢认定金融机构有优先受偿权、执行环节流转处置难等）。调研发现，相关部分金融机构不愿开展的主要原因是，担心借款人一旦出现偿债风险，“代管物”难以处置变现，其债权不能得到有效保护。

（三）农民合作社和基层农合联的运作机制不健全，导致“三位一体”综合服务作用发挥有限

此项改革在农民合作经济组织、农合联两个层面的建设及运作都存在不少短板，温州市许多农民合作社实际上是家庭农场，这其中“空壳社”“睡眠社”数量还不少，背离农民合作社“合作组织”的本意宗旨，更谈不上开展生产、供销、信用“三位一体”综合合作，另外，市、县、镇三级农合联虽然都已建立，但实际发挥作用有限，究其原因是产权利益纽带机制尚未理顺健全，作为农合联制度载体的农民合作基金、资产经营公司，其运作机制还在进一步探索过程中，对农民的引领带动功能以及为农服务功能有待进一步加强完善。

三　深化农村改革试验的相关建议

温州三项国家级农村改革试验项目是地方实践的创新突破，考虑到国家

授权批准的时间、区域等因素，下一步深化改革的举措，既要试验项目的持续推进和不断创新，更要国家及部委层面的法律突破和政策支持。

（一）争取国家层面的法律支持，进一步健全农房抵押贷款服务体系和运作机制

此项改革全国人大授权范围是温州乐清、瑞安，而且 2019 年底完成，但是除乐清、瑞安试点外，温州其余 9 个县（区）都有不同程度的开展。

一方面，建议国家层面：一是协调最高院出台农房抵押贷款司法处置的相关解释及实施意见，明确抵押物处置的程序和要求；二是支持温州市“抵押农房司法拍卖受让范围扩大到县域农业户籍人员”地方创新，激发农房抵押贷款的活力；三是基于温州市农房抵押贷款较为成熟的经验及模式，允许温州市全域开展农房抵押贷款工作。

另一方面，温州市在总结乐清、瑞安试点经验基础上，要全面建立涵盖农房确权颁证、价值评估、融资机制、风险处置、风险补偿等环节的配套政策与服务体系，同时要在农房抵押贷款机制、利率、期限、额度、担保、风险控制等方面加大创新力度，形成一套比较成熟、可复制推广的农房抵押贷款模式。另外，要充分运用宅基地“三权分置”理论，探索建立宅基地（农房）使用权流转制度，探索建立相配套的财税体制和集体土地产权管理制度。

（二）进一步完善“无抵押、无担保”的配套制度建设，推进农民资产授托代管融资扩面增量

根据批复文件，“农民资产授托代管融资”授权在温州瓯海（农商银行）开展试点，从三年运营情况看，目前试点在瓯海全区范围内形成了一定的经营规模，呈现良好的社会效益和经济效益。

一是健全改革试验相关制度，以需求为导向，不断拓宽资产种类，满足不同客户的需求；以惠民为目的，在授信评定的基础上，最大化地激活准贷证的有效启用；以帮扶为手段，通过在准入、利率、额度等方面给予政策倾

斜，支持小农户、低收入农户等脱贫致富。另外在贷后防控方面，既要做好金融机构与财产权属登记主管单位的备案对接，确保受托资产最大限度地得到事后保障，又要不断完善村集体经济组织对借款农户、受托资产的贷后风险评议机制。这其中要尤其重视集体属性的农村民生资产的处置，如宅基地、承包地、林地等。

二是稳步有序推进试点扩面，鉴于瓯海试点的成功经验，为让改革惠及更多的农民群体，有必要在温州全市层面稳步、有序推进。建议在温州市农信机构率先开展，并在总结经验、分析利弊的基础上，根据实际情况在其他金融机构推广。究其原因，一方面，目前阶段农信机构这类服务农村的小法人金融机构具备相应的体制和市场基础，能够迅速完成业务设计，亦能够有效识别目标客户并完成信用信息采集；另一方面，金融改革始终要坚持审慎原则，量能迅速扩大会隐含很多不可预知的风险，必须结合各地农业农村发展、农户实际需求等，适时、逐步地扩大市场应用。

（三）强化农民合作组织“横向联合、纵向合作”，进一步提升农合联“三位一体”综合服务水平

“三位一体”是乡村振兴战略中组织振兴的重要载体，更是小农户与现代农业有机衔接的主要渠道，要强化农民合作经济组织在农合联中的主体地位，充分发挥政府主导作用、市场决定作用和社会协同作用，促进农村一二三产融合发展，进一步提高农业经营水平，完善农业服务体系，使农合联在农业生产经营管理中相互补充、相得益彰。

1. 引导农民合作经济组织走规模化联合发展道路

对经营业务基本相同的农民合作经济组织，支持开展横向联合，推动农业标准化、规模化生产和品牌化经营，切实提高组织化程度；对经营业务相关的农民合作经济组织，支持开展纵向合作，拓展服务功能，发展一体经营，共同参与农村产业融合发展，分享产业链收益；以农民合作经济组织为基础，联合各类为农服务组织，建立平等共享的利益联结机制，强化全要素供给、全产业链服务的综合合作。

2. 做大做实农合联平台，提升“三位一体”综合服务水平

完善各级农合联成员（代表）大会、理事会、监事会及执行委员会等制度建设，积极拓展农合联服务功能，主动承接政府机关改革、职能转换中转移的服务性、经营性职能；引导农合联成员之间通过共建项目形成相关产权利益纽带，在生产合作基础上，强化在农产品营销、区域品牌打造等方面的供销合作服务，同时在更高层次、更广范围为更多成员提供资金互助、保险互助、融资担保等信用合作及服务；将基层农业公共服务中心作为乡镇农合联的主要工作平台，强化对各类农业经营主体特别是小农户的农业公共服务和政策供给，加快构建农业一体经营和服务产业的利益共同体。

B.14
温州推进基层治理体系“四个平台”建设调研报告

陈勋 王健*

摘 要： 推进国家治理体系和治理能力现代化是全面深化改革的总目标。针对乡镇（街道）权责不匹配、统筹协调能力弱等县乡基层治理体系中的深层次问题，温州市着力开展基层治理“四个平台”建设。通过搭建和完善“综合指挥中心+四个平台+全科网格”的组织架构及配套运行机制，构建覆盖县乡、功能集成、工作协同的基层治理体系。“四个平台”建设在提升基层社会管理和服务水平上已初显效果，但仍存在不少问题与不足，需要在优化顶层设计、推进体制机制改革整体配套推进和完善、科学理顺街镇职责、做实派驻机构人员属地管理、强化全科网格建设与信息系统建设等方面予以着力，以实现基层治理体系的完善和政府基层治理能力的提升。

关键词： 基层治理体系 “四个平台” 统筹协调

长期以来，事在乡里、权在县里的矛盾，乡镇（街道）“单薄”的管理职权与繁重的工作任务严重不匹配，条块分割、“两张皮”等县乡基层治理

* 陈勋，中共温州市委党校副教授；王健，中共温州市委党校教育长。

体系的一些深层次问题进一步凸显，并成为街镇社会治理能力和服务水平提升的桎梏。基于此，浙江省着眼于提升乡镇（街道）统筹协调能力，打造乡镇（街道）综治工作、市场监管、综合执法、便民服务等“四大平台”。该平台按大口子综合管理原则，对乡镇（街道）和部门派驻机构承担的职能相近、职责交叉和协作密切的日常管理服务事务进行归类。通过统筹县乡条块力量，优化行政资源配置，增强乡镇（街道）管理服务功能，构建权责清晰、功能集成、扁平一体、运行高效、执行有力的乡镇（街道）管理体制机制，构建基层治理体系新格局。

浙江省基层治理体系“四个平台”采用“1 + N”统分结合的建设模式，即“1”个浙江政务服务网基层业务协同平台（简称“协同平台”），同步改造、整合、推广“N”个县乡基层平台（简称“基层平台”）。协同平台由省数据管理中心负责统一规划建设，负责打通省市县各级部门垂管系统和现有各基层平台，实现基层业务跨层级跨部门的大闭环协同运转。基层平台主要满足县乡基层个性化、精细化管理服务的需要，实现县乡基层业务在当地的小闭环协同运转。协同平台与各基层平台互联互通，实现数据共享和业务协同（见图）。

一 温州基层治理“四个平台”建设情况

近两年来，温州按照省、市有关要求与部署，围绕基层治理现代化目标，积极推进基层治理“四个平台”建设，取得了不错的工作实效。基本情况如下。

（一）完善基层治理“四个平台”的组织架构与运行机制

1. 完善基层治理“四个平台”指挥机构设置

统一明确了县级、乡镇的指挥机构设置，县级指挥中心原则上设在综治办。全市县级指挥中心共配备工作人员 39 名；统一设置 185 个乡镇（街道）综合信息指挥室，其中单设 92 个，挂牌或合署 93 个。综合信息指挥室

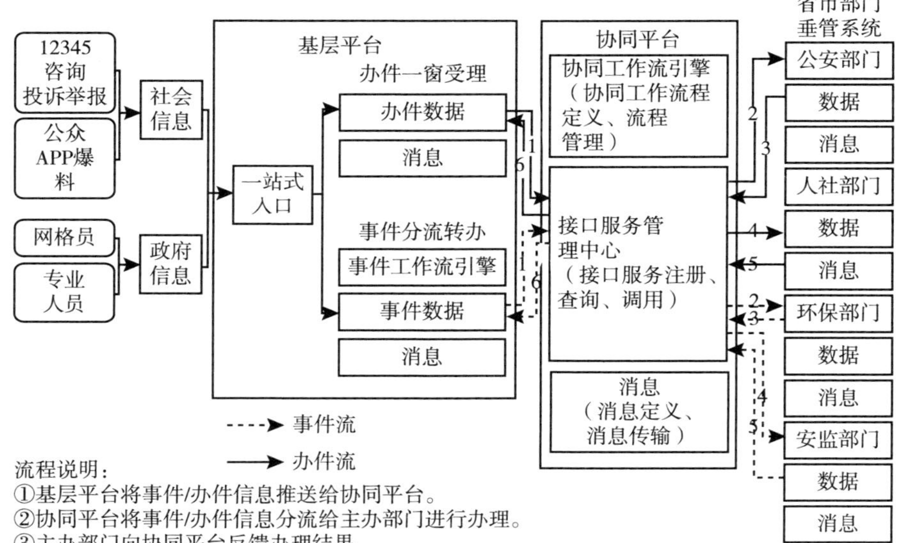

图　基层平台、协同平台协同业务流程

作为内设机构，代表乡镇（街道）党（工）委、政府（办事处）统筹协调指挥基层治理“四个平台”及区域内各条块的管理服务力量。全市乡镇（街道）综合信息指挥室实际在岗总人数688人，平均4人；综合信息指挥室场所面积48.23平方米，已集成接入的感应监测、视频监控、视联网等各类信息资源13类。

2. 完善基层治理“四个平台”运行机制

一是建立平台统筹管理机制，解决日常运行管理问题。建立基层治理“四个平台”联席会议制度，对基层治理“四个平台”实行统筹管理和协调指挥。乡镇（街道）党委书记、乡镇长为召集人，相关班子成员、内设机构、基层站所和派驻机构负责人为成员。各平台内部相对独立运行，履行各自职责。需要多个平台协作配合的事项，一般由党委副书记协调。特别重大事项报乡镇党委书记、乡镇长协调。

二是建立分流交办机制，解决多头投诉、重复答复的问题。将基层治理“四个平台”综合信息指挥室负责梳理汇集的信息事项分类并及时分派给基层治理“四个平台”办理，实行统一受理、统一分流、统一督办、统一反馈、统一考核。事权不在本级或本级难以处置的事件，及时上报给县综合信息指挥中心，由该中心分派给相关部门处置。

三是建立执法协调指挥机制，解决部门执法不畅问题。各地制定出台了《乡镇（街道）综合执法平台协作机制》，建立联席会议、专题会议、信息共享、部门联动协作、案件移送抄告、首问责任、基层执法联动等配套制度，由乡镇党委、政府统一指挥和协调综合执法、国土资源、住建、水利、环保、安全生产、市场监管部门的执法队伍。强化条线执法的协调配合，形成乡镇统一领导、部门常态协作的良好格局，增强行政执法工作合力和整体威慑力。

（二）强化属地管理，提升乡镇（街道）统筹协调能力

按照“重心下移、属地为主”的思路，推动县级部门“机构下沉、人员下沉、职权下沉”，打通部门和乡镇组织体系和职责体系，实现机构和力量融合，弥补乡镇（街道）法定职权和人员力量不足的缺陷。

1. 明确实行属地管理的派驻机构

全市共下沉派驻人员 13361 人，比平台建设前增加了 1.07 倍，平均每个乡镇（街道）现有派驻机构工作人员 177 人。目前，温州市综合行政执法和市场监管执法下沉比例已达到 80%，各县（市、区）均建立了综合行政执法局，并向乡镇（街道）派驻综合行政执法中队共 172 个（包括 8 个派驻功能区中队），其中辖区联合派驻中队 14 个，全市各街道（乡镇）已实现派驻中队全覆盖，下沉基层执法人员 1673 人，各乡镇（街道）均已建成综合行政执法平台并纳入乡镇“四个平台”基层综合治理体系。

2. 加强镇街对派驻机构的人事任免权

全面落实镇街在派驻机构人员人事任免方面的建议权、动议权。综合行政执法派驻机构负责人由区综合行政执法局负责提出人选，由管辖区域内的

镇街党（工）委负责任免；其他派驻机构负责人的任免在征求管辖区域内的镇街党（工）委书面意见的基础上，由各主管部门负责。同时建立了基层站所负责人召回机制，对不服从乡镇统筹管理、履职不到位，或考核结果不理想的基层站所负责人，由乡镇党委向其主管部门建议召回，并报组织部门备案。2018 年以来，全市派驻机构干部任免 383 人，其中书面征得乡镇（街道）同意 355 人。

3. 加强镇街对派驻机构人员的考核权

镇街负责派驻机构人员的日常管理和个人年度考核，实行镇街属地管理派驻机构人员的年度考核优秀比例在各管辖镇街单列，年终考绩奖根据主管部门以及管辖镇街的年终考核等次，取平均值发放；其他派驻机构人员个人年度考核由主管部门负责，结合管辖镇街按季反馈的日常考核结果确定考核等次。由乡镇党委牵头组织考核提出评定意见，再会同各派出部门研究确定考核结果。

4. 提高派驻机构人员待遇

明确派驻人员同等享受镇街提高“两个 20%”的激励政策，即提高 20% 的经济待遇，提高 20% 的个人年终考核优秀名额，并将站所工作时间计入个人基层工作经历，鼓励和引导优秀干部下派基层。

（三）做深做实全科网格建设

按照“有利于区划属地管理”“合理控制人口规模”“严控一村一格数量”“加强专属网格试点建设”四项原则，在行政村、城市社区的基础上，把所有居民区、工业区、商贸市场、山林流域等部位、区块纳入网格化管理，全市重新划分为 10440 个网格。同时将原有在村居（社区）的各类协辅员进行整合后，由各乡镇（街道）统筹调派到网格担任专职网格员，把部门的“七网八网”整合成基层社会治理“一张网”，把部门的“七员八员”整合成全科网格员，实现“一网运行、全域覆盖”“多员合一、一员多用”。严格按照《专职网格员选聘基本条件》，通过公告报名、资格审查、笔试面试、意见征求和政审等程序环节，严把选聘关，择优吸纳网格员。为提升网格员综合能力，2018 年以来全市共开展县级层面全科网格员培训 118 次，涉及网格员 69732 人次。

（四）推进综合信息平台建设

截至 2018 年 6 月底，全市基层治理综合信息平台的运行管理和业务协同已经完成系统本地化部署。截至 2018 年 9 月，综合信息流转平台流转事项累计办件 180.9 万件，办结 180.1 万件，办结率 99.52%。另外，积极推广浙江政务服务网统一 APP 的使用，扩大手机 APP 账号开通范围，统一使用浙江政务服务 APP 开展全科采集，实现乡镇（街道）干部、派驻机构干部、村（居）主职干部、全科网格员四类人员注册人数 23182 人，注册使用率 100%。

二　温州基层治理“四个平台”建设存在的不足与问题

“四个平台”建设自 2017 年全面铺开实践以来，在提升基层社会管理和服务水平上效果初显，但在改革过程中，也存在一些突出问题亟须解决，需要整体配套推进和完善。

（一）认识与定位不足，制度配套跟进与保障欠缺

基层治理“四个平台”是推进“放管服”“最多跑一次”改革在基层落地的重要载体，是数字化背景下全面提升基层治理体系和治理能力现代化的有效抓手。但一些部门领导和街镇党委对基层治理“四个平台”这一定位认识并不透彻，加上当前基层治理“四个平台”功能还未完全延伸至政府公共服务与管理的全部领域，因而他们容易把基层治理“四个平台”简单理解成社会综合治理的拓展或是阶段性任务，没有从基层治理体系完善、推进基层治理转型升级的全局高度看待此项改革，工作责任感与使命感不足，一些改革任务落实不到位。

“四个平台”只是“机构 + 机制”形成的四个功能性模块。要想“四个平台”建设真正发挥制度设计的作用，需要相应政治体制改革的配套跟进

与保障。因为“四个平台”针对的是长期以来我国政治与管理体制内部的“条块”矛盾与张力。要实现行政行为的整体性优化，仍须加强政体的“顶层设计”，加大改革力度，实现基层治理模式的全面革新。

（二）权责不匹配，街镇统筹协调能力仍待加强

条块分割，无法形成合力，执法权限制等是长期制约街镇社会治理能力和服务提升的难题，究其原因，主要是街镇党工委对派驻机构的统筹协调能力不足。基层治理“四个平台”的有效运行，一定程度上缓解了“看得见、管不着”的问题。但由于部门利益、职能站所相对独立以及相对应的配套制度未完善等，属地管理政策在落地时大打折扣。派驻人员的属地管理制度已按要求建立，但将其落实到位，真正形成乡镇（街道）与部门的工作合力仍存在一定困难。条线主管部门通过条线考核等掣肘基层治理“四个平台”建设的情况，也在一定范围内存在。

1. 权责不匹配问题

随着事权下放、基层治理“四个平台”建设工作的推进，基层镇街“权小事多责任大”状况并未得到根本性改善。受现行法律权限的限制，一些基层的执法事项，如法定的执法权、处置权往往还是在职能部门。在缺乏强有力的统筹协调机制下，街镇依然存在“有责无权、权责不对称”“看得见，管不着”等情况。同时由于条块不协同，部门基层站所人财物等均由主管部门控制，乡镇（街道）“块上”对部门“条上”的资源没有调配权，条线分割的职能配置使得难以形成基层一体的“块”管理模式，“小马拉大车”现象相当普遍。街镇与派驻部门也存在思想认识上的不统一，部门认为属地管理削减了其自身权力，派驻人员下沉后容易被乡镇“另作他用”而影响线上工作任务。而街镇认为增加了统筹管理的责任不说，还要担心部门可能利用属地管理制度，借机把线上任务和工作责任推向街镇，加剧街镇“上面千条线，下面一根针”的现象。因此，进一步完善配套制度、明确职责边界、加快街镇与派驻机构有效融合、切实提升街镇统筹协调能力迫在眉睫。

平台统筹管理、分流交办等各项配套机制的落实也存在一些问题。由于综合指挥信息系统自动派单功能还不完善，且信息采集量大，虽有职责清单作为依据，但信息的精准分派仍存在难度。同时，多部门联合执法时，各部门的协调与配合也时常面临困难。综合指挥中心权威性不足，乡镇管理尚不到位，部门指导督导有缺位，两者融合不够，经常导致基层站所事件处置延误、流转不顺畅、效率不高。

2. 派驻人员属地管理问题

首先是人员编制下沉不到位，流动频繁。人员力量不足是当前体制下基层镇街呼声较高的问题之一。受权责不清，上级绩效考核任务重，工作压力大，人才流失等因素影响，加上事权下放，“最多跑一次”改革、“四个平台”建设、综合行政执法体制改革等一系列重要改革的推进，进一步加大了基层镇街对人员力量的需求。近年来，编制和人员力量向基层倾斜其实很有限，尤其是在“财政供养人员只减不增”和“控编减编”等收紧的用编政策背景下，相关事权的下放并没有带动人员编制下放，“放权不放人”正成为基层镇街的新困扰。

其次是基层站所人员的属地管理与工作融合问题。长期以来，各部门基层站所都遵循“条块结合、以条为主”的管理模式，以完成条线任务要求为主，人事任免和业务指导也在条线上，而且早已习惯老的工作与管理模式。他们对于新的管理模式和要求，如任务落实与配合须兼顾属地乡镇与部门双方需求，还有考勤考绩等日常管理的变化等方面都不一定能立马适应，需要一个磨合期。另外，不同基层站所的力量配备、运行模式与管理方式等情况多样化，差异较大，对统一规范管理形成压力。落实基层站所属地管理，是基层治理“四个平台”建设的重要环节。属地管理改革基层站所“三下沉”后，街镇如何承接得住，如何确保派驻机构及其工作人员履职到位、融合到位、激励到位，还需要优化完善属地管理各项举措。

（三）网格员队伍素质与稳定性不足，全科网格建设仍须强化

全科网格建设是“四个平台”的基础支撑，全科网格员是基层社会治

理和服务的"神经末梢"。但目前网格员队伍整体素质与稳定性欠佳、服务管理水平不足是各地普遍存在的问题，影响了平台内上报事件及处置的质量。

首先，网格员能力水平参差不齐，文化水平偏低，年龄偏大，业务能力有限，导致网格员入格巡查不到位、录入低质、无效信息多等问题比较突出。网格整合升级后，很多事项纳入网格范畴，网格员需要承担多条线上的信息收集、问题发现与分析处置等职责，工作量大增，对网格员的业务能力与素质要求也大为提升。可现实是，现有的网格员队伍中一些文化程度不高、年纪大的电脑操作与手机 APP 操作都还不熟练，甚至存在困难。高学历、能力强的人不愿来也留不住。根据调查，当前网格员中本科及以上学历的不到 10%。年纪轻、文化程度高的，对工作期望值也高，若无相应的保障机制和激励措施，很难长期留在基层。

其次，福利待遇偏低，工作压力大，导致网格员工作积极性无法调动，网格员流动过快，队伍稳定性差。网格员身处基层一线，承担大量基础性社会治理工作。但在巨大的工作压力下，很多地方网格员的月收入却在 3000 元以下。偏低的薪酬待遇和繁重的工作任务、日益提高的工作要求，成为网格员队伍稳定性差的主要原因。尤其是 2018 年，因工作任务加重与岗位要求提高，主动辞职的网格员人数大增。有调查显示，温州市某区网格员从事网格工作时间在 1 年以上的仅为 32.1%。这意味着每年有超过 2/3 的网格员都是新招录的，有的甚至还没有来得及培训就匆匆离职。其他地区也面临差不多的问题。频繁的新旧交替严重阻碍了网格员队伍专业化水平的提升和管理的规范化。

再次，职业身份尴尬，前景不明，职业认同感和归属感低。年龄偏大的网格员选择网格工作很多仅是为了解决工作问题，因为其他工作也不好找。相对年轻的网格员则很多将其视为临时性就业，将网格工作作为过渡期。

最后，网格工作培训效果欠佳。虽然区、街镇组织开展了不少专题业务培训，但由于培训形式较单一，内容枯燥，网格员本身素质不高、流动性又快，培训效果并不理想。

（四）便民服务不到位

乡镇（街道）是政府改革走向基层的关键一环。政务服务、公共服务做得好不好，直接影响改革成效与民众评价。目前，便民服务方面仍存在以下问题：一是由于场地等原因，部分街镇的职能站所未完全入驻，群众仍须多处跑；二是综合窗口的设置对街镇窗口人员提出了更高要求，受制于业务水平、人员流动等因素，“一窗受理”的高效、便民目的未能全面实现；三是导办代办机制不够完善。在鼓励导办代办的同时，尚未形成业务培训、考核等配套机制。“最多跑一次”和基层治理“四个平台”改革需要在为群众与企业服务方面，从体制和机制上进一步融合统一起来，整体提升街镇便民服务能力。

（五）平台整合工作进展不快，基层治理综合信息平台硬件建设亟须完善

综合信息平台与网格智能化、信息化管理的目标仍有一定的差距，主要集中在各类数据的整合与共享未完全实现、服务器的运行能力不足、信息平台的流转与稳定性较差、基层治理 APP 的应用不足等方面。

首先，平台整合工作进展需要加快。省市相关部门的业务工作平台整合工作虽然一直在推进，但受到条线考核等多方因素影响，工作进展不快。不同系统在数据管理、研判分析和系统管理上互有交叉关联，分流和处置信息上工作人员需要手工二次录入，网格员要多头重复报送，信息系统也要重复处置，不仅增加了基层工作人员负担，也造成行政资源的浪费。还有一些部门仍以考核要求镇街使用其条线平台系统（APP）。因此全科网格员在例行巡查时需要携带多套手机或设备。

其次，管理系统和终端设备有待进一步开发完善。如系统的闭环反馈机制需要完善，APP 操作系统存在卡顿、反应慢、闪退、登录困难等不稳定问题，造成使用人员经常无法登录平台进行正常操作，无法顺利完成工作。

此外，群众对 APP 的知晓度并不高，群众反映一些时候效用还比不上

12345 等其他平台，导致 APP 口碑不好，知晓度较弱，与形成群众积极参与治理和监督的社会共治局面还相差较远。

（六）相应的监督、考核机制不完善，欠合理

事件处置的整个闭环系统和相关的监督惩处机制并不健全。在街镇与派驻机构融合方面，如何有效防止乡镇“乱指挥”影响线上工作，又避免部门借机把线上任务和工作责任推向乡镇，也需要建立健全相应的制度与机制予以保障。

考核方面，有基层反映，省里对“四个平台”事件办结率实行排名考核，各市县为求考核排名靠前，要求街镇提升事件办结率。不少镇街迫于考核压力，除了正常提高效能寻求办结率提升外，还会采取对不易处置的事件信息不予录入，对平台中不易办理、尚未办结的事件提前办结等“立竿见影”的手段提升办结率。这显然不利于基层数据全面采集与真实情况反映，一旦大量失实数据充斥平台，将严重破坏数据准确性，导致数据分析研判失准。

对网格员的考核也存在过于僵化和不科学的问题。在对“网格在线率、网格信息上报率、巡查时长、巡查里程、重点人员走访、重点场所走访”等方面向全科网格员提出刚性工作要求的同时，应考虑工作实际，留出弹性空间。过大的工作压力与强度，严格且无弹性、欠科学的考核，不符合实际工作情况，已经导致人员流失严重。同时还必须严格落实网格准入制度，不能随意增加网格管理事项，导致全科网格功能无限扩大。

三　推进基层治理“四个平台”建设的若干建议

针对上述问题与不足，下一步改革需要重点从以下几个方面入手。

（一）优化顶层设计，破除部门壁垒，推进体制机制改革

“四个平台”基本涵盖了与群众生产生活相关的社会管理、公共服务各

方面，实质是“四单一网”“最多跑一次”等多项政府改革在基层的集成创新。该项工作改革涉及面广，协调任务也重。因此从创新基层治理、构建基层治理新模式高度去认识和推动这项改革的深化完善是非常有必要的。同时要加快相关配套改革与制度保障，形成齐抓共管、协同推进的改革氛围，才能确保改革真正到位发挥实效。

此外，必须加快完善平台统筹管理、平台分流交办、联合执法等内部运行机制，重点是建立统一受理、统一分流、统一督办、统一反馈、统一考核的考核督办督查体系，对信息接收、分流交办、执行处置、回复反馈等管理与服务各环节实行全流程全方位监督，通过监督促使部门积极履职，改进服务。对协作配合不到位、不作为、乱作为的行为要依法依规严肃问责。同时还要减少与基层治理无关的各种评比检查与创建达标，真正将街镇从繁重的行政事务中解脱出来，将工作重心转移到民生服务事项中来。积极探索镇街“四个平台”建设与“最多跑一次”改革融合联动机制。要重点完善便民服务平台建设，充分整合资源，创新服务模式，完善街镇便民服务中心和村（社区）代办点建设，规范办事指南和流程，更加关注民生诉求，扩大受理服务范围，提升群众满意度与获得感。

（二）科学理顺街镇职责，做到权随事转、人随事转、费随事转，使其“责权”匹配

提升乡镇（街道）统筹协调能力，就是要赋予其与职责相适应的权力，从而提高乡镇（街道）调控力和执行力。必须从制度上优化、梳理、落实好各部门与乡镇工作职责，确定各类权力清单、服务清单，厘清街镇和部门的职责边界及职权事项。配套建立相应的职能部门职责下沉准入机制，对确需街镇承担的新增事项进行严格审核把关，切实减轻街镇负担。加大人员编制基层倾斜力度，刚性执行“编随事走，人随编走”的机构编制管理原则，减少和杜绝“放权不放人”现象，确保基层治理工作人力资源保障，真正做到权随事转、人随事转、费随事转，使其“责权”对等匹配。

（三）加快做实派驻机构人员属地管理

强化乡镇（街道）对派驻机构人员的属地管理和刚性调控，是基层治理“四个平台”建设的重要支撑与关键。必须从制度上优化派驻管理模式，按照责权利相统一、人财事相配套以及属地管理的要求，完善强化乡镇（街道）对派驻机构刚性调控的具体措施，从人事制度、薪酬待遇、管理方式、考核奖惩等方面对基层站所进行全方位的改革，为基层站所的属地管理提供体制机制保障，切实增强乡镇（街道）基层治理的统筹能力。

加大派驻站所管理权下放，健全基层站所人员日常管理考核办法，加强乡镇对派驻机构的人事调配权和日常管理权，避免职责交叉和条线分割。通过机制建设，既确保派驻站所执法主体合法性，又能保障管理完全下放到位。细化推进派驻人员下沉、人员考核管理、规范化任免与调整以及福利发放等内容，同时形成规范有序的工作和协同机制，切实增强乡镇对属地派驻机构的实际调控力。

（四）强化全科网格建设，提升网格员队伍履职能力

全科网格建设是基层治理“四个平台”的重要支撑。网格员队伍综合素质与履职能力必须提升以适应形势发展需要。

要明确网格员职业身份，提高薪酬待遇，提升职业威望扩大职业发展空间，增强网格员职业归属感与社会认同感。建议相关部门出台相关政策，合理定位全科网格员的社会作用，规范全科网格员职业准则，使其朝着专业化、职业化方向发展。

要加强网格员队伍的管理和培训。加大网格员培训的强度和精准度，提高培训的针对性与实用性，突出基层工作实践案例教学和个人能力提升，以增强专职网格员条线业务水平和综合管理能力，实现网格员信息高质量报送、便民服务事项有效代跑代办。同时也要建立健全不胜任网格工作者的歇职教育和退出机制，适时淘汰不合格专职网格员。

（五）加强信息系统建设，推进智慧化运转

针对系统对接和数据共享困难，应加大协调力度，加快各信息系统的整合与数据共享，打造集中统一、信息共享、功能完善的信息收集分办系统，进一步推进智慧管理。进一步开发完善管理系统和终端设备，提升系统流畅性与稳定性。同时还应在媒体宣传方面，充分挖掘平台运行成效，提升 APP 群众知晓率，使群众更多地运用“四个平台”信息系统通过网络和手机反映现实问题、咨询办理服务。

总体而言，基层治理“四个平台”针对乡镇（街道）责大权小问题，通过功能模块划分，工作流程再造与工作机制完善，统筹使用县乡条块力量，增强了街镇统筹协调能力，优化了行政资源配置，缓解了“看得见、管不着”的问题。基层治理“四个平台”建设是浙江省基层治理体系建设的探索创新。随着这项改革的全面推进与持续深化，势必推动社会治理模式从单向管理转向双向互动、从线下转向线上线下融合、从单纯的政府监管向更加注重社会协同治理转变，从而形成共建共治的社会治理格局。

B.15

2018年温州城乡居民收入与消费状况分析报告

程宗迪　王 梵　傅一特*

摘　要： 2018年温州市全体居民人均可支配收入平稳增长，全年实现同比增长8.7%。其中，城镇居民收入增长8.2%，农村居民收入增长9.2%，城乡居民收入相对差距进一步缩小。当前温州城乡居民收入总量和增速在全省仍处于中下游水平，并且随着收入基数逐年抬高以及受宏观经济下行等因素综合影响，收入继续保持高速增长压力较大。要想实现高质量的收入增长，建议将优化产业结构、提升富民效益与完善就业、提升劳动力供给质量相结合，有效促进收入加速；将稳固工资增长、培育经营动能和盘活财产收益相结合，不断完善收入结构；将发挥先富优势和加大扶持托底相结合，逐步缩小差距。

关键词： 居民收入　消费　温州

2018年，温州市城乡居民收支实现较快增长，城乡收入相对差距进一步缩小，但总体收入水平仍然偏低，收入增速依旧偏慢，城乡收支绝对差距不断扩大，居民消费意愿不足等问题，仍需要引起关注。

---

* 程宗迪，国家统计局温州调查队队长，高级统计师；王梵，国家统计局温州调查队副主任科员；傅一特，国家统计局温州调查队科员。

一　居民收入与消费的主要特征

2018 年，全市全体居民人均可支配收入 46920 元，同比增长 8.7%。按常住地分，城镇常住居民人均可支配收入 56097 元，同比增长 8.2%；农村常住居民人均可支配收入 27478 元，同比增长 9.2%。全市全体居民人均消费支出 31213 元，同比增长 9.0%。按常住地分，城镇常住居民人均生活消费支出 36709 元，同比增长 9.0%；农村常住居民人均生活消费支出 19568 元，同比增长 7.7%。

（一）居民收入平稳增长

1. 增速逐季提升，全省位次稳步前移

2018 年，全市全体居民人均可支配收入同比增速从一季度 7.8% 稳步提升至 8.7%，在全省 11 个设区市中的位次从一季度的第 11 位提升至第 9 位。按常住地分，城镇、农村居民人均可支配收入增速分别从一季度的 7.5%、8.3% 提升至 8.2%、9.2%，位次从一季度的第 11 位和第 10 位分别提升至第 9 位和第 6 位。

表 1　2018 年全省各设区市全体、城乡居民人均可支配收入增速

单位：%

地市名称	全体居民人均可支配收入增速	城镇常住居民人均可支配收入增速	农村常住居民人均可支配收入增速
杭州	9.1	8.7	9.2
宁波	8.6	8.0	8.9
温州	8.7	8.2	9.2
嘉兴	8.9	8.3	9.0
湖州	9.3	8.9	9.5
绍兴	9.0	8.5	9.1

续表

地市名称	全体居民人均可支配收入增速	城镇常住居民人均可支配收入增速	农村常住居民人均可支配收入增速
金华	9.1	8.4	9.6
衢州	9.8	9.0	10.0
舟山	8.9	7.8	9.8
台州	8.7	8.4	8.9
丽水	9.9	9.1	10.2

2. 收入水平高于全省平均

2018 年，温州全市全体居民人均可支配收入 46920 元，收入总量排名全省第六，高于全省平均水平 1080 元。按常住地分，城镇常住居民人均可支配收入 56097 元，居全省第六位，高出全省平均水平 523 元；农村常住居民人均可支配收入 27478 元，居全省第八位，高出全省平均水平 176 元。

表 2　2018 年温州市全体、城乡居民人均可支配收入与全省对比

单位：元，%

指标名称	绝对值		名义增长		实际增长	
	浙江省	温州市	浙江省	温州市	浙江省	温州市
全体居民人均可支配收入	45840	46920	9.0	8.7	6.5	6.3
城镇常住居民人均可支配收入	55574	56097	8.4	8.2	6.0	5.8
农村常住居民人均可支配收入	27302	27478	9.4	9.2	7.0	6.7

3. 县域增收亮点各现，加快发展县收入加速提升

从分县情况来看，原“三区两市”由于地区经济发展优势，城乡居民收入均超过全市平均水平，其中城镇居民人均可支配收入最高的鹿城区超过 6 万元，达到 62507 元；农村居民人均可支配收入最高的龙湾区为 34279 元。而温州市所辖的 5 个加快发展县城乡居民人均可支配收入加快增长，赶超态势不断增强。其中城镇居民人均可支配收入增速排名前三的泰顺县、平

阳县和永嘉县，分别为8.7%、8.6%和8.5%；农村居民人均可支配收入增速排名前三的平阳县、泰顺县、永嘉县，分别为9.7%、9.6%和9.5%。

（二）农村居民人均可支配收入增速快于城镇

1. 城乡居民人均可支配收入增幅差距有所扩大

2018年，全市农村居民人均可支配收入增速比城镇居民快1.0个百分点，增幅差距比上年及2018年前三季度分别扩大0.1个和0.3个百分点。

2. 城乡居民人均可支配收入比呈逐年缩小趋势

从城乡居民人均可支配收入的相对差距看，近三年来呈逐年下降趋势。2018年全市城乡收入比为2.04∶1，比上年缩小0.02，与全省（2.04）持平。

表3　2018年全省各设区市城乡居民人均可支配收入以及收入比

地市名称	城镇常住居民人均可支配收入（元）	农村常住居民人均可支配收入（元）	收入比	收入比与上年相比
杭州	61172	33193	1.84	-0.01
宁波	60134	33633	1.79	-0.01
温州	56097	27478	2.04	-0.02
嘉兴	57437	34279	1.68	-0.01
湖州	54393	31767	1.71	-0.01
绍兴	59049	33097	1.78	-0.01
金华	54883	26218	2.09	-0.02
衢州	43126	22255	1.94	-0.02
舟山	56622	33812	1.67	-0.03
台州	55705	27631	2.02	-0.01
丽水	42557	19922	2.14	-0.02

3. 县域城乡以及区域差距同步缩小

从县域内城乡居民人均可支配收入相对差距情况来看，各县（市、区）均呈现逐年缩小趋势，2018年城乡收入差距最大的是文成县，达到2.23∶1，比2016年收窄0.04，但仍高于全市平均水平0.19；最小的为龙湾区，仅

1.64∶1，比2016年收窄0.03，低于全市平均水平0.40。县域之间的差距也同样呈现逐年收窄趋势，2018年城镇居民人均可支配收入最高的鹿城区与最低的泰顺县之间的收入比为1.68，农村居民人均可支配收入最高的龙湾区与最低的泰顺县之间的收入比为2.01倍，均比2016年收窄了0.03。

表4　2016～2018年温州市各县（市、区）城乡收入比情况

县(市、区)	2018年	2017年	2016年	与2017年相比	与2016年相比
温州市	2.04	2.06	2.08	-0.02	-0.04
鹿城区	1.90	1.91	1.93	-0.01	-0.03
龙湾区	1.64	1.66	1.67	-0.02	-0.03
瓯海区	1.73	1.75	1.76	-0.02	-0.03
洞头区	1.67	1.69	1.70	-0.01	-0.03
永嘉县	2.04	2.06	2.08	-0.02	-0.04
平阳县	2.07	2.09	2.10	-0.02	-0.03
苍南县	2.12	2.14	2.15	-0.02	-0.03
文成县	2.23	2.25	2.27	-0.02	-0.04
泰顺县	2.18	2.20	2.22	-0.02	-0.04
瑞安市	1.95	1.98	1.99	-0.02	-0.04
乐清市	1.84	1.85	1.87	-0.02	-0.03

（三）城乡居民消费稳步提升

1. 消费支出保持较快增长

2018年全年全市居民人均消费支出31213元，比上年增加2586元，同比增长9.0%（见图1）。按常住地分，城镇居民人均生活消费支出36709元，同比增长9.0%；农村居民人均生活消费支出19568元，同比增长7.7%。

2. 支出水平居全省中上游

从增速看，全年温州居民人均消费支出增速排名全省第五。从总量看，温州居民人均消费支出总量排第三位，位次与上年持平，与居第一、第二位的杭州市、宁波市相比，分别低了6358元、987元，差距较上年（5519元、589元）有所扩大。

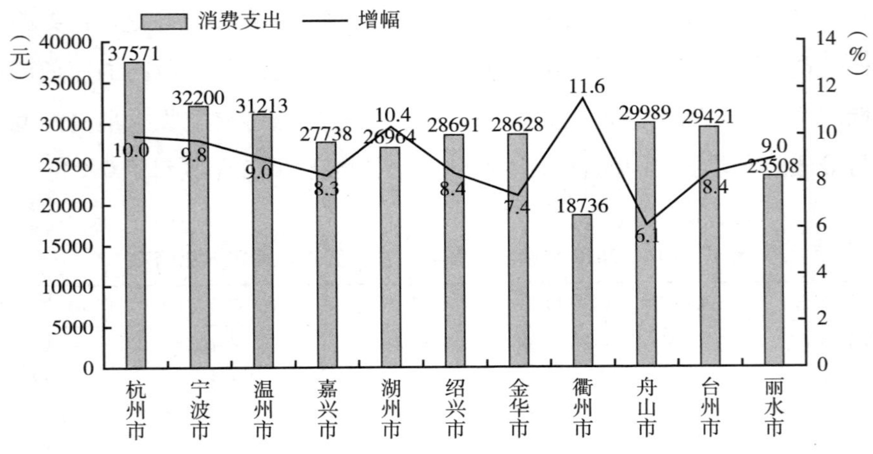

图1　2018 年全省各设区市居民消费支出情况

二　居民收入与消费的结构特点

（一）四大项收入全面增长

从构成收入的四大来源看，各项收入呈现全面增长态势，其中转移净收入增幅领跑四大项收入（见表5）。

表5　2018 年温州市全体居民人均可支配收入结构

单位：元，%

指标名称	2018 年	2017 年	增幅	占比
人均可支配收入	46920	43185	8.7	100.0
工资性收入	24690	22792	8.3	52.6
经营净收入	8866	8205	8.1	18.9
财产净收入	7471	6972	7.2	15.9
转移净收入	5893	5216	13.0	12.6

1. 工资性收入增长有支撑

全年全市居民人均工资性收入为 24690 元，占人均可支配收入的

52.6%，同比增长8.3%，其中城镇和农村居民工资性收入分别为28746元和16098元，增长8.1%和8.2%，对收入增长的贡献率为50.7%和52.3%。城乡居民工资性收入较快增长主要得益于以下几点。一是2018年以来，温州市在结构性用工紧缺等倒逼机制的作用下，不少企业迫于招工压力持续提高工资水平。统计数据显示，1~12月温州规上工业企业人均薪酬5.8万元，同比增长15.5%。二是各项政策性增资因素持续发力，2017年12月全市调整最低工资标准，市区及各县（市、区）提升幅度均在8.0%以上；市区以及部分县（市、区）机关事业单位提升绩效奖金基数并补发2016年目标考核奖，也有效推动了工资性收入的增长。三是2018年以来温州市宏观经济稳中向好发展，有力支撑就业率提升及劳动报酬持续增长。2018年全年城镇新增就业11.73万人，完成省下达的年度目标任务的123.5%；城镇失业人员再就业1.76万人；年末城镇登记失业率为1.8%，同比下降0.03个百分点，创下历史新低。充分良好的就业状况促使城乡居民工资性收入持续平稳增长，不断夯实城乡居民稳健增收基础。

2. 经营净收入增长有亮点

全年全市居民人均经营净收入为8866元，占人均可支配收入的18.9%，同比增长8.1%。其中城镇和农村居民经营净收入分别为9882元和6714元，增长7.6%和8.8%，对收入增长的贡献率为16.4%和23.5%。城乡居民经营净收入较快增长主要得益于以下几点。一是2018年以来，全市紧抓对接融入长三角一体化发展国家战略机遇，创建新时代“两个健康”先行区，扶企助企新政80条政策出台，全市上下全力推进营商环境改善，企业经营效益明显好转。2018年全市规上工业企业实现工业增加值993.2亿元，同比增长8.4%，高于全省平均1.1个百分点。二是新业态的蓬勃发展，互联网技术的普及，有效助推农民经营创业动能提升。2018年，全市共有淘宝村254个，位居全省第一、全国第二，实现农产品电商销售额超77亿元，直接带动就业机会超过6万个。农村电商迅速发展有效扩大了农村消费，激发了农村创业，增加了农民收入。三是以发展生态经济、休闲旅游以及产旅融合为主要目标的温州西部生态休闲产业带以及乡村振兴示范带建设不断推进，辐射越来越多的农村居民走上致富之路，农民经营净收入成为新的增收亮点。

3. 财产净收入增长有活力

全年全市居民人均财产净收入为 7471 元，占人均可支配收入的15.9%，同比增长7.2%，为城乡居民收入的增长注入活力。其中城镇和农村居民分别为10310元和1456元，增长6.5%和7.9%，对收入增长的贡献率为14.9%和4.6%。尤其是农村居民红利收入延续上年高速增长态势，同比增长23.4%，拉动财产净收入增长9.5%。农村财产净收入较快增长主要得益于近年来温州农村产权、土地等多个领域综合改革走在全省乃至全国前列。

4. 转移净收入增长有保障

全年全市居民人均转移净收入为 5893 元，占人均可支配收入的12.6%，同比增长13.0%，增速领跑四大收入，其中城镇和农村居民分别为7159元和3211元，增长11.8%和16.6%。转移净收入在四大收入中增速最快，主要得益于近年来政府民生投入持续增加，2018 年全市公共财政用于民生支出670.5亿元，同比增长12.4%，民生支出占一般公共预算支出的比重高达76.7%，有效托底城乡居民收入增长，主要表现为城乡居民以及职工养老金、城乡居民最低生活保障标准全面提高。随着城乡居民低保标准的提升，温州失地农民的基本社会保障标准按照不同档次分别提升55%~61%，并且该项政策仍在不断扩大覆盖面，养老金总体水平进一步提升，转移净收入将保持较快增长。此外，富有温州特色的250万在外温商的寄带回收入和赡养收入为转移净收入保持快速增长提供了有力补充。

（二）支出呈现“七升一降”

从八大类生活消费支出来看，除交通通信支出同比有所下降外，其余七类均有不同幅度的增长，呈现“七升一降”的态势，其中，其他用品和服务、医疗保健两大类增幅领跑八大类生活消费支出（见表6）。

表 6　温州市全体居民人均生活消费支出结构

单位：元，%

指标名称	2018 年	2017 年	增幅	占比
人均生活消费支出	31213	28627	9.0	100.0
食品烟酒	9672	9418	2.7	31.0
衣着	1973	1861	6.0	6.3
居住	8387	7040	19.1	26.9
生活用品及服务	1643	1369	19.9	5.3
交通通信	3666	4159	-11.9	11.7
教育文化娱乐	3782	3111	21.6	12.1
医疗保健	1427	1151	23.9	4.6
其他用品和服务	664	517	28.3	2.1

1. 食品烟酒支出增速趋缓，比重逐年下降创新低

全年全市居民人均食品烟酒支出 9672 元，同比增长 2.7%，占消费支出的 31.0%，比重较上年下降 1.9 个百分点，为近五年来的最低。

2. 其他用品和服务、医疗保健类支出增速提升明显

全年全市居民人均其他用品和服务支出 664 元，同比增长 28.3%，领跑八大项支出，创近五年来最高增速。全市居民人均医疗保健支出 1427 元，同比增长 23.9%，其中，医疗器具及药品支出 592 元，同比增长 4.6%，医疗服务支出 834 元，同比增长 42.5%。

3. 生活用品及服务、居住类支出增速较快

全年全市居民人均生活用品及服务支出 1643 元，同比增长 19.9%，其中家具及室内装饰品支出 203 元，同比增长 33%；家用器具支出 363 元，同比增长 26.5%。全市居民人均居住支出 8387 元，同比增长 19.1%。

4. 交通通信支出增速转增为降，增长潜力巨大

全年全市居民人均交通通信支出 3666 元，同比下降 11.9%。其中，交通类支出 2484 元，同比下降 17.7%；通信类支出 1181 元，同比增长 3.7%。交通通信支出增速转增为降，其主要原因包括以下几点。一是高居不下的全市汽车保有量以及随之而来的交通拥堵问题在一定程度上抑制了居

民的购车意向。据统计，截至 2018 年 12 月，全市机动车保有量 244.07 万辆，同比增长 4.6%，其中汽车保有量 218.49 万辆，比上年同期增加 20 万辆，同比增长 10.1%；私人汽车保有量 201.6 万辆，比上年同期增加 18.36 万辆，同比增长 10.0%。二是受中美贸易摩擦影响，部分车型价格上浮以及汽车市场消费刺激不足导致汽车消费市场较为低迷。1～12 月，限上批发零售业单位共实现汽车零售额 420.21 亿元，同比持平，增幅比 2017 年回落 6.3 个百分点。三是当下手机消费热潮逐渐从苹果、三星等高价格的中高端品牌向华为、OPPO、vivo 等国产高性价比智能手机倾斜，导致通信类支出的增长趋缓。

5. 教育文化娱乐支出成新亮点，潜力逐步释放

全年全市居民人均教育文化娱乐支出 3782 元，同比增长 21.6%，占消费支出的 12.1%。其中，教育类支出 2295 元，同比增长 37.1%；文化娱乐类支出 1487 元，同比增长 3.5%。随着居民生活水平不断提高，人们对于物质的需求日益满足，开始转向追求更高层次的精神文化生活，居民家庭的教育投资理念不断增强，无论是成人工作之余的充电，还是子女的课外兴趣班，均为居民教育文化娱乐支出的快速增长注入了活力。

三　当前需要关注的问题

当前温州城乡居民总体收入水平偏低，收入增速偏慢，收支结构有待改善，收支差距仍然较大，居民消费意愿下降等影响收入消费高质量发展的问题，需要引起关注。

（一）收入增长偏慢

2018 年全市全体居民收入同比名义增长 8.7%，扣除物价因素，实际增速为 6.3%，比上年下降 0.2 个百分点，其中城乡居民收入实际增速分别为 5.8% 和 6.7%，分别低于同期 GDP 增速 2.0 个和 1.1 个百分点。国家“十三五”规划提出“坚持居民收入增长和经济增长同步、劳动报酬提高和劳

动生产率提高同步”；温州“十三五”规划也提出“要实现城乡居民收入年均实际增长7.5%，人民群众的获得感更加明显”。但2016～2018年温州城乡居民收入实际增速均低于GDP增速，也低于“十三五”规划中的预期目标。这既影响居民对收入增长的实际获得感，也影响对体现效率、促进公平收入分配体系的建立以及实现高质量发展目标的认同感。

（二）收入结构偏弱

作为收入构成的四大项来源仍然存在结构性不足，一是工资性收入增长基础有待强化。2018年温州城乡居民人均工资性收入分别为28746元和16098元，分别低于全省平均水平2402元和800元。劳动密集型产业特征使得企业职工就业层次和薪酬水平偏低，这也成为制约工资性收入增长的明显短板。二是经营净收入增长动能有待提升。全年城乡居民经营净收入增幅分别为7.6%和8.8%，低于全省平均水平（8.4%、9.2%）0.8个和0.4个百分点。经营净收入增速偏慢，增长动力仍然有限，与温州民营经济发展之都的地位尚不匹配。三是财产性收入增长拉动仍然有限。全年城乡居民财产净收入增幅分别为6.5%和7.9%，低于全省平均水平（9.8%、9.2%）3.3个和1.3个百分点。尤其对于农村居民而言，财产净收入所占比重偏低（仅占可支配收入的5.3%），对收入的拉动十分有限。

（三）收入差距偏大

从与省内其他地市差距看，温州市全体居民收入总量居全省11个设区市第六位，比第一位的杭州市低7428元。按常住地分，城乡居民收入总量分别居全省第六位和第八位，城镇居民收入比第一位的杭州市低5075元；农村居民收入比第一位的嘉兴市低6801元。收入总量偏低，与省内杭州、宁波等地差距较大，仍须花大力气迎头赶超。

从城乡差距看，2018年温州城乡收入相对差距从2017年的2.06∶1缩小至2.04∶1，但仍处全省第九位。同时，城乡收入绝对差距从上年的26712元扩大至28619元。因此，相比其他地市，温州城乡居民收入不平衡的形势更为严峻，缩小城乡收入差距的任务更为艰巨。

从城乡居民内部的收入差异看，按居民收入五等分组汇总，高收入户组人均收入为低收入户组的4.7倍，比上年扩大0.04，收入差距扩大3423元。

（四）农村消费水平偏低

从温州城乡居民消费对比情况看，城乡消费支出比为1.88∶1，较上年扩大0.03。农村居民人均生活消费支出占城镇居民的53.3%，较上年下降0.7个百分点。从八大类消费结构看，农村居民消费仍以食品烟酒为主，教育文化娱乐、交通通信等享受型消费支出占比不高。全年农村居民人均食品烟酒类支出6980元，占农村居民生活消费支出的35.7%，比城镇居民高出5.9个百分点，而人均交通通信、教育文化娱乐类消费支出分别占农村居民生活消费支出的11.2%和9.9%，分别比城镇居民低0.7个和2.8个百分点。

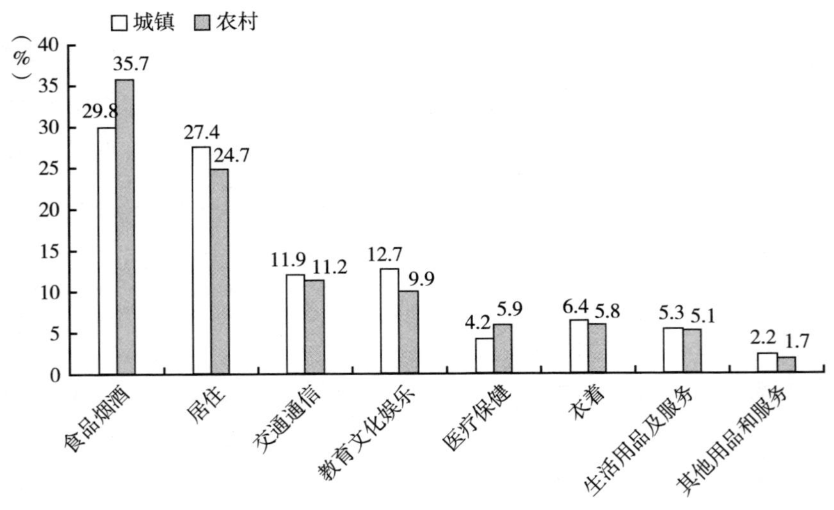

图2　2018年温州市城乡居民生活消费支出构成

（五）消费意愿下降

全年全市居民消费倾向（人均消费支出占可支配收入的比重）为

66.5%，较上年提高0.2个百分点，但是自2015年一季度以来，全市居民消费倾向呈阶段性下降趋势，居民可支配收入的稳步提升并未带动消费倾向的提高，消费信心略显不足。

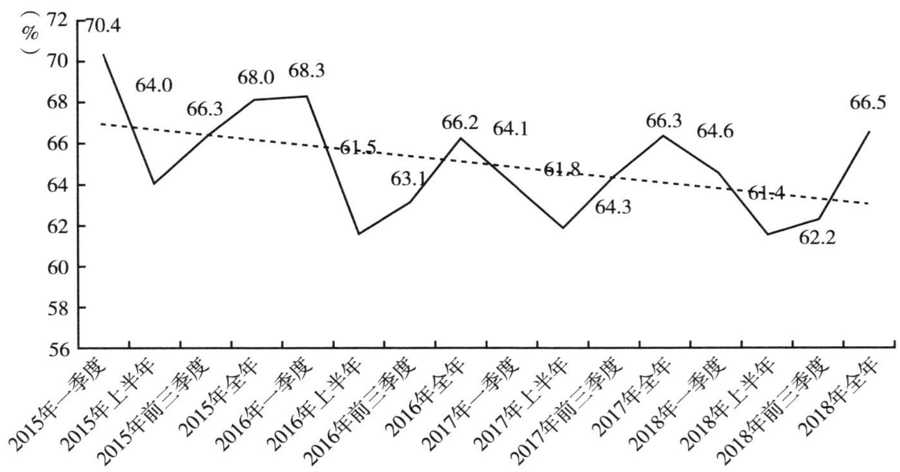

图3　2015～2018年温州市全体居民消费倾向情况

四　相关建议

站在新的起点上，温州提出“再造改革开放新优势，再创高质量发展新辉煌”。在收入分配以及消费领域，要实现更高水平、更高质量的收入和消费增长，既要稳固优势，更要补齐短板，在提速度、优结构、缩差距上下功夫，才能实现更加平衡充分的发展，真正顺应群众美好生活需要，增强人民幸福感和获得感。

（一）发掘增收潜力，加速提升进程，实现更高质量的收入增长

1. 优化产业结构，提升产业富民效益

运用高新技术优化改造温州现有的传统产业，发展壮大新产业、新业

态，不断提高产业质量、效益和效率。紧扣“两个健康”先行区的创建，优化提升营商环境，引领和推动民营经济高质量发展，充分释放体制机制创新红利，为居民增收提供良好的经济基础，实现经济发展效益由人民共享，形成经济增长与收入增长的良性循环。

2. 完善就业政策，提升劳动力供给质量

以市场为导向针对返乡创业农民工、留温大学生等重点群体开展创业就业培训，化解结构性就业矛盾。培育一批与产业发展趋势、本土经济形态相适应的多层次、高素质的劳动力。通过提高劳动力就业人员的素质，提升劳动力供给质量，完善就业结构，实现收入高质量增长。

（二）夯实增收基础，及早优化结构，实现更高质量的收入增长

1. 稳固工资增长，夯实收入增长基础

加快对七大类重点群体增收的相关政策制定及分类施策，激发重点群体增收活力，形成促进居民增收的有效抓手和辐射能力，带动居民收入稳步提升。同时，加强制度保障，借助最低工资标准以及行业工资指导线等方式，逐步、分阶段引导和鼓励低收入行业劳动报酬的提高。

2. 培育经营动能，激活收入增长后劲

发挥温州作为民营经济之都的独特优势，激发全市创业活力。深化“放管服”改革，持续改善营商环境，建设优势突出的创业平台，吸引更多人才来温、留温创业。同时，抢抓乡村振兴战略机遇，深入实施西部生态休闲产业带和乡村振兴示范带建设，大力发展绿色生态农业、休闲度假旅游产业，拓宽农民增收渠道。

3. 盘活财产收益，拓展收入增长空间

合理配置保险、基金、理财产品等，鼓励居民以股份制、合作制等形式参与实体经济投资，增加红利收入。深化农村土地制度改革，盘活土地承包经营权、林权、宅基地使用权和集体经济组织成员收益分配权，持续增加农民财产净收入。

（三）激发增收动能，尽快缩小差距，实现更高质量的增收

1. 发挥经济强市（区）先富优势，带动辐射周边县区缩小收入差距

大力推动区域经济协调发展，发挥“三区两市”经济强市（区）的引领带动作用，加快形成新的经济增长带，辐射带动周边县。积极扶持地方优势产业发展，培育壮大一批起点高、规模大、带动能力强的龙头企业和企业集群，就近吸纳劳动人口，带动就业创业，实现稳定增收。

2. 加大扶持托底，保障低收入群体收入增长

加快完善城乡发展一体化体制机制，统筹新一轮村居“撤扩并”，科学规划，整合资源，促进城乡协同发展。此外，要继续加大对城乡低收入群体的帮扶力度，结合脱贫攻坚等工作，保障低收入群体收入增长，补齐收入短板。

（四）挖掘农村消费潜力，缩小城乡消费差距，实现更高质量的消费增长

1. 引导消费观念升级，释放农村消费活力

多方面宣传倡导消费观念升级，引导形成合理消费预期，促进供需有效对接，将城乡居民对于美好生活的向往释放为消费升级的强大动力。尤其是针对消费增长速度和质量发展有更大空间和潜力的农村居民群体，通过消费扶贫等举措带动刺激农村市场，激活不同层次消费。加快实施新一轮“家电下乡”政策，引导实行节能绿色高品质消费，并在此基础上推动更多消费品下乡，促进农村消费。

2. 拓宽延伸消费载体，提升城乡消费水平

推动电子商务向广大农村地区延伸覆盖，健全农村物流网络，鼓励和支持消费新业态、新模式向农村市场拓展。利用金秋购物节等展销活动载体，打造具有地方特色的消费活动，鼓励县（市、区）举办特色农产品对接会、推介会和采购会，发展乡村传统庙会，发展“月光经济”。

（五）优化消费供给，提振消费意愿，实现更高质量的消费增长

1. 发展多元化消费品供给，推动消费结构升级

加快构建引领多元化的产品体系和市场体系，推动休闲产品升级和供给创新。注重消费个性化发展趋势，以时尚创意为重点，通过推进产品时尚化改造、提高创意设计水平、提升品牌附加值等方面助推产品迈向价值链中高端，更好地契合消费转型。

2. 健全质量标准和信用体系，营造安全放心消费环境

建立健全高层次、广覆盖、强约束的质量标准和消费后评价体系，完善消费市场监管网络体系，并坚持日常监管与专项整治并举，提高经营者违法成本，创建安全放心的消费环境。拓宽监管部门投诉渠道，增设消费维权服务站，解决消费者维权难度大、成本高、时间长等突出问题，切实保障消费者信心，激发居民消费意愿。

B.16

温州深化“最多跑一次”改革研究报告（2018）

周义邦　王　健*

摘　要： 2018年温州推动“最多跑一次”改革向纵深发展以来，市民中心高标准建成投用，“无差别全科受理”综合推进，“一网、四端、五化”基础设施建设深入实施，“网上办理为主，自助终端为辅，实体大厅兜底”三位一体政务服务新模式进一步巩固加强。多维度拓展细化“最多跑一次”改革应用场景，第三方政务服务办事网点布局更为广泛，民生版、企业版、海外版等细分领域的“最多跑一次”改革品牌脱颖而出。在温州“最多跑一次”改革锦标赛激励模式引导下，“最多跑一次”改革的温州形态缤纷多彩。温州深化“最多跑一次”改革的效应逐步显现，群众和企业获得感、满意度稳步提高，对全面深化改革的牵引作用显著增强，在经济体制改革、社会体制改革、权力运行机制改革等领域的协同撬动效应效果明显。

关键词： “最多跑一次”　撬动效应　改革锦标赛　温州

肇始于浙江的“最多跑一次”改革，在全国范围内产生了广泛影响，业已成为浙江省全面深化改革的“金字招牌”。2018年1月，中央全面深化

* 周义邦，中共温州市委党校助理研究员；王健，中共温州市委党校教育长。

改革领导小组审议《浙江省"最多跑一次"改革调研报告》后，建议向全国复制推广；同年3月，"最多跑一次"被正式写入国务院政府工作报告；与此同时，以浙江为样本，全国各地也掀起了一场"最多跑一次"改革锦标赛，"一次不用跑""只跑一次""零跑腿"等改革竞相涌现。自2017年全面实施以来，浙江"最多跑一次"改革已经取得了显著的累积性效应，群众和企业获得感明显增强。2018年10月第三方评估数据显示，全省"最多跑一次"改革的实现率、满意度分别达到90.6%和96.5%。

温州以优化营商环境、建设"有为政府"为切入口，以"打造政务服务最优城市"为总目标，高站位、高标准地实施推进"最多跑一次"改革。2017年温州紧紧围绕群众和企业办事的堵点、难点、痛点问题，通过实施开展政务服务网"四个一"（"一站导引、一网通办、一库共享、一端服务"）创新工程，充分运用互联网思维、信息化支撑、大数据共享，推进政务服务O2O线上线下深度融合，初步形成了"网上办理为主，自助终端为辅，实体大厅兜底"的三位一体政务服务新模式，企业和群众获得感显著增强。第三方机构评估数据显示，温州"最多跑一次"改革满意度由改革初的24.4%提升到2017年底的94.32%，位列全省设区市榜首。然而，由于温州"最多跑一次"改革全面部署动员推广的时间较短，改革内涵仍不够丰富，外延尚须持续拓展，服务质量有待继续提升。基于此，课题组继续跟踪研究2018年温州"最多跑一次"改革在"巩固年、提升年、深化年"的推进情况，以期发现温州深化"最多跑一次"改革出现的新做法、新形态、新动向。

一　温州深化"最多跑一次"改革的主要创新做法

2018年温州以推进"最多跑一次"改革工作专业化、常态化、长效化为目标，持续推动"最多跑一次"改革向纵深发展，政务服务水平持续提升，营商环境不断优化，改革内涵进一步丰富，外延得到细化拓展，服务质量优化提升，政务服务O2O线上线下进一步深度融合。

（一）“最多跑一次”改革基础设施建设进一步加强，政务服务精细化水平明显提升

1. 高标准建成投用温州市民中心，综合推行“无差别全科受理”政务服务

2018年建筑面积约4.8万平方米的温州市民中心建成启用，将原来的“一个中心、八个分中心”整合在同一个平台，开展集中办公，并设置社会事务、商事服务、投资项目、医保社保、不动产登记、住房公积金、公安服务、公共资源交易等八大综合专区，窗口压缩比接近40%。市民中心共进驻市本级部门53个事项1600多项（其中，行政审批事项1340项），全面开展“一门、一网、一次办”服务，自运用以来日均人流量达7230人次，办件量达2000余件。深化“一窗受理、集成服务”改革，以“办一件事”为抓手，推进跨部门业务融合、系统融合、技术融合，优化设置“无差别全科受理”流程和工作机制，逐步推进综合专区无差别受理，实现群众和企业办事“进一个门、取一个号、跑一个窗”。按照“八统一”要求，2018年共规范梳理市本级“最多跑一次”事项主项751项子项1625项，积极探索试点以“最小颗粒度”为核心的系统化改革，将事项细分至最小颗粒，并逐一明确受理要件及审核要点，开发受办分离收件系统和智能导办系统，有效解决“无差别全科受理”对业务人员要求过高这一难题。

2. 持续强化系统集成、平台整合能力，努力实现政务服务“一张网”全覆盖

以浙江政务服务网为依托，开发建设统一权力运行3.0系统，无缝对接全市十大系统平台，实现行政审批、便民服务、阳光政务、公共资源交易等领域“一个系统、一张网”全覆盖。一是大力推进政务服务“一网”办理。全面做好事项梳理、流程再造等工作，着力提高网上事项办理、民生事项“一证通办”比例。据统计，2018年市本级已开通网上办理事项1300项，占应开通网上办理事项的95.38%；梳理公布2批次共382项“一证通办”民生事项，其中省定245项民生事项中124项已实现“一证通办”，温州专有的102项民生事项中，52项已实现“一证通办”，占比均超过50%。二是实现投资项目“一网”全流程运作。基于全国统一的投资项目审批监督

在线平台，将全市的20个审批职能部门、76项审批事项、17项中介服务事项全部纳入，开发建设投资项目100天网上审批全流程系统。三是推行公共资源“一网”全流程电子化交易。推行投标人CA数字证书互认，“一处办证、全市通用”成为现实，建设工程招投标项目档案全部实现电子化归档；公共资源交易过程所有文件实现100%电子化。

3. 创新“一点登录、全网通用”模式，实现“大厅端、PC端、移动端、自助端”互通互联

充分利用大数据、政务云等互联网技术，实现政务服务从大厅窗口向PC端、移动端、自助端延伸。建设引入“云桌面”。在办理窗口配置PAD、身份识别仪等设备，辅助受理人员办理业务。积极推进“网上办”。全面梳理全市统一的办事事项，建立统一的申报平台，让群众和企业在PC端即可完成网上事项申报。此外，市民中心通过在大厅自助办理区配备公共PC终端，引导群众和企业自助在线办理业务。大力推行“掌上办”。将“百万申请网上办”、智慧健康、市民卡业务、交通违停处理、统一申报等13项移动端应用整合到浙江政务服务“浙里办”，全年共处理交通违法204万件，缴纳政府非税收入业务671万笔，预约医院门诊125万次；开发“温州市民中心”微信公众号，为群众提供预约、咨询、查询、申报等服务。研发推广“瓯e办”。开展政务服务“机器换人”，自主研发具有“统一平台、统一标准、统一监管”功能的“瓯e办”便民服务终端，2018年全市共布设1000台以上，基本实现“重点村全覆盖”，开通审批、证明、缴费、公共服务等452个高频自助服务。

4. 以“五化”建设为抓手，推进政务服务便捷化、规范化发展

一是深化审批服务标准化。对照国家标准，重点围绕现场管理、社会事务、涉企证照等领域，特别突出无差别受理、网上办理、规范管理等14项内容，编制标准化规范性文本和精准化办事服务指南。二是构建市区四级一体化。按照“一套系统、一级部署、延伸终端”的要求，以温州市民中心为中心点，辐射全市11个县（市、区）、131个街镇和众多村居（社区），打造“一点多面”政务服务格局，实现“服务无区域、对象全覆盖”。三是

实现数据联通共享化。建立“一库共享”服务平台，打通省、市部门自建52个涉批系统，归集150项2.9亿条政务数据，向市、县两级143个单位开放213个查询端口，日均数据查询量达1.8万次。四是打造导引咨询智能化。在全市范围内归集2000多条与群众、企业密切相关的政策文件、办事程序、办事材料等信息数据，充分运用短信定位、机器人智能问答等载体形式，引导群众和企业办事。五是推进监督管理电子化。建立政务服务数据展示平台，即时呈现温州市民中心各综合专区办件量、办件效率等，借助综合数据分析，对行政审批全过程开展实时监察、监督处理和绩效评估。

（二）多维度拓展细化“最多跑一次”改革应用场景，政务服务便捷度、体验度显著提升

1. 积极拓展第三方政务服务办事网点布局，打通服务群众的“最后几十米”

空间维度的局限性、行政力量的有限性客观上要求政府要寻求与第三方机构的合作，共同构建“政、企、群”联通体，以解决行政服务机构资源分布不充分不平衡问题。实践证明，“政、企、群”联通体可实现三方共赢。对群众来说，家门口就有办事“便利店”，方便就近办事；对企业来说，可有效增强客户黏性；对政府来说，进一步提高了政府服务的效率和质量。2018年温州依托银行、邮政、汽车4S店等第三方社会网点，建立170个“社银合作”网点、500多个“工商企业通”网点（涉及19家银行，为企业提供免费代办工商服务，代办量稳居全省第一）、50个“警医邮”网点，在275家4S店实现车牌申领、选号等车管业务办理。

2. 探索推进“最多跑一次”改革在细分领域的专用版本，显著提升企业和群众办事的便捷度、体验度

一是推进民生版“最多跑一次”改革。在医疗卫生领域，出台《温州市医疗卫生服务领域深化“最多跑一次”改革的指导意见》，以数据平台为基础，优化诊疗流程，开设“专家号源池”“床位池”“检查检验池”，有效推进优质资源快速下沉，实现脱卡支付，提高群众就医获得感。在“水电气”等公用领域，按照“一窗受理、登记结果数据推送”的方式，实现

不动产登记关联的“水电气”业务“填一张表、去一个窗”联动办理。

二是推出企业版“最多跑一次”改革。针对涉企政策多、企业不知晓、兑现难、多头跑等问题，2018年全市对仍在执行的178个产业发展奖励政策全面清理，整合成农业农村、工业、服务业、开放型经济、人才等5个综合性政策，并依托浙江政务服务网和大数据共享平台，自主研发惠企政策“直通车”平台，推动产业政策奖励网上“刚性兑现”以及兑现全过程“最多跑一次”。

三是打造海外版“最多跑一次”改革。温州是全国知名侨乡，有68.84万温籍华侨和港澳同胞分布在全球131个国家和地区。针对温籍华侨回国办事远距离跑、耗时多、成本高等“痛点”，温州依托意大利米兰、南非约翰内斯堡等海外温州人相对集聚的11个国境外为侨服务联络点和散布于瓯海、文成、瑞安等多个境内海外服务网点，整合市级部门为侨服务资源，积极打造全市一体化、线上线下高度融合的为侨服务“全球通”平台。2018年共梳理公布涉及公证、户籍、出入境、不动产登记、婚姻登记、子女就学、慈善捐赠、身份认证等常用涉侨事项80项（按主项计），此外该平台还集成了法律服务、咨询推介、文化交流等功能。

二 改革锦标赛：“最多跑一次”改革的温州形态

（一）构建温州“最多跑一次”改革锦标赛激励模式

政治锦标赛理论经常被拿来讨论和解释改革开放以来中国政府的横向关系，即同级地方政府之间的关系，认为政治锦标赛激励模式为中国经济的迅速崛起创造了重要基础。经济新常态下，中国地方政府之间的政治锦标赛已从GDP锦标赛转化为改革锦标赛。显然，“最多跑一次”改革的温州形态就是典型的改革锦标赛激励模式。

通过绩效考核、媒体造势、执纪问效等方式，温州建立起了正向的“最多跑一次”改革锦标赛激励模式。一是全节点抓好改革落实。按照目标管理的要求，建立改革进度每月通报制度，专班推进重点问题、滞后项目。实施“年终考绩+过程性控制”考核模式，各级党政“一把手”靠前指挥、协调，市、县、镇（街）、村（社区）四级联动推进。二是全媒体开展改革宣传。每月编发3~4期简报，提高改革的知晓度、满意度；举办座谈会、电视问政、民主监督会，提升改革的参与度、向心力；开展典型案例征集评选，扩大改革的影响力，营造浓厚的改革氛围。三是全过程强化执纪问效。聚焦改革推进不力、推诿扯皮、办事吃拿卡要、服务态度差等问题，开展专项监督行动。

在你追我赶、比学赶超的竞争态势下，2018年温州各县（市、区）各部门因地制宜，各显神通，“最多跑一次”改革的温州形态缤纷多姿。

（二）典型案例：“最多跑一次”改革的温州形态

1. 苍南县实现企业投资审批最快50天

根据省市“最多100天”目标要求，苍南县结合自身实际，自我施压，主动改革，实现企业投资简易项目最快50天，一般项目82天，竣工验收最快12天。一是简化环节。简化审批环节，将原有的28个审批环节简化为20个；简化环评审批，在符合相关要求的前提下，适当降低环评标准、简化环评手续；大幅压缩初步设计修改和审查环节。二是同步并联。将原来的“公示→受理→测绘土地勘测定界和权属调查测绘”的串联程序变为并联关系，同步操作实施公示、受理、测绘土地勘测定界和权属调查测绘，至少可节省审批时间13天。三是合并程序。向联合审查电子平台提交一套完整施工图文件后，由审图单位统一开展施工图审查，审批部门不再另行审查；采取政府购买服务方式，由中介机构统一放样和验线，审批部门不再另外组织验收；减少重复受理，在施工许可中合并受理安监、质监手续、施工合同、监理合同、施工许可等审批环节。四是提前介入。提前供水供电；提前介入现场安全施工指导；提前窗口服务，项目完成备案后及时引导企业进入投资项目监管平台。

2. 瑞安市强化企业财政奖补快速“刚性兑现”

创新实施“四个一”举措，瑞安市将企业财政奖补兑现用时由 90 天压缩至 15 天。一是梳理整合一张产业政策清单。将分属于全市 5 大部门的 70 个产业扶持政策缩减为 32 个，整合成“1 +6”实体经济产业扶持政策体系，涵盖转型升级、降本减负、科技创新、质量品牌、金融上市、招商引资等 6 类共 107 条产业政策清单。二是制定出台一项资金管理办法。严格实施《瑞安市实体经济产业扶持政策财政奖补专项资金管理办法》。创新兑现方式分类管理，将实体经济财政奖补资金分定补类、核校类、联审类三大类，根据奖补资金审核的难易程度分类设置兑付流程。三是研发投用一套网络申报系统。全面推行“瑞安市实体经济产业扶持政策财政奖补资金申报审批系统”，实施“无纸化”审批流程，用“数据跑路”代替“企业跑腿”。四是统筹使用一批政策推介平台。开发并推介“掌上电子书”。该电子书共集成财税法律法规条目 63 条、文件汇编条目 210 条、办事指南条目 87 条。借力团市委举办的“青・助力”政企沙龙，开展产业政策专题宣传活动；采取定期、定向推送的方式，统筹运用申报审批平台、市政府门户网站、政务微信微博、主管部门企“U”平台等发布政策清单，持续强化政策宣传和解读，提高改革的知晓率和政策的落地率。

3. 文成县创建特邀海外调解员制度

作为全省的著名侨乡，文成有接近 17 万华侨华人旅居在世界的 70 多个国家和地区。涉侨案件时有发生，处理起来费时、费力、费钱，又极为低效。一方面，若华侨回国参加诉讼，时间与经济成本都较高；另一方面，若在国外起诉、答辩，则需要通过公证认证程序，案件审判效率会受到极大影响。文成县通过在海外设立特邀调解员联络站，聘请海外调解员协助调解后，涉侨案件调解率明显提升，办案周期显著缩短。一是健全完善特邀海外调解员工作制度。文成县专门制定出台一系列《关于涉侨民商事纠纷调解衔接工作的实施办法》等文件，明确界定、详细规定了涉侨人民调解的内容和范围、涉侨案件调解工作机制、海外人民调解员的聘任条件及任期等。二是分别协助意大利米兰文成同乡会成立海外民事调解委员会、罗马华侨华人贸易总会成立民商事调解委员会，在文成华侨集聚地聘请具有较高社会威望和一定法律素养的侨领担任特邀海外调解员。目前，以米兰、罗马为主要诉讼调解衔接工作点，以8名特邀海外调解员为中心、以22名海外联络员为辅助的网格化工作机制已经逐步形成。

4. 龙湾区打造政务服务“便利店”

针对村居群众办事路途遥远、基层工作人员不足、便民服务网点功能不全等难题，龙湾区启动“瓯e办”便民服务终端建设，着力打造群众步行15分钟便民服务圈。一是多元布局。以区行政服务中心为主导，以街道行政服务中心、村级便民服务中心为基础，以农商行、丰收驿站、农行、功能区、总部经济园、创客小镇、小微园等为补充，全面铺设自助终端。二是事项便民。对全区政务服务和公共服务事项进行标准化重建，将群众需求迫切、涉及面广、办件量大的民生服务事项纳入便民服务自助终端，特别是凭身份证或“刷脸”认证即可办理的事项优先纳入。现已实现自助终端可办理民生事项210项，覆盖审批服务、常用证明、交通服务、社保业务、市民卡业务、住房业务、健康服务、统一支付、户籍业务、公共服务等十大类民生服务领域。三是自助办理。通过数据共享，最大限度地简化申报材料、优化办理流程、缩短办事时限，以“信息跑路”代替“群众跑腿”。依托网格员队伍，在区行政服务中心、6个街道行政服务中心、92个社区（村）便民服务中心（点）开展代办服务，变“群众跑”为“干部跑”。

三　温州深化“最多跑一次”改革的效应分析

从结果导向看，2018年温州在深化“最多跑一次”改革中取得了新成效。按照“互联网+”大数据技术和行政事项办事流程重塑相耦合的逻辑，温州依托“互联网+政务服务”模式，在政务服务网“四个一”创新工程基础上，深入开展“一网、四端、五化”基础设施建设，推进政务服务O2O线上线下深度融合，较好地解决了企业和群众“办事难、办事慢、办事烦”等问题，企业和群众获得感持续增强，营商环境明显优化。第三方评估数据显示，2018 年温州“最多跑一次”改革的实现率、满意度均达到 90%以上，企业投资项目审批类事项改革满意度达 97.5%，位居全省第一。

更为重要的是，在深化“最多跑一次”改革过程中，温州特别注重发挥其在全面深化改革中的支点、杠杆作用，不断放大其对全面深化改革的牵引作用，统筹推进一些重要领域和关键环节改革取得创新性突破。“最多跑一次”改革全面实施，特别是2018 年深化推进以来，其协同撬动效应已经初步显现。具体而言，就是“最多跑一次”改革产生的累积性效应，已经从单纯地追求数量、程序与技术创新溢出到体制机制的改革突破与整体再造上。

（一）经济体制领域改革

1. 创新推进企业投资审批制度改革

温州全面聚焦企业投资审批难点痛点，梳理优化投资审批流程，着力提升企业投资审批效率，实现一般性企业投资项目开工前审批 100 天。一是精简优化流程。系统梳理涉及全市 20 个部门的 76 个事项和 17 项中介服务事项，按照简化、联办、合并的方式，缩减企业投资项目审批材料 20 余个，节约时间近 3 个月。开展工程建设项目审批制度改革试点工作，推出前期“捆绑审批”模式，进一步加快建设项目审批时效。此外，温州还同步推出“标准地”改革，不断提升企业的投资用地效率。二是开发线上系统。建立与投资项目在线审批监管平台 2.0 系统全面兼容的“100 天网上审批全流程系统”，确保项目赋码后即按三个审批阶段全流程纳入监控，做到“实时有监控、审批有留痕、程序全透明、责任可追溯”。三是打好审批方式优化“组合拳”。按照审批类型、内容和要求不同，推出模拟审批、承诺备案审批、全程代办等模式。实施营商专员精准代办，为全市企业（项目）提供“一对一”全过程代办服务。四是建立责任落实机制。严格落实牵头部门总负责，相关责任部门实行捆绑责任制。建立异常项目调查发布制度，按照 10%的比例分季度开展随机抽查，实行节点管控、超时追责。

2. 统筹推进商事制度改革

一是推进工商通办改革。在市民中心设立“商事综合专区”，统一受理26个市级部门涉及企业开办的所有331个事项。新设企业一次性提交申请材料，可实现“前台无差别受理、后台集成服务、统一窗口出件”。二是积极开展“证照分离”改革试点。按照“层级管辖、分类配套、市县联动”的要求，针对98项行政许可事项实行“证照分离”改革。分级、分类出台改革配套机制，精简证照流程和手续，强化事中事后监管机制，相关证照办事时限由之前的平均12个工作日压缩至现在的2个工作日或即办。三是开发“企业开办e网通”服务平台，推出企业开办全流程网上“一窗受理、多级联办”服务，实现企业开办跑“一个窗口”2.5天可领证、4天可营业。推出企业注销与税务、社保业务联办机制，让即办类企业注销表单由16种简化为3种，办理时限从多部门最少40天压缩为当场办结，复杂类企业5~20天办结。

3. 全力推进涉批中介服务市场化

一是推行准入“零门槛”制度。清理取消3个涉批中介机构行业限制性规制、22个行业部门门槛式准入条件，修订调整5个规范性文件，允许具备相应资质的全有中介机构参与公平竞争。二是提升中介服务效率。建立与中介服务竞价系统、统一权力运行系统、100天全流程审批系统无缝对接的全市统一的“网上中介超市”系统，实现中介服务从入驻、比选到审批全流程网上运行，确保中介服务公开、透明、高效。据统计，全市中介服务实现提速49.8%、平均服务费用下降30%。三是严格市场管理。全面完善中介服务市场规范执业行为，建立涉批中介服务随机抽查机制，推行淘汰、清退机制。

（二）社会体制领域改革

1. 细化拓展“最多跑一次”改革应用场景

一是积极推进“最多跑一次”改革向民生、公共服务等领域延伸，打造温州民生版“最多跑一次”品牌。推行不动产转移登记与“电”联动办理工作，在国家电网系统率先实现用电业务“一证通办”，实现居民、企业办理用电业务“零证办”“零跑腿”。打造教育系统公共服务事项“掌上办”，提供手机上的不见面服务，办理结果通过电子版或纸质寄送等方式送达，实现群众办事“零次跑”。交通系统在全国率先推行“全城通办”模式。通过实施印章电子化、清单标准化、权限一体化等举措，温州实现了交通审批服务“一标准、一窗口、一城化”，变原来的“属地办理”为“全城通办”。二是大力拓展第三方政务服务办事网点，进一步提升行政服务向基层延伸的能力，提高政府服务效率和质量。温州依托全市农信社系统农村网点众多、覆盖面广、服务优质、群众信赖度高等优势，共同建立“政银联通体”，通过业务清单化、流程标准化、数据共享化、联通无缝化等举措，为基层群众提供无差别的政务服务。

2. 以“四个平台”建设为抓手，推进“最多跑一次”改革向基层延伸

全力推动“最多跑一次”与“四个平台”融合建设，以“四个平台”为抓手推进“最多跑一次”向乡镇、村（社区）延伸，以“最多跑一次”为借鉴丰富“四个平台”的标准和内涵，推进基层治理体系和治理能力现代化。一是按照示范型、标准型、普通型的分类方式，对各乡镇（街道）的便民服务中心进行规范化改造提升，分类梳理办事事项，差异化设置综合窗口。二是加快事权融合，最大限度地向乡镇或所属派出机构下放审批事权，加快推动审批流程再造。三是加大人员整合力度。实现“乡镇统筹+部门协同”有机融合，整合下沉“四个平台”部门人员力量和网格员队伍，加强“最多跑一次”改革的人员保障，建立并拓展网格员便民服务一次性告知和代办制度。四是推动政务服务网“四个一”创新工程向基层延伸，实行“互联网+代办”无偿服务模式。以基层治理体系综合信息平台为依托，整合各种相关手机APP、微信端等服务平台，对群众办事咨询、审批服务“预约上门”、投诉爆料等办理事项实行全程电子化跟踪、痕迹化管理，让事项办理过程全公开、办理进度全透明。

（三）权力运行机制领域改革

强化权力运行制约，实现从科学确权、科学授权到科学治权的跃迁。通

过“审批标准化”“四张清单一张网”等改革，温州完成了对政府行政权力范围的再确定；“最多跑一次”改革实施初期，通过对办事事项的全面梳理和一系列流程的再造，基本实现了政府行政权力在部门间的再分配。接下来，如何实现对执法行为的监督管理便显得尤为重要。

温州探索实施随机监管和信用监管相结合模式，规范执法行为，提高执法监督透明度。一是实现随机监管全覆盖。将全市42个部门237个事项纳入随机抽查监管，根据行业、地域的不同，将全市325376个抽查对象纳入名录库，13399名执法人员纳入人员库，部门建库率全部实现100%，案件完结率达到94.76%。针对执法不公、执法不严、检查任性和执法扰民等问题，探索实施“部门联合、随机抽查、按标监管”一次到位制度，2018年在安监、环保、文化、市场监管、公安、质监、教育、人力社保、卫计、综合行政执法等十个领域，开展跨部门联合抽查34次，全面提升监管公平性、规范性和有效性，切实降低企业制度性交易成本。二是实施分类梯度信用监管制度。根据投诉举报频次、行为严重程度，按照分类处置、梯度渐进的原则，完善事中事后信用监管制度。对投诉举报多、列入异常名录、有失信行为和严重违法违规记录等情况的检查对象加大检查力度；对守法经营、信用良好的检查对象或风险较低的区域和行业，科学确定抽查比例和频次；积极打造“不诉不查”的涉企执法环境。三是推进监管信息全公开。依托浙江政务服务网，开发应用“双随机”抽查管理系统，实时发布抽查计划公告、随机抽取检查对象、随机匹配执法检查人员、审核抽查结果公示等内容，确保监管信息全公开，主动接受社会大众监督。

文 化 篇

Cultural Reports

B.17
2018年温州文化发展报告*

陈中权**

摘　要： 2018年，温州文化发展情况总体较好，在道德建设、移风易俗、公共文化服务体系示范区创建、历史文化街区改造、非遗保护和传承、文艺精品创作、文化产业发展、文化走出去等方面取得一些成效，出现一些亮点。2019年，温州应在创建国家公共文化服务体系示范区、推进文旅融合、保护和传承好历史文化遗产、加强与"一带一路"沿线国家和地区的文化交流和文化贸易、提升城市形象和城市文化软实力等方面下功夫。

关键词： 公共文化　文化产业　文旅融合　文化遗产

---

* 本报告采用的数据主要来自中共温州市委宣传部、温州市文化广电新闻出版局、温州市精神文明建设指导委员会办公室、温州市社会科学界联合会、温州市文学艺术界联合会等部门，在此特表感谢。

** 陈中权，中共温州市委党校文化与社会学教研部主任、副教授。

2018 年，随着温州城市中心“两线三片”[①] 建设的展开、乡村振兴战略序幕的拉开、国家公共文化服务体系示范区的创建，温州文化建设和发展迎来了良好机遇，文化发展情况总体较好。

一　2018年温州文化发展基本情况

2018 年，温州市积极推进国家公共文化服务体系示范区创建工作，建成投用一批农村文化礼堂、城市书房、百姓书屋、文化驿站等文化设施，制定实施《关于推进文化温州建设的实施意见》《温州市文明行为促进条例》等文件和地方法规，积极开展社会力量办体育试点、移风易俗试点、全国守信激励创新试点等国家级试点工作，在道德建设、信用建设、移风易俗、公共文化服务体系示范区创建、文艺精品创作、历史文化街区改造、非遗保护和传承、文化走出去等方面取得一些成效，出现一些亮点。

（一）思想道德建设取得较好成效

多年来，温州市致力于建设“大爱城市、诚信社会、道德高地”。2018 年，温州市推出多项举措，思想道德建设取得较好成效。

2018 年是改革开放 40 周年。为纪念改革开放 40 周年，温州市委、市政府以及各地有关部门分别举行了多种形式的纪念活动，“敢为人先，特别能创业创新”的温州人精神得到进一步弘扬。

建成开放温州道德馆。该馆集道德故事展示中心、道德教育体验中心、道德活动集成中心等功能为一体，展现了温州人义利并举、善行天下的精神特质和中国传统美德。创作瓯剧《兰小草》和电影《红日亭》，讴歌温州著名慈善现象——“兰小草”和“红日亭”。坚持每月开展“温州好人”寻访工作，全年共评选 133 位“温州好人”，其中 1 人被评为“感动中国”年度人物，2 人入选“中国好人”，24 人入选“浙江好人”。2018 年，全市共

---

① “两线三片”是指瓯江两岸沿线、塘河两岸沿线、三垟湿地、中央绿轴、历史文化街区。

有各级道德模范1691人，其中9人获“全国道德模范”及提名奖、37人入选“中国好人”、152人登上“浙江好人榜”、468人评为“温州好人”。

制定实施《“最美温州人”礼遇和帮扶实施办法》等政策，明确保障“最美温州人”享有表彰奖励、社会活动、生活补助、就业权益等方面的待遇，旨在形成“有德者有得，好人有好报”的社会氛围。此前温州市已在2017年6月出台“最美温州人”信贷扶持政策，至2018年6月，全市累计授信157户，共8295万元；共发放贷款106户，共6383万元。

开展“移风易俗改革攻坚年”行动。在2017年推进移风易俗“六大行动”的基础上，着重突出“简约婚礼进万家”“节俭办丧惠百姓”两项活动，深化了全国移风易俗试点工作。自行动开展以来，全市婚事新办6010例、丧事简办6827例，建成家宴中心376家，建成集中办丧点156个，形成了丧事简办的“乐清模式”、婚事新办的“文成样本”、殡葬改革的“永嘉经验”等一批典型。

2018年，温州市获得国家首批社会信用体系建设示范城市、浙江省网络综合治理体系建设试点城市，平阳县入选全国新时代文明实践中心试点县。

（二）国家公共文化服务体系示范区创建工作扎实推进

近年来，温州市积极探索“政府主导、社会参与、市场运作、规范管理”的公共文化服务体系建设路子，以很少的财政资金积极推动社会力量投入人力、物力、财力参与城市书房、百姓书屋、文化礼堂、文化驿站、非国有博物馆等公共文化服务领域的建设、管理和服务，激发了全社会文化创新创造活力，为我国公共文化服务体系建设提供了温州样本。

2017年12月，温州市以全国第三的成绩取得第四批国家公共文化服务体系示范区创建资格。2018年4月，文化和旅游部、财政部公布温州成为第四批国家公共文化服务体系示范区创建城市。温州市委、市政府高度重视创建工作并将其纳入重要议事日程，成立了由市长担任组长的创建工作领导小组，召开了温州市创建国家公共文化服务体系示范区动员大会，印发了

《关于创建国家公共文化服务体系示范区的实施意见》和《温州市创建国家公共文化服务体系示范区规划（2018～2020年）》。创建期内，全市将投入十多亿元建设各类公共文化设施，市本级财政将投入3000万元用于示范区创建工作。这些预示着公共文化服务体系建设进入新阶段。

在国家公共文化服务体系示范区创建工作推动下，多年来呼声强烈的温州美术馆、温州非遗馆新馆基本确定选址。年久失修的温州市图书馆、温州市文化馆修缮提升工程有序推进。世界温州人博物馆、南怀瑾书院于世界温州人大会之际对外开放。2018年新建并对外开放城市书房20个、百姓书屋20个、文化驿站20个、农村文化礼堂706个，全市总数分别达68家、41家、60家、1882家。48个省级中心镇或5万人口以上的镇的县级文化馆分馆建设完成。

全市新增省级公共文化服务体系示范区1个、省级公共文化服务体系示范项目2个、省级文化强镇3个、省级文化示范村（社区）5个。“温州市‘城市书网’公共图书馆现代服务模式”以全国第一的佳绩通过第三批国家公共文化服务示范项目验收。

（三）文化遗产保护和传承取得重要进展

根据历史文化街区三年行动计划总体安排，2018年对五马街历史文化街区率先进行改造。通过历史文化挖掘，打造了温州科举试院展示馆、信河街地下文化长廊、大众电影院通道文化长廊等一系列重要文化展陈节点，五味和、温州一百、金三益等一批“中华老字号”重返五马街，五马历史文化街区成为展示温州传统历史文化的形象窗口。

出台《温州市非物质文化遗产代表性项目社会认养制度（试行）》，该制度确定以社会力量为认养方，以非遗代表性项目为被认养方，以温州市优秀历史文化保护发展基金会为媒介，通过社会捐款的形式为非遗项目发展提供支持。鸣山陶院、水头镇金茂宾馆、温州乐扶公益基金等首批三家单位分别认养温州蛋画、平阳木偶戏、瑞安东源木活字印刷术等三个非遗项目。创新性开展非遗体验基地建设，建成鸣山陶院等22个非遗体验基地，联系29

位传承人，全年举办活动1553场，17万余人次参与体验，被列为传承发展浙江优秀传统文化行动计划之非遗体验点建设试点地区。非物质文化遗产代表性传承人抢救性记录工作得到重视，完成彩石镶嵌、永昆等17个省级代表性项目、19位省级代表性传承人、30多位市级代表性传承人的口述史拍摄任务，拍摄视频320多个小时，收集相关资料近130多万字。

文化遗产领域喜事连连。2018年5月，国家文化和旅游部、工业和信息化部联合发布了第一批国家传统工艺振兴目录，全国共有383个传统工艺项目入选，其中温州瓯塑、乐清黄杨木雕榜上有名。文化和旅游部公布第五批国家级非物质文化遗产代表性传承人名单1082人，温州市14人入选，入选人数列全省第一，目前全市国家级非物质文化遗产代表性传承人总数为37人。6月，中国轻工业联合会评选出第七届中国工艺美术大师89人，温州市2人入选，2018年全市共11位中国工艺美术大师，在全国地级市中名列前茅。全市22处文保单位被省文化和旅游厅列入第八批国家重点文保单位申报名单。在古墓葬清理、史前聚落遗址、宋代盐业遗址、瓯窑窑址调查和明清海防城址等考古方面取得重要收获。

（四）群众文化活动蓬勃开展

举办第六届温州艺术节暨第六届市民文化节，开展戏剧节、话剧节、音乐舞蹈节等13大类的赛事活动共3000余场，20多万名演职员参加，现场观众近280万人次，线上观众400多万人次。

出台《关于组建乡村文艺团队丰富活跃基层文化生活的实施意见》，开展“乡村艺术团”建设。根据试点经验，探索“单独建团、邻片组团、互补联团”等组建方式、“分类指导、分级补助”等扶持机制和“镇街总团、村（社）分团”等运行模式。2018年5～12月，全市组建乡村艺术团1729支，入驻综合文化站、文化礼堂等文化阵地1648个，团员总数达53893人，开展活动4440场次。平阳县雅山元洲乡村艺术团登上央视感动中国第八届群文杯全国总决赛舞台，以“甜心辣舞”节目夺得第五名佳绩并荣获银靴奖。这种能让农民成为乡村文化的创造者、表现者、参与者、受益者的做法，较好地破解了乡村公共文化服务效能不佳的问题。

作为全国唯一的社会力量办体育试点城市，一年多来，温州市社会资本累计投入体育产业和体育设施建设超20亿元，一批重点项目顺利推进；全市举办的185项赛事均通过政府购买服务方式由社会力量承办，购买金额达3000多万元；新增体育场地面积100万平方米，“百姓健身房”受到群众欢迎；竞技体育和群众体育齐头并进，在雅加达亚运会上，10名温籍运动员取得了10金4银1铜的历史最优成绩。

举办2018年“书香温州”全民阅读节，开展阅读风采展示、聚焦改革专题、少儿阅读推广、图书惠民服务、书香满城活动等五大板块活动3000余场。

开展文化驿站活动926场，完成送戏下乡2546场、送书276392册次、电影51000场、展览讲座347场、文化走亲75场次。

（五）文艺精品创作和传播成果颇丰

围绕学习宣传贯彻党的十九大精神、改革开放40周年等重大题材及“大建大美”“两线三片”等市委、市政府中心工作，全市创作加工音乐、舞蹈、小品、书法、美术、摄影等各类文艺作品1000余件，获省级以上奖项130余件。

集聚全市文艺创作人才的力量，整合资金投入精品创作中去，创作的弘扬温州大爱精神的瓯剧《兰小草》深受各界好评，越剧《风乍起》《柳市故事》入选全国优秀现实题材舞台艺术作品展演剧目，并参加第四届中国越剧节。越剧《荆钗记》、永昆《孟姜女送寒衣》成功入选国家艺术基金扶持项目。蔡晓秋、吴鑫分别获得第二十八届上海白玉兰戏剧表演艺术主角奖和新人主角奖，黄燕舞获第四届“浙江戏剧奖·金桂表演奖”，实现温州戏剧新突破。东君获鲁迅文学奖提名，王手、哲贵获郁达夫小说提名奖，曹凌云作品《海上温州》入选中国作协2018年度定点深入生活项目，朱乾作品《不二掌门》荣登2017年中国网络小说排行榜。继《温州一家人》《温州两家人》之后，正式开拍《温州三家人》，构成温州改革开放系列“三部曲”。

2018 年国家艺术基金资助项目《荆钗记》开启全国 11 座城市巡演，市瓯剧院携《高机与吴三春》《橘子红了》等经典剧目参加 2018 年“浙江戏曲北京周”活动并赴上海演出。《用刀如笔——林剑丹篆刻作品展》在浙江美术馆举办，温籍民国女画家“鲁藻墨兰特展”暨《鲁藻画集》首发式在上海举办，温籍艺术家杨学棒瓷板画个人艺术展在故宫博物院举办。第四届“林斤澜短篇小说奖”在温州颁奖，莫言、毕飞宇获“杰出短篇小说作家奖”。以温州大剧院为平台，引进大型音乐舞蹈剧《罗密欧与朱丽叶》、加拿大全场互动亲子剧《你是演奏家》等海外高品位文化演出活动 28 场（次）。

（六）文化产业稳步上升

2018 年 8 月，温州市委、市政府印发《进一步加快现代服务业高质量发展的若干政策意见》，进一步明确了文化产业的诸多扶持政策。

举办 2018 年温州国际时尚文化创意产业博览会。博览会由主题展会、系列论坛、推介交易和配套活动等部分组成，总展览面积 7.4 万平方米，观展人次达 27.39 万，成交额 3.87 亿元，投融资签约额 18.6 亿元，来自 13 个国家和地区的 600 余家企业及机构参展。先后组团参加宁波特色文博会、深圳文博会、杭州文博会、长三角文博会等国内文化产业专题展会，推动文化产品和服务“走出去”。

谋划瓯江山水诗之路产业带建设，举办瓯江山水诗之路文旅项目资本对接会，推动瓯江山水诗之路沿线 10 个文旅项目与 15 家国内知名投资机构对接合作。作为“三线两片”建设重点项目，瓯江两岸核心段亮化夜游共投资近 6 亿元，涉及瓯江两岸建筑外立面 45 万平方米、山体 950 万平方米、景观带 79 万平方米。

鹿城区、乐清市、瑞安市入围浙江省文化产业发展专项资金扶持的 20 县（市、区）名单，入围数量与杭州并列第一，2019 ~ 2021 年三个县（市、区）将共获 9000 万元扶持资金。

全市现有市级重点文化企业 94 家，市级成长型文化企业 105 家，省级成长型文化企业 19 家，省级重点文化企业 2 家，新三板文化企业 11 家。

2017 年全市文化产业总产出达 944.6 亿元，文化产业增加值达 304.53 亿元，增速达 15.71%，占 GDP 比重达 5.63%，成为国民经济支柱性产业。根据近几年文化产业发展状况，2018 年温州文化产业迈入千亿级产业行列。

二　温州文化发展存在的问题

虽然近年来温州文化发展势头强劲，成效比较显著，但受人口基数大、历史欠债多等因素影响，还存在不少问题。“十二五”时期以来，中共浙江省委宣传部和浙江省统计局每年联合发布《浙江省文化发展指数（CDI）评估报告》，温州市文化发展指数在全省一直垫底。

（一）公共文化服务体系建设存在不少薄弱环节

对标《国家公共文化服务体系示范区创建标准（东部）》，当前温州公共文化服务体系建设存在区域经济发展不平衡，人口基数大，人均各项指标较低，老百姓享受的公共文化服务不平衡不充分，公共文化服务均等化不足等问题。

公共文化建设财政投入需要加大。2017 年，全市公共财政的文化投入为 118900 万元，人均公共文化事业费为 129.03 元，比 2016 年的 125.34 元有所增长，但仍处于全省最后，2017 年全省人均公共文化事业费为 250.34 元。

部分乡镇综合文化站设施建设存在空白点和薄弱点。各乡镇（街道）文化中心设施通过新建、扩建和整合，在布点和规模上基本达到标准化、均等化要求。但部分乡镇文化中心规划设置不规范，有的建在乡镇行政办公楼院内，不便于群众参加文化活动；有的存在设施被挪用、挤占的情况；少数场所的建设标准没有达到浙江省基本公共文化服务标准的最低要求。新一轮的乡镇撤扩并直接导致一些乡镇文化设施还存在空白点。全市 185 个乡镇（街道）中，有 24 个未设置综合文化站，16 个面积未达标。村（社区）基层综合文化服务中心尚有 300 多村未达标。

部分基层文化设施服务效能不高。一些基层文化设施功能设置欠合理，管理体制没理顺，管理人员不到岗，导致常态化管理和服务保障效能不高，只能满足每周免费开放42小时的最低要求，开展活动的数量和质量不太理想，与满足人民对美好生活的新期待尚有不小差距。根据市文化广电新闻出版局调查，老百姓对本地公共文化服务的总体满意度为65.43%，对文化场馆设施满意度为68.60%，对文化活动满意度为58.81%，文化机构在服务信息公开工作的好评率为52.76%。

部分机构编制配备不足。目前，全市约2/3的乡镇没有独立设置综合文化站机构。管理体制不顺，人员在编不在岗、专职不专用的现象普遍存在。部分乡镇文化员编制配备不足，编制挪用现象较为突出。乡镇对文化员的调岗、借用随意性较大，不利于发挥基层文化工作服务综治、维稳等中心工作的作用。对照示范区创建中“乡镇（街道）综合文化站人员编制3名以上”的标准，全市185个乡镇（街道）综合文化站只有54个达标。要求行政村和社区至少有1名公共财政补贴的工作人员，2018年全市配备率为26.31%。

公共文化服务相关制度尚需要建立和完善。在推动全市工作，解决新时期面临的新矛盾、新问题、新挑战方面还缺乏系统研究。特殊群体服务工作机制、公共文化服务体系建设协调机制、公共文化设施选址征求公众意见制度等未建立，重大文化项目的绩效考评机制、群众评价和反馈机制、引入第三方评价机制、公共文化设施使用效能考核评价制度、政府向社会力量购买公共文化服务机制等需要完善。

（二）文化遗产保护和利用任重道远

“大拆大整”中物质文化遗产损失惨重。温州为国家历史文化名城，现有国家级文保单位29处、省级文保单位114处、市（县）级文保单位712处、不可移动文物9362处。2016年以来，温州市开展的“大拆大整”专项行动中，不可移动文物普遍存在现场保存条件较差、没有设置有效的隔离、缺乏安全监控措施、盗贼频繁光顾等问题，导致不可移动文物内柱础、门窗、雕刻、家具等构件盗失、损毁，造成文物价值的严重损失，文物面貌破败不堪。而且，对不可移动文物既存在未审批擅自拆除的情况，也存在贪图进度误拆的情况。温州市文物保护研究所对三区开展“大拆大整”专项行动，不可移动文物的调查表明：鹿城区第三次全国文物普查中已登记的 517 处不可移动文物中，381 处原貌保存，37 处擅自修缮过度改建，20 处处于拆迁地块，79 处已完全消失；龙湾区 289 处不可移动文物中，231 处原貌保存，4 处擅自修缮过度改建，38 处处于拆迁地块，16 处已完全消失；瓯海区 472 处不可移动文物中，243 处原貌保存，55 处擅自修缮过度改建，124 处处于拆迁地块，50 处已完全消失。

“五水共治”中水乡文化遗产损失巨大。温州是一座山水城市，水系发达，水乡文化遗产丰富。据温州市第三次全国文物普查结果，温瑞塘河沿岸遗存的不可移动文化有民居类 662 处、坛庙祠堂类 65 处、近现代公共建筑类 33 处。近年来大规模的水系治理特别是“五水共治”是生态文明建设的重要举措，但由于没有高度重视水乡文化保护和利用，没有形成大的保护格局，相关部门之间没有形成合力，河道被填埋、古桥被拆改、古埠头被拆除等现象时有发生，与水乡相关的民俗活动如水上台阁等正在逐渐消亡，水乡文化遗产受政策、资金、人才、河道河网等因素制约挖掘不够深入。

一些非物质文化遗产生存发展困难。温州非遗资源丰富，目前共有人类非遗项目 4 项、国家级非遗项目 34 项、省级非遗项目 144 项、市级非遗项目 747 项。但由于自然和社会环境变化迅速，一些非物质文化遗产找不到与现代生活的结合点，逐渐失去活力，面临消失危险；有的习俗失去传承发展的空间，有的传统技艺后继乏人；推动非遗与旅游、节庆和群众休闲娱乐活动相融合做得还不够。

（三）文化产业综合竞争力不强

当前，温州市关于文化产业的扶持力度不断加大，文化产业的总量和增量名列全省前茅，文化产业对文化发展指数贡献排名靠前，但综合竞争力并不强，与杭州、宁波相比相差甚远。

政策落实不到位。温州市政府虽然出台了一系列鼓励和引导民间资本投资文化产业的相关政策和规划，但对于文化产业的管理主要依靠政策号召和行政措施，相关法规体系还不完善，在政策真正落实上还存在各种问题。具体政策细节模棱两可，政策落实上还存在程序繁杂等问题，且缺乏具有法律意义的描述及可行性保障措施。

文创产业园创新能力不强。温州市正在建设或部分运营的文化创意产业园有 62 家，入园企业规模小；入驻的企业与园区文化产业关联度低，咖啡、餐饮等经营场所数量远多于文化创意机构，文化特色不够突出，创新能力不足；缺乏既有专业知识又有创意思维并且懂经营的复合型人才，难以满足新兴文化产业快速发展的需要。

文化消费增长缓慢。国家统计局温州调查队发布的数据显示，2018 年全年全市居民人均消费支出 31213 元，比上年增加 2586 元，绝对量居全省第 3 位，仅次于杭州和宁波，同比增长 9.0%。全市居民人均教育文化娱乐支出 3782 元，同比增长 21.6%，增速较上年提高 5.4 个百分点，占消费支出的 12.1%。其中，教育类支出 2295 元，同比增长 37.1%，文化娱乐类支出 1487 元，同比增长 3.5%。文化消费虽有增长，但增长相对缓慢。

文化企业融资难。文化企业融资渠道单一，能在资本市场上直接融资的仅有 11 家，文化企业专营金融机构仅有温州银行文化支行 1 家，大量的文化产业项目因缺乏资金支持面临无法正常运行的窘境。

三　2019年温州文化建设对策建议

2019 年是新中国成立 70 周年，是高水平全面建成小康社会的关键之年。温州面临长三角一体化发展上升为国家战略的重大契机，面临全省“两个高水平”建设的重大机遇，新时代“两个健康”先行区、国家自主创新示范区、国家海洋经济发展示范区等纷纷布局落户温州的难得机遇，也面临一些领域的优质公共产品供给如何充分满足群众日益增长的美好生活需要的挑战。2019 年 1 月，中共温州市委十二届七次全体（扩大）会议提出“要推进文化温州建设”。温州文化建设如何为再造改革开放新优势、再创高质量发展新辉煌提供强大的精神动力和智力支撑，如何增强人民群众的获得感、幸福感？本报告就 2019 年温州文化建设提出以下对策建议。

（一）积极开展国家公共文化服务体系示范区创建工作，推动温州公共文化服务体系建设进入新阶段

国家公共文化服务体系示范区的创建为温州公共文化服务体系建设提供了历史性机遇，应本着“以人民为中心的工作导向”，对标《第四批国家公共文化服务体系示范区（项目）创建标准（东部）》，针对突出矛盾和问题，补足短板、发挥优势，形成可复制、可推广的典型经验，为同类地区提供借鉴和示范，为国家制定相关政策提供科学依据和实践样本，推动温州公共文化服务体系建设进入新阶段。消灭乡镇（街道）和村（社区）公共文化设施的空白点和薄弱点，促进城乡公共文化设施全面达标，以设施标准化促进服务均等化；按照精准扶贫的要求，加大对全市山区、半山区、偏远海岛、少数民族聚居区的扶持力度，在财政资金扶持、文化资源供给等方面适当向经济条件较弱、文化服务能力不足的地区倾斜，开展精准文化扶贫行动和特殊人群文化关爱行动，办好特殊人群文化活动，打通公共文化服务“最后一公里”，提升公共文化服务效能；出台《温州市鼓励和引导社会力量参与公共文化服务的实施办法》等系列制度，以制度的方式进一步激发社会力量参与公共文化服务的热情；在城市书房、文化驿站、百姓书屋、乡村艺术团、市民文化节等创新项目基础上继续保持创新活力，培育打造一批具有温州特色、彰显时代精神、延伸示范效应的公共文化服务创新品牌，走出一条具有温州特色的文化创新之路；充分发挥科技创新对公共文化发展的重要支撑作用，着力推进公共文化机构数字化建设，拓展公共文化服务空间；加强经费保障，确保文化事业经费投入有较大增长；建立公众参与的公共文化服务考核评价制度、公共文化设施使用效能考核评价制度和第三方评估机制。

（二）努力保护、挖掘、传承好历史文化遗产，提升温州城市文化品位

温州是国家历史文化名城，有深厚的文化底蕴和优秀的文化传统，这是温州经济社会持续快速健康发展最根本的原动力，应努力保护历史文化遗存，深入挖掘历史文化底蕴，积极推动传统文化的创造性转化、创新性发展。对在“大拆大整”中处于濒危状态的历史文化遗产进行抢救、保护和安置，留存城市的文脉和乡愁；推进泰顺廊桥、雁荡山—楠溪江、苍南矾矿申报世界文化遗产工作，提升温州文化知名度和影响力；充分挖掘王十朋、叶适、刘基、张璁、孙诒让、郑振铎、苏步青、南怀瑾等文化名人资源，推动瓯越文化元素融入城市建设和市民生活，提升城市文化品位；开展温州书法、温州美术、温州戏剧、温州文学等系列研究，展现温州文化现象的价值与活力，凸显城市文化特色。推进历史文化名镇名村管理，抓好古村落古民居的抢救性、预防性保护。贯彻“见人见物见生活”“融入现代生活、弘扬当代价值”等非遗工作理念，全面提升非遗保护传承水平。

（三）积极开展文旅融合，推动温州产业转型升级和乡村振兴

温州文化底蕴深厚、山水秀美，文化资源和旅游资源均十分丰富。温州市文化广电新闻出版局与温州市旅游局将合并为温州市文化广电旅游局，为文旅融合打通了体制障碍，文旅融合应该成为 2019 年新成立的温州市文化广电旅游局的重要工作和亮点工作。当前温州文化产业和旅游产业均达到千亿级规模，文旅融合可以演绎出全新产业发展格局。应发挥温州作为人口大市、消费大市的优势，着力抓好一批重大文旅项目开发，注重用文化提升旅游品位，用文化创意打造更多旅游精品，推动各类文化和旅游市场主体发展壮大，培育新型文化旅游业态和文化旅游消费模式，推动产业升级与消费升级，推动文化产业和旅游业高质量发展。作为国家重大战略，乡村振兴战略已经全面铺开，2018 年温州共建立 16 条乡村振兴示范带，2019 年计划建立乡村振兴示范带 30 条。乡村振兴示范带均涉及文化振兴和旅游产业的内容，

是文旅融合特别值得重视的载体。特色小镇也是文旅融合的重要载体，应大力发展黄杨木雕、瓯塑、石雕等具有温州地域标记的历史经典产业，形成一批特色文化小镇。高水平高质量打造瓯江山水诗之路文化产业带，使之成为温州文旅融合的典范，并在“诗画浙江”品牌建设中占有重要一席。

（四）积极参与“一带一路”沿线的文化经贸交流，提高温州国际化程度

温州是我国著名侨乡，海外华侨达68.89万人，其中，有38万温州人分布在“一带一路”沿线国家和地区，建立了135个侨团和70余家海外投资促进联络处。如何将人力资源优势转化为文化优势来提高温州城市的国际化程度？2018年，温州市做出《关于新时代进一步扩大对外开放的决定》，要求大力推进温州人的国际化与温州城市、温州经济的国际化互促共进。应以参与“一带一路”沿线文化的交流为抓手，将“走出去”和“引进来”相结合，提升温州的国际化程度。积极申报“东亚文化之都”，积极参与我国、浙江省与“一带一路”沿线国家和地区举办的文化年、艺术节等活动，加强与“一带一路”沿线国家和地区友好城市、其他周边国家和重点交流国相关城市的文化经贸交流，引导文化企业、文化单位积极参与“一带一路”沿线的文化交流活动。借助世界温州人大会、温州国际时尚文化创意产业博览会、浙江（温州）轻工产品暨国际时尚消费博览会、浙江·台湾合作周等重大节会，开展多层次、多形式的文化交流活动。加强与国际主流媒体、海外华文媒体、海外温商媒体的战略合作，以拍摄精品电影、电视剧为主抓手，推动温州优秀文学作品、图书、影视产品等走出去。培育对外文化贸易骨干企业，打造一批国家、省级文化出口重点企业，鼓励文化企业在境外设立分公司和分支机构，支持文化企业参加重要国际性文化节展和对接活动，增强文化企业的国际市场开拓能力。

B.18
温州市名人故居保护与利用研究

董 姝　黄加量　郭 欣*

摘 要： 名人故居保存着大量历史人文信息，是珍贵的文化遗产，保护利用好名人故居对传承温州优秀历史文化有着重要意义。近年来，得益于国家历史文化名城的申报，温州名人故居得到了较好的保护利用，部分还被公布为文保单位，发挥了重要的社会效益。然而，名人故居难以界定以及产权、经费等问题，严重制约温州名人故居的保护和利用。应加大宣传力度、创新文化旅游融合、积极引入社会力量、加大政策资金扶持力度，以进一步推进温州名人故居的保护和利用。

关键词： 温州　名人故居　历史文化名城

温州是国家历史文化名城，有两千多年的悠久历史，这里名家辈出，人文荟萃。历代的名人故居是温州的文化标志之一，是历史遗存中珍贵的人文资源。在社会经济飞速发展的今天，对名人故居的态度彰显着一个民族的文化意识与胸怀。

一　温州名人故居的基本情况

自古以来，温州多文人才子，今日保留的名人故居、纪念建筑大多属于

* 董姝（组长），温州市文物保护考古所所长、文博研究员；黄加量，温州市文物保护考古所信息中心主任；郭欣，乐清市地方志办公室。

文人或者艺术家。他们在温州生活，留下自己光辉灿烂的足迹，也推动了温州的发展。

温州现存的名人故居及一些名人纪念建筑自宋元、明清至近现代都有保存下来的，多为朝廷官员、文人雅士、书画大家等的居所。如大家熟悉的名人宋元时期有叶适、王十朋，纪念建筑有叶文定公祠、王十朋纪念馆。明清时期有张璁、王瓒、王叔杲、章纶、张琴，故居有王叔杲故居、章纶故居、张琴故居，纪念建筑则有张璁祖祠、王瓒家庙。近现代有夏承焘、郑振驿、夏鼐、马公愚与马孟容、谷超豪，还有朱自清、南怀瑾等，故居有夏承焘故居、夏鼐故居、谷超豪故居、朱自清故居、南怀瑾故居等，纪念建筑有郑振驿纪念馆、马公愚与马孟容艺术馆。温州之所以能成为历史文化名城，不是空穴来风。自谢灵运知温州，“曾是展予心，招学讲群经”开启教育的先河。继而宋之王开祖的《儒志编》门弟子传习，“杜门读书，从学数百人”开创永嘉学派。他们在温州留下的脚印，应该给我们后人留下历史的记忆，正因为如此，我们应当对古代、近现代的名人故居、纪念建筑予以保护。

第三次全国文物普查和近年来不可移动文物的统计数据显示，温州市现存名人故居（含名人旧居）共135处，其中革命人物故居23处，科学界名人故居12处，教育、文化、艺术、体育界名人故居31处，其他历史人物故居69处（见图1）；被列为各级文物保护单位的有37处，被列为县（市、区）级文物保护点的有18处。被列为各级文保单位的37处名人故居现均已得到较有效的保护，建立了文保单位“四有”档案，设有业余文保员负责日常管理工作，落实了安全保护措施，竖立了保护说明碑，划定了保护范围与建设控制地带。鹿城的夏鼐故居、朱自清旧居、谷超豪故居、夏承焘旧居、郑振铎纪念馆、马孟容马公愚艺术馆，瓯海的琦君故居，乐清的南延宗故居、易肇义宅、南怀瑾故居、周丕振故居，瑞安的孙怡让故居、林去病故居，平阳的苏步青故居、谢侠逊故居，苍南的姜立夫故居、朱程故居、王国桢故居，永嘉的胡公冕故居，泰顺的潘鼎故居，文成的刘基故居、刘劲持故居等28处名人故居已得到较好的保护和修缮。鹿城的夏鼐故居、郑振铎纪念馆、朱自清旧居，瓯海的琦君故居、陈傅良祠，苍南的朱程故居，乐清的南怀瑾故居、周丕振等10余处名人故居还开辟成为名人纪念馆，设有名人的专题陈列。

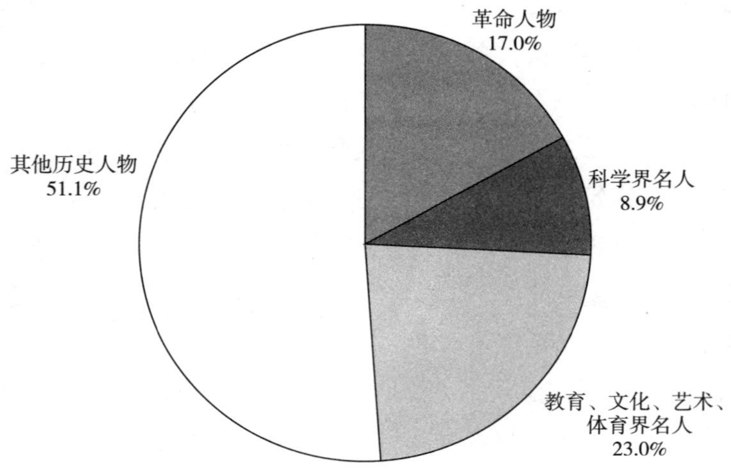

图1　温州市各类名人故居占比

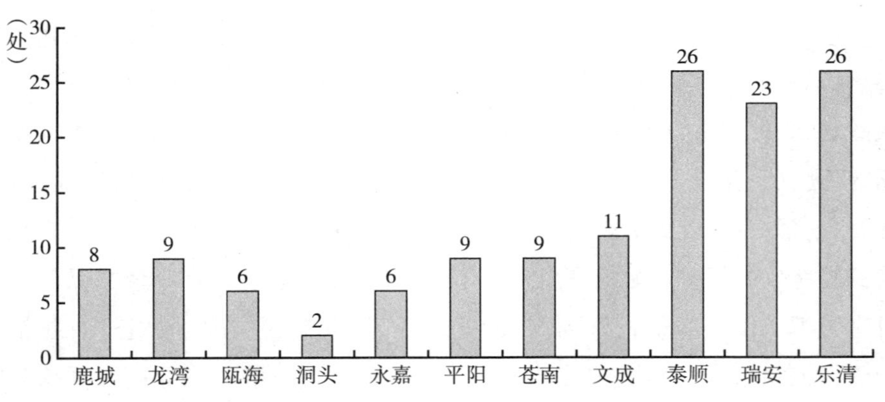

图2　温州市各县（市、区）名人故居数量

现有一些故居的保护只是针对名气较大的故居，而一些地方名人故居和名气小的故居则基本没有管理或未逃脱被拆迁的命运，如鹿城蒲州的邱清泉故居、瓯海三垟的何朝育故居先后被误拆除；苍南蒲壮所城内的张琴故居，早年居住了十余户人家，90年代初西厢房被改建成三层水泥建筑，破坏了其整体性，当前基本处于无人管理的状态；瑞安蒋幼山故居，原来作为海安乡政府驻地，后来乡政府迁出，老房成为外来务工人员的落脚点，杂乱不堪，火灾隐患严重，房管部门将其鉴定为危房；苍南钱库的苏渊雷故居属私人房产，主人需履行保护职责，但苏渊雷子女都在上海，鞭长莫及；2003年已被列为瑞安市文保单位的许松年故居，已为D级危房，现状不容乐观；2017年乐清南阳的吴鹭山故居（鹭山草堂）被现居住者拆毁；乐清乐成东门居仁巷的徐堇侯故居等一些名气较小的地方名人故居都难逃沦为危房或被拆的命运。照这样的发展来看，部分名人故居将失去其文化标志的作用，淡出大众视线，成为城市或者村镇里的破砖烂瓦。因而，温州名人故居的保护和利用依旧迫在眉睫。

二　温州名人故居保护的主要做法

名人故居的外部建筑和内部构造都一定程度上反映了社会历史进程，而其核心意义应当在于其文化价值。这是一份精神文化遗产，是一种文化价值观。名人故居的未来关系着一个城市、一个国家的文化脉络。

为此，2010年，温州市启动申报国家历史文化名城工作，制订了《温州市创建历史文化名城实施方案》，名人故居保护得到重视。温州申报历史文化名城的主要区域集中在五马街—墨池坊、城西街、庆年坊、朔门街等四大历史文化街区，在这一大片的历史建筑中，点缀着众多的名人故居。根据该方案，五马街—墨池坊历史街区内有省级文保单位2处、市级文保单位21处、文保点3处、历史建筑43处，名人故居有谷宅、厉宅等。城西街历史文化街区内有省、市文保单位6处，文保点1处，历史建筑14处，名人故居、纪念性建筑有夏鼐故居、飞鹏巷陈宅、叶文定公祠、沧河巷金宅、黄府巷澹庐等。庆年坊街区内有市级文保单位3处、文保点1处、历史建筑12处，较为重要的有孙诒让祠、丁字桥陈宅等。朔门街街区内有市级文保单位4处、历史建筑14处。街区附近还有朱自清旧居、益康钱庄旧址等。自创建国家级历史文化名城以来，温州各级政府进一步加强了对文物古迹和名人故居的保护工作，颁布了《温州市历史文化名城保护规划》《温州市文物保护管理办法》《关于进一步加强温州历史文化保护与传承的实施意见》等。2012 年以来，温州陆续修缮了一批名人故居、旧居、祖居，先后开辟了朱自清旧居、夏鼐故居、程让平祖居、谷宅等 8 处专题博物馆（纪念馆、名人故居），每年接待团体参观百余场次，接待观众 70 余万人次，社会效益显著，得到各级领导和市民的好评。近年来，通过提升服务水平、增加活动内容、加大宣传力度等手段，名人故居的知名度逐年提高，社会影响不断扩大，成为温州市爱国主义教育的重要阵地。

这里列举一些名人故居在保护和利用中做得较好的实例，比如位于鹿城区仓桥街 102 号的夏鼐故居。夏鼐是我国著名考古学家，他的故居于 2000 年被列为温州市第四批文物保护单位，2011 年被列为浙江省第六批文物保护单位。故居始建于 20 世纪 20 年代，主体建筑坐北朝南，南邻仓桥街；由正中院落、西南院落、西北院落和东侧院落等 4 处院落组成，属典型的民国风格民居建筑，总建筑面积约 2000 平方米。故居原来有 33 户居民，政府投入 5000 万元，采用置换的方式腾出宅第。2012 年 6 月，夏鼐故居陈列馆布置陈列完成并对外开放，大量的图片和实物展示了夏鼐先生作为新中国考古奠基人所取得的光辉成就。

著名数学家谷超豪的故居是异地搬迁名人故居的成功例子，谷宅原位于鹿城区高盈里 11 号，2000 年被列为温州市第四批文物保护单位。因市政建设需要，2006 年搬迁至白鹿洲公园东侧的南塘河畔。谷宅始建于清中期，坐西朝东，是七间二进合院式民居。谷宅装饰简朴细致，为典型的温州传统民居宅院建筑。2012 年 11 月 29 日，温州数学名人馆依托谷宅布展完成并开放。数学名人馆现有 8 个展馆，以数学家的出生年代为顺序，对温州各个时期较具代表性的 29 位数学家做了介绍，其中既有蜚声海内外的老前辈苏步青、谷超豪、姜立夫等，也有正值事业顶峰的中年数学家陈大岳、罗锋、蔡申瓯等，展馆通过照片、塑像、视频等手段，展出各位数学家的科学成就、论述著作以及所从事的工作。从目前保护名人故居的例子来看，有效的方法有如下几种。

首先，明确故居的分类标准，能够申报文物保护单位的要尽快申报，不够申报资格的，也要争取被列为近现代重要历史建筑纳入保护；明确管理主体，确定名人故居的政府保护管理机构，规定其人员构成、权利义务、资金来源，使之全权负责名人故居的保护、修缮等工作。并制定《关于进一步加强名人故居保护的指导意见》，明确名人故居的保护原则、保护政策、保护内容、保护职责及利用指导原则等。

其次解决名人故居业主的后顾之忧。及时改善名人故居基础设施条件，坚持保护与惠民的双赢原则，对名人故居进行科学规划整治，按照不损害文物本体、格局和历史风貌的原则，改善水、电、通信等基础设施，创造“外古内今”的宜居生活环境；根据实际情况，向业主采取产权买断、租用等模式，同时对因保护需要而外迁的业主，在土地指标落实、住房安置等方面，妥善安排。与此同时，争取名人家属（后裔）的理解和支持，充分发挥他们的作用。

最后名人故居保护需要充分发挥名人故居的价值和作用，要落实相关资金，广泛向社会征集与名人的工作、生活有关的资料，核定县级名人与市级以上名人，分层次、批次开发名人故居，在故居内或附近建设陈列室，以图片文字、录音影像、现场表演、媒体宣传、旅游参观、学校培训、市民教育、学术研究等形式，发挥名人故居的历史人文价值。

三　温州名人故居保护与利用存在的问题

名人故居对于如今这个以经济发展为衡量标准的社会来说，到底有着怎样的价值呢？正在或将被拆的名人故居及一些名人纪念建筑往往都被贴上危房的标签，似乎这就是被拆最充分的理由。社会需要发展，城市面貌主要通过那些高楼大厦来表现，但这些故居或老城旧街遗古之风同样是城市发展的点缀和风景线。围绕名人故居、纪念建筑拆与不拆的问题，社会各界展开了一场旷日持久的争论，从梁思成、林徽因故居被拆到鲁迅故居的留与存，这些名人故居如一叶小舟在风雨中飘摇，行将湮没在滚滚的发展洪流中。那些承载着重要历史研究价值及文化传播使命的建筑将不复存在，尽管有的还会被复建，却难以找寻到当年的影子了。

温州在第三次全国文物普查中共登记古民居及近现代传统民居 3800 余处，其中名人故居 66 处，近现代典型风格民居 78 处，鹿城区范围有古民居 275 处。这些具有温州地域特色的古民居，近半数聚集在古村落、历史文化保护区等区域，半数以上零星分布在村落与街坊之间；约 1/4 的古民居为空置房，现已无人居住和管理，房子保护缺失；1/4 的房子，特别是分布于市区的老宅院，人口居住密集，居住者主要为外来租房人员，存在较大的安全隐患。再如苍南县共有 17 处名人故居，其中 3 处当代名人旧居。目前，苍南有县级文物保护单位 3 处——朱程故居、吴荣烈故居、方仲友故居，以及在蒲壮所城国保范围内的王国桢故居、金东故居、谢香塘故居、华文猗故居、叶良金故居、张琴故居 6 处名人故居，保护状况相对较好。近几年来，苍南的文物部门对名人故居的保护已经做了大量工作，其中，对吴荣烈故居、朱程故居、王国桢故居 3 处故居投入较多资金进行保护性修缮。由于各种原因，这些仅存的名人故居保存情况也不容乐观，部分名人故居毁坏较为严重。如志学家、教育家刘绍宽故居、著名数学家姜立夫故居和殷汝骊故居被火烧毁，姜立夫、殷汝骊两故居现仅存门台；新中国第一批授衔少将陈铁军故居由于地处偏僻无人居住，再加上年久失修现已摇摇欲坠，濒临倒塌；著名数学家李锐夫故居，被当成作坊加工场所，缺少日常养护，其屋面渗漏，檐檀遭朽，东厢房倒塌，周边环境极差。乐清的文保部门也对名人故居的保护做了大量工作，根据名人影响力和其故居保存完整程度筛选出张冲故居、郑野夫故居、张云雷故居、倪文亚故居、徐伯清故居、施乃普故居、项昌权故居、蒋叔南故居、南怀瑾故居、周丕振故居等作为保护和开发的后备资源。近年对南怀瑾故居、周丕振故居进行保护性修缮，并开辟成其生平陈列馆。

总体而言，由于保护资金短缺、名人故居产权模糊、住户自身保护意识淡薄等原因，相关部门在保护过程中心有余而力不足，名人故居保护工作并不尽人所愿，存在诸多问题。

（1）“名人”与“名人故居”的界定较难，影响了名人故居的保护。任何一个地区都曾出现过党政军、工农商、教科文卫等领域的拔尖人物，他们在当地均有一定的影响力，对于他们是否名人的认定和评判，目前尚缺乏明确标准，特别是一些政界和军界的历史人物，对其认定更为困难。同时，有些名人一生多次搬迁，在一个地区的住所或有多处，较难确定哪一处是其真正的居所。

（2）历史原因给名人故居保护带来实质性困难。一是有些名人出身贫寒，其住所原本狭小简陋，经历数十年的风霜雨雪，加之无人管理，早已破败不堪，难以落实修缮工作；二是有些名人故居由于家庭成分、土地改革等历史原因，房子产权四分五裂，要落实保护措施必须先安置好现住居民，这在政策和经济上给所在地政府带来较大压力；三是一些名人子孙众多，其故居早已被改建得面目全非，难以恢复原貌；四是一些名人故居多次遭受火灾等自然或人为灾难，现已残破不全，或被改变了原有面貌和功能，落实相关保护措施需要强有力的经济支撑。

（3）政府部门的重视不够也一定程度影响了名人故居的保护。一是在城镇的规划建设中，一些政府部门对名人故居缺乏认识，往往将名人故居与一般民居相提并论，将之拆除；二是有些地方将名人故居列为文物保护单位，但缺少经费支持，未能及时落实保护措施，导致其最终因自然或人为因素而销毁；三是一些名人后代或其族人，一味追求名人效应，随意对名人故居进行改扩建，影响了名人故居的原始风貌、人文价值和文化内涵。

（4）名人故居的合理利用水平亟待提升。调查中发现很多名人故居，缺少展示内容，只是为游客提供一栋孤零零的建筑，缺少名人文化的展示和旅游配套设施。

四　温州名人故居保护与利用的对策建议

近几年，“文化遗产热”时兴，名人故居作为一种典型的文化遗产成为关注的热点，如何开发利用名人故居使之得到更好的发展与保护是一个重要课题。对于名人故居的开发利用，目前温州有两种做法，一种是把名人故居建设成为纪念馆、博物馆等作为中小学生课外活动基地或供游客参观；另一种就是在保证古建筑安全的前提下，将名人故居、纪念建筑改建为一般公共场所或者办公场所等利用起来。这两种方法虽然基本保证了名人故居、纪念建筑的安全，但存在各种各样的缺憾，无法充分发挥名人故居、纪念建筑的最大价值。当然我们也要认识到，对于名人故居这样包含人文精神和文化成就的物质遗产，其开发利用也是难点，一是名人故居与周边环境无法融为一体，不能将之作为整体产品推销。现在的名人故居都是散落在现代化的城市街巷内，无法整合成一个历史文化街区向大众开放，较为孤立。二是虽然温州地区大部分名人故居都具有极高的文化价值，但各个名人所处的年代不同，贡献领域也不同，具有各自的特性。而现在名人故居的开发往往方式趋同、内容单一，没有深入研究。

根据温州的特点及名人故居的发展方向，我们做了一些尝试。

第一，加大文物保护行业标准《文物保护利用规范·名人故居》的宣传。宣传、文化旅游部门通过多种媒体、多种形式，广泛开展《文物保护利用规范·名人故居》的宣传工作，提高民众对名人故居的认知，转变其对名人故居的不正确认识，促使民众自觉加入名人故居的保护行列。

第二，政府部门出台名人故居保护利用管理方法。首先开展广泛的调查研究，摸清温州历史文化名人和当代名人的家底；其次出台行之有效的《温州名人故居保护利用管理办法》，规范名人故居申报、保护和管理工作，对于名人故居的保护有中长期的规划；最后地方政府加大名人故居保护经费的投入力度，保证名人故居在旧城改造中保存下来。县级以上人民政府的文物部门对名人故居认定时要坚持“从宽不从严”的原则，在关注建筑本体的同时，更应注重名人本身的社会效益；规划建设部门要及时划定名人故居的保护范围和建设控制地带。

第三，加大对名人故居保护资金的投入，多渠道筹集保护资金。以市、县和名人故居所在地乡镇政府三级财政资金为主，国内外的社会捐助为辅，采取多种形式，广泛筹集名人故居保护资金。对于目前尚未列为保护对象的名人故居，可制定有关社会捐赠赞助和认养保管的政策措施，凝聚民间力量和社会资源，动员名人后裔、社会能人、受益群众捐资，调动社会团体、企业和个人参与名人故居保护的积极性，建立政府、社会、集体、个人按比例共同出资承担的投入机制。

第四，整合孤立的名人故居资源。从不同主题出发设计，让这些名人故居在文化、空间以及时代上衔接起来，使之成为整体。以谷超豪故居为例，现今将其开辟成数学名人馆，有机地融入南塘文化街区里。

第五，将名人故居、纪念建筑与旅游更好地结合起来。温州正在打造旅游城市，现在的游客已经不再满足于单纯的山水风景，他们追求更高层次的文化休闲之旅。名人故居拥有巨大的开发潜能，通过一些细节上的操作与改变，可以让游客对当地文化和名人故居产生更大的兴趣。在已经开放参观的名人故居里，可以增加一些服务观众的现代化设施，如大屏幕投影设备，用来播放介绍名人生平事迹的影片资料。另外，还可以提供免费加盖纪念章的服务、售卖纪念品等。在有名人故居的街道上，可以在路牌上标注其具体方位，也可以在纸质地图、电子地图上标明，这样给游人带来方便，让他们意识到这些名人故居的存在。名人故居的展示方法多种多样，可以灵活运用，目的就是让来温州旅游的客人以及本地居民注意到这些名人故居并有兴趣参观和了解，借此了解一座城市的历史文化。

第六，鼓励社会力量积极参与名人故居的管理。在温州除类似江心屿、三垟湿地等不愁没有游客的景点外，一些规模较小的名人故居、纪念馆的保护修葺普遍存在资金不足、经营困难问题。而国外较为成熟的做法都是由民间组织带头，向社会募集维修费用和周转资金。如英国莎士比亚故居就成立了社会性的信托组织，专门负责故居的保护维修和经营，取得了非常好的效果。我们完全可以效仿国外这些成熟的做法，由政府牵头，更多地吸引社会力量，采取成立基金、社会认捐等方法，针对不同性质的名人故居、纪念馆采取多种措施。这样不仅改善一部分小型名人故居经营不善的局面，也减轻了政府的负担，更可以借此吸引社会各界人士的关注，扩大名人故居的社会知名度和影响力。

参考文献

中共温州市委、温州市人民政府编：《申报国家历史文化名城文本：温州》，中国民族摄影艺术出版社，2015。

温州市文化广电新闻出版局编：《温州近现代建筑》，浙江古籍出版社，2013；《温州古民居》，浙江古籍出版社，2014。

成志芬、张宝秀：《名人故居保护与利用的比较研究》，《北京联合大学学报》（人文社会科学版）2006 年第 4 期。

沈现实、李春梅、徐华：《地域景观·城市记忆——杭城名人故居的景观特质与保护开发》，《城市规划》2005 年第 9 期。

王晓洋：《浅析名人故居旅游资源的保护与开发——以苏州及其周边地区为例》，《湖州师范学院学报》2006 年第 2 期。

顾馨誉、朱纯琰：《苏州名人故居现状及分析》，《科教文汇》2016 年第 6 期。

宿爱云：《常州名人故居保护开发的意义及对策》，《商业经济》2010 年第 11 期。

B.19

温州移风易俗改革探索与实践

陈　秋*

摘　要： 温州大力开展移风易俗乡村文明行动，突出整治婚丧礼俗，开展陋俗全面整治行动，注重移风易俗的整体效益。民间礼俗得以规范，乡风文明状况明显改变。在培育文明和谐的社会风尚的同时，倡导健康文明的生活新方式，在尊重传统的基础上创新乡村文化发展建设新路径。移风易俗“温州样本”形成的根本原因在于民众不堪陋俗重负的社会心理已成熟，政府“有形之手”适时发挥了社会治理功能，民间力量（社会力量）参与并发挥重要作用。温州移风易俗改革工作的深入开展，需进一步从经济、社会、信仰三方面深入讨论温州社会需要“移”和“易”陋俗的民俗范围，继续发挥社团、群团组织的参与职能，逐步为倡导各类陋俗改革创造条件。

关键词： 温州　移风易俗　乡风文明

党的十九大报告提出，乡风文明、治理有效是实施乡村振兴战略的重要内容，是国家长治久安和中华民族伟大复兴的坚实基础。乡风文明是乡村振兴战略的重要组成部分，乡村振兴与乡风文明建设的有机结合，对于深化乡村振兴内涵、稳步推进乡村振兴战略具有重要的意义。在乡村振兴战略“五位一体”建设总要求中，“乡风文明建设要渗透到乡村建设的各个方面，

* 陈秋，中共温州市委党校文化与社会学教研部副教授。

是乡村建设的灵魂所在”;[①] 目前移风易俗改革是乡村文明建设的一项重要内容，是新时代社会文明建设的重要社会工程。本报告以温州移风易俗改革为个案，探究其发生背景、改革内容、措施和实践路径，总结探讨温州推进移风易俗、乡风文明建设，助力乡村振兴的经验和今后的方向等。

一　温州移风易俗改革背景

（一）城镇化以来温州城乡社区生活文化经历了转型和重构

改革开放以来，敢为天下先的温州走了一条独具温州特色的城镇化道路。温州的城乡面貌发生了巨大变化，城镇化带来了体制的转换、产业的调整、社会的进步和精神文明的提高。2011 年 12 月，温州获批成为全国新一轮首批农村改革试验区,[②] 开启了统筹城乡综合改革的时代。2015 年 2 月 28 日，温州荣获“全国文明城市”称号。温州作为全省乃至全国农村改革发展的“试验区”和“先行区”，从“六城联创”到“三改一拆”“四边三化”“五水共治”、从“大拆大整”到“大建大美”，都取得了显著的成效，城乡面貌得到显著改善。在城镇化浪潮推进过程中，传统乡村社区文化面临转型，农民日常生活模式、村落民俗文化和民俗生活等都发生了变化，甚至衣食住行等生活方式，在温州农村和城市都发生了很大的变化，“生活革命”[③] 在温州大地进行着。和城镇化建设发展不可逆转一样，温州乡村和城市的传统生产生活方式、传统生活文化也面临转型和重构，也以各种方式、程度不等地卷入了城镇化浪潮。

第一，乡村生产生活方式从传统走向现代化，农民在生活方式上更趋于城市的生活标准，消费结构亦发生重大变化。在村落制度文化层面，村落秩

① 朱启臻：《乡风文明是乡村振兴的灵魂所在》，《农村工作通讯》2017 年第 3 期。

② 继 1987 年被列为全国农村改革试验区后，温州再次成为中国农村改革“试验田”。

③ “生活革命”概念可参见周星《生活革命、乡愁与中国民俗学》，《民间文化论坛》2017 年第 2 期。

序、礼仪俗规、人与人之间各种关系准则等乡村社会的各种社会关系也发生重大调整，新兴的民营企业家、地方文化人士、大学生村官等构成的新乡贤群体积极参与村务管理，逐渐引领着村民的乡风文明行动特征，在乡村治理中发挥了积极的作用。第二，随着温州旧城拆迁、改建、与自然村合并以及新农村建设，乡村家庭规模与结构逐渐发生重大改变，核心家庭数量增多，空巢老人数量增多，传统家庭伦理关系发生显著改变。除传统居家养老方式之外，乡村社会逐渐出现日托养老、社会互助养老、养老院等多种养老方式。如瓯海区泽雅镇中村成立了老年关爱互助会，借助社会关爱互助、老人自助的形式，推进村级居家养老服务工作。第三，城镇化过程中的征地运动、土地流转、村委选举等，势必造成村庄利益重新分配、乡村利益格局重组，构成当代乡村新型村庄政治生活，传统的血缘、地缘、亲缘关系构成的差序格局产生质的变化，乡村社会秩序在城镇化带来的利益博弈中正经历失范和重建过程。

（二）改革开放以来温州民俗（风俗）[①]在变迁中传承发展

民俗（风俗）是指民众在长期共同的生产和生活中形成、相沿的民风民俗。民俗文化和民俗生活也体现为一种社会心态，是民众社会生活比较直接的反映，它与民众的日常生活、精神文明紧密相连。改革开放以来，温州地区的经济、社会、信仰、节日游艺等各类民俗文化及其功能发生重大变迁，既表现为民俗内容、表达形式的变化，也呈现为民俗功能与内涵的变迁，既保留了大量乡土传统文化的因子，又深受城市现代文化的影响，呈现进步与恋旧、文明与复古、良俗与陋俗并存的发展现状，主要体现在以下几个方面。

---

① 从“风俗”到“民俗”有一个的语义流变的过程。“风俗”和“民俗”两个词在中国古代典籍中并无严格使用区分，但风俗多指民众日常生活中养成的习惯和处理社会事物的惯习（惯例）。“民俗”是一个偏正词组，指民众的风俗习惯；19世纪西学东渐过程中，“风俗”逐渐为“民俗”所替代。在新文化运动参与者们的推动下，民俗和民俗学逐渐受到推崇，1922年北大《歌谣》发刊词中正式将“民俗学”作为学科术语提出，风俗的语义范围逐渐缩小，有时与“惯习”合用，意为“风俗习惯”，与民俗中“俗”的意义大致相同（参见彭恒礼《“风俗”与“民俗”的语义流变与地位转换》，《天中学刊》2013年第2期）。当代温州民间，民众基本将“风俗”和“民俗”混用，本报告采用学术用语“民俗”一词。

1. 经济（消费）民俗

民众的生产、消费和商品交易领域出现了新民俗。改革开放以来，温州民间资本急剧膨胀，民众的经济收入构成和农业社会相比大相径庭，早已不是仅仅来自传统农业社会的农牧渔业的生产交换领域，更多地来自温州模式的创业经济和市场经济领域。随着民间资本的增长，温州民众日常生活水平也大大提高，生活中的物资消费民俗也发生很大的变化。首先是饮食民俗方面，家庭制作消费食物民俗功能开始弱化，外出就餐司空见惯。很多传统民俗和节令食品因传统油炸等制作工艺被西方现代营养学打上不健康标签，民众普遍具有了食品安全、饮食健康等现代养生意识，三餐的食物构成不再是大鱼大肉，而是膳食纤维均衡搭配。其次，日常服饰民俗也在传统服饰的基础上更加多元、时尚，同时又返璞归真追求棉麻面等天然服装面料的舒适度、追求服装的个性展示。再次，在商品交易消费民俗方面，温州传统商贸民俗如行商、会市等“非遗”事项在变迁中传承，发展成为温州地域民俗旅游文化产品，民众的日常购物行为越来越依赖网络。最后，在居住民俗方面，商品房、现代居住小区取代传统民居、80 年代的新式分散的民房，出现了“逆城市化”的乡村别墅等。

另外是消费民俗中的乡村旅游民俗。温州乡村旅游起步于 20 世纪 90 年代中期的农家餐馆、农家乐，至今已形成包括乡土民俗传统和古村落等类型的乡村旅游模式。[①] 随着乡村振兴生态建设理念的不断推进，温州乡村民俗旅游融入了生态游的元素。[②] 伴随着非遗保护工作的深入开展，古村落日益成为温州传统非遗的活态博物馆，古村落旅游尤其是古村落中的民俗风情游

① 改革开放 40 多年的发展，温州乡村旅游形成了五种基本类型：一是以绿色景观和田园风光为主题的乡村观光旅游；二是以观光果园、茶园、花园、渔场、农业教育园、农业科普示范园等为载体的乡村生态旅游；三是以乡土民俗和传统（如民间传统节庆活动）为主题的乡村民俗旅游；四是以参观社会主义新农村美好生活为主题的美丽乡村旅游；五是古村落旅游。

② 2014 年温州被评为“最美中国·生态旅游自然（养生）旅游目的地城市”，围绕“民俗”“文化”“生态”等理念，设计了高楼杨梅文化节（瑞安）、湖岭乡村部落系列微旅节·鹿木生态美食节（瑞安）、“渔家乐”民俗风情旅游节（洞头）、万种枫情节（文成）、石文化博览会（泰顺）、三月三畲族风情旅游节（泰顺）、元宵节·百家宴（泰顺）等 20 余个乡村民俗旅游节庆活动。

发展成为温州乡村旅游的重要类型，成为城市居民新兴的休闲度假方式。此外，美丽乡村、特色民宿、特色小镇游、“生态农业游”等近年来也成为温州旅游民俗的新内容。

2. 社会民俗

当前的温州社会组织保留了很多旧俗传统，在发展变迁中和现代社会的发展结合，其民俗的表现形式和功能都增添了新的元素。如传统农业社会的抱团、结盟（盟兄弟、盟姐妹）、商帮等组织民俗，还有温州模式中的以“弹棉郎”“炒房团”等为代表的创业民俗，原和农业社会时期的血缘、地缘、业缘、亲缘关系相联系，成为温州民众建构团体组织生活的民俗传统。如今抱团、结盟等民俗组织逐渐发展成形式多样的现代社会组织。鞋业协会、服装协会、烟具协会等民间商会、民间公益组织蓬勃发展。温州行业协会一度占领了温州社会组织的“半壁江山”，与温州模式的产生和发展相辅相成，形成了中国社会组织的“温州特色”，这些温州商会对世界温州人的发展起着重要的促进作用。[①] 又如温州婚恋民俗方面，网恋闪婚等新形态出现，婚庆礼俗也呈现新俗旧俗融合，旅行婚礼、空中婚礼、集体婚礼、文化礼堂婚礼[②]等形式不一，亦中亦洋、更加多元。此外，普通民众家庭生育、教育观念也发生显著变化。男女平等、优生优育的观念被普遍接受并强化，养儿防老的观念日益淡化，更加重视子女的教育和就业、“二孩政策”推行后的出生率降低[③]说明了民间生养观念发生了前所未有的变化。

3. 信仰民俗

温州民间自古信仰发达，神灵体系庞杂，信徒众多。改革开放以来，独特的地域性社会历史条件、温州模式的商业经济环境、宗教信仰自由

---

① 陈秋、庄丽芬：《温州民俗发展现状及前景预测》，《温州职业技术学院学报》2016 年第 2 期。

② 近年来，文化礼堂婚礼在政府的倡导下自上而下推行，把西式婚纱西装穿进文化礼堂，婚礼中彰显了传统民俗与红色文化、现代文明的融合与创新。

③ 温州市妇幼保健所统计的数据显示，2016 年“全面两孩”政策落地激发了部分市民的生育热情，2017 年孩子出生数有略微上升，2018 年又下降，2018 年温州市总出生人口为 96903 人，出生数比 2017 年下降 15.7%，为近 10 年来出生总数首次低于 10 万。

政策的落实等，使温州民间信仰得到较快的恢复和发展。总体上来说，温州信仰民俗中封建迷信色彩逐渐减少，民间信仰体系中优秀的民俗传统文化得以传承和发展。当前无论是城市社区还是农村，各传统节日中围绕地方神开展的民间曲艺、民间游艺、民间故事等民间信仰活动及其伴生的民俗文化日益频繁，并作为当代温州申请非物质文化遗产项目的重要载体和内容。此外，改革开放40多年来，温州地区信仰种类更加多元化，当然，主流意识形态依然在信仰结构中占主导位置，儒释道和基督信仰也在温州民间拥有诸多信众。当前温州精神（信仰）、民俗生活这几个不同层次的问题，亟须重新思考新时代乡村振兴运动中温州民俗新传统建设等课题。

4. 新民俗

生活在更新，民俗也呈现时代的色彩，一些民俗因不适应社会发展需要而日渐式微甚至消失，传统民俗新的表现形式或新民俗必然产生。随着当今社会流动性加强，婚丧嫁娶、居住、交通等人们日常生活中的各类民俗更加个性化、多元化，并融入了互联网时代信息化的特点。与信息社会、大数据时代等现代生活相适应的生活和文化，如手机文化（手机文学、手机电视、手机广告等）、网络文化、微信文化等，不断给温州传统民俗注入新的内涵、新的表现形式，并产生新的习俗，如微信购物、网上清明祭拜、独生子女家庭拼养孩子、大妈的广场舞、文化礼堂生活等。温州的节庆民俗，与旅游、休闲等理念相结合，在浓厚的传统节庆中不断推出现代节庆和旅游节、民俗文化节等活动。

（三）温州民俗传承发展中各种陋习恶俗生长蔓延

城镇化中的温州乡村生活面临转型和重构，也经历着文化阵痛。从近40年来温州区域民俗的变迁发展来看，现代的文明的新型的民俗基本在温州民众的民间生活中占主导地位，优秀的民俗传统历经时代洗礼重新焕发光彩，然而带有迷信色彩、落后因素的陈规陋俗、恶俗仍有一定生长空间。农村各种不良风气、陈规陋习，甚至是恶俗急速增长蔓延。

1. 经济民俗方面出现的陋俗

温州长期以来的婚丧事大操大办。“生不起”“养不起”“死不起”几个民间术语，成了温州民众常挂嘴边的口头禅。婚礼讲排场、挑日子、讲面子，从婚礼策划、酒店和烟酒业，到旅游业、汽车租赁公司、珠宝、服装定制等，一场婚礼往往耗资几百万元乃至千万元，构成一个庞大的婚礼产业。厚葬习俗中，丧礼期间吃流水席、聚众赌博、购买大量花圈等丧礼用品，甚至葬礼中请民间歌舞团跳艳舞等，最后因丧礼的费用分摊问题，兄弟姐妹不睦、四亲六眷反目比比皆是。

民众的攀比心理更是在婚嫁、殡葬习俗中体现得淋漓尽致。各种人生仪礼上大操大办、铺张浪费现象严重，严重阻碍了温州乡村振兴战略的推进，严重干扰了人们的生产和生活，造成经济上的极大浪费，违背人民实现美好生活的愿望。这些铺张浪费的陋俗如一张巨大的网控制生活在其中的民众，稍有越轨，便招致乡村社会的舆论非议，民众虽不堪重负、苦不堪言，却只能入乡随俗，并且不自觉地将这些陋俗恶俗发扬光大，大操大办之风盛行不衰。温州市组织的一项面向全市开展的移风易俗民意调查结果显示，超过90%的群众表示红白喜事、人情往来负担沉重，支持移风易俗。① 一场自上而下的移风易俗改革行动已迫在眉睫了。

2. 社会民俗方面出现的陋俗

温州传统乡土社会（组织）民俗作为一种非正式的地方性制度在城镇化进程中进入功能再现的过程，② 如当前的新乡贤团体参与温州乡村社会基层治理，一定程度上加快推进乡村治理体系和治理能力现代化建设，但也衍生出新的陋俗。一些农村传统民俗组织在村庄政治生活（如村委选举）中产生与现代社会治理精神相悖的不文明行为。如“结盟”习俗发展成为村

① 根据2017年4月乐清市民政局实地走访调研和网上民意调查统计数据，96%的受访群众希望办丧费用在10万元以下；78%的群众希望出殡酒席控制在20桌以内。

② 王铭铭：《村落视野中的文化与权力——闽台三村五论》，生活·读书·新知三联书店，1997，第13页。

庄不同利益集团和派系城镇化村委选举中的贿选团体现象，[①] 成为温州村民委员会换届选举中一大难题，不仅破坏了农村基层民主政治建设，而且影响整个社会的稳定与发展。[②] 此外温州社会地方性谣言的传播[③]，加上大量网络社区如微博以及微信成为民众日常生活的重要交流平台，一些社会矛盾、社会问题多元化发展。民间谣言如政治谣言、公德谣言、商业谣言、金融谣言也凭借现代传播方式恣意生长并在不同的场合演化成一种恶俗、陋俗，“已经成为一种非常突出的社会文化现象，严重地影响到民众的社会生活和社会信任感”[④]。

3. 精神民俗方面出现的陋俗

信仰仪式活动花费大、功利性强等趋势并未消减。温州民众参与民间信仰活动如许愿还愿、迎神赛会等花费巨大，信众往往出手大方，但对一些地方性公益事业的资金扶持、捐赠往往吝啬。在村庙的改建过程中，一些村的富人群体主动推动村庙建设，以此显示自身地位，个别地方的村级干部甚至通过推动修建庙宇提升他们在村级治理中威望，这些都增加了普通民众的负担。

二　温州移风易俗改革探索和实践经验

温州地方社会风土民情多元，“十里不通风，百里不同俗”，“礼从宜，事从俗”。自古以来传承发扬良俗、改革祛除陋俗，是社会治理中精神文明建设的重要内容。2016 年 9 月中宣部、中央文明办将温州确定为全国移风

① 陈秋：《女性民俗与农村妇女的村庄政治参与——以温州 L 村为个案》，《云南民族大学学报》2017 年第 3 期。

② 朱启发：《温州村民委员会选举中贿选问题研究》，中国政法大学硕士学位论文，2009 年。

③ 谣言的文类特征除了民间文学集体性、匿名性、口头性、变异性、传承性等共性特征之外，最具特色的是它的情绪性和现实性（参见施爱东《谣言作为民间文学的文类特征》，《民族艺术》2016 年第 3 期）。

④ 施爱东：《谣言的鸡蛋情绪——钱云会案的造谣、传谣与辟谣》，《民俗研究》2012 年第 2 期。

易俗工作试点城市，温州启动了以移风易俗“六大行动”为主体的改革工作。温州移风易俗工作从温州地域民间文化生活出发，尊重温州本土的健康良俗发展，传承温州优风良俗；先立后破摒弃破而无立，破立并举，突出整治婚丧礼俗；因势利导，在社会全域展开，注重移风易俗改革的整体效益；动员群众自我教育和党团率先倡导垂范；坚持移风易俗工作的循序渐进，常抓不懈，全力打造移风易俗的“温州样本”。

（一）引导社会公序良俗，弘扬温州优秀传统民俗文化

中华优秀传统文化是民族的“文化血脉”和“精神命脉”，同样，温州优秀的传统民俗文化是温州精神和温州模式的文化血脉。温州地域的社会民俗文化基因是与当代温州社会发展相适应、与温州模式的转型升级相协调的。要加强对优秀民俗传统文化的尊重保护和发展研究，引导温州社会公序良俗的创新性发展。

红日亭慈善源于温州乡村村口凉亭乘凉饮茶民俗，有几百年传统，传承至今在政府的支持下形成“夏日施茶，冬日舍粥”的红日亭温州民间公益慈善模式，发展成为温州的慈善地标。据统计，每年盛夏季节红日亭每日送出的“伏茶”达13吨，“红日亭”因此成为温州民间慈善的代名词。红日亭施粥摊曾被质疑“影响市容”，面临被拆的局面，在政府部门的大力支持和积极引导宣传下，温州这一草根“民俗传统公益”① 得到肯定。随着红日亭公益慈善模式的发展，2015年“温州慈善联盟”“温州市慈善总会”成立。2018年5月，红日亭和温州市招商局、温州乐扶公益基金会、温州晚

---

① 2012年的“两会”上，市政协委员郑翠苹提交《关于打造“红日亭”温州慈善地标的几点建议》的提案并经媒体报道，鹿城区委宣传部、文明办决定把“红日亭”现象作为全区精神文明建设正能量进一步做强做大。2013年，由鹿城区委宣传部、鹿城区文明办、《温州日报》联合发起的温州“慈善地标”红日亭LOGO征集评选活动，共收到各界设计稿件近220件。经网络投票与专家评委审议筛选，来自中国美术学院艺术设计研究院的设计者吴倩的作品最终入选，整件作品以双手合心迎举暖日为意象，传递出民间慈善的暖意。2018年4月，由鹿城区委宣传部担任监制单位，鹿城区慈善总会、温州一心智业传播有限公司联合出品，鹿城区广播电视新闻中心联合摄制的电影《红日亭》开拍，引起社会的全面关注。

报雪君工作室联合推出“2018年温州伏茶节”，在福建宁德、金华永康、台州玉环等地设立温州爱心伏茶点，把温州特有的传统伏茶送到全国各地；温州39个BRT设立爱心伏茶点、流动伏茶车。

优秀民俗传统文化引领温州慈善模式的发展。越来越多的社会力量加入慈善事业，激发了更多志愿服务向善的力量。在红日亭伏茶民俗的创新发展中，温州探索出一个慈善服务平台——“温州慈善联盟”，依靠社会力量，推出慈善项目，鼓励城乡社区、村居建立健全慈善帮扶基金组织，形成城乡一体、全面覆盖的慈善网络。温州市政府尊重扶持温州优良地方民俗传统，建造了一个功能完善、设施配套规范的红日亭①和红日亭民间公益慈善温州模式，并将其打造成为温州慈善地标。

近年来，温州“民间力量”日益发展成为温州公共文化服务社会化的有效补充，或者说成为温州公共文化服务建设社会化新的民俗传统。如苍南县陆续涌现出碗窑博物馆、鹅峰古籍馆、刘基文化博物馆、四知堂艺术陈列馆等一批民间资本投入、自主管理的民办公益性文化服务场馆，这些场馆均为免费开放。苍南县还设立了民间博物馆免费开放专项补助经费24万元，充分调动民营文化场馆参与公共文化服务的积极性，通过有效的政策引导让民营文化场馆发挥更大的社会效益。②

① 2012年，红日亭易地新建，方案经媒体公开征求市民意见、从8个征求方案中由市民选出并进行修改完善最终确定。2013年，市规划设计院的青年志愿者们义务设计8套红日亭伏茶点改扩建方案。将一座临时的简易棚建设成一座具有江南风格的园林式“古亭”。

② 从1996年永昌堡博物馆在温州市龙湾区诞生至今，民俗类博物馆在温州已有20余年的历史，温州登记在册的民办和国有博物馆共计31家，民俗类博物馆占1/2强。据不完全统计，温州有民俗类博物馆18家，其中，国有民俗类博物馆4家、民办民俗类博物馆14家，民办民俗类博物馆最多。国有民俗类博物馆有温州民俗博物馆、温州非遗博物馆、南戏博物馆、瓯海泽雅唐宅村传统造纸专题展示馆。民办民俗类博物馆有龙湾永昌堡博物馆、中国鞋文化博物馆、乐清三科非遗博物馆、瑞安蓝夹缬博物馆、苍南碗窑博物馆、龙湾白水民俗博物馆、瑞安维加斯服装文化博物馆、永嘉瓯渠民俗博物馆、温州矾矿博物馆、温州叶同仁中医博物馆、温州武术博物馆、温州灯文化博物馆、温州石雕艺术博物馆（在建）。这些民俗类博物都免费开放，成为温州公共文化服务体系的重要补充。

（二）先立后破、破立并举，突出整治婚丧礼俗

移风易俗改革中的“破”是为了促进生产力的发展和社会进步，破除陈规陋习，建立文明、健康、科学的生活方式；破旧俗与立文明新风相结合，破立并举整治温州婚丧礼俗中的陋俗恶俗。

1. 深入推进殡葬制度改革、建文明丧葬仪礼，彻底整治丧葬陋俗

2016 年 9 月，中宣部、中央文明办将温州确定为全国移风易俗工作试点，市委、市政府将乐清丧葬礼俗整治作为移风易俗改革的突破口，试点先行，深入推进融入核心价值观的殡葬改革民生工程，有效遏制温州丧葬陋习、净化社会风气。①

第一，新建办丧过程规范化制度。2017 年 6 月，乐清召开了一场向丧葬陋习宣战、倡导移风易俗新风尚的动员大会。把大操大办、占道搭棚、丧事扰民等行为列入重点整治对象，明确市民操办丧事需遵守“五个不超”“五个禁止”，同时要求党员干部、公职人员带头遵守“五个规定”，如不准利用职权或职务便利借机敛财；不准使用公务车辆或安排下属单位、管理服务对象及其他与行使职权有关的单位或个人的车辆参与办丧、送殡活动等②。从 2017 年 7 月 1 日至今，乐清平均办丧费用从 40 余万元减至 7 万元左右，办丧费用大大降低，共计节约社会资金超 27 亿元③。2018 年 8 月，浙江省民政厅、省发改委、省科技厅等九部门下发《深化殡葬改革全省推

① 2017 年 6 月 23 日上午，乐清市召开全市丧葬礼俗整治动员大会，来自市、乡（镇、街）、村三级干部的近 6000 人参会，市四套班子全体领导出席会议，市委书记林亦俊做重要讲话。全市丧葬礼俗整治工作战鼓擂响，标志着乐清在移风易俗、殡葬改革方面进入全新阶段。

② 详见乐清市政府发布的《关于在全市范围内开展丧葬礼俗整治工作的通告》（2017 年 6 月），通告中对市民操办丧事提出了“五个不超”，即丧事殡期不超过 3 天，特殊情况经审批后不超过 5 天（包括亡故和出殡当天）；摆放的花圈、花篮、花匾总数不超过 2 对（4 个）；出殡鼓乐队规模不超过 13 人；火化时，往返殡仪馆的车辆和出殡（送殡）车辆不超过 5 辆；丧事活动期间，平时用餐不超过 5 桌（每桌限 10 人），酒席总数不超过 20 桌（每桌限 10 人）。

③ 数据统计截止时间为 2018 年 11 月 26 日，来源于温州市文明办内部文件。

广树葬工作方案》，确定温州乐清市为省殡葬综合改革试点市。接着温州各个县市区纷纷结合各地方实际制定改革丧葬陋习的规章规约，明确建立办丧过程规范化制度：建立事前告知、事中跟踪管理服务、事后监管等制度，健全丧事简办刚性约束机制。集中整治丧事大操大办、铺张扰民的陋俗、恶俗，建立明确的丧葬新规约的前提下移除陋俗、创立文明丧葬新风尚。

第二，制定丧事服务惠民政策。各地创新推出系列办丧惠民措施，加快市县两级殡仪馆守灵服务中心建设，全面推行集中办丧制度。守灵中心三期的投用切实为集中办丧的区域扩大提供了有力支撑，为群众带来了方便。计划2019年1月1日起，全市殡仪馆设施将全面升级。乐清市根据死亡率测算，殡仪馆将在现有45个守灵室的基础上，扩建改造8个守灵室，计划在2019年1月1日达到53个，基本满足扩大集中办丧覆盖范围后的需求，为更多的丧户提供文明办丧、肃穆守灵的场所。此外，探索网上祭奠服务，初探困难群众墓葬免费政策，对树葬、花葬、海葬等实行奖励政策（每例奖励1000元至8000元不等）。鹿城区启动全省首个生态回归纪念园“义园”；龙湾区试点办丧“一站式”服务，全区六个街道全面推行殡仪服务午休办公；瓯海区采用政府购买方式委托社会组织实施上门宣传服务等。

第三，建立丧葬整治常态化机制。殡葬改革是节约土地、保护环境、移风易俗的社会变革。市各乡镇（街道）通过丧事活动管理、骨灰去向跟踪等，对私坟进行源头把控，一旦发现，要求丧户签订私坟生态化改造承诺书，并限期改造。同时，市民政局、各乡镇（街道）坚持开展巡查，创新巡查监管方式，利用无人机开展青山白化空中巡查监管，对已进行生态化改造的重点监管，严防再次修复。持续开展丧事用车市场专项治理等行动，打掉以“白喜事”为掩护的涉赌团伙4个，查处烟花爆竹行政案件259起，收缴烟花爆竹14756余箱。集中整治丧事扰民现象，明确规定殡期，出殡禁放烟花爆竹，杜绝深夜奏唱鼓乐等扰民行为。依托青山白化治理3G监控平台等现代科技手段，加强私坟“禁新”日常巡查，实现禁新率100%，共查处新建、翻修、修复私坟共计17695座，推进“禁新改旧”青山白化综合治理。全市共自行拆除新建、翻新私坟3112座，完成私坟生态化改造8163座。[①]

2. 倡导“简约婚礼进万家”的移风易俗攻坚行动

在殡葬礼俗改革的基础上全域推进乡风文明建设，移风易俗改革工作重点也包括温州婚俗中的大操大办之风。联动纪委、民政、公安、综合执法等相关职能单位，实行婚丧源头治理，组织开展婚丧用品市场专项整治行动。2018年8月《鹿城区移风易俗改革攻坚年行动实施方案》颁布，提出采用引导、提供公益场地等做法，合理化办婚礼的费用，推进婚事新办；推行文化礼堂婚礼和集体婚礼，方案明确要求各街镇建1～2处具备举行简约婚礼功能的文化礼堂，积极推行文化礼堂婚礼；鹿城区工、青、妇等群团组织每年至少推出2场以上集体婚礼，考虑适时成立包含各婚庆商家的“简约婚礼联盟”，以“婚礼套餐”的方式带给新人实惠又有意义的婚礼。充分利用公园广场、美丽乡村、文化礼堂等现有公共资源和公共场所，打造公益婚礼基地。推出一批形式新颖、简朴大方的婚庆礼仪一条龙服务项目，吸引广大市民参与简约婚礼，启动“简约婚礼进万家”活动；攻坚年采用引导、提供公益场地等做法，合理化办婚礼的费用，推进婚事新办。

（三）因势利导开展陋俗全面整治行动，注重移风易俗的整体效益

在“婚事新办、丧事简办、其他喜事不办或减办”的风尚初步形成基础上，打造社区民众日常生活的红白喜丧事家宴中心，全面整治铺张浪费陋俗。主要将农村文化礼堂、居家养老中心等改造提升为农村家宴喜事中心，推出宴席套餐制。乐清51个村在开工建设农村家宴中心，其中已建成投入使用26家，淡溪镇寺西村建成全省首家4D无水化可视家宴中心。瑞安制定家宴中心建设标准和管理办法，按“有固定场所、有放心厨房、有专人管理、有主题宣传、有宴席套餐”等“五个有”标准打造家宴中心，到2020年建成各类家宴中心100家，达到“百村（社区）百宴”的规模。瓯海区制定《瓯海区农村家宴放心厨房建设方案（2018～2020年）》，计划利

① 数据统计截止时间为2018年11月26日，来源于温州市文明办内部资料。

用 3 年时间打造 30 家以上的农村家宴放心厨房，等等。

从婚丧习俗开始整改民众人生仪礼往来的高额人情消费习俗。2018 年 8 月 10 日，鹿城区率全省之先发布《鹿城区移风易俗改革攻坚年行动实施方案》，提倡相互不随礼或低标准随礼往来，制定鹿城区党员干部和公职人员婚庆喜事随礼最高标准，引导社会群众参照公职人员执行人情随礼封顶制；升学、生日祝寿、成人礼等普通喜事不搞随礼，切实减轻群众人情随礼负担。

（四）动员群众自我教育，积极主动参与移风易俗行动

将群众组织起来在风俗改革中实行自我教育、自我管理、自我服务。各级党政部门和群众团体努力调动群众的积极性，发挥群众自治能力，使群众在自觉自愿的基础上，进行移风易俗改革。乐清全市 25 个乡镇（街道）成立专职移风易俗监察中队，911 个行政村成立村委引导，以村民代表为主的有组织有管理的“红白理事会”参与移风易俗工作。市文明办召集村老人协会会长进行培训，重点培训“红白理事会”的职能。①

（五）动员党员干部率先倡导示范

党员干部率先倡导示范，对违规操办的党员干部、公职人员严肃处理。如鹿城区严格规范领导干部操办婚丧喜庆事宜，把执行情况纳入年度述职述廉和绩效考核。苍南县 6 万名党员签订承诺书，永嘉县 180 名党员准新人填写婚事操办报告表，全市老干部局专门下发文件组织全市离退休干部参与移风易俗工作。截至 2018 年 12 月底，温州全市共查处党员干部违规办丧 129 例，问责 133 人。

（六）坚持移风易俗改革循序渐进、常抓不懈

民俗的传承性和稳定性决定了移风易俗改革的长期性、艰巨性、复杂

---

① “红白理事会”的职能有发挥移风易俗的作用，对喜事新办、丧事简办的具体要求等进行详细讲解，并将各村的老党员、老干部、老同志、新乡贤等纳入“红白理事会”，更好地促进其参与移风易俗改革。

性、反复性，因此移风易俗工作需要循序渐进、常抓不懈。温州市先后出台一系列文件[①]，从约定婚事新办、丧事简办开始全面整治陋习恶俗，以形成良好社会风尚。11 个县市联动，建立健全市级联系督导、县级重点督导、业务部门专业督导的三级督导体系，各地将移风易俗纳入村规民约，健全“一约四会”制度，充分发挥“红白理事会”等群众团体和新乡贤组织在移风易俗改革中的监督作用，将移风易俗工作纳入“乡村振兴战略”考核。

三　主要结论与建议

温州市开展移风易俗改革的乡村文明行动，从殡葬礼俗整治抓起，倡导“简约婚礼进万家”，规定党员干部和公职人员婚庆喜事随礼最高标准，引导社会群众参照公职人员执行人情随礼封顶制，全面开展民间社会不良风俗、陋俗、恶俗整治，传统优秀的民间礼俗得以规范，乡风文明状况得以明显改变，成效显著，被誉为移风易俗的“温州样本”。

（一）移风易俗“温州样本”形成的原因

1. 民众不堪陋俗重负的社会心理成熟

当前温州民众移风易俗的社会心理[②]基础已经形成并且非常完备。社会心理较直接地受到物质文化和制度文化的影响与制约，并与行为文化交融互摄，互为表里。温州大操大办的丧葬礼俗已成为横行在民众中间的陋习恶俗，民众苦不堪言，使政府实施对陋俗的“移”和“易”有了可能。当一种陋俗的革除缺乏社会心理的直接支撑，尽管政府推行改革，效果也是难以显现。如传统温州民间婚礼厚重的礼金习俗，实际上起到了小额金融互助的

① 《关于在全市农村进一步深化移风易俗工作的实施意见》《关于整治婚丧礼俗树立文明新风的实施意见》《温州市移风易俗改革攻坚年行动方案》等文件。

② 社会心理指人们日常的精神状态和道德风貌，是尚未经过理论加工和艺术升华的大众心态，诸如人们的要求、愿望、情绪、风尚，等等。我国古代朝廷设置专门机构，致力于“观俗”“采风”，便是着意于掌握社会心理，以期“移风易俗”。

作用，用现代眼光看有些落后，但是其存在合理性。短时间内较难改变，因此温州市政府规定党员干部和公职人员婚庆喜事随礼最高标准，引导社会群众参照，用政风带动民风，民间婚礼甚至日常生活的低随礼民俗的形成还要假以时日。

2. 政府“有形之手”适时发挥了社会治理功能

移风易俗社会心理效应形成，但是习俗自发的变迁是一个非常缓慢的过程。在没有外在强制推动作用的情况下，婚丧大操大办、铺张浪费等陋俗是不会在朝夕内发生改变的，深受其苦的民众根本不能在短期内从陋俗中挣脱出来。攀比、爱面子、跟风效应，各种陋俗积累叠加形成顽固的乡风、市风、不文明现象，任何个人或者小团体挑战这些陋俗，一定会遇到来自区域社会各种习俗的压力。正是在这个意义上，温州政府的移风易俗改革的“有形之手”适时发挥了作用。

3. 民间力量(社会力量)参与并发挥重要作用

改变积习已久的陋俗是一件非常困难的事。陋俗源自民间，民众有一套处理陋俗的模式。如果靠政府“有形之手”一味地强制推行，开始一定会招致民众短期的逆反心理。所以采取政府提倡、党员干部带头、民间主导的方式，才是温州移风易俗改革取得成效的关键。“移风易俗劝导队”“移风易俗承诺书”“红白理事会”实现村居全覆盖，这些都是民间力量和政府合作的社会治理方式。

（二）温州移风易俗改革工作深入开展建议

1. 深入讨论温州社会需“移”和“易”的陋俗内容，进一步开展工作

温州移风易俗工作从温州地区比较严重的婚丧事宜大操大办的陋俗恶俗开始，向各种社会陋俗推进，但是政府“有形之手”在移风易俗工作触及的范围毕竟是有限的。根据上文笔者总结的温州改革开放 40 多年来经济民俗、社会民俗、精神民俗三大类发展变迁来看，温州当前的民俗发展中存在各种陋俗，政府“有形之手”尚不能对其进行地毯式的整理并列入当前政府移风易俗攻坚计划中。因此，当前在移风易俗改革工作集中整治婚丧陋俗

取得全面成效之后，需要发动全社会各种力量对经济（物质）、社会（组织）、精神（信仰）三类民俗中的陋俗恶俗做深入讨论，整理出不符合当前新时代发展的陋俗恶俗，以期移风易俗工作的深入展开。

2. 继续发挥社团、群团组织的参与职能，为逐步倡导改革各类陋俗创造条件

政策和制度的有效落实离不开广大民众的理解和认可，民间社团贴近社会的特征决定了其协同配合作用必不可少。在移风易俗过程中，代表民间力量的社团组织，可以及时掌握社会需求并为社会提供满意的服务，而成为政府改良风尚政策的积极宣讲者和执行者，加之倡导性社团的性质是追求公益，不以营利为目的，容易使群众产生信任感，积极影响着政府的决策。如新乡贤团体可以利用自身优势，积极影响地方政府决策和政策的制定。

3. 建立移风易俗改革与公共文化服务体系建设相融合的工作机制

移风易俗改革是社会治理的重要内容，移风易俗宣传引导非遗文化团体如温州的提线木偶艺人群体等民间文艺团体创作移风易俗宣传作品，以政府购买公共文化服务的形式对其进行扶持，生产更多的多样的宣传移风易俗的民间文化产品，既为提线木偶这一非物质文化遗产的传承提供新路径，也丰富了基层公共文化服务人力资源库。移风易俗改革是自上而下的社会治理推进过程，但同时是一个地域社会内部民俗、风俗的自我调整和重构过程。当政府的自上而下推进与社区内部调整重构不能很好融合时，移风易俗改革就很难顺利进行，其改革成效的发挥就会大受限制，这应是当前温州移风易俗改革深入推进需要着重思考的问题。

2019 年中央一号文件指出“持续推进农村移风易俗工作，引导和鼓励农村基层群众自治性组织采取约束性强的措施，对婚丧陋习、天价彩礼、孝道式微、老无所养等不良社会风气进行治理”，加强农村精神文明和乡村文化建设，新时代乡村文化建设有了新要求。从乡村社会文化发展与转型层面来说，当前的温州移风易俗改革缓解了改革开放 40 多年来温州乡村社会转型的阵痛感，并在尊重传统的基础上创新乡村文化建设新路径，有效地提升了全社会的文明程度。当前的乡村振兴战略，不仅仅要求

产业兴旺、生态宜居，更要求建立乡风文明、治理有效、生活富裕的新型城乡社区；移风易俗改革与新城乡社区发展、乡风文明建设同步推进，服务于居（村）民的美好社区和美好生活需求。归根结底，移风易俗，建设邻里和谐、人与人之间关系融洽的社区，才能增强社区村（居）民的归属感，才能记得住乡愁。

B.20
温州乡村艺术团发展研究报告

谢中榜*

摘　要： 为了克服国家公共文化服务示范区创建中的农村薄弱环节，吸引社会力量与政府协同推进农村公共文化活动，温州启动了乡村艺术团建设。温州乡村艺术团的组建方式灵活多样，可持续发展的支撑要素多元化，有效促进了农村公共文化资源的优化配置，逐渐显现良好的态势。目前，乡村艺术团发展仍处在起步阶段，还面临覆盖盲区难攻克、综合协调机制不完善、关键环节未突破等问题。为全面发挥其综合社会效益，还须构建系统性的政策保障，循序渐进地推动试点工作，形成关键领域的机制创新。

关键词： 公共文化服务　乡村艺术团　基层文化阵地

"乡村艺术团"并非温州首创，我国许多地方的群众性文艺团体都以此命名。温州的乡村艺术团建设，是指政府将散落在民间的文艺团体纳入品牌化、连锁化的发展平台，并与农村公共文化场馆、设施进行资源对接。这是继城市书房、文化驿站、图书馆法人治理之后，温州公共文化服务体系示范区建设的又一探索之举，引起了人民网、《中国文化报》等 30 余家主流媒体的高度关注。温州乡村艺术团在公共文化服务的政策导向性与群众自主性之间找到了平衡点，以低成本凝聚、激活了民间文艺力量，提升了公共文化

* 谢中榜，中共温州市委党校教师。

设施的运作效率，增强了群众文艺选择权和归属感，有利于公共文化活动的健康、可持续发展，具有启发意义。本报告将着重梳理温州乡村艺术团基本经验，进一步探讨其存在的问题并提出相关建议。

一 乡村艺术团建设背景

乡村艺术团在温州的形成和发展既有偶然性，又有深刻的必然性和现实性，是特定社会背景下产生的新事物。乡村艺术团的最初念头来自文化干部在基层调研中的一个“突发奇想”，试点仅仅4个月时间（截至2018年9月30日），全市就已成立了1637个乡村艺术团，举办了1523场活动，发展效果出乎意料。这说明乡村艺术团契合群众对文化生活的新期待、新要求，触及了农村公共文化服务的“痛点”，符合我国文化发展的趋势。

第一，农村居民对美好生活的需要不断增长，为温州乡村艺术团的发展提供了内生动力。近几年，温州的文化部门极力推进农村公共文化产品与服务的多样性，不断推出“以需定供”“菜单式服务”等一系列举措。现阶段温州农村公共文化服务供给的主要矛盾，已由较低层级供需矛盾向中高层级供需矛盾转变，从“数量短缺型”供需矛盾向“优质不足型”供需矛盾转变。但是，以“产品”为中心的公共文化服务供给链条依然占主导，一些举措仍然很难精准把握“刚需”。即便政府计划清单上的所有项目都能送到农村，百姓真正“喜闻乐见”的文化内容还有很大缺口，因为政府包揽毕竟不能穷尽群众的选择偏好。一些群众被服务、被安排的主观感受强烈，很少有机会被置于文化舞台的中心，大多时候只是作为“看客”。这就要求公共文化服务供给与发挥群众创造性、积极性紧密结合，进一步激发公共文化发展的内生动力。因此，公共文化服务的工作重心亟须从“产品”向“人民”转变，以“总揽而不包揽”的方式推进适应需求侧的供给侧改革。温州的文化部门已逐渐认识到“重文化”“育文化”的重要性，同时社会力量参与公共文化服务也积累了丰富的经验，距复制推广到农村广大地区仅一步之遥，需要的只是更接地气的形式和载体。因此，温州乡村艺术团建设具备深厚的群众基础和广阔的需求空间。

第二，国家公共文化服务体系示范区建设的推进，为温州乡村艺术团提供了创新空间。近年来，温州公共文化服务的财政投入、政策保障稳定提升，“城市书房”“图书馆法人治理”“文化驿站”等创新实践亮点频现，2017 年又获得第四批“国家公共文化服务体系示范区”创建资格。但是，在温州公共文化服务水平整体跃进的情况下，城乡相对差距和结构性差异仍然明显。一方面，农村公共文化服务与产品供给不足、质量不高。2012 ~ 2017 年，温州全市文化礼堂“点单平台”年均配送 9000 余场（次），送戏下乡 2000 余场，这让农村的文化生活发生了巨大的变化。但若是平均到每个文化礼堂，送戏下乡不足 2 场，点单配送文化活动不足 10 场（次），温州已建成文化礼堂 1182 个（数量位居全省第一）。另一方面，农村公共文化服务设施建设“重硬件、轻软件”的问题仍较突出，“建、管、用”脱节、“空转”问题难以有效解决。2016 年 10 月 22 日至 11 月 3 日，文广新局曾委托第三方机构对全市 135 家文化场馆与设施效能进行了暗访调查，发现还存在被占用、不按时开放、缺少管理人员、内容更新慢等诸多问题。与此同时，温州 5640 个村（社区）自发组织的民间文艺团队有 1 万余支，其中大部分面临缺乏固定活动场地和专业设备的问题。虽然国家已出台《公共文化服务保障法》，各级文化部门都曾为群众文艺团体入驻文化场馆出谋划策，但实际落实中仍会遇到各种阻碍，缺乏统一、明确的实施方案和操作细节。当前，温州正在推进国家公共文化服务体系示范区建设，必须要补齐短板，打出一套针对农村的“自选动作”。而乡村艺术团正是“理念在先，实践在后”的探索，目的是把城市中“文化驿站”“市民文化节”等创新举措，经过改造后下沉到农村基层，让更多的居民享受同等服务，进而缩小城乡差距。

此外，乡村振兴战略正在温州大力推进，乡风文明被赋予了更丰富的内涵，乡村文化繁荣之于美好生活的意义更加凸显，必然需求更均衡、更高质量的公共文化服务。乡村振兴也为公共文化服务的政策、资金与人才提供了多重机遇，文化传承与创新蓄势待发。基于这样的背景，温州启动了“乡村文艺繁星计划”，推出公共文化服务创新品牌——乡村艺术团项目。

二　乡村艺术团建设举措与经验

2018年5月，温州文广新局率先在平阳县开展乡村艺术团建设试点，通过先期深入基层调研，统计各行政村（社区）文艺爱好群体规模、文艺特长类型、能力水平等基本情况，掌握了乡镇（街道）综合文化站、村（社区）文化礼堂、文化中心等基层公共文化设施运行状况并登记成册。然后，温州市文广新局起草了《关于组建乡村文艺团队丰富活跃基层文化生活的实施意见》，对试点做出初步安排。6月底，平阳县首批54个乡村艺术团成立，出台试行了乡村艺术团组织、会议、考核、财务、星级评定五项管理制度，并组织了首批团长培训。温州市根据平阳基层试点经验，初步总结了乡村艺术团的组建方式、运行模式、扶持机制，并制定了全市乡村艺术团项目推进的具体方案。随后，乡村艺术团在乐清、瓯海、文成、龙湾等区县推开试点，并不断摸索、调整和总结试点做法，具体举措有如下几方面。

第一，采取“因地制宜”的灵活方式组建乡村艺术团。温州各县（市）、区地理形态丰富多样，村落面貌千差万别，加之语言、习俗、生活方式的差异，农村文化活动和社会组织发展水平参差不齐。在乡村艺术团试点过程中，文化部门根据不同基础和条件加以分类，摸索出了几种典型性组建方式。对于文化设施条件好、文化活动氛围好、文艺组织成熟的农村，多采取“单独建团”的方式，例如文成县黄坦镇培头村畲族乡村艺术团、周山乡云海畲乡艺术团等。那些基础条件相对薄弱且在地理上毗邻的多个村庄，一般采取邻片组团的方式抱团发展，以实现场馆设施和文艺队伍的资源整合，例如文成的叶式太极乡村艺术团，即以叶式太极拳发源地——公阳乡为中心，凝聚了周边乡镇的80余名太极爱好者发展而成。“互补联团”组建方式指不同村庄的兴趣组织和文艺队伍也可自由联合组团，形成设施、人员和特色上的互补，例如，平阳县首个乡村艺术团——昆阳镇雅山元洲乡村艺术团，就是村文艺社团与企业文艺队伍的强强联合，还成功进军“感动中国第八届群文杯全国总决赛”并斩获了银靴奖。这些灵活的组团方式实质上是为那些原本散落在民间、各自为政的文艺组织“正名”，赋予它们明确的身份标识和文化认同。传统的民间文艺组织经过重新排列组合，彻底摆脱了“无名”的处境，真正走进了乡村大舞台的中心。过去“看客”转成了“演员”，也带动了更多与其有地缘、亲缘关系的群众参与文化活动，形成了良性的互动。

第二，打通乡村艺术团与公共文化场馆、设施的对接渠道。温州乡村艺术团快速发展的关键不是大规模命名和授牌，而是后续的队伍提升和对接公共文化服务设施网络。一方面，提升乡村艺术团的“硬实力”。一是鼓励引导乡村艺术团在民政部门登记注册以获得法人资质，引导社团规范化、合法化发展。大多数乡村艺术团前身都是民间的兴趣团体，自我管理较为松散，没有明确的主体接受政府补助，因此亟须在法定程序上、自我管理上下足功夫。市、县两级还结合文化馆总分馆体系、网格化服务管理等平台对乡村艺术团进行了规范化管理，建立“分片包干”制度。二是通过各种渠道对乡村艺术团进行专业提升。由市、县和乡镇文化馆业务干部担当主力，对乡村艺术团的文艺骨干进行培训，对各类群众文艺演出、交流活动提供技术支持。还通过政府购买社会服务，聘请专业团队为乡村艺术团开展业务分类指导。例如，瓯海区向社会公开招投标，委托第三方机构聘请 13 家综合类社会文化艺术培训机构，为 100 支乡村艺术团进行业务指导。永嘉县则开设了“微课堂”，聘请当地文化名人、专业教师来乡村艺术团进行指导。另一方面，为乡村艺术团打开农村公共文化设施的“大门”。出台了《关于组建乡村文艺团队丰富活跃基层文化生活的实施意见》（温文〔2018〕6 号）文件，为乡村艺术团入驻文化礼堂等场所提供了制度保障；由文化部门和当地政府出面，协调乡村艺术团各地文化礼堂结对共建并摸索经验；此后，由文化部门统一指导乡村艺术团办理入驻文化礼堂签约手续并进行备案，启动星级管理制度，并在此基础上形成了动态管理和第三方评估机制。两方面的做法化解了文化活动主体与场馆设施之间的信息及资源不对称，在实践中产生了良性互动的效果：文化礼堂因为文艺活动而热闹非凡，管理、运行和服务也有了保障；而乡村艺术团找到了安身之所，有了适于长期发展的稳定环境。

第三，财政资金与社会资本共助乡村艺术团可持续发展。传统文艺组织主要依靠成员互助或参加各类有偿演出，解决日常的运行和设备成本，大多没有稳定的保障经费。乡村艺术团试点探索了多元化资金支持渠道，形成了政府与社会共济的投入模式。一方面，温州市级层面采取以奖代补的形式引导乡村艺术团孵化成长、入驻文化礼堂，目前已投入60万元对全市60支优秀的乡村艺术团队伍进行补助，并拟订了试点期的后续补助计划。（市、区）县、镇、村设立了三级项目扶持专项资金，对不同星级的乡村艺术团进行分级补助。瓯海区政府已投入80万元用于乡村艺术团的组建和提升，苍南、龙湾、文成等地也已积极筹备启动和扶持资金。另一方面，借鉴社会资本参与“城市书房”“文化驿站”的经验，积极引导社会各界以多元方式支持乡村艺术团建设。如泰顺县仕阳镇乡村艺术团自发筹集资金18万元，开启了村际、镇际文化阵地的交流巡演；永嘉县珠岙乡村艺术团成立了专项资金，主要由上级部门财政补贴、企业品牌冠名、企业赞助、个人捐款和村两委从集体资金中拨付固定资金等组成；平阳县雅山元洲乡村艺术团与企业结对共建，获得充足的经费资助，也为企业提升了知名度，实现互利共赢。这样多元合作的资金扶持模式，使政府用很少的投入撬动了大量民间资本，为乡村艺术团的可持续发展提供了坚实保障。

第四，构建乡村艺术团发展的资源与要素流通网络。随着乡村艺术团建设试点的推进，各（市、区）县、镇文化部门在实践中摸索出了促进文化资源与要素流通共享的举措。一是尝试打造枢纽型社会组织，形成局部的沟通协作网络。例如瓯海区成立的温州首个区域性“根据地”——乡村艺术团大本营，成为全区乡村艺术团集中展示风采、培育精品节目、进行业务培训和人才管理及输出的总枢纽；泰顺县成立了农村文化礼堂联盟，整合了各村乡村艺术团的资源，形成礼堂联盟节目库，以为群众提供点单式服务。二是将乡村艺术团纳入政府的公共文化供给平台，拓宽文艺创作和文艺交流的空间。部分县（市、区）已通过政府购买版权、移植改编等方式，把优秀文化产品无偿提供给乡村艺术团在文化礼堂使用；还有县（市、区）推动了乡村艺术团之间的交流协作和资源整合，例如龙湾区的群众艺团“比学”、乐清市的文化礼堂共享圈、永嘉县的乡村文艺大走亲、文成县的乡村艺术团文旅结合、苍南县乡村艺术团的“文艺 +”等。三是运用新媒体和新技术打造乡村艺术团的“朋友圈”。目前各地的乡村艺术团都已建立了工作微信群，一个倡议发起就会有百支乡村艺术团竞相响应；不少乡村艺术团还尝试通过社交平台直播文艺演出、交流活动，在线参与的观众人数越来越多；此外，“温州文化云”等新媒体平台的上线，让更多人能够及时了解乡村艺术团的信息和动态。总而言之，乡村艺术团通过枢纽组织、政府平台和新的技术，形成了基本的资源、信息、人才交互网络，既降低了运行成本又提高了运转效率，彼此在相互协作中不断成长。

截至 2018 年 12 月，温州全市已成立 1729 个乡村艺术团，1648 个乡村艺术团入驻文化礼堂、乡镇（街道）综合文化站和村（社区）文化服务中心，举办活动 4440 场（见表 1）。从试点成效来看，乡村艺术团的确有效地盘活了文化资源，真正打通了农村公共文化服务的“最后一公里”，让群众成为公共文化产品与服务供给的主力。根据温州乡村艺术团建设实践，可以得出以下几条其取得成功的基本经验。其一，只有充分尊重群众的创造精神，才能激发社会力量的参与热情。群众不仅仅是公共文化服务的受众，还是重要的供给者和参与者，蕴藏着十分宝贵的资源与动力。关键是要为群众的创新创造提供机会与平台，使其在文化活动中找到归属感和自豪感，这样才能真正激发基层文化阵地的活力。其二，孵化期要用政策来扶持和引导，但更重要的是培育社会组织的“硬实力”。试点期间，政府可以通过政策激励扶持一批具有示范性的乡村艺术团，为大范围试点和推广积累了经验。但是，乡村艺术团必须依靠自身能力、资源和形象的整体提升，才能更快地走出政策哺育期。其三，鼓励个性化、多元化试点，不搞“一刀切”和“压担子”。温州乡村艺术团建设过程中亮点频现，正是因为宽松的环境和兜底的保障，各地都循序渐进地推进试点工作，并能及时地总结经验并发现问题，又反过来推动了乡村艺术团的良性发展。

表1　温州各地乡村艺术团发展状况（截至2018年12月）

地区	团队总数(个)	团员总数(名)	活动场次(场)
鹿城区	29	813	146
龙湾区	21	928	178
瓯海区	94	3326	320
洞头区	19	897	188
乐清市	493	14470	1195
瑞安市	51	1599	144
永嘉县	460	16032	473
文成县	63	1388	375
平阳县	181	9110	374
泰顺县	122	1694	703
苍南县	187	3218	236
浙南产业集聚区	9	418	108
合　计	1729	53893	4440

三　当前乡村艺术团建设面临的问题

温州乡村艺术团建设是自下而上的基层实践与探索，目前仍处于发展的起步阶段，要走的路还很漫长。试点改革就是不断地解决老问题，同时不断地发现新问题的过程，如此循环往复。因此，在总结成功经验的同时，又要及时全面地梳理实践中面临的新问题和新挑战。通过深入基层的调研和访谈，我们认为当前温州乡村艺术团建设在如下几方面还存在突出问题。

第一，偏远山区、海岛的农村是乡村艺术团覆盖的盲区和难点。一方面，温州是靠山面海的城市，境内有洞头“百岛”，还有山势奇峻的文成、泰顺，人数不多、交通不便的村落数量不少。部分村庄仍缺乏基本的公共文化设施，要实现“15分钟文化圈”难度还很大。另一方面，这类村庄往往都出现了空心化，居住人群以留守老人和儿童为主，缺乏文艺骨干和年轻力量，很难发动群众开展自主性文艺活动。因此，乡村艺术团的几种建团模式还不能很好地复制应用，这些地方的公共文化服务供给仍依赖政府的“送文化”。但是，这些村庄又是乡村振兴的重点目标，乡风文明和文化服务意义重大，当地政府和群众对乡村艺术团抱有很高的期望。倘若不能找到合适的路径来推动乡村艺术团全覆盖，最终会制约温州公共文化服务的高质量发展，影响乡村振兴目标的实现。

第二，乡村艺术团的社会组织登记与法人注册任务艰巨。目前，温州已建成的乡村艺术团中，在民政部门登记或具有法人资格的数量并不多，这对规范化发展极为不利。根据温州乡村艺术团的发展计划，所有试点地区到2020年将基本完成村（社区）覆盖，其他地区达到50%以上。乡村艺术团数量猛增将会给文化部门的管理、监督造成巨大压力，这就要求相关部门协同配合。此外，若乡村艺术团没有注册为民办非企业法人，也没有在工商部门注册，就不能开具正规发票来获得政府的相关补贴，大大削弱了财政资金的支持力度。造成登记注册率低的原因是多方面的，例如，一些乡村艺术团缺乏主动登记备案的意识，他们对社会组织注册的现实意义理解不透，或将其与在文化部门的登记等同起来；还有一些乡村艺术团自认为队伍较弱，没有足够能力去争取政府补助，也就不需要进行社会组织登记；还有一些是因为担心登记注册手续烦琐，又顾及注册资金、年审等诸多问题，迟迟没有付诸行动。

第三，乡村艺术团入驻公共文化场所的机制还不完善。一方面，乡村艺术团入驻产生的成本还未形成明确的分担机制。对于文化礼堂而言，日常运行经费本就捉襟见肘，而乡村艺术团的入驻和活动又会产生额外的水电费、设备折旧和维护成本。以往文化礼堂的活动如暑期夏令营、国学教育、成人礼等，一般周期较短且都带有项目资金，基本不会给文化礼堂造成负担。目前，各地区乡村艺术团日常运行经费来源于地方政府适当以奖代补或自筹，企业捐赠、冠名赞助的比例还不高。除去平时排练、演出设备、服装、道具等开支，已所剩无几，能给予文化礼堂的补贴也是“杯水车薪”。若没有新的方式来妥善解决成本分担问题，长期必然会产生新的矛盾。因此，亟须明确成本分摊的具体细则，例如，政府以奖代补的资金究竟由谁支配，该如何支配。另一方面，乡村艺术团与文化场馆之间的责任和义务还没有明确。温州的部分文化礼堂是由宗祠改建而成，由于传统观念和习俗的延续，在开放和使用中存在许多不确定因素，这就要求在相互尊重的基础上明确双方的权利和义务边界。目前，各地乡村艺术团入驻文化礼堂的合同版本很多，没有对权利和义务进行统一设定，亟须在下一阶段进行系统谋划。

第四，乡村艺术团的综合社会效益还有待进一步发挥。首先，乡村艺术团仍处在试点的初期阶段，各地推进的步调不一致，发展成效也参差不齐。例如，乐清、平阳、瓯海等地的试点工作已充分展开，而其他县（市、区）则刚刚启动，还未形成明确的工作思路。其次，目前乡村艺术团入驻的公共文化场馆以文化礼堂为主，还未来得及思考如何与乡镇（街道）综合文化站、村民文化中心等场所对接，影响力和辐射面还有待拓展。再次，目前乡村艺术团的活动主要集中在音乐、舞蹈、戏曲、体育健身等领域，与城市文化驿站相比较为单一，还有待与道德教化、文化传承、礼仪传习、乡规民约、家风家训、法治宣传、科学普及等活动充分结合起来。此外，乡村艺术团的参与者、骨干分子大多为中老年成员，其活动形式和活动内容的创新性不足，对年轻群体的吸引力还没有体现出来。因此，乡村艺术团还有很大提升空间，还可以发挥更大的社会效益。

表 2　温州乡村艺术团入驻公共文化场馆的情况（截至 2018 年 12 月）

单位：个

地区	已入驻文化阵地总数				
	综合文化站	文化礼堂	文化服务中心	其他	合计
鹿城区	2	26	1	3	32
龙湾区	0	21	0	0	21
瓯海区	0	94	0	0	94
洞头区	0	17	0	0	17
乐清市	45	261	86	96	488
瑞安市	15	19	13	4	51

续表

地区	已入驻文化阵地总数				
	综合文化站	文化礼堂	文化服务中心	其他	合计
永嘉县	13	124	249	74	460
文成县	13	33	16	1	63
平阳县	13	120	17	31	181
泰顺县	5	83	1	1	90
苍南县	19	66	57	0	142
浙南产业集聚区	0	8	1	0	9
合计	125	872	441	210	1648

四　进一步促进乡村艺术团发展的建议

建设温州乡村艺术团是造福百姓的民生之举，也是国家公共文化服务示范区建设的一大亮点，其发展具有很强的内生驱动力。但是，要解决当前存在的问题，还须把工作重心从全面推广转到提升乡村艺术团发展质量上来，着力做好以下几方面工作。

第一，强化系统性政策保障。推动市、县、乡镇、村四级联动，围绕经费保障、场地设备、人才培养、平台搭建、政府采购、等级评定等方面研究出台切实可行的政策措施，为乡村艺术团组建提供有力的保障。重点是通过制定文件明确文化阵地和乡村艺术团的关系，阐明前者是阵地、后者是载体的定位，加强舆论引导，推动两者有机融合在一起；要明确乡镇文化干部、村两委的责任义务，发挥其联系群众的优势，真正消除乡村艺术团入驻乡镇（街道）、村（社区）文化礼堂和文化服务中心等基层文化阵地的障碍；要统筹乡镇（街道）、村（社区）文化礼堂和文化服务中心与乡村艺术团的财政投入，实现各渠道资金的共济，尽可能地向群众性文化活动倾斜。

第二，逐步消除乡村艺术团的覆盖盲区。把握乡村振兴的历史契机，推动乡村艺术团与乡风文明、产业兴旺、村庄整治、人才振兴工作有机结合，补齐文化设施和文化阵地建设的短板。针对基础薄弱村庄人群结构、习俗、文化传统的特点，量身定制乡村艺术团的发展计划，更多地向弱势群体倾斜。基层文化部门要根据现有乡村艺术团的分布特点，通过“送戏下乡”“文化走亲”等平台就近购买乡村艺术团的服务，对不具备建设条件的地区实现免费配送。鼓励乡村艺术团的志愿活动，并通过一定方式激励乡村艺术团结对帮扶，带动后发展地区的文化活动和人才培育。

第三，推动乡村艺术团管理机制创新。首先，主动对接民政、工商部门，采取集中登记注册方式为乡村艺术团办理相关手续，或采取开辟绿色通道、简化办理程序等方式，尽可能提高登记注册率。其次，可采取村级乡村艺术团与村两委挂钩方式，让政府补贴奖励通过村级账户报销，并加强资金使用的公开性、透明度，相对减少登记、注册的数量。再次，可建立乡村艺术团“大本营”“大联盟”等枢纽型机构，村级艺术团挂靠其下，实施统一的管理监督和年审换证。最后，强化乡村艺术团与文化礼堂等文化阵地之间的星级互评制度，实现相互督促、相互监督，更好地推进群众文化活动开展。

第四，深入挖掘乡村艺术团的综合效益。乡村艺术团要融入农村红色阵地建设，发挥基层党组织的优势和乡村艺术团的活力，以群众喜闻乐见的艺术形式宣传党的政策与精神，改变群众的文化生活，守牢基层意识形态阵地。乡村艺术团要融入乡村文化旅游大发展的趋势，充分挖掘本地区的传统民俗和文艺形式，为打造互动体验型的乡村文化娱乐项目提供内容和创意。拓展乡村艺术团志愿服务的范围，充分调动成员服务社区的积极性，发挥其调解基层矛盾、和谐人际关系、营造传统节假日文化氛围等作用，促进农村的乡风文明与和谐。

B.21

温州社会力量办体育试点工作调查报告

董约武　吕建海　毛蓓蕾*

摘　要： 体育产品供给事关人民的美好生活建设，更多优质的体育公共产品供给离不开社会力量参与。温州有社会力量办体育的传统和优势，2018 年温州全面启动社会力量办体育改革国家级试点，通过打破人才封闭培养模式、体育赛事单方举办模式、体育场馆政府直接运营模式等，推进了管办分离改革；通过发挥体育社团作用、整合科教医卫资源、构建“10 分钟健身圈”，促进了全民体育活动开展；通过政府贴补带动体育消费，通过平台打造带动招商引资，通过国际交流带动开放发展，从而实现了对体育产业发展的支持。这一系列举措在完善政策体系、培养竞技人才、繁荣体育赛事、推动体育产业发展、提升市民获得感等方面成效明显。同时，当前的社会力量办体育改革仍然存在诸如政府职能不清、体制机制不健全、民办体育做大做强难等现实问题。温州作为社会力量办体育试点城市，可以在推进深化三级体育主管部门协调机制、打破人才壁垒、改善配套政策、规范行业标准等方面做一些务实有效的工作。

关键词： 社会力量　体育　温州

* 董约武，中共温州市委党校文化与社会学教研部高级讲师；吕建海，温州市体育局办公室；毛蓓蕾，温州第二职业中等专业学校教务处。

一　温州社会力量办体育改革试点启动背景

党的十九大报告指出，中国特色社会主义进入新时代，现阶段社会主要矛盾已经转化为人民日益增长的美好生活需要和不平衡不充分的发展之间的矛盾。全民健身上升为国家战略，发展群众体育、提供更多优质的公共体育产品成为当前改革的一项重要内容。近几年来，国家加快发展体育产业、促进体育消费的相关政策陆续出台，商业性、群众性体育赛事的审批取消，以马拉松、自行车赛等为代表的各类大型群众性体育赛事在各地日益兴起。但与发达国家相比，仍存在较大差距。我国的群众性体育赛事处于起步阶段，还存在供给总量不足、服务质量有待提高、市场潜力未充分释放等多方面的问题。要破解这些难题，吸引社会力量的参与是非常关键的措施。同时，政府相关部门需要推动“放管服”改革，做好赛事服务保障、完善政策支持和推动规范发展等工作，为社会力量参与其中创造良好的环境，使社会力量乐于投身并有所收获。

温州一直以来有社会力量参与公共事务建设的历史传统，拥有敢为天下先的创业精神和改革创新的文化基因。凭借民营经济发达的优势，早在2007年初，温州就由社会民营资本与官方体育机构“联姻”创办了温州心桥体操艺术俱乐部。近年来，温州社会力量越来越多地参与体育事业，出现了社会力量投资创办全国首家地市级武术专题博物馆等创新举措，社会力量办体育呈现出双赢、共赢、多赢的局面。一系列创新举措引起了国家体育总局的关注，并组织人员到温州开展专题调研。继社会力量办学、社会力量办医等改革试点之后，2017年9月5日，国家体育总局与浙江省人民政府在温州签署了联合开展社会力量办体育试点工作的框架协议，标志着温州成为全国首个社会力量办体育试点城市。一年多来，全市社会资本累计投入体育产业和体育设施建设超20亿元、人才培养超2000万元、体育赛事举办超3000万元，体育社团数量和体育场地总面积均居全省第一，初步呈现了温州社会力量办体育改革试点的工作成果。

作为全国唯一的试点城市，温州有意在鼓励社会力量办全民健身、鼓励社会力量办竞技体育、激发社会资本投资体育产业、健全体制机制和政策体系等方面，为全国深化体育改革破题探路、提供经验。计划通过三年的试点规划工作，争取在体育管理体制、运行机制、工作格局、组织体系等方面达到新的突破。具体来说，以“放”为重点，鼓励社会力量全面参与全民健身，形成“群众体育群众办”的格局；以“破”为重点，鼓励社会力量积极参与竞技体育，加快提高竞技体育职业化、市场化水平；以“扶”为重点，充分激发社会资本投资体育产业的积极性，加快推进体育产业发展进程；以“立”为重点，建立健全社会力量办体育的体制机制和政策体系，力求形成可复制、可推广的经验。

二　温州社会力量办体育改革试点主要做法

2018 年是温州社会力量办体育改革试点工作全面启动的第一年，温州积极探索社会力量办体育的有效路径，破除系列政策障碍和体制束缚，推动试点任务落地，逐步探索一条体制与市场机制相结合的体育事业发展新路子，努力为全国体育改革提供温州方案。

（一）推进管办分离，为社会力量办体育提供制度保障

第一，打破竞技体育后备人才培养政府包办模式。打破现行竞技体育人才“基层体校—省队—国家队”封闭培养的输送链条，探索公私合办、民办公助、民资独办等多元模式。鼓励社会力量通过单独组建、合作联办、外部引进、冠名赞助等方式参与组建职业体育俱乐部（队），探索建立企业、高校、协会和优秀运动队联合创办职业体育俱乐部经营模式，联合温州大学、浙江工贸职业技术学院等高校共建足球、网球、乒羽等学院，共办地掷球国家级训练基地。如温州凯易路马术俱乐部作为浙江省唯一的专业马术队，代表浙江省征战全运会三次蝉联盛装舞步团体铜牌。如向全市 24 个民办俱乐部或市级体育全日制普通小学授予后备人才训练基地称号，给予一定

的训练保障经费补助，满足学员就近训练且不影响义务教育学习的诉求。在2018年全国体育局长会议上，民办吕志武游泳俱乐部作为唯一企业代表参会并做经验介绍。

第二，打破体育赛事政府直接举办模式。改变过去体育部门普遍存在的“关起门来办赛”“重办赛轻管赛”状况，把政府部门“办”的职能交给社会力量运营，将举办体育赛事的政府职能向社会组织转移改革，完善体育赛事管理运行机制，通过定期公开赛事举办目录、制定赛事举办流程及服务标准等举措，实现了政府部门由“办体育”到“管体育”的角色转变。2018年全市举办的185项赛事均通过政府购买服务方式由社会力量承办，购买金额达3000余万元。

第三，打破公共体育场馆政府直接运营模式。试行体育场馆所有权与经营权分离，对已建大型公共体育场馆，实行招投标整体委托社会力量运营模式，室内场馆由承租方整体市场化运营，室外场地向群众免费开放。目前，乐清新体育中心等3个场馆已完成招投标，实现所有权和经营权分离。

（二）促进全民体育，为社会力量办体育提供施展舞台

第一，发挥体育社团作用。体育社团是全民健身体系的基本细胞。首先，推进社团实体化运作，率先推行体育社团与体育部门脱钩，由体制外的专业人士“挂帅”，实现专业人办专业事。其次，实现“1+N”体育社团全市覆盖。“1+N”系由1个体育总会与若干个社区体育类社会组织组成。以龙湾区为例，全区实现“1+5”体育社团全覆盖。截至2018年9月，龙湾区正式登记注册的有1个体育总会、6个街道体育总会（32个街道分会）、22个区级单项体育社团、4个健身气功站点。最后，推进社团社会化运行，完善评价激励机制，组织开展体育社团活动月、社团结对社区、社团走进学校等活动，让多劳者多得。截至2018年10月，温州全市依法登记的体育社团有1865个，注册会员10万多人，市级体育社团有77家，数量均居全省第一。其中5A级体育社团19家，4A级体育社团12家，省优秀体育社团25家。75%的市级体育社团承接过体育行政部门以及其他政府部门的

职能转移或购买服务，41%的县市区体育社团承接过。

第二，整合科教医卫资源。市体育局联合温州大学、温州医科大学等高等院校筹建了全省首个体育协同创新发展研究中心、全省首个乡村体育发展研究中心、全省首个运动健康研究院，联合市卫计委在市中西医结合医院创办全省首个公立医院运动医学中心、培训180名能够开具运动处方的全科医生，鼓励社会资本投资创办温州酷i健身运动康复中心，发动社会体育指导员为市民提供科学健身指导等服务，推动全民健身和全民健康深度融合。2018年，温州市已注册的社会体育指导员有3万人，占总人口的3.28‰，数量居全省第一。

第三，构建“10分钟健身圈”。加强社区级公共体育设施建设，实现“10分钟健身圈”全覆盖。结合“大拆大整”“大建大美”，统筹安排一定比例的拆后用地、低效用地，体育部门负责选址、设计、指导，采用公建、自建、捐建、认领等多种方式，以出让、出租等形式吸引有意投身体育的社会机构参与投资建设，让低效土地成为体育设施建设的“金角银边”。新建70家百姓健身房，开展“点单式”“量身定制”的体育教学配送服务，让市民在家门口就能体验到专业器材和专业指导。

（三）加快产业发展，为社会力量办体育提供发展平台

第一，扶持体育产业发展。体育产业是前景广阔的朝阳产业。制定出台《进一步加快现代服务业高质量发展的若干政策意见》，把体育产业列为温州市重点发展的八大现代服务业之一，每年仅市本级就安排财政奖补资金1200万元，重点扶持社会力量兴办体育项目、提升体育产业品牌形象等。制定出台促进体育消费的扶持政策，市本级财政年补贴额度从100余万元增加到500余万元，对持市民卡健身、培训的消费由政府补贴15%，带动体育消费新增5000余万元。

第二，打造高端平台。充分挖掘温州山水资源，规划建设11个体育特色小镇和25个运动休闲基地，带动1000余家体育企业投入体育产业超20亿元，泰顺县百丈时尚体育小镇等3个项目入选国家体育产业联系点典型案

例，文成铜岭山冰雪运动小镇等2个项目被列为首批省运动休闲小镇创建项目。鼓励社会力量参与投资建设体育特色小镇，对于新认定的国家运动休闲特色小镇、省级运动休闲小镇分别给予80万元、50万元奖励。如泰顺县百丈时尚体育小镇着力发展水上运动产业，建成国家青年赛艇队、辽宁省皮划艇队等训练基地，承办全国青年赛艇锦标赛等赛事，2017年带动旅游收入超亿元。

第三，以国际交流促进发展。采取“请进来、走出去”的办法，与意大利皮埃蒙特大区体育部、瑞士卢加诺市、西班牙皇家贝蒂斯足球俱乐部、意大利罗马工商总会等建立合作关系，并首次组织温州龙舟队、青少年足球代表团自费赴意大利参加龙舟赛、开展足球交流培训。举办温州国际运动休闲博览会暨第九届中国·长三角国际体育休闲博览会、首届长三角体育产业高峰论坛，构建体育对外开放合作交流平台。

三　温州社会力量办体育改革试点成效

（一）试点政策体系不断完善

试点以来，温州市在民办业余训练机构管理、政府购买体育公共服务、扶持创新型体育企业发展等方面做了有益探索，已完成14项政策创新、26项重点工作和72项重点项目清单任务，初步建立了人才培养、机构管理、企业扶持发展的政策体系。

（二）竞技体育人才不断涌现

目前，温州市初步形成了多元化的竞技体育人才培养体系，市、县两级社会力量参与或主导的青少年体育训练机构已达149家，在训人数5705人，占在训总人数的65%。在2018年雅加达亚运会上，10名温籍运动员取得了10金4银1铜的历史最优成绩，其中有4名是社会力量培养输送的，包括亚运会冠军罗欢（由民办心桥体操艺术俱乐部培养输送）。

（三）体育赛事更加丰富多样

社会力量凭借丰富的运营经验和体制优势承办体育赛事，突破了政府职能的局限性，使赛事和活动更有活力、更具影响力、更聚人气。2018 年，温州市体育社会组织承办了国际铁人三项赛、四国男篮争霸赛、国际象棋特级大师对抗赛、全国公路自行车锦标赛、温州马拉松等 30 项国际国内赛事。

（四）体育相关产业快速发展

全市社会力量投入体育产业和体育设施项目超过 20 亿元，威斯顿智体小镇、超神互动电竞城、瓯歌云顶草上世界等一批重点项目顺利推进，泰顺百丈时尚体育小镇、文成铜铃山冰雪运动小镇入选浙江省首批 7 家运动休闲小镇培育名单，苍南罗家山航空飞行营地被命名为国家级航空飞行营地。

（五）群众体育获得感明显增强

目前，全市建成体育场地总面积 1800 多万平方米，居全省第一，建成全覆盖的镇（街）“1 + N”体育组织体系（1 个体育总会，若干个社区体育类社会组织），“体育让生活更美好，让城市更精彩”的美好愿望逐步实现。

四　社会力量办体育改革试点工作存在的问题与对策

（一）存在的问题

当前，我国正处在深化改革的攻坚期，体育事业的发展同样存在一些难题，体育产业发展中一些新生事物仍然受诸多的因素限制，社会力量办体育试点工作仍然遇到不少的困难和问题。

第一，政府职能不清晰。随着全民健身、竞技体育、体育产业“三箭齐发”，体育的体量越来越大，体育产业发展中需要进一步发挥市场的作用已经是共识，如何有效发挥政府职能却是一个亟待破解的难题。政府职能不清晰给社会力量办体育带来了一定的不确定性。特别是管理部门放权后，政府的责任其实更重了，如何加强顶层设计、调控监管、服务指导、给予资金支持等都需要做进一步研究。同时，政企、政社间的职责界限也需要进一步明晰。此外，体育经营项目审批需要厘清责任边界。现阶段，有意愿投资体育产业的企业甚至没有公开的平台通道获得政府的体育产业项目信息，各类政府报告、规划文本提出的体育产业发展目录，没有明确负责项目、用地等具体落地执行的可对接部门，相关的流程亟待设计和规范优化。

第二，体制机制不完善。当前社会力量办体育在体制机制上仍然存在一些制度障碍和政策壁垒，制约了社会力量办体育的发展。一是人才注册制度缺陷。开放的赛事和人才流动平台是真正激活民间俱乐部或培训机构活力的有效方式，人才注册的制度壁垒是人才输送链条的关键环节。目前我国的竞技体育人才培养已经开始多元化，而人才的使用仍然局限于传统的“基层体校—省队—国家队”三级人才管理模式。社会力量办体育做大了人才培养的基础，但制度障碍使人才通道依然较窄，特别是目前的注册制度导致运动员的省际流通不畅。二是人才培养机制亟待完善。退役运动员的安置一直是个痼疾，亟待从国家层面来打通人才输送、培养、安置的通道，而运动员安置前的再就业培训显得尤其重要。三是场地难题制约发展。尽管温州市通过供场地、授牌子、派教练、给补贴等方式调动、聚合了一大批社会力量投身体育产业。然而，真正实现盈利的民营训练机构尚为数不多，高昂的场地成本成为它们发展的最大制约因素，特别是温州中心城区如何有效降低社会力量的一次性投资成本，如何统筹土地指标、采取何种模式转让，体育企业能够享受何种优惠政策，有意投身体育的社会机构如何进入等问题，尚需政府在政策层面加以突破。

第三，产业做大做强难。当前社会力量办体育企业盈利困难，影响了体育产业的做大做强。一是体育制造业缺少品牌支撑。调研发现，现有的体育用品生产企业自主品牌少，缺少高端制造，虽然借助网购模式做大了销售渠道，但是利润空间却越来越小。二是举办体育赛事缺少盈利空间。一些体育企业反映，受制于国内体育产业大环境，当前举办商业体育赛事的模式基本处于微利，甚至亏本贴钱的状态，特别是拳击、散打等赛事大多处于企业家贴钱赞助“亏本办比赛”的境况。三是政府对体育产业的支持和引导力度不足。温州民间虽然具有雄厚的社会资本，但面对目前体育产业的公益性与低效益性，资本利润率低，投资意愿受到影响。目前情况下，尚需要政府的支持和引导。目前政府对体育产业的支持力度与资金投入依然不够，体育产业的发展环境尚待进一步改善。

（二）深化改革的对策建议

面对上述现有的政府职能、体制机制、产业环境等方面的诸多困境，温州可以借助作为首个国家级社会力量办体育试点城市的改革契机，联合国家体育总局各相关司局，适时总结、提炼温州社会力量办体育工作过程中遇到的问题和困难，探索相应的解决思路与对策，并通过实践加以检验和改进，共同推进社会力量办体育工作的更好更快发展。

第一，建立工作协调机制。国家体育总局、浙江省和温州市三级层面应当建立响应及时、责任明确、运转高效的工作协调机制，协调相关部门对试点过程中遇到的重点难点问题和政策需求，积极主动听取各方意见，加强政策研究，合作攻关，提出解决方案和具体措施。

第二，打破人才制度壁垒。通过国家级社会力量办体育在温州的试点，推动国家体育总局出台配套政策，对于社会力量培养的运动员的注册、参赛、奖励，社会培养单位的教练员的待遇、职称以及社会力量承办体育赛事等方面给予体制内外同等待遇。

第三，出台配套政策措施。推动出台土地、税收等方面的具体政策规定。出台体育用地划拨、使用权出让等方面具有操作性的具体政策规定，以利于地方政府在土地政策方面对体育产业进行倾斜性安排；推动财政部与国家税务总局下发的《关于体育场馆房产税和城镇土地使用税政策的通知》中相关优惠政策的适用范围扩大至中、小型体育场馆；建议对体育类增值税，特别是承接政府购买体育公共服务的企业、社会组织缴纳增值税实行零税率。要发布体育产业发展项目引导目录，务必明确部门职责，优化工作流程。同时，推动建立体育资源交易平台。依托温州公共资源交易平台，建立集资源交易、电子商务、信息服务等功能于一体的体育资源交易平台，积极推进具备条件的体育资源交易。

第四，配套财政资金扶持。通过投资补助、基金注资、担保补贴、贷款贴息、政府购买服务等多种方式，鼓励社会力量参与体育场地设施建设、体育后备人才培养、赛事运营等。社会力量办体育试点工作经费由财政予以保障，列入年度预算。健全完善《温州市体育产业发展专项引导资金使用管理办法》，明确每年安排一定的资金用于支持体育产业发展。制定出台政府向社会力量购买体育公共服务的管理制度。

第五，规范体育行业标准。《全民健身条例》颁布后，国家目前仅公布了第一批高危险性体育项目，并纳入许可管理。其他大部分体育运动项目尚未有行业标准，政策层面尚未明确如何管理，社会资本进入因此缩手缩脚，不敢放开经营。当前，体育产业市场上出现了一些新兴经营项目，如户外拓展、漂流、极限运动等，数量不少却处于失管状态。要尽快出台体育行业规范标准，解决体育经营项目行业标准滞后问题。

温州是一个民营经济比较发达的地方，民间资本实力雄厚，在实体经济不甚景气的背景下温州资本也在寻找投资出路。一方面，活跃的民间资本已经看到体育产业发展的前景与未来，期待从国家层面给予更高的认可和更清晰的政策扶持；另一方面，改革不到位制约社会力量办体育的活力与空间，迫切需要政府作用的更好发挥，破解发展瓶颈。因此，在深化温州社会力量办体育试点工作方面仍然有较大改革提升的空间。

生　态　篇

Ecological Reports

B.22
2018年温州生态环境保护研究报告

房金巍*

摘　要：2018 年，温州生态环境保护工作围绕“十大攻坚行动”精准发力，生态环境质量实现较大提升、环境整治力度不断加大、生态文明创建稳步推进、生态文明体制改革取得突破进展、生态文明建设示范效应不断凸显。但生态环境质量短板突出、环境基础设施建设滞后、污染防治能力建设不足、生态环境保护机制体制不完善等生态环境保护问题仍然突出。2019 年，温州应以绿色发展为引领倒逼产业转型升级，以环境质量为核心打好污染防治攻坚战，以能力提升为目标构建完善的现代生态环境治理体系，进一步为温州经济社会发展提供生态环境保障。

* 房金巍，温州市生态环境局政工师。

关键词： 环境整治　生态环境保护　温州

2018 年是生态文明建设和生态环境保护事业发展史上具有重要里程碑意义的一年，也是温州生态环境落实党中央、国务院和省委省政府一系列重要决策部署，实施工作转型的关键之年。面对生态环境质量改善的迫切需求和生态环境管理机制体制的不完善，温州以绿色发展与“两山”理念为指引，以打造美丽温州样本为总纲，以改善生态环境为核心，以打赢污染防治攻坚战为主抓手，充分利用环保垂管改革、中央环保督察整改、第八次全国生态环境保护大会、第二次全国污染源普查等契机，实施突出环境问题整改、重污染行业整治等“十大攻坚行动”，加速解决了突出生态环境问题，使温州生态环境保护工作再上新台阶。

一　2018年温州生态环境保护状况

2018 年温州生态环境保护工作超额实现预定目标，全面完成七类重污染行业 1852 家企业整治任务，完成主要污染物省定减排任务；省控站位Ⅲ类以上水体占比近三年首次突破 75%，瓯江、飞云江水质保持全优，县级以上饮用水源水质 100% 达标。市区空气优良率达 95.1%，同比提升 5 个百分点，从全省第 4 位前移到全省第 1 位；市区空气 PM2.5 平均浓度为 30 微克/立方米，实现历史性突破，提前 2 年达到空气质量达标城市标准；污染地块安全利用率为 100%，生态环境质量公众满意度达到 81%。

（一）加大环保执法监管力度，大力推进重污染行业整治，生态环境质量实现较大提升

2018 年温州深入推进碧水、蓝天、净土、清废、控源等五大保卫战，加大环保执法监管力度，全年共出动人员 9.5 万多人次，检查企业 3.7 万多家次，立案处罚案件 1487 件，执法力度居全省前列，没有发生较大及以上

环境突发事件。开展电镀行业深化治理，列入整治的电镀企业有389家，其中48家已落实停产整治，341家均已完成整治。全面完成金属表面处理、线路板、皮革后处理、移膜革、蚀刻、卤制品、铸造等七类重污染行业1852家企业整治任务。启动新七类行业污染整治，印发实施《温州市七类行业整治提升行动方案（2018～2020年）》，全力推进制鞋、工业涂装、包装印刷、有色金属、农副食品、废塑料、苍南气流纺等行业共6000余家企业污染整治，其中鹿城区已关停制鞋企业1004家。

治水方面，以“污水零直排区”建设为抓手，通过强化考核督查、通报预警、一河一策等综合举措，实现水环境质量大幅提升，瓯江、飞云江水质保持全优。全年共完成55个生活小区、4个工业集聚区（工业园区）、8个县级以上集中式饮用水源保护区（包括重点入库支流）和5个乡镇（街道）等“污水零直排区”试点建设，353个入海排污口清理整治，152个长江经济带入河排污口回头看，234座加油站与921个地下油罐改造。全市76个市控以上站位断面达到功能要求的占60.5%，同比上升5.3个百分点；纳入考核的省控站位Ⅲ类以上水体占比75%，同比上升4.2个百分点；全市平原河网39个市控以上监测站位，氨氮、总磷平均浓度同比分别下降10.8%和13.6%。12个跨行政区域交接断面水质达标率为83.3%；纳入国家“水十条”的8个断面均符合考核要求；城市集中式饮用水水源地水质100%达标；省控站位Ⅲ类以上水体占比三年来首次突破75%，超额完成省定目标。

治气方面，通过燃煤锅炉臭气、工业废气、机动车尾气、建筑扬尘等源头治理，实现环境空气质量持续提升，市区环境空气质量居全省第一位，市区空气PM2.5平均浓度为30微克/立方米，同比下降21.1%，实现历史性突破，提前两年达到空气质量达标城市标准。全年共淘汰10蒸吨及以下燃煤锅炉71台，完成620家“散乱污”企业综合整治工作，完成170家重点行业VOCs治理减排项目，50家VOCs深化治理示范项目，均超额完成省定任务，淘汰老旧车25267辆，建筑施工扬尘违法行为结案14起。全市空气质量优良率达到96.7%，较上年提高1.5个百分点，其中市区空气质量优良率达到95.1%，较上年提高5.0个百分点；全市PM2.5平均浓度控制在

27 微克/立方米，较上年同期下降 15.6%。

治土方面，通过摸底治土、规范治废，实现工业固废危废规范化建设走在全省前列。完成农用地土壤质量详查任务，共采集土壤样 2416 个、详查农用地单元 368 个；完成 1858 家企业的基础信息收集，建立了全市污染地块数据库；完成滨江商务区等 6 个污染地块治理修复，实现污染地块安全利用率 100%；精准施策重点重金属减排，完成 2018 年度重金属减排省定任务，比 2013 年下降 25%；建立温州市小微危险废物收集处置服务平台，纳入企业 510 家；有序推进乐清瑞集、永嘉方盛、瑞安天泽大有、平阳飞灰填埋场等治废工程建设。

（二）紧抓中央环保督政整改，实施美丽温州提升工程，公众满意度持续提升

以中央环保督察问题整改为契机，全面深入推进全市突出生态环境问题整改。通过建立领导领办承办、工作督导、考绩考核、约谈警示、履职监察、核查销号等六项制度，按照“1+4”问题清单、任务清单、责任清单推进中央环保督察问题整改工作，开展大排查、大接访、大整治、大执法行动。2018 年，温州市 16 个具体问题中有 7 个问题已完成。其中，2018 年底前要完成的 6 项整改任务均已完成，同时已完成长期坚持的整改任务 1 项。516 个信访问题中已经整改到位 507 个，完成率 98.3%。21 个“举一反三”相关问题已按时序要求完成 6 项。生态环境部新交办的任务中，3 个“清废专项行动固废问题”全部整改到位，17 个饮用水源地环境问题全部整改到位。

实施美丽温州提升工程，全面推进美丽温州建设。按照市委西部生态休闲产业带建设总体部署，突出美丽示范点位创建，谋划推进全市“醉美自然、蒲州新韵、桃源肇山”等 14 个美丽温州提升工程，将其打造成为美丽温州的鲜活形象案例与行动标本，形成了较强的示范引领效应，满足了市民对优美生态环境的需求。持续推进生态文明示范区创建，洞头成功入选国家“两山”理论实践创新基地，洞头、泰顺、文成获得省级生态文明示范县称号。

优化公众服务，加大信息公开，促使生态环境质量公众满意度稳步提升。

落实“最多跑一次”改革，“最多跑一次”保留主项12项、子项15项，制定环保行政审批服务指南，全面推进网络审批，环保审批所有事项实现零上门。积极回应群众，加大信息公开，全年办结环境信访案1.5万件，主动公开环境信息2218条，在市级以上媒体刊发新闻报道363篇，“温州环保”微信公众平台荣获4个国家级荣誉称号，蝉联全国120个城市污染源监管信息公开指数评价第1名。2018年生态环境质量公众满意度得分由上年的77分提高到81分，实现公众对温州生态环境质量评价的稳步提升。

（三）落实污染源普查工作，健全生态环境长效治理体系，提升生态环境监管能力，不断深化生态文明机制改革

以第二次全国污染源普查为契机，进一步摸清温州环保底数。以“查得清、算得准、用得上、治得好”为目标，全市共完成了4大类23.9万个污染源清查，完成5大类共73901个污染源入户普查数据转录入国家软件专网，实施质量审查，同步完成自然资源负债表相关内容编制，启动区域环境承载能力评估编制，为打好污染防治攻坚战奠定基础。同时，温州市顺利承办第二次全国污染源普查工作现场暨视频会议，成功增补为全国试点城市。污染源普查工作多次被生态环境部和省、市党政领导批示肯定并被中央电视台《焦点访谈》《中国环境报》等正面报道，树立了全国样板，成为温州生态环境保护工作新亮点。

健全生态环境长效治理体系，提升生态环境监管能力。狠抓实施“三线一单”编制，完善全市生态环境功能区划，划定生态保护红线2394.5平方千米；完善总量指标基本账户制度；制定产业环保“负面清单”，完成全市所有11个省级工业园区与6个省级特色小镇“规划环评+环境标准”改革；推进排污许可证改革，完成全市104家企业核发工作，初步形成“空间、总量、项目、许可”一体化管理模式，实现污染源头有力防控。推进生态环境中介机构规范化管理，成立生态环境技术服务协会，出台《温州市环保中介机构管理办法》，搭建生态环境技术服务综合信息化平台，强化行业协会自治自律意识。推进“环保管家”试点服务，实现瓯海电镀园区、

浙南产业集聚区试点落地，得到高兴夫、彭佳学两位副省长批示推广及人民网等16家主流网媒采访报道。建成并投用智慧环保一期项目，建成水、气、土全天候监测网络，加速推进生态环保数字化转型。

强化顶层设计，生态文明机制改革不断深化。制定了《温州市高标准打好污染防治攻坚战　高质量推进生态文明示范创建行动的实施意见》，同步配套启动了蓝天、碧水、净土、清废、重污染治理、生态文明改革6大攻坚工作方案，明确三张任务清单，形成“1+6+3”框架体系，明确了未来五年温州市生态文明建设与生态环保工作的任务书、路线图和时间表。探索建立绿色发展激励补偿机制，制定《温州市绿色发展激励奖补机制》，开展苍南县试点工作。印发《温州市党政领导干部自然资源和生态环境损害责任追究实施办法（试行)》，推行市、县、乡三级生态环境状况报告制度，实现全市185个乡镇（街道）生态环境报表全覆盖。

二　当前温州生态环境保护面临的主要问题

2018年温州大力推进重污染行业整治，生态环境监管力度保持高压态势，生态环境质量实现较大提升，生态环境保护机制体制不断完善，生态环境保护取得显著成绩。但中央环保督政反馈的16个问题仍有个别问题还未完成整改，反映出当前温州存在的生态环境质量短板突出、环境基础设施建设滞后、污染防治能力建设不足、生态环境保护机制体制不完善等问题。

（一）平原河网和近岸海域水环境质量不容乐观，土壤环境风险较大

温瑞塘河、瑞平塘河、江南河网等平原河网水体流动性普遍较差，39个监测断面中满足水环境功能要求的监测断面14个，仅占35.9%，水质提升和稳定达标困难，黑臭水体反弹问题突出。近岸海域海水水质仍未见改善，第一类、第二类水质面积占监测海域面积较上年度减少，第四类、劣四类水质面积较上年度增加，重点入海排污口超标排放现象仍普遍存在。特别是滩涂围垦违法填海、违规养殖、入海排污口不达标，成为中央环保督政反

馈的重点，占中央环保督政反馈的16个问题中的5个。土壤环境质量方面，受长期以来工业企业未集聚发展、环保措施不配套等影响，部分地区土壤污染较重，工业企业废弃地土壤环境风险问题突出。

（二）污水处理设施及配套管网建设滞后，生活垃圾处理能力不足，环境基础设施配套问题突出

受历史欠账和资金投入等影响，环境基础设施滞后问题仍然明显，占中央环保督政反馈的16个问题中的6个。城镇污水处理设施和配套污水管网建设滞后，污水管网破损严重、雨污混接普遍、老城区雨污合流仍较为突出，导致大量生活污水仍直排进入周边环境。受配套管网覆盖不完全、常态化运维管理机制不健全和运行维护资金难以保障影响，大量农村生活污水处理设施运行成效差。生活垃圾处置设施建设滞后，生活垃圾分类推行缓慢，瑞安、永嘉、平阳、苍南等垃圾处理能力严重不足，垃圾处理设施长期处于超负荷运行状态，环境隐患突出。危险废物、一般工业固体废物、建筑垃圾、农业废弃物等固体废物利用处置设施配套问题也较为突出。

（三）生态环境治理体系不健全，生态文明体制仍需完善

长期以来经济发展观念作祟，在处理经济发展与环境保护关系时，部分地方政府党政干部仍然未能转变“先发展后治理”的发展观念，在经济社会发展中以招商引资为名简化程序、减少环保考核权重等形式使生态文明各项机制未能落实。同时，长期以来受部门利益掣肘、涉及部门较多、监管责任不明等影响，污染防治领域的“九龙治水”现象突出，未能形成生态环境治理的合理体系，影响了生态环境治理能力的发挥，生态环境管理机制有待进一步梳理。

三　2019年温州生态环境保护形势分析及对策

2019年作为温州生态环境保护机构改革后的开局之年，温州市生态环

境机构组建、生态环境保护综合行政执法改革、生态文明建设多项改革措施落地，将为打好污染防治攻坚战提供坚强的体制机制保障。

（一）围绕突出问题精准发力

以改善环境质量为核心，围绕突出生态环境问题的解决精准发力，不断增强人民群众对生态环境的获得感。深入实施碧水行动，持续强势推进五水共治，以“污水零直排区”建设为主抓手，推动各县（市、区）完成年度建设任务。严格按照污水处理厂清洁排放标准，加大污水处理配套管网建设力度，逐步形成收集、处理和排放相互配套、协调高效的城镇污水处理系统。推进水环境质量持续提升，进一步落实河长制，深入实施流域控制单元水质达标（保持、稳定）方案，严格水环境功能区质量目标管理，加强交接断面水质保护。深入推进近岸海域污染防治，强化直排海污染源监管，实现废水稳定达标排放。加强入海排污口清理整治，全面清理非法设置与设置不合理的排污口。加强入海河流治理，对主要入海河流和入海溪闸实行总氮、总磷排放量控制。强力推进河、湖、库、江、海全域治水，坚持水生态、水景观、水文化一体化保护，全面完成地下油罐更新改造，深化河湖长制效用，强化水质动态督导，持续改善全市水环境质量。以中央环保督察整改为契机，紧盯整改工作反馈具体问题、“举一反三”相关问题、交办信访件、生态环境部新交办整改问题和“回头看”反馈问题等五张问题清单，紧督重推、压实责任，完成剩余问题整改，推进乐清瑞集、永嘉方盛等固废设施投入运行，加快推进乐清垃圾填埋场、永嘉垃圾焚烧厂等重点项目建设，全面补齐处置设施建设短板。

（二）围绕行业整治助推绿色发展

以深化重污染行业整治为重点，深入推进产业转型升级，助推绿色发展。针对温州市低小散污企业量大面广的突出短板，深化治源固本行动，按照“集聚入园一批、规范提升一批、关停淘汰一批”的要求，深化电镀行业整治，全面推进工业涂装、包装印刷、制鞋、有色金属、农副食品、废塑料、苍南气流纺等新一轮七大行业6000余家企业整治提升，切实加大污染源头治理力度，实施分类处置，进一步推动传统产业转型升级。结合乡村振兴战略，大力发展高效生态现代农业，积极培育战略性新兴产业和高新技术产业，着力壮大节能环保产业，大力发展现代服务业，着力推动绿色产业发展。强化资源节约和循环利用，实施新一轮循环经济“991”行动计划，全面推进重点领域和重点用能企业的节能管理，实行最严格的节约集约用地制度，落实最严格水资源管理制度。倡导简约适度、绿色低碳的生活理念，推行绿色消费，反对奢侈浪费和不合理消费，推动形成绿色生活方式。

（三）围绕体制改革提升管理服务能力

以新的生态环境保护部门组建和垂管改革为契机，立足温州实际，重点加快建立健全温州市域的生态环保文化体系、生态环境监管体系、生态环保责任体系、生态环保经济政策体系、生态环保法治体系、生态环保能力保障体系、生态环保社会行动体系。以全面加强党的领导为统领，健全完善生态环境保护工作机制，落实党政主体责任。完善环境监管执法机制，按照打造环境执法最严、守法最优城市的要求，健全完善监管体系。健全地方环境保护管理体制，落实地方政府及相关部门的监管责任，增强环境监测监察执法的独立性、统一性、权威性和有效性。结合基层治理“四个平台”建设，推进乡镇（街道）、村（社区）生态环境网格化监管工作，压实网格化监管责任，确保生态环境监管责任落实。建立健全对党委政府和市直单位生态文明建设成效考绩机制，对年度工作目标任务完成情况进行考绩。将考绩结果作为领导班子和领导干部综合考核评价的重要依据。建立党政领导干部生态环境损害责任终身追究制。坚持环保为民的立场，持续深化“放管服”改革，着力服务重大项目审批，全面落实环评审批代办制，实现“不见面”审批；全面优化“最多跑一次”事项网络办理，实现更多“零次跑”。及时总结环保管家服务试点成熟经验，逐步向全市推广。逐步推行企业环保行为积分制管理，寓服务于执法中；优化领导干部与重点企业挂钩上门帮扶制度，切实解决企业环保困难，提升环保队伍形象。强化生态文明理念宣传，重点讲述温州环保好故事、好声音，传递环保正能量。

（四）围绕摸清底数实现合力共治

以第二次全国污染源普查为契机，全力摸清全市生态环境污染底数，为打赢污染防治攻坚战奠定坚实基础。对照国家、省关于生态环境治理体系和治理能力现代化的要求，努力建立健全市域生态环境保护领导和管理体制、激励约束并举的制度体系、政府企业公众共治体系，显著增强综合管理、执法监管、社会服务能力，大幅提升专业素质和保障支撑水平，进一步构建完善市域分工合理、职责明确、运行顺畅、高效优质的现代生态环保治理体系。在 2018 年改革的基础上，深入实施生态环境技术服务中介机构管理办法，持续开发应用技术服务综合信息平台，利用市生态环境技术服务协会成立的契机，引导行业制定自律举措，落实诚信评价制度，提升行业服务水平，整顿规范行业市场秩序。进一步完善公众参与机制，充分发挥全市环保志愿者联合会的组织优势，全力发动社会环保组织与社会志愿者力量，实施环保公益创投示范项目，深入推进环境设施及场所开放，持续深化主题丰富的生态文明教育基地建设，精心打造教育基地示范项目，创建全民共治的“温州样本”。

B.23

温州市生态环境报表制度研究

孙克文　王贤沛　周　洁　唐庆蝉*

摘　要： 生态环境报表是温州市强化生态环境要素管理的一个新载体，也是温州市推进生态环境管理机制的重要改革创新项目。经过三年多的探索，温州市已建成了覆盖所有乡镇（街道）的生态环境报表制度，具有目标要求明确、指标体系科学、表达形式多样的特征，呈现了良好的社会效益。受报表认识水平参差不齐、技术支撑建设滞后、开发应用不足等影响，温州市生态环境报表制度在实施中仍存在目标定位偏差、报表运行成效不佳、报表作用未发挥等问题。为进一步发挥温州市生态环境报表的作用，建议从提高报表认识水平、丰富报表内涵和形式、扩展报表应用范围等方面进行推进。

关键词： 温州　生态环境报表　生态文明

2015年，中共中央、国务院印发的《关于加快推进生态文明建设的意见》提出，要健全政绩考核制度，把资源消耗、环境损害、生态效益等指标纳入经济社会发展综合评价体系，大幅增加考核权重，强化指标约束，不

* 孙克文，温州市环境监测中心站工程师；王贤沛，温州市机动车排气污染防治管理中心经济师；周洁，温州市生态环境局文成分局高级工程师；唐庆蝉，浙江中蓝环境科技有限公司科研中心主任，高级工程师。

唯经济增长论英雄；要健全生态文明建设领导体制和工作机制，及时总结有效做法和成功经验，完善政策措施，形成有效模式，加大推广力度。为了落实国家、省市生态文明改革工作部署，创新生态环境管理机制，温州市于2016年探索建立了生态环境报表制度，作为强化生态环境要素管理的一项新载体。

一　温州市生态环境报表制度建设情况

经过三年多的探索，温州市已建成了覆盖所有乡镇（街道）的市县两级的生态环境报表制度，形成了较为科学的指标体系，成为温州市强化生态环境要素管理的重要载体。

（一）建设历程

2016年，为了进一步强化生态环境要素管理，创新生态环境管理机制，温州市在全省率先建立生态环境报表机制。将市区空气质量优良率等6项环境质量指标和城镇生活污水处理厂出水监督性监测达标率等10项环境管理指标纳入报表指标体系，利用当月、累计月份、累计同比、全省排名4套数据，建立了每月发布的“温州生态环境报表”，面向市县两级主要领导、省市县三级环保部门、市级相关部门和人员对市本级、各县（市、区）生态环境状况进行通报，成为温州市继“经济报表”“平安报表”之后的第三个重要报表。2017年，结合生态环境要素管理要求，对“温州生态环境报表”指标体系进行了优化，剔除了平原河网主要污染物和建设项目总量指标余额两个指标，增加了交接断面主要污染物浓度指标。2018年，“温州生态环境报表”指标体系结合新形势继续进行了优化，剔除了市控以上监测断面劣Ⅴ类站位数、交接断面主要污染物浓度、省重点监控企业监督性监测达标率指标，增加了空气臭氧浓度、出境断面主要污染物浓度、污染地块安全利用率、重点排污单位监督性监测达标率、环境信访指标等。温州生态环境报表指标体系及变化情况详见表1。

表1　温州生态环境报表指标体系及变化情况

序号	类型		2016年	2017年	2018年	备注
1	环境质量指标	空气环境质量	市区空气质量优良率（%）	市区空气质量优良率（%）	市区空气质量优良率（%）	—
2			市区空气PM2.5浓度（μg/m³）	市区空气PM2.5浓度（μg/m³）	市区空气PM2.5浓度（μg/m³）	—
3			—	—	空气臭氧浓度（μg/m³）	—
4		水环境质量	平原河网主要污染物（mg/L）	—	—	氨氮、总磷
5			—	交接断面主要污染物浓度上升个数	—	氨氮、总磷、高锰酸盐指数
6			—	交接断面主要污染物浓度下降个数	—	氨氮、总磷、高锰酸盐指数
7			—	—	出境断面主要污染物浓度上升个数	氨氮、总磷、高锰酸盐指数
8			—	—	出境断面主要污染物浓度下降个数	氨氮、总磷、高锰酸盐指数
9			县级以上集中式饮用水水源地水质达标率（%）	县级以上集中式饮用水水源地水质达标率（%）	县级以上集中式饮用水水源地水质达标率（%）	—
10			市控以上监测断面劣Ⅴ类站位数	市控以上监测断面劣Ⅴ类站位数	—	—
11			—	—	地表水市控以上监测断面未达标站位数	—
12		土壤环境质量	—	—	污染地块安全利用率（%）	—

续表

序号	类型		2016 年	2017 年	2018 年	备注
13	环境管理指标	污染物总量	建设项目总量指标余额(吨)	—	—	化学需氧量、氨氮、二氧化硫、氮氧化物
14		重点污染源监管	城镇生活污水处理厂出水监督性监测达标率(%)	城镇生活污水处理厂出水监督性监测达标率(%)	城镇生活污水处理厂出水监督性监测达标率(%)	—
15			省重点监控企业监督性监测达标率(%)	省重点监控企业监督性监测达标率(%)	—	—
16			—	—	重点排污单位监督性监测达标率(%)	—
17			企业自行监测公布率(%)	企业自行监测公布率(%)	企业自行监测公布率(%)	—
18		环境执法	环境案件数(件)	环境案件数(件)	环境案件数(件)	—
19			环境问题曝光数(件)	环境问题曝光数(件)	环境问题曝光数(件)	—
20			—	—	环境信访	—
21		环境社会评价	生态环境质量公众满意度	生态环境质量公众满意度	生态环境质量公众满意度	综合分、满意度、认知度

除在温州市本级建立生态环境报表制度，温州市积极探索在各县（市、区）推行生态环境报表制度。2017 年，乐清市作为生态环境报表制度县级试点单位，将生态环境报表制度列为生态文明体制改革的重要项目，建立了乐清市生态环境报表制度，将生态环境质量、水环境治理、重点污染源管理、社会评价和年度重点工作等 5 项 14 个指标纳入报表内容，每月向辖区内主要领导、各乡镇和相关部门进行报送，实现了对辖区内所有乡镇（街道）的全覆盖。2018 年，温州市将建立生态环境报表月报制度作为 2018 年度美丽温州建设（生态文明示范创建行动计划）考核内容，对各县（市、区）生态环境报表制度进行总体部署，全面建立了市县两级的生态环境报表，覆盖了所有县和乡镇（街道），实现了“一月一报表”的生态环境报表

制度。同时，苍南县作为生态环境报表制度应用试点地区，探索基于生态环境报表的生态环境预警制度，编制面向不同对象的“生态环境预警表”，初步形成了苍南县生态环境预警机制。

（二）主要特征

温州市及各县（市、区）生态环境报表在总体目标、内容、指标等方面构建了较为全面的框架，基本建成了“大同小异”、个性鲜明、内涵丰富、表达形式多样的生态环境报表制度。

1. 目标要求明确，作用突出

生态环境报表制度建成后，按月发布区域内的生态环境报表，以报表形式定期报送区域内的生态环境质量状况、生态环境管理状况、年度生态环境重点工作等信息，成为生态环境要素管理的重要载体。生态环境报表制度对重要指标变化予以警示标注，及时向辖区内党委政府班子、相关部门和成员反馈区域内生态环境要素管理状况，有效地为区域内提供生态环境预警，为区域内经济社会发展决策提供依据，也有效地形成了区域内生态环境保护实绩量化评估引导机制，呈现了较好的社会效益。

2. 指标体系科学，可操作性强

在指标体系建设上，主要选择能反映区域生态环境质量状况、生态环境管理状况，与群众认同感相关的，具有稳定获得性、可量化，且对于生态环境要素的管理具有较强的预警作用的数据指标，这确保了指标选择的可操作性。在指标类别上，报表内容分总指标和分类指标，重点涉及水环境质量、环境空气质量、重点污染源监管、环境执法、环境社会评价等方面，基本覆盖了生态环境各要素。同时，指标的选择在保持总体稳定的情况下，结合年度工作考核和生态环境要素变化特征进行动态变化，确保了指标选择的科学性和针对性。

3. 表达形式多样，特色鲜明

温州市和各县（市、区）生态环境报表在目标、内容框架、指标体系等方面总体保持一致，确保报表具有较强的系统性和可对比性。同时，温州市和各县（市、区）生态环境报表结合自身区域特征和工作重点，创新表达形式，各个报表的个性特色鲜明。如温州市在原有报表数字化、表格化的基础上，突出报表的图形化表达；苍南县形成“一镇一报表、一月一警示、一季一汇总”的制度，突出报表的生态环境预警功能开发；瑞安市增加空气负氧离子浓度指标、生态文明建设评价指标和文字综述，突出区域内生态文明建设的要求；乐清市增加总量控制指标；平阳县增加环评审批备案数指标，突出区域内环境管理要求；泰顺县增加文字总结和每月重点工作，强化报表与日常生态环境管理工作之间的联系。

二　温州市生态环境报表制度存在的问题

虽然温州市已建立了市县两级的生态环境报表制度，做到了乡镇（街道）全覆盖，但仍存在认识水平参差不齐等主观问题和报表技术支撑建设滞后、报表应用开发不足等客观问题。

（一）思想认识不足，影响报表目标定位

受认识上的限制，部分县（市、区）报表制度浮于形式，导致报表内涵不全、报表更新不及时，影响了报表的目标定位。生态环境报表作为生态环境要素管理的重要载体，是量化反映、提示预警和监督各地生态环境保护工作的一个重要工具。部分县（市、区）未能真正地认识到生态环境报表在推进生态环境保护工作中的重要意义，未能切实摆正生态环境报表的定位，存在畏难情绪，没有充分发挥主观能动性，仅限于被动完成市对县的考核要求，导致在目标认识上存在偏差、区域覆盖上存在盲区。生态环境报表公布的内容要求能够真实、客观、全面地反映区域当前的生态环境相关信息。部分地方生态环境报表未能实现生态环境要素（空气、水、土壤、重点污染源、环境信访、环境执法、生态环境质量公众满意度等）的全涵盖，未能完整呈现辖区的生态环境质量和管理的真实状况，各地的地方特色行业性指标、优势劣势指标等个性化指标未能呈现。生态环境报表作为定期发布各辖区的生态环境质量状况、重点污染源管理、环境社会评价、年度重点工

作的媒介，必须按照月度时间节点及时印发，对各类不良或异常生态环境信息必须及时报送、及时预警。部分地区仍存在生态环境报表月度报送不及时、报送时间不稳定的情况，工作没有常态化、制度化，对生态环境报表的参考价值、运用效果造成一定影响。

（二）技术支撑滞后，影响报表运行效果

受监测能力建设滞后、部门数据共享不畅等技术支撑能力不足影响，生态环境要素覆盖不全、报表数据更新滞后，影响了报表的运行效果。生态环境监测能力作为生态环境报表技术支撑的重要基础，其结果是对生态、水、气、土等生态环境要素的直接反映。温州市现有市控以上地表水监测点 176 个，国控环境空气质量监测点 16 个，监测主体为市县两级环境监测站，数据较为规范，对温州市和各县（市、区）的环境质量变化的监测具有较强的代表性，基本满足市本级生态环境报表编制的要求。近年来，结合“五水共治”等要求，各县（市、区）相继建立了覆盖所有乡镇（街道）的地表水监测网络和主要乡镇（街道）的环境空气质量监测网络，但受监测布点不科学、监测采样不规范、设施建设滞后、检测（运营）单位从业水平限制等问题的影响，难以满足各县（市、区）生态环境报表编制要求。除地表水、环境空气质量监测能力不足外，土壤、生物多样性等监测能力技术支撑的滞后，也影响了报表内容的覆盖面。现有生态环境相关数据分散在生态环境、自然资源、水利、住建、气象等部门，数据共享、数据脱密处理等技术建设滞后，数据共享渠道不畅，更新频率滞后，也影响了报表的运行效果。

（三）应用开发不足，影响报表作用发挥

生态环境报表作为区域生态环境要素管理的重要载体，需要结合地方特色完整呈现辖区内的生态环境质量和管理状况。而当前各地对于地方特色行业性指标、优势劣势指标等个性化指标缺少研究，影响了生态环境报表在区域内生态文明示范创建和突出生态环境问题解决中的应用。生态环境报表作为定期发布各辖区生态环境质量状况、重点污染源管理、环境社会评价、年

度重点工作的媒介，需要对各类不良或异常生态环境信息进行及时报送、及时预警，而当前部分地区存在“报喜不报忧”“技术回避”等问题，没有直面实际的生态环境问题，缺少必要的提醒预警机制，尚未建立完善的提醒预警流程，影响了报表预警功能的发挥。区域内生态环境治理体系不健全，生态文明体制有待进一步深化，需要进一步拓展生态环境报表在生态建设、环境管理、行政决策、行政考核、绩效评估等方面的应用研究。

三　温州市生态环境报表机制建设对策建议

为进一步完善生态环境报表制度，切实发挥生态环境报表作用，结合生态文明体制改革，建议从提高报表认识水平、丰富报表内涵和形式、扩展报表应用范围等方面进行推进。

（一）提高报表认识水平，发挥报表载体工具功能

进一步提高思想认识，将生态环境报表打造成为生态环境要素管理的重要载体以及量化反映、提示预警和监督各地生态环境保护工作的一个重要工具。充分利用生态环境报表的信息传播途径，提高市级主要领导对生态环境报表编制的重视程度，将生态环境报表打造成为领导了解生态环境变化的“窗口”和推进生态环境保护工作的“促进剂”。充分利用生态环境报表的预警和决策支持功能，增强各县（市、区）和乡镇（街道）党政负责人对生态环境报表内容重要性的认识，将生态环境报表打造成为各级领导干部生态环境保护的“成绩单”和生态环境违法的“紧箍咒”。充分利用生态环境报表的载体工具功能，提高生态环境管理部门和责任人对生态环境报表实施重要性的认识，将生态环境报表打造成日常生态环境要素管理和生态环境保护工作的重要“武器”。

（二）强化报表技术支撑，丰富报表内涵和形式

进一步强化技术支撑，丰富报表内涵，精准表达形式，提高生态环境报表运行效果。结合各县（市、区）地表水和环境空气质量监测网络建设，提

高监测规范性和科学性。以现有农用地土壤监测、自然保护区生物多样性监测为基础，加快土壤、生物多样性等监测能力建设，扩大生态环境要素质量监测覆盖范围。推进生态环境、自然资源、水利、农村农业、住建、气象等部门内部、部门之间的数据开放共享，整合集成生态环境监测数据，建设监测预警数据库，运用云计算、大数据处理及数据融合技术，实现数据实时共享和动态更新，为生态环境报表制度完善奠定数据基础。继续丰富生态环境报表内涵，在客观全面呈现辖区的生态环境质量和管理状况的基础上，丰富本辖区内个性化指标，如将年度重点工作、生态环境优势和劣势、特定行业特定区域污染因子等纳入报表内容，使生态环境报表成为区域生态文明建设实践和污染防治攻坚战的“助推表”。丰富生态环境报表形式，提升生态环境报表信息表达的精准度和清晰度，运用数字化、表格化、图形化等形式，使生态环境动态信息、环境要素实况、环境信访投诉热点等信息的呈现一目了然，精准发挥生态环境报表作为生态环境质量与管理的“预警表”作用。

（三）扩展报表应用范围，强化成果运用开发

开展生态环境报表应用开发研究，拓展报表覆盖范围，强化生态环境报表成果的运用。加强报表规范性建设，从目标、内容、指标、应用等方面建立温州市生态环境报表制度的技术规范，实现温州市生态环境报表的常态化、制度化。进一步扩展报表的受众覆盖面，逐步从辖区党委、政府、人大、政协领导班子成员、两代表一委员扩展到全社会，使生态环境报表成为凝聚社会共识、引导公众对环境保护的参与责任意识的载体，成为公众生态环境知情的“晴雨表”。结合生态环境治理体系建设和生态文明体制改革，进一步拓展生态环境报表在预警、生态建设、环境管理、行政决策、行政考核、绩效评估等方面的应用研究。在成果运用上因地制宜、注重实效，实现对特定对象预警“一对一”形式，对辖区主要领导总结汇总排序形式，对公众通俗形象直观形式，从而强化特定对象的责任意识，辖区政府守土有责的责任担当，让生态环境报表为辖区环境质量提升提供服务，为政府决策和环境质量与管理提供预警，成为政府决策的“支撑表”。

B.24 温州市存量生活垃圾现状调查与治理建议

叶舒帆　潘　霞*

摘　要： 温州市有很多早期建设的非正规存量生活垃圾填埋场，这些填埋场大多对周边环境存在较大的污染风险和安全隐患，成为温州市发展过程中不可回避的社会环境问题之一。本报告调研了温州市典型存量生活垃圾填埋场的现状，介绍了当前存量垃圾几种主要的治理模式并结合案例分析了填埋场治理方案的比选方法。

关键词： 存量生活垃圾　填埋场　垃圾治理

存量生活垃圾是指生活垃圾经过填埋处置、封场多年后，经过自然菌发酵或人工输氧爆气加速发酵，有机质腐败彻底分解后的待处理生活垃圾。虽然，当前我国生活垃圾（尤其是南方地区）主要的处理方式为焚烧，但由于我国实行生活垃圾无害化处理技术的时间较短，过去产生的生活垃圾多利用自然条件堆填，而多数填埋场未按照卫生填埋场的规范标准进行建设、运行及封场。

据不完全统计，全国范围内仅规模性的非正规存量垃圾填埋场已超3000座[①]。这些填埋场大多未设置环保措施，无防渗系统（含水平和垂

---

* 叶舒帆，浙江中蓝环境科技有限公司副总经理，高级工程师；潘霞，浙江中蓝环境科技有限公司工程师。

① 李玲、王颋军、唐跃刚：《封场非正规垃圾填埋场的场地调查浅析》，《环境卫生工程》2014年第2期。

直）、无地下水导排系统、无填埋气导排和处理系统、无渗滤液导排和处理系统，对周边环境存在较大的污染风险和安全隐患。为改善区域生态环境，盘活土地资源，温州市迫切需要开展存量生活垃圾的妥善治理。

一　当前温州市存量生活垃圾的基本状况

目前，温州市有很多早期建设的非正规存量生活垃圾填埋场。根据初步的调研结果，这些垃圾填埋场缺乏合理的规划和设计，存在渗滤液泄漏、恶臭污染严重、垃圾堆体自燃等现象，严重影响到周边地表水、地下水、土壤和空气环境质量，这与温州市日益增长的经济水平形成了强烈的对比，成为温州市发展过程中不可回避的社会环境问题之一。

本报告选取了温州市典型的 6 个非正规存量生活垃圾填埋场进行分析，各个垃圾填埋场的基础信息详见表 1，调查时间为 2016～2018 年。

表 1　温州市典型非正规存量生活垃圾填埋场基本信息汇总

县区	名称	使用时间	占地面积（亩）	填埋量（万立方米）	垃圾类别
温州市区	卧旗山垃圾填埋场	1983～2003 年	64.8	76	生活垃圾、工业垃圾
温州市区	杨府山垃圾填埋场	1994～2006 年	171	170	生活垃圾为主
温州市区	后寮垃圾填埋场	2007～2011 年	71.8	9	生活垃圾为主
瑞安市	东山垃圾填埋场	2002～2013 年	295	238	生活垃圾为主
乐清市	大荆垃圾填埋场	2011 年至今	129	80	生活垃圾为主
苍南县	新美洲垃圾填埋场	1992～2013 年	74.2	42	生活垃圾、建筑垃圾

（一）填埋场空间分布

从空间位置分析，温州市非正规存量生活垃圾填埋场多分布在水体流域附近，如本报告中的卧旗山垃圾填埋场分布在瓯江沿岸、新美洲垃圾填埋场分布在东海沿岸等；主要是因为温州市海域面积辽阔，早期受台风等恶劣天气影响，垃圾填埋场多设在人口较稀疏、空气流动性好、纳污能力强的沿海滩涂。但随之而来的是对温州市近岸区域环境以及海洋环境的潜在污染风险。

（二）填埋场基本特征

从地形地貌分析，温州市非正规存量生活垃圾填埋场主要分为滩涂型和山谷型，如卧旗山垃圾填埋场为滩涂型填埋场，后寮垃圾填埋场则是山谷型填埋场。从面积分析，填埋场占地面积从几十亩到几百亩不等，其中东山垃圾填埋场面积最大，约 295 亩。从库容分析，填埋场填埋量从几万到几百万立方米不等，其中东山垃圾填埋场填埋量最大，为 238 万立方米。从垃圾类型分析，填埋物以生活垃圾为主，部分伴有建筑垃圾。从使用时间分析，建设时间较早的填埋场多为简易垃圾填埋场，垃圾无害化处理率较低，采取的污染防治措施较少，如卧旗山垃圾填埋场。近几年投入使用的垃圾填埋场则有系统的填埋气体、渗滤液处理措施等，如大荆蒲湾垃圾无害化处理场。

（三）填埋场污染现状

本报告以卧旗山垃圾填埋场（调查时间 2017 年）、杨府山垃圾填埋场（调查时间 2016 年）、东山垃圾填埋场（调查时间 2018 年）为例，分析温州市典型存量生活垃圾填埋场的污染情况。

1. 填埋场垃圾成分

三个存量生活垃圾填埋场垃圾成分平均值见表 2，各自组分中占比最大的是腐殖土，平均值在 50% 以上（重量比，下同）；其次是塑料、渣砾和纺织；含量较少的组分是纸张、金属和玻璃等。

2. 污染特性分析

三个存量生活垃圾填埋场填埋气中甲烷含量、渗滤液 BOD_5/COD 比值和腐殖土重金属含量见表 3。

表 2　各垃圾填埋场填埋垃圾成分平均值分析

单位：%

项目	卧旗山垃圾填埋场	杨府山垃圾填埋场	东山垃圾填埋场
腐殖土	66.54	65.23	54.54
渣砾	9.90	11.19	6.50
塑料	11.62	13.9	19.26
橡胶	3.52	1.48	1.77
纺织	4.39	4.05	13.01
竹木	2.09	2.27	2.64
玻璃	0.99	0.88	1.17
金属	0.93	0.93	0.95
纸张	0.01	0.07	0.16

表 3　各垃圾填埋场污染特性分析

项目		卧旗山垃圾填埋场	杨府山垃圾填埋场	东山垃圾填埋场
填埋气	甲烷(%)	25.64	34.88	21.16
渗滤液	BOD_5/COD 比值	0.24	0.12	0.25
腐殖土	总铬(mg/kg)	1994	1807	638
	铜(mg/kg)	1119	840	481
	锌(mg/kg)	3124	2231	1130

三个填埋场填埋气甲烷浓度范围为 21.16%～34.88%，都大于 15%。根据《生活垃圾填埋场污染控制标准》（GB 16889－2008），生活垃圾填埋场应采取甲烷减排措施，当通过导气管道直接排放填埋气体时，导气管排放口的甲烷的体积分数不大于 5%；三个填埋场产生的甲烷气体基本都聚积于堆体内部，安全风险极大。

三个填埋场垃圾渗滤液 BOD_5/COD（B/C）比值范围为 0.12～0.25。根据工程经验，B/C＞0.58，完全可生物降解；B/C 介于 0.45～0.58，生物降解良好；B/C 介于 0.30～0.45，可生物降解；B/C＜0.30，难生物降解。故三个垃圾填埋场渗滤液难生物降解。

三个填埋场腐殖土总铬浓度范围为 638～1994mg/kg，超过《绿化种植土壤》（CJ/T 340－2016）重金属Ⅲ级标准（250mg/kg）；铜浓度范围为

481～1119mg/kg，同样超过重金属Ⅲ级标准（400mg/kg）；锌浓度范围为1130～3124mg/kg，超过重金属Ⅲ级标准（500mg/kg）。故填埋场腐殖土存在一定程度的重金属污染。

二　存量垃圾治理模式的探究

存量垃圾及其污染常见的治理方案有生态封场、好氧治理、整体搬迁和垃圾筛分及资源化等四种。

（一）生态封场方案

该方案是对垃圾堆场就地进行标准封场，这是目前国内外处理简易垃圾填埋场普遍应用的办法。工程措施包括对垃圾堆体进行必要的整形，修筑平台、盘山道、边坡排水渠与雨水边沟；建造垂直及水平防渗系统，对渗滤液进行定向收集导排；然后对垃圾堆体进行最终覆盖及植被恢复，并建设填埋气体集中收集处理系统，最终达到消除垃圾堆体的安全隐患及产生的臭味，有效减少渗滤液的产生量，有效控制处理填埋气体及渗滤液对周边环境的污染，改善景观，达到生态恢复的目的。

此方案的优点在于施工周期短、工艺成熟；缺点为稳定化时间长，废物总量未减少，环境安全隐患未消除，影响长期存在。

（二）好氧治理方案

好氧生态修复技术来源于20世纪末美国研究的“填埋场生物反应器”（LBR），是近20年才出现的垃圾填埋场治理新技术，在美国、德国、意大利等国已成功应用，目前在我国成功应用的工程案例较少。

该方案是通过在填埋堆体中埋设注气井、注液井和排气井，向垃圾堆体内注入空气，并将收集的渗滤液和其他液体回注至垃圾堆体，使堆体中的有机物在适宜的含氧量、温度、湿度条件下，经好氧微生物的作用快速降解，同时通过排气井排除垃圾堆体中的二氧化碳等气体。方案涉及的主要工程是注气、注液和排气井工程、渗滤液循环、排气处理、场地排水、造景等。

该方案的优点在于二次污染少，工程量较小；缺点为处理周期较长，未彻底消除污染，治理后土地利用方式受限。

（三）整体搬迁方案

该方案是新建一个垃圾卫生填埋场，然后对垃圾堆体进行整体开挖，将全部垃圾运输到异地现有或新建的卫生填埋场填埋。方案涉及的主要工程是堆体开挖、垃圾运输、卫生填埋场建设及其封场覆盖和生态恢复、原场址的修复治理等。

在垃圾堆体开挖过程中，应根据填埋能力合理制订开挖计划，分区分步实施开挖，开挖期间做好垃圾堆体覆盖防水工作。作业过程中应通过工程措施防爆降尘，避免堆体破坏引起的滑坡。垃圾转运过程应做好二次污染防治、事故预防和监管措施，确保转运工作环保、安全达标。

此方案的优点在于消除原场地污染源，操作简单；缺点为投资费用高，垃圾开挖过程存在二次污染风险，现有填埋场冗余不足，新建填埋场落实困难，环保要求高，治理成本高。

（四）垃圾筛分及资源化方案

该方案是将已有垃圾堆体开挖后进行筛分，各项组分综合利用或无害化处置。堆体垃圾由挖掘机挖出，由装载机送到垃圾匀料斗内，垃圾经板式给料机输送到滚筒筛内，板式给料机上加设破碎机，将大件垃圾破碎。采用筛分工艺进行处理，即根据物料中各组分物理性质的差异，如密度、颗粒大小、磁化率和光电性质等，利用这些性质的差异选用适当的设备，可将物料分成性质相近的若干类。通常筛分后的垃圾可分为腐殖土、轻质物、无机骨料、金属和玻璃 5 种。腐殖土可能受到污染，经修复后可用于城市绿化、种植等，借助植物吸收腐殖土中的有机质和氮磷等物质；轻质筛上物主要由塑料、织物和竹木等组成，可直接焚烧或制成垃圾衍生燃料（RDF）；无机骨料粉碎后制成砼建筑块件或填石用料。

方案主要涉及工程有垃圾开挖、垃圾分选、筛上物与垃圾外运、腐殖土的处置等。在方案实施过程中要进行垃圾渗滤液、臭气等多方面的二次污染防治，实现无害化前提下的资源化。作业过程中应通过工程措施防爆降尘，避免堆体破坏引起的滑坡。垃圾转运过程应做好二次污染防治、事故预防和监管措施，确保转运工作环保、安全达标。

此方案优点在于彻底消除污染，实现减量化、资源化；缺点为垃圾开挖及运输过程存在二次污染风险，筛分后的各项组分难以妥善处置。

三　温州市存量生活垃圾治理的成功案例及对策建议

存量生活垃圾是一个巨大的污染源，严重影响到周边地表水、地下水、土壤和空气环境质量，进而威胁人群健康，阻碍城市化建设进程。着手解决存量垃圾问题，既是承担解决历史遗留问题的社会责任，也是完成推进生态文明建设、保护区域环境质量、改善环境卫生条件的重要任务，具有较大的社会、环境效益。

以卧旗山垃圾填埋场和杨府山垃圾填埋场为例，进行案例研究，分析如何根据存量生活垃圾填埋场的实际情况，选择适宜的治理技术，进而达到消除污染、安全利用的目的。

（一）案例分析

1. 卧旗山垃圾填埋场

温州市卧旗山垃圾填埋场坐落于温州市鹿城区双屿街道牛岭村瓯江边上，属于简易垃圾填埋场，始建于 1983 年，2003 年停止使用，占地面积约 64. 8 亩。

卧旗山垃圾填埋场拟进行原址再开发利用，生态封场和好氧治理两种治理方案因不能彻底消除污染，不符合场地未来开发需求，故两种方案均不适合。整体搬迁和垃圾筛分及资源化治理两种治理方案均能满足治理目标。若采用整体搬迁，需要现有垃圾填埋场消纳或异地新建垃圾填埋场接纳。考虑到温州市市区及周边存在的垃圾填埋场只有瓯海区天长岭垃圾填埋场，但该填埋场主要用于接收市区内垃圾焚烧厂的固化飞灰和炉渣，库容量较小，不足以接纳本填埋场的填埋垃圾。此外，新建填埋场场址选择困难、政府监管严格，程序复杂，新建成本高，整个工程完工周期长。故整体搬迁不具备前提条件，基本不具可行性。从国内外垃圾填埋场的治理情况来看，垃圾筛分及资源化方案对污染的治理最为彻底，不仅可以彻底消除污染源有效控制垃圾产生的臭气和土壤、地下水污染，快速实现土地盘活，还能通过筛分处置模式实现垃圾的资源化和垃圾填埋场治理的无害化目标。填埋场垃圾筛分及资源化方案在国外有较多应用，近两年在国内也有类似工程项目在实施，具有较高可行性。从环境保护、经济性、安全性和可行性等多方面考虑，卧旗山垃圾填埋场治理采用垃圾筛分及资源化方案。

2. 杨府山垃圾填埋场

杨府山垃圾填埋场始建于1994年，位于温州市城区东向的瓯江边，占地面积约100612.93平方米，共计填埋垃圾约170万立方米。垃圾填埋场平均填埋深度15米，最高堆填深度24米，南北轴向最长200米，东西宽度430米，填埋起讫时间为1994~2006年。

随着城市的发展和扩大，杨府山垃圾填埋场周边已建成住宅社区和重要的公共建筑，如会展中心、酒店等。根据控规调整方案，温州市中心片区污水处理厂改扩建完成后，将对污水厂上部空间进行覆土绿化，与杨府山垃圾填埋场形成一个整体的体育休闲公园用地。杨府山垃圾填埋场最终将作为体育休闲公园的组成部分进行综合利用。

杨府山垃圾填埋场南面的桃花岛片区和北面的经济园区属温州市近年来城区东扩的重点开发区域，西面属杨府山居住区，杨府山垃圾填埋场好氧治理后形成的公园或绿地，对完善杨府山片区区域功能及体育休闲公园建设具有重要的意义。同时，该区可成为二十二中学和生活垃圾转运站、污水处理厂之间的绿化隔离带，对改善处于下风向的二十二中学的环境质量起到积极的作用。从城市总体规划要求考虑，杨府山垃圾填埋场采用好氧治理方案，具有以下几个特点：工程投资小，建设过程中对周围环境影响小，建设周期短，符合区域规划要求。

（二）对策建议

存量生活垃圾填埋场治理技术的选择需综合考虑填埋场污染情况、未来土地用途、治理时间要求及资金情况进行选择。对于暂时未有规划、前期建设较为规范的填埋场，可选择生态封场或好氧治理方案，如东山垃圾填埋场和新美洲垃圾填埋场等。对于应急处置或需要开发的填埋场，在资金充足的情况下，可选择整体搬迁或者垃圾筛分及资源化方案，彻底消除污染源，盘活土地资源，如后寮垃圾填埋场和大荆垃圾填埋场等。

每种填埋场治理技术都有其适用条件及局限性，建议温州各县市区根据自身实际情况，选择针对性较强的治理方案，实现存量垃圾的减量化、资源化及无害化。同时，各级政府财政部门应加大对治理项目的支持力度，保障治理工作的进行。垃圾主管部门要加强后期管理工作，巩固治理成果，确保不出现环境污染反弹现象。

B.25

温州市小微危废收集处置现状及对策研究

麻素挺　金传纯　刘 凯　杜一舟*

摘　要： 近年来，温州市深入实施危险废物规范化管理，探索建立了温州市小微危险废物收集处置服务平台，推广“互联网+危废环保管家”新模式，小微危废收集处置初显成效。然而，由于小微危废点多面广、量小分散、类别多样，其收集处置仍存在较多困难。本报告在分析探讨小微危废现状特点及收集处置存在的问题基础上，从加快小微企业转型升级、推广平台应用、提升转运处置能力、强化危废专项督查、推广“环保管家”五方面提出针对性对策建议。

关键词： 小微危废　收集处置　环保管家

温州市产业“低小散”特征明显，小微危废存在点多面广、量小分散、种类复杂等特点，基于现行的法律以及行业规定（危废按种类收集、保底量收费等），处置成本较大，面临收集难、处置难、监管难等问题，严重制约了温州市营商环境改善和美丽温州建设，已成为威胁人居安全及生态环境安全的高风险点。全市小微危废收集处置难问题也引起了2017年中央环境

* 麻素挺，温州市环境保护设计科学研究院院长，高级工程师、注册环保工程师、环评工程师；金传纯，温州市中蓝环境科技有限公司；刘凯，温州市环境保护设计科学研究院，硕士研究生；杜一舟，温州市环境保护设计科学研究院。

保护督察组的高度重视，要求2018年开展前期调研、完成摸底排查，建立温州市小微危废收集转运服务平台、开展试点工作，同时统筹协调小微危废收集转运、规范危废处置行为，提高处置效率，切实解决小微危废运输和处置难题。课题组以小微危废调研为基础，介绍分析了全市小微危废现状及存在问题，总结了目前小微危废收集处置工作进展与成效，并提出针对性的措施与建议。

一　温州市小微危废现状特征

（一）温州市小微危废现状及特点

一是点多面广、量小分散。小微危废一般指产废单位年产生量1吨以下的危险废物，主要来源为众多小微企业，以及部分社会源（机动车维修企业、实验室等）。全市小微危废产生量较多的地区为乐清市、瑞安市和瓯海区，产生量分别占小微危废产生总量的27.6%、15.4%、11.2%。

2018年3～6月课题组通过座谈会及现场调研等方式，调研了各县（市、区）共计1000余家小微企业。经实地考察，存在危险废物的小微企业共计387家，其中产生量0.1吨以下的58家，占比15.0%，0.3吨以下的233家，占比60.2%。各企业平均小微危废产量仅约0.29吨/年，其中眼镜制造小微企业危废产量最高，但平均每家产量也仅为0.50吨/年。

二是行业广泛、类别多样。全市涉及小微危废的行业主要包括电子电器制造、鞋业制造、塑料制造等10余个行业，并呈现较为显著的区域差异性。其中电子电器制造业产废企业数量占24.2%，主要分布于乐清市；阀门制造业占11.4%，主要分布于永嘉县；印刷包装业占9.5%，主要分布于苍南县及平阳县（见图）。

不同行业小微企业产生危废类别共计7类，危险废物代码共计13类，主要危废类别为废包装物及漆渣。据调研统计，全市小微危废主要类别为其他废物（HW49），占小微危废总产生量的60.8%；其次为染料、涂料废物

(HW12)，占小微危废总产生量的35.8%。由于为非特定行业产生，其他废物（HW49）成分相对复杂，主要涉及含有或沾染毒性、感染性危险废物的废弃包装物、容器、过滤吸附介质、实验室废物等，其中又以实验室废物成分最为复杂，存在较高的环境风险。

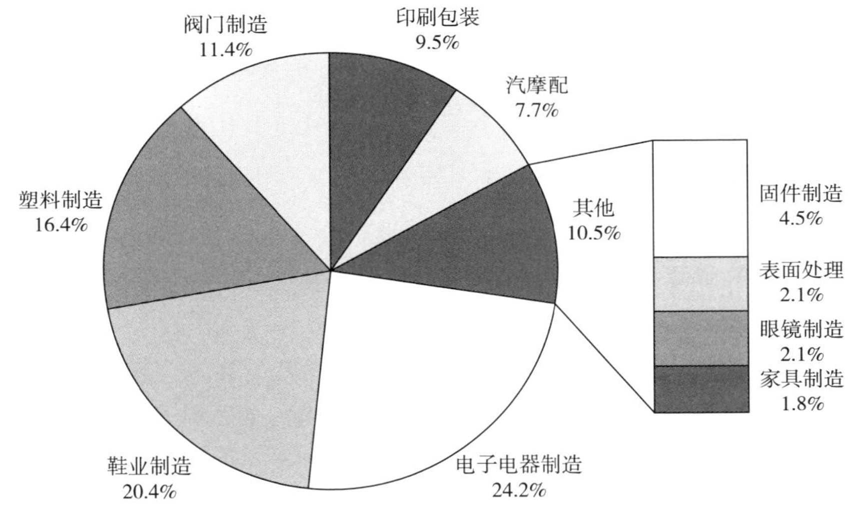

图　小微危废相关行业企业数量分布

（二）温州市小微危废收集、转运、处置现状

一是收集、转运能力不均。依据国家相关规定，废矿物油和废旧铅酸蓄电池经营单位可以发放危险废物收集、贮存经营许可证，全市废矿物油和废旧铅酸蓄经营单位共计30家，该类经营单位多具备危险废物运输资质的危废运输车，因此这两种类别的危废收集、转运能力较为充足。但其他类别危险废物由于不可统一收集，且全市仅有2家危险废物运输资质的运输公司，因此，全市其他类别危险废物多暂存于企业危险废物贮存仓库，小微危废仍以“分散收集，分散转运”模式为主，这些类别的小微危废的收集、转运资源调配难度很大。

二是小微危废处置资源配置不均。依据《温州市危险废物经营单位名单》（2018 年 9 月），全市共计 47 家危险废物经营单位，其中废矿物油和废旧铅酸蓄（收集、贮存）经营单位 30 家，危废处置类别在 6 类以下的废物经营单位 16 家，危废综合处置中心仅有 1 家（可处置 31 类，处置能力为 2.5 万吨）。全市小微危废产量主要类别为 HW49 及 HW12，目前处置该类危废的经营单位仅有 1 家，受小微危废收集、转运资源调配制约，全市小微危废处置资源的利用效率仍显偏低，同时由于实验室废物成分复杂、可处置该类危废的经营单位仅有上述的 1 家综合处置中心。因其对处置技术要求高，全市实验室废物处置能力仍显不足。

二　温州市小微危废收集处置工作进展与成效

2017 年以来，全市以中央环保督察整改为契机，深入贯彻落实《中央环境保护督察相关问题整改措施清单》相关要求，全面提高小微危废规范化、信息化、无害化管理水平，推动温州市小微危废收集处置服务平台建设，开创“互联网 + 危废环保管家”新模式，初步破解小微危废收集和处置难题，小微危废收集处置取得初步成效。

（一）搭建全市小微危废收集处置服务平台

为切实解决小微危废管理不规范、转移不及时、处置费用高、监管审批慢等现实问题，进一步降低产废企业危废管理成本及处置成本，确保危险废物得到及时审批、规范收集、安全贮存和无害处理处置，消除环境风险隐患，全市探索搭建了温州市小微危险废物收集处置服务平台。2018 年 6 月服务平台正式投入使用，为产废企业提供危废转运申请、转运派车、安全处置统一调度等服务，有效提升了小微危废信息化管理水平。截至 2018 年 10 月底，全市纳入服务平台企业共计 480 家，其中协助签订危废处置协议企业 391 家，完成转运处置企业 267 家，共计危废处置量 144 吨。同时还解决了温州医科大学、浙江省第十一地质大队、温州市质量技术监督检测院等 10

家院所共计 8.5 吨实验室废液转运处置问题，为保障小微危废无害化处置、降低危废超期存放风险提供了有力支撑。

（二）创新“互联网 + 危废环保管家”模式

以“互联网 + 危废环保管家”服务模式为主线，以企业为责任主体、第三方环保服务机构为实施主体，构建从企业自主纳入、现场指导管理、协调多方合作、协助安全转运处置全过程的危险废物环保管家工作新模式。一是提供危废相关咨询，为企业提供包括污染防治责任制度、标识制度、管理计划、申报登记制度、源头分类制度、转移联单制度、经营许可证制度、应急预案备案制度等一系列危废管理相关制度咨询，同时提供环保设施运行维护管理咨询以及危废贮存、利用、处置设施与危险废物相关的业务培训等。二是加强现场指导，依据《“十三五”温州市危险废物规范化管理督查考核工作方案》规范管理工作，第三方工作人员深入企业现场指导危险废物标准化贮存仓库建设。三是深化协调合作，协调产废企业、运输公司和处置单位之间的合作关系，明确小微危废处置去向，协调多家企业转运派车，统一调配转运处置资源。四是指导安全转运，依据企业需求及时调配运输车辆和运输路线，转运当天工作人员到达现场，确认包装符合规范、危废标签无误后，协助指导企业安全转运。

（三）建立健全小微危废污染防治机制体制

依托生态环境部及省生态环境厅文件精神要求，温州市环保局出台《关于进一步提升小微危废收集处置规范化管理的通知》，为全市加强小微危废规范管理指明了方向，奠定了工作基础。各县市区积极响应工作部署，引导企业将危险废物合法处置，积极完善危险废物闭环管理，小微企业危废污染防治体系逐步建立。依托温州市小微危废收集处置服务平台，实现了责、权、利相统一，既降低了监管难度，又规范了企业的危废处置行为，同时为危废运输、处置单位提供稳定货源，初步形成了多方共赢的工作机制。

三　温州市小微危废存在的问题及原因分析

近年来，温州市以新发展理念为指导，以固体废物“趋零排放”为目标，通过强化危废重点行业规范化管理、提升危废收集转运及无害化利用水平、加强危废管理信息化建设等方式，全面提升危废污染防治水平。但由于小微危废点多面广、量小分散、类别多样，收集转运处置难度较大，可能存在一些危废未进入有资质的单位进行安全处置利用。总体而言，温州市小微危废规范化管理仍然相对薄弱，无害化、资源化处置率明显偏低，其存在的主要问题及原因分析如下。

（一）企业规范化管理水平低

多数小微企业危险废物管理人员配备不足、内部管理制度不完善、危险废物管理流于形式，往往存在危险废物台账不完善、贮存设施不规范、危废分类及产量不清等问题。如一些企业在项目开展建设、环评、验收时，未明确危险废物种类、危废代码、产废量，存在缺项漏项问题，导致存疑的危废部分被直接判定为一般工业固废进行管理，存在非法倾倒处置风险。

（二）危废收集转运效率低下

目前全市针对废矿物油和废旧铅酸蓄电池等小微危废构建了较为完善的收集转运体系和工作机制，但其他类别危废的收集体系差距较大。目前全市具备危险废物运输资质的运输公司仅 2 家，且主要采取“分散收集，分散转运”的模式，大多危险废物处置单位出于效益、环境风险及现场操作工作量的考虑，不愿意及时收集、转运小微危废，危废收集转运总体效率十分低下。

（三）危废安全处置成本偏高

小微企业与处置单位签订的处置协议价格普遍较高。如部分小微企业危废类型主要为废矿物油、废乳化液，每年产量仅为10～50千克，但可处置该类危险废物的经营单位均存在保底吨数限制。同时由于全市部分危废类别处置能力仍然不足，一些小微危废仍需跨市甚至跨省转移处置，异地处置运输成本较高，增加了小微企业处置成本及环境风险，大大加重了企业负担。

（四）危废有效监管难度较大

由于企业环保意识相对薄弱，且危废处置费用较高、手续繁杂，危废规范化处置意愿普遍较低，安全处置监管难度大。由于市内具有资质的危废收集处置单位较少，有一定规模的危废收集处置单位出于成本等诸多因素考虑，收集处置意愿低，导致部分危险废物长期贮存未得到安全处置，部分由企业自费跨市转移处置，甚至存在部分小微企业交由一些无相关资质的废旧回收公司非法处置，安全贮存、转运、处置等各环节环境风险和安全隐患突出，有效监管十分困难。

四　温州市小微危废收集处置对策建议

危险废物规范化管理和无害化处置是维护区域生态环境安全和人居环境健康的重要保障。全市小微危废企业总数较多，部分企业危险废物管理尚未得到足够重视，污染防治和环境监管仍然面临挑战，为进一步明确全市小微危废收集处置规范化管理工作，提出以下对策建议。

（一）加快小微企业转型升级

一是加大清洁生产力度，源头削减小微危险废物产量。全市多数小微企业仍属传统行业，产业层次总体偏低，产品附加值不高，全市小微企业亟须取得自身有效突破，依托移动互联网、云计算、大数据等新一代信息技术为核心的工业发展新引擎，实现传统工业在新时代背景下的转型升级。

二是完善企业内部危险废物规范化管理体制机制。贯彻落实危险废物污染防治主体责任，如实向环保部门申报危险废物的有关资料，规范危废贮存设施化建设，完善危废台账管理，确保企业内部危废安全贮存并及时转运处置，实现危险废物收集、贮存、运输、处置全过程管理。

（二）加强平台推广应用

一是全面推广平台应用。全市小微危废收集处置服务平台投入使用时间较短，纳入平台的企业数量仍然偏少，现阶段收集转运处置模式仍以“分散收集，分散转运”为主。因此，亟须加强平台推广应用，将更多有需求的企业纳入平台，促进小微危废从零散向集中收集的模式转变，实现小微危废信息化规范化管理。

二是完善手机客户端 APP 开发推广。进一步开发全市小微危废平台手机客户端 APP 或微信配套程序，实时反馈小微危废收集转运动态，精简小微危废企业收集转运工作，简化危废处置流程，实现小微危废收集、转运、处置资源的最优调配。

（三）提升转运处置能力

一是扩增全市持证危险废物运输单位数量。目前全市小微企业布局分散、危险废物运输单位数量少，存在部分企业及处置单位无法及时、足量收运和处置危险废物的现象。因此，亟须填补转运缺口，提升全市危险废物运输单位工作能效。

二是提升综合处置能力。关于对如实验室废物等小微危废处置能力不足问题，对该类危废处置企业进行统一规划，根据不同地区危险废物的产生量，统一配置危险废物处置资源，从而实现危险废物处置资源的共建、共用、共管。

（四）强化危废专项督查

一是深入开展危废专项督查。目前多数小微危废已实现危险废物规范化管理，但仍有部分企业环保意识薄弱，增加了监管难度。建议采用查台账结合看现场的方式，进一步深化开展危废专项督查，从而实现企业自监自查，构建企业内部完善的危险废物规范化管理自检体系。

二是强化小微危废规范化管理整治提升工作。通过重点检查企业危废转移的处置合同、转移联单等台账资料，实地查看危险废物贮存场所地面硬化、标志和标签等情况，遵循问题导向的原则，针对检查中发现的问题要求企业限期完成整治提升工作，实现企业小微危废规范化管理工作时效性的全面提升。

（五）大力推广“环保管家”

鼓励大力推广第三方危险废物“环保管家”工作模式。企业环保管理人员力量不足、专业性较差，因此设置以第三方“环保管家”服务、实时反馈制度和信息公开制度为主的危险废物环境风险监管机制，从而精简危废监督管理工作，细化企业危废管理服务，实现强化危险废物全过程监督制约。

（六）扩建小微危废工作队伍

扩充小微危废工作人员队伍。温州市小微危废企业分布面广，为有效提高各片区小微危废工作效率，依托第三方危险废物“环保管家”扩建小微危废工作人员队伍，造就一批精业务、熟法律、懂科技的复合型人才；完善小微危废宣传工作机制，增强互联网时代小微危废工作人员的媒介素养和社会沟通能力。

B.26
温州市中心城区污水收集处理研究报告

余翔翔　林海转　麻素挺　程璐璐*

摘　要：　近年来，温州市全面贯彻落实国家“水十条”要求，持续开展以治污为突破口的“五水共治”行动，加大污水处理设施和污水管网建设力度，市区污水收集管网日益完善、污水处理能力明显提升。但受自然因素、城市建设、经济条件和管理方式等制约，在污水收集能力、处理能力、管理能力上仍存明显差距与短板。本报告在调研分析当前中心城区污水收集处理能力现状的基础上，剖析现存问题，从深化推进截污纳管、实施设施提升改造、完善运维管理机制、强化监管与技术支撑四个方面提出了针对性的对策建议。

关键词：　污水收集　污水处理　生态环境

随着城市化进程的加快，城市建设所带来的污水量越来越大，对其进行收集并集中处理是当前保护城市环境和水资源的最主要手段。国务院印发的《水污染防治行动计划》（简称“水十条”）指出，强化城镇生活污染治理，加快城镇污水处理设施建设与改造，到2020年底前城市污水处理率达到95%左右。浙江省“五水共治”工作也将城镇污水处理设施建设作为治污水的重要一环。2018年，温州市委市政府印发的《温州市高标准打好污染

* 余翔翔，硕士，温州市环境保护设计科学研究院工程师；林海转，博士，温州市环境保护设计科学研究院高级工程师；麻素挺，温州市环境保护设计科学研究院院长，高级工程师、注册环保工程师、环评工程师；程璐璐，硕士，温州市环境保护设计科学研究院工程师。

防治攻坚战高质量推进生态文明示范创建行动的实施意见》（温委发〔2018〕51号），明确要以污水零直排区创建为抓手，实施“五水共治”碧水行动，同时加大污水处理配套管网建设力度，逐步形成收集、处理和排放相互配套、协调高效的城镇污水处理系统。近年来，温州市紧紧围绕“管网全覆盖、污水全收集、污水全处理、处理全达标、维护全覆盖”五大目标，持续加大污水处理设施和污水管网建设力度，污水处理体系不断完善，污水处理能力明显提升，但污水收集处理总体成效仍待进一步提高。为查找、补齐水环境治理基础设施建设短板，提升市区污水收集处理能力，切实改善区域水环境质量，本报告在梳理分析市区污水收集处理现状及问题的基础上，提出进一步提升区域污水收集处理能力对策与建议。

一　温州市中心城区污水收集处理能力现状

随着近年来“截污纳管大会战”“污水零直排区”创建等项目的全面推进，温州市市区（本报告市区范围特指鹿城区、龙湾区和瓯海区，不包括洞头区，下同）排水管网覆盖日益完善，一、二级管网已基本实现全覆盖。共建成污水处理设施12座，其中10座已实现常态化运行，污水处理能力94.9万吨/日，可较好满足中心城区污水处理需求。

（一）污水收集管网日益完善

目前市区城市排水系统共分为西片、中心片、东片和鹿城特色园区片四大片区11个分片区26个排水系统，初步形成基本完善的雨水、污水排水系统。据市排水公司统计，截至2018年7月，市区建成区范围内一级、二级排水管网总长度4011千米，其中雨水管网2564千米，污水管网1416千米，合流管网31千米，覆盖率已达到97%以上。根据《温州市区排水设施分级方案》测算，三级管网长6055.94千米（其中雨污分流管总长度为3157.13千米），覆盖率较“十二五”末期得到了明显提升。但目前市区建成区仍有一些片区污水管网建而未纳，如鹿城西片区仰义系统在104国道的输送干管虽已建成，但仍有部分片区污水仍未接入污水干管，部分街道的旧村污水管存在建而未纳等问题，导致污水无法有效收集。

（二）污水处理能力明显提升

截至2018年7月，温州市区已建成的城镇污水处理厂12座，其中常态化运行10座，合计污水处理能力94.9万吨/日，实际处理量73.02万吨/日，平均运行负荷率87.76%（见表1）。根据温州市住建局及综合行政执法局统计，2018年市区城镇与工业用水量75.12万吨/日，按排污系数为0.9测算，则污水排放量为67.61万吨/日；污水处理量按进水COD浓度折算后为65.17万吨/日，则折算后污水处理率为96.39%，基本达到省政府95%的要求。特别是2018年6月西片污水处理厂扩建和中心片污水处理厂迁建工程投入运行后，实际日均处理量分别达23.09万吨/日和35.18万吨/日，出水实现稳定达标排放，市区污水处理综合能力明显提升，可较好满足片区污水处理需求。

表1　截至2018年7月温州市区污水处理设施清单

单位：万吨/日，%

序号	建设运行情况	污水厂名称	所在区域	建设年限	设计规模	实际处理量	运行负荷率
1	已建正常运行	温州市中心片污水处理厂	鹿城区	一期2002年，二期2018年	40	23	58
2		温州市东片污水处理厂	龙湾区	一期2008年，二期2015年	15	14.32	95
3		温州市西片污水处理厂	瓯海区	一期2010年，二期2018年	25	21.85	87
4		南片污水处理厂	瓯海区	2015年	4	3.86	97
5		瞿溪污水处理厂	瓯海区	2009年	0.4	0.49	123
6		泽雅污水厂	瓯海区	2013年	0.5	0.35	70
7		仙岩污水处理厂	瓯海区	2013年	1	0.93	93
8		鹿城轻工产业园区污水处理厂	鹿城区	2011年	1	0.66	66
9		滨海园区第一污水处理厂	经开区	2006年	5	4.77	95
10		滨海园区第二污水处理厂	经开区	2010年	3	2.79	93

续表

序号	建设运行情况	污水厂名称	所在区域	建设年限	设计规模	实际处理量	运行负荷率
11	已建未正常运行	温州七都污水处理厂	鹿城区	2015 年	1	—	—
12		瓯江口新区西片污水处理厂	瓯江口新区	2015 年	1.9	—	—
合计					97.8	73.02	87.76

注：实际处理量数据为 2018 年 1 ~7 月平均情况，由温州市综合行政执法局提供。

根据城市发展规划及人口增长情况预测，中心片、西片污水处理能力仍可较好满足“十三五”乃至“十四五”污水处理需求，但东片污水厂纳污范围现状污水排放量为 12.6 万立方米/日，已达到其设计处理能力的 84%，今后随着城市建设的发展，特别是浙南科技城原扶贫开发区地块拆迁改建完成后，污水产生量将大幅上升，现有处理能力将难以满足片区未来污水处理需求。

二　温州市中心城区污水收集处理面临的问题及原因分析

虽然市区污水收集处理能力已有明显提升，但受自然因素、城市建设、经济条件和管理方式等制约，污水收集处理成效总体仍落后于省内其他先进城市，主要表现在管网雨污分流不彻底、管网破损渗漏、污水进水浓度偏低、管网运行管理力度不足等问题，使城市污水收集处理系统无法发挥应有作用，仍有不少污水直排入河，严重影响了区域水环境质量的持续改善。

（一）管网建设质量水平偏低，建设家底不清

1. 管网建设质量水平不高

受建设年代管材质量、地质状况和工程质量等因素综合影响，已建污水管网及设施完好率参差不齐，建设质量总体较差，主要包括以下几

个方面的问题。一是管网质量普遍偏差，特别是早期的砼污水管道沉降、破损、渗漏、腐蚀、淤积较为严重，近期建成管网大多采用PE等化学管材，但仍有部分存在变形、破损等问题。二是雨污合流大量存在，且改造难度大。雨污合流管仍大量存在，特别是三级管中合流管占半数，且多分布在老旧小区，受小区建筑密集、建筑年代久远等条件限制，改造实施难度很大。三是雨污分流不彻底，雨污分流管网仍存在大量混接、错接、漏接等问题，造成污水渗漏入河、雨污合流入河、管道堵塞污水直排入河等现象。如2017年“剿劣”期间发现的403处排污口大部分是由上游住宅区、餐饮企业、工业企业雨污管道混接等造成。四是新建截流井溢水问题普遍存在。工程施工中溢流墙未建、设置过低、漏水、方向错砌等各种施工质量问题，以及检查井管壁破损、接口密封不到位等，造成截留井溢水问题时有发生。五是部分泵站建设质量差，建设标准低、工艺落后、设备老化、自动化程度低，亟须改造。移交排水公司管理的大部分下穿雨水泵站设计能力远远达不到规划要求，泵站提升扩能压力大。

温州市公用集团排水公司在一级、二级污水管网建设运维过程中，也发现较多排水设施仍需要改造提升。如瓯海大道（温瑞大道—汤家桥）段DN1400一级污水压力管从2012年接管至今，已发生多次漏水事件；汤家桥路一级干管因原施工质量问题，管道沉降脱节造成局部路面出现下陷；三溪片一级污水压力管存在不同程度的渗漏现象。

2. 管网建设家底不清

目前有关部门对市区一、二级管网建设情况掌握较全面，但对于三、四级管网建设情况掌握不清。由于三、四级管网体量大且为隐蔽工程，加上多头建设，运行管理主体多元，普查工作所需资金投入量大，调查统计工作开展十分困难，对已建管网分布情况、建设规模、错接漏接混接情况、破损渗漏情况等无人说清。建设底数不清，既不利于现有管网维护管理，使已建管网无法发挥其应有的作用，也不利于管网建设、改造计划安排，影响管网的全面系统完善。

（二）收集污水进水浓度偏低，减排成效不佳

1. 收集污水进水浓度偏低

根据2018年1～7月市区城镇污水处理厂进出水日常监测数据，进水COD浓度为91.8～388.66mg/L，氨氮浓度为8.18～37.26mg/L。除开发区滨海园区2座污水处理厂因工业废水比例较高（约60%）而进水浓度较高外，多数污水处理厂进水COD和氨氮浓度偏低。以温州市中心片污水处理厂为例，2018年1～7月进水COD浓度和氨氮浓度仅为143.55mg/L和20.45mg/L，而一般生活污水COD浓度为250～350mg/L，氨氮浓度为25～35mg/L，浙江省全省平均COD浓度水平也为220mg/L。2011～2016年，中心片污水处理厂进水浓度呈逐年下降的趋势，氨氮浓度降幅28.37%，COD浓度降幅比例高达64.18%，2017年以来，虽然其进水污染物浓度有所提高，但仍然处于明显偏低水平（见图1）。

进水浓度下降主要原因可能有以下几点：一是近几年降水较为丰富，地下水渗入增多；二是南方地区因居民生活条件日益改善，生活用水量加大，污水污染物浓度有所降低；三是污水管网及泵站建设水平较低，雨水、河水及山水倒灌进入污水系统现象普遍。其中第三点为主要原因。根据温州市自来水公司提供的数据，当前市区供水量约77万吨/日，理论污水量为68万吨/日，而目前市区实际处理污水量达到73万吨/日，超过理论污水量5万吨/日，表明仍有大量雨水、山水等进入污水管道。根据市排水公司排查结果，目前已发现三级管网存在山水、河水进入污水系统问题80余处。

2. 工程污染减排成效不佳

虽然市区污水处理能力、处理量逐年提高，但由于收集污水进水浓度下降，严重影响污染减排成效。根据各污水处理厂处理量及进出口浓度测算，2018年市区污水处理厂12座，污水处理量由2011年的40.66万吨/日提高至2018年的72.73万吨/日，氨氮年去除量由2011年的0.29万吨上升至2018年的0.49万吨（根据1～7月月均值进行全年预估），但COD去除量却由2011年的3.98万吨下降至2018年的3.72万吨（见表2）。比较可见，2018年污水处理量较2011年提高了79.6%，氨氮减排量提高了69.0%，而

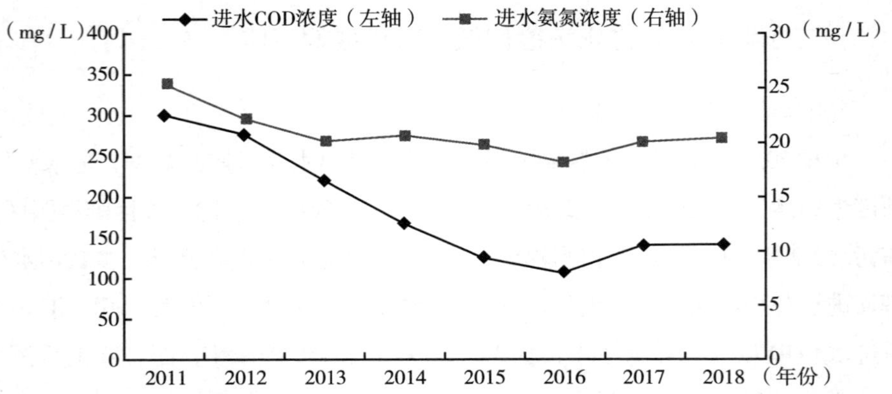

图1　2011～2018年温州市中心片污水处理厂进水浓度变化示意

注：2018年数据为1～7月数据。

COD去除量随着进水量的升高反而下降6.5%，污水收集处理系统难以发挥应有的减排作用。

表2　温州市区污水处理厂减排量核算汇总

单位：座，万吨/年

年份	污水处理厂数量	污水处理量	COD去除量	氨氮去除量
2011	6	14839.10	3.98	0.29
2012	6	16224.25	3.79	0.32
2013	7	16630	3.38	0.32
2014	8	17840	3.30	0.36
2015	9	19593	2.95	0.37
2016	10	21268.55	3.19	0.39
2017	11	24289	3.95	0.47
2018	12	26545.52	3.72	0.49

注：污水处理量及进出口浓度数据取自企业自行监测数据，污染物去除量根据水量及进出水浓度差值计算，其中2018年COD及氨氮去除量根据1～7月均值乘以12进行折算。

（三）管网维护资金投入偏低，运行机制不顺

1. 管网维护资金投入偏低

据有关专家测算，一般沿海城市的污水管网维护单价按3万元/（公里·

年）标准较为合适。而温州市城区市政污水管网运行维护资金严重不足，导致维护仪器和设备无法及时更新、补充和添置，污水管网因缺乏正常维护而严重影响污水的收集和转输，使市政污水设施的投资效益难以得到充分发挥。

2. 管网建设主体多元

目前在管网建设方面，市住建负责新建道路一、二级管网建设，排水公司负责单独实施的市政排水设施建设，区级塘河管委会负责各街道三、四级管网建设，各功能区和指挥部又负责各自区内管网建设，导致管网建设衔接不到位，管网建设体量又大，质量难以保证。

3. 管网维护衔接不畅

在管网维护方面，市排水公司负责一、二级管网，各镇（街）负责三、四级管网，综合行政执法局负责监管，管网维护存在空缺和推诿问题。虽然目前引入第三方检测机构跟踪复测机制，对管网建设工程质量进行把控，但是仍有部分历史遗留工程质量较差问题存在。据统计，目前市区仍有400余公里已投用未移交的一、二级污水管网，因质量问题及整改进度滞后等原因，尚未移交排水公司管理维养。部分城中村在建管网因拆迁工程验收和移交难，这部分污水管网实际处于无监管、无维护状态。

4. 竣工验收不规范

污水管道工程属隐蔽工程，如果不加强施工过程的监理或采用相应设备对其进行检查，问题难以发现。例如，竣工图纸与实际施工不相符；为通过闭水试验在检查井内设置封头、闭水试验完毕后拆除封头不彻底；道路基层施工时随意回填土方造成检查井有大量泥沙等，这些情况给后续污水管网的维护管理造成严重隐患。

三　温州市中心城区污水收集处理能力提升对策与建议

（一）深化推进截污纳管，提升污水收集效率

一是全面推进深度排查，建立信息系统。以“污水零直排区”创建为

抓手，深入开展排查工作。加大资金投入，委托专业公司采用电视、声呐、管道潜望镜检测和人工工具探查等方式进行全面梳理调查，了解管网分布、建设长度、渗漏状况、错接混接、污水走向、污水浓度等情况，全面查清排水管网建设运行情况和存在的问题，绘制并动态更新管网地图，并逐步建立城市污水管网地理信息系统，建立“一张地图、一个数据库、一个管理平台”，实现污水管网系统建设、运行及维护的智能化。

二是对已建排水设施“查漏补缺”，进一步提升排水设施普及率。加快完成鹿城西片区仰义系统片区管网、部分街道的旧村污水管接入工作，实现污水管网全覆盖、污水全收集。同时重点加强最后一米接户管工程建设，提高污水接户率，全面提高污水收集水平，确保城镇污水处理厂设计收纳范围内的城镇污水应收尽收。

三是着力推进沿河地区截污纳管。加快推进污水管网不完善的城镇沿河100米区域、规划建成区和城中村外来人口密集区的截污纳管工作。对列入拆迁规划但未完成拆迁的城中村建设过渡期的临时污水处理设施，防止污染扩散。对部分城中村、旧厂区、旧小区中污水管网规划设置不合理、工程质量不达标等历史遗留问题，以“大拆大整”专项行动为契机，进行污水管网系统的整体升级整改或拆除重建，并努力推进已完工项目的竣工验收和日常运维的移交工作。

四是加快已建管网、截流井的重建、改建和改造工作。重点实施进水浓度较低的中心片、西片、南片等污水处理设施纳污范围内雨污合流管网的分流改造。重点结合老旧小区综合改造，解决管网雨污混接、错接等问题。对截流式合流制排水系统重新进行排查，有条件改造为雨污分流的，立即制订改造计划；确实无法改造的，通过在截流井中设置移动格栅及限流孔板等方式，最大限度减少暴雨天雨水对污水管网的冲击，及管网堵塞导致的污水溢流。同时截流井有必要增设防倒流设施，如鸭嘴阀等，防止河水倒灌。

（二）加快建设改造进度，优化处理设施布局

一是加快实施已建设施清洁化排放改造。在完成污水处理厂的提标改造

任务的基础上，对于处理尾水排入内河的污水处理厂，分析其尾水再生利用的可行性等问题。如南片污水厂等，探索实施污水处理厂排放“准Ⅳ类”排放标准的可行性，并组织对排放标准提升与污水收集后排海等多种方案的合理性、可行性进行科学论证。

二是进一步优化污水处理设施的建设布局。进一步科学测算“十四五”时期各片区污水排放增量，根据处理需求和实际能力分布，及时停用仙岩、瞿溪和泽雅污水处理厂；根据浙南科技城建设等城市布局发展变化情况，尽快启动远期规划污水处理设施的扩建和新建工作，如东片污水处理厂三期扩建工程（17 万吨/日）和三溪污水处理厂（10 万吨/日）。

（三）完善管护机制体制，提升长效管理水平

一是深入实施全市排污水管网“一城一网一主体”。加强管网工程建设全过程管理，实施全过程审核把关和监督监管，提高排水设施建设质量，避免目前“重建设、轻维护”现象不断加剧，造成城市污水处理设施投入的巨大浪费，导致城市水环境治理工作被延误。

二是整合人员力量，统一运行、管理、维护。鉴于污水收集处理系统建设及运行管理专业性强、任务重、难度大，就目前责任不明、人员不足的情况，建议进一步整合现有的专业技术人员，由市公用集团统一负责各级污水管网的运行管理、维护等任务，加强机构建设、人员管理和经费投入，提高人员专业性、高效性，同时加强各级管网建设的衔接性、运行管理的整体性和监督考核的有效性，提升管理效率和成效。

（四）强化监管与科技支撑，提高管网质量水平

一是强化过程监管。按照《建筑法》《建设工程质量管理条例》等法律、法规和强制性标准的要求，严格履行基本建设程序，严格落实施工质量终身负责制，把质量管理贯穿于“项目设计、建材采购、工程施工、监理监督、竣工验收、运行维护”等工程建设的全过程。

二是强化科技支撑。广泛应用精确测控、无损探测、物联网监测和隐患

事故预警等先进技术；积极推广新工艺、新材料和新设备，推广应用管道、检查井预制构件产品，提高预制装配化率。

三是加强专题研究。鼓励相关科研院所开展软土地基管网建设维护技术、综合管廊等技术的研究、创新、推广和应用，结合软土地基与刚性管网技术研究应用，减少污水管网的破损和渗漏率。

专 题 篇

Special Reports

B.27

领导干部对温州2018年经济社会发展评价和2019年趋势判断

陈忠谊 夏择民 朱康对*

摘 要： 本报告研究发现，领导干部对2018年温州经济社会发展的感受并不同步，与上年相比，总体满意度上经济发展方面略有下降、社会发展方面略有提升。就经济社会运行存在的问题而言，“人才缺乏”连续四年成为影响温州经济发展的最突出问题，“优质教育资源不足”是制约年度社会发展的最突出问题。年度政府工作成效上，“最多跑一次”改革、“城中村改造攻坚”成效显著，而“培育壮大新兴产业”等进展缓慢。相较于前几年，领导干部对2018年温州所处经济周期阶

* 陈忠谊，中共温州市委党校教师；夏择民，中共温州市委党校教师；朱康对，中共温州市委党校经济学教研部主任、教授。

段的判断出现分化，据此，领导干部对2019年温州经济发展前景持谨慎乐观态度。

关键词： 温州　领导干部评价　经济发展　社会发展

为更好地分析与研究2018年温州经济社会发展现状、问题及下一年度发展趋势，2018年10~11月，课题组对温州市党校系统主体班次学员进行了问卷调查。本次调查共发放问卷426份，回收426份，有效问卷426份。这是课题组连续第12年开展此项问卷调查。与此前调查不同的是，本次调查问卷的发放对象均为乡科级及以上职务的领导干部。在426份问卷中，县（处）级领导干部问卷68份，乡科级领导干部问卷358份，具体样本特征详见附录。

一　2018年温州经济社会发展总体评价

领导干部对2018年温州经济和社会发展的感受并不同步，相较于上一年度经济发展总体满意度略有下降，而对社会发展总体满意度略有提升。同时，领导干部对2018年温州经济发展所处阶段的判断分化。

（一）2018年经济发展总体满意度同比略有下降

问卷结果显示，29.81%的领导干部对2018年经济发展评价为“好”与“比较好”，总体满意度较2017年略有下降。在受访的领导干部中，认为“一般”和“比较好”的占比较高，分别为57.04%和24.18%（见表1）。从职级上看，乡科级干部看法比较乐观，选择“好”与“比较好”的比例为30.45%，比县处级干部高出4个百分点。从任职年限看，任现职级的年限越长则评价越低，任现职“1~5年”、“6~10年”和“10年以上”选择“好”与“比较好”的占比依次为30.62%、29.55%和28.24%。

从单位类型看，越是基层，选择“好”与“比较好”的比例越高，市本级、县级和乡镇三级党政机关依次为27.54%、33.02%和41.07%。

（二）2018年社会发展总体满意度同比略有提升

问卷结果表明，37.79%的领导干部对2018年社会发展总体评价为“好”与“比较好”，总体满意度较2017年略有提升。其中，持“一般”和“比较好”观点的占比较高，分别为55.40%和33.33%（见表1）。从职级上看，乡科级干部评价高于县处级干部，认为“好”与“比较好”的比例分别为38.83%和32.35%。从任职年限上看，任现职“10年以上”选择“好”与“比较好”的比例最高，达41.18%；其次为“1～5年”（37.72%）和“6～10年”（36.36%）。从单位类型看，县级党政机关选择“好”与“比较好”的比例最高，达45.29%；其次是乡镇（44.64%）和市级（34.13%）。

表1　2018年经济社会发展总体评价统计

单位：%

总体评价	好	比较好	一般	比较差	差
经济发展	5.63	24.18	57.04	11.97	1.17
社会发展	4.46	33.33	55.40	6.34	0.47

（三）领导干部对2011年金融风波后温州经济所处阶段的判断分化

在426个受访领导干部中，对于温州在经历2011年金融风波后经济发展所处阶段的判断，与2017年相比，观点趋于分化。2017年的观点主要集中在“已经进入开始复苏阶段”（59.9%）和“见底后的萧条阶段”（38.0%），其余观点占比仅有2.1%；而2018年的观点则呈分化状态：“已经进入了开始复苏阶段”（46.01%）、“见底后的萧条阶段”（36.62%）、“危机尚未见底”（10.56%）、“全面复苏阶段”（3.52%）、“危机刚刚见底”（3.29%）。

二　2018年温州经济社会发展中存在的问题

“人才缺乏”和“优质教育资源不足”分别成为年度经济和社会发展中的首要突出问题，而“规划的科学合理性和特色不够”成为当前推进乡村振兴战略的突出困难。

（一）“人才缺乏”连续四年位居温州经济发展突出问题首位

问卷调查显示，困扰温州经济发展的突出问题中，“人才缺乏”、“战略性新兴产业发展落后”、“企业自主创新能力不强”、“企业用地紧张”和“工业投资不足”位列前五位。

“人才缺乏”问题连续四年成为温州经济发展中的最突出问题，在2018年的问卷调查中以11.25的平均综合得分高居第一。2016～2018年温州连续三年人口机械增长为负，对于人才的吸引力逐年下降，一方面由于温州“低小散”的产业结构，另一方面有对外来人才的包容力不足、城市品质不高等原因。如何吸引更多人才落户是摆在温州经济发展前面的首要难题。“战略性新兴产业发展落后”以6.92的平均综合得分位居次席。虽然近年来温州战略性新兴产业发展全面提速，但与全省平均水平相比，无论整体规模还是增长速度，均处在全省中下游水平。战略性新兴产业发展落后是温州产业发展的主要短板，也在很大程度上阻碍了其产业转型和产业结构调整。

“企业自主创新能力不强”位居第三。多年来，温州全社会研究和发展经费投入不足，而且温州大多数企业处在产业链、价值链的中低端，企业尚未完成要素驱动向创新驱动的发展转型，多数领导干部认为提升自主创新能力是摆在温州企业面前的重大课题。“企业用地紧张”位居第四。2018年受海域审批政策调整影响，瓯江口等沿海地区的涉海项目推进受阻，部分县（市、区）几无大宗工业用地指标可用，企业用地十分紧张，严重制约了优质产业项目落地。“工业投资不足”位列第五，也受到领导干部的较大关注（见表2）。

表2 温州经济发展突出问题排序统计

排名	选项	平均综合得分	排名	选项	平均综合得分
1	人才缺乏	11.25	8	营商环境有待优化	4.25
2	战略性新兴产业发展落后	6.92	9	产业平台竞争力不强	4.18
3	企业自主创新能力不强	5.39	10	招商引资项目质量不高	3.77
4	企业用地紧张	5.18	11	企业资金紧张	3.04
5	工业投资不足	5.08	12	生产性服务业发展缓慢	1.04
6	企业外迁	4.71	13	企业污染排放问题	0.61
7	资金外流	4.52	14	其他	0.07

（二）“优质教育资源不足”是温州2018年社会发展中最突出的问题

在对影响温州社会运行的突出问题排序中，“优质教育资源不足”“城乡居民增收乏力”“房价、房租上涨”“小微企业安置难”“物价上涨较快”分别以7.00、5.71、5.41、5.36和4.06的平均综合得分位居前五名。

“优质教育资源不足”受领导干部的关注度从2017年的排名第二跃升至2018年的首位。当前温州优质教育资源少，少数的优质教育资源基本集中在鹿城区，同时还集中于鹿城区少数的几个学校，可见优质资源不仅不足，还配置不合理。优质教育供给不足不仅阻碍了区域整体教育质量的提升，而且还严重削弱了城市对外来人才的吸引力，外来人才尤其是高层次人才选择来温州工作、定居，对子女获取优质教育的期望值必然较高，而优质教育资源供给不足使优质资源的可选择性和可获得性大大降低。“城乡居民增收乏力”问题首次进入问卷就排名第二位，2018年温州居民人均可支配收入增长8.7%，增速较全省平均水平低0.3个百分点，同时，无论城镇居民还是农村居民的人均可支配收入增速均低于全省平均水平，2017年居民人均可支配收入与全省平均水平持平，可见温州居民人均可支配收入呈现增长乏力趋势，对未来消费的持续快速增长带来一定阻碍。“房价、房租上涨”与2017年一样，依然位列最受领导干部关注社会问题第三位。自2016年10月全市范围内开展“大拆大整”专项行动开始，温州房价、房租上涨明显，房价、房租仍在高位运行。此外，“小微企业安置难”连续两年上榜，且位次前移，说明小微企业发展的空间制约问题并没有得到有效解决。

表3　温州社会发展突出问题排序统计

排名	选项	平均综合得分	排名	选项	平均综合得分
1	优质教育资源不足	7.00	7	看病难、看病贵	3.96
2	城乡居民增收乏力	5.71	8	就业问题	3.83
3	房价、房租上涨	5.41	9	食品安全问题	3.18
4	小微企业安置难	5.36	10	环境污染	2.38
5	物价上涨较快	4.06	11	其他	0.12
6	交通拥堵	3.99	—	—	—

（三）“规划的科学合理性和特色不够”是当前推进乡村振兴战略的首要困难

问卷调查显示，“规划的科学合理性和特色不够”是当前推进乡村振兴战略面临的首要困难，平均综合得分为9.28。目前，乡村的各种规划存在条块化、多规不合一的弊端，缺少一县、一镇的总体规划整合，农村发展规划、土地利用规划、城乡规划等规划之间相互衔接不够，对农业生产、文化建设、乡村治理等的引领作用相对较弱。同时，现有规划对乡村的区域功能划分、居民住宅、产业发展、休闲旅游等发展目标定位不清，造成乡村规划同质化现象明显，特色不够鲜明。“农村发展不平衡现象突出”以6.24的平均综合得分位列领导干部关注问题第二位。温州现有5404个行政村的发展很不平衡，其中集体经济薄弱村占比接近1/3，数量达到1707个，集体经济薄弱村数量占全省1/4，严重制约农村经济发展。“农村本土人才缺乏”也是比较受领导干部关注的问题。农村不仅缺乏懂农业、擅经营的新型职业农民，而且农村的医疗、教育、管理等方面的人才数量不足，面临人才断层的困境，农村本土人才缺乏已成为制约农村发展的重要因素。此外，“农村基础设施薄弱”和“财政资金投入整合力度不强”等也成为推进乡村振兴战略的主要困难（见表4）。

表4　影响温州推进乡村振兴战略问题排序统计

排名	选项	平均综合得分	排名	选项	平均综合得分
1	规划的科学合理性和特色不够	9.28	8	公共服务水平不高	3.89
2	农村发展不平衡现象突出	6.24	9	对外交通不够便捷	2.68
3	农村本土人才缺乏	6.12	10	权力腐败现象依然存在	2.39
4	农村基础设施薄弱	6.07	11	村民对振兴战略举措信心不足	2.12
5	财政资金投入整合力度不强	5.76	12	惠农支农金融产品较少	1.14
6	农村建设用地政策有待完善	4.72	13	其他	0.09
7	农村人口结构老化	4.52	—	—	—

三　2018年温州政府主要工作评价

就年度政府工作成效而言，“最多跑一次”改革、“城中村改造攻坚”成效显著，而“培育壮大新兴产业”和“养老机构建设”两项工作则进展缓慢。超过70%的领导干部对“大建大美”专项行动给予积极评价。

（一）“最多跑一次”改革是2018年政府对经济发展最富有成效的工作，而“培育壮大新兴产业”工作则相对不力

在成效相对显著的工作中，“‘最多跑一次’改革”、“交通基础设施建设”、“‘两线三片’开发建设”和“‘低散乱’企业整治”均以超过8分的综合得分位居2018年政府富有成效工作前四名。“‘最多跑一次’改革”则以11.34的高分位居首位。2018年，随着“最多跑一次”改革的纵深推进，社会发展活力不断释放，社会满意度不断提升。温州市发改委开展的第三季度“最多跑一次”改革满意度调查显示，企业改革满意度达93.9%。近年

来，温州交通基础设施建设“火力全开”，机场 T2 航站楼、瓯江口大桥、绕城西南线、龙丽温高速瑞文段、漂宁高速文泰段等对外交通标志性工程相继完工或开工，城市道路综合整治，断头路整治，市域铁路 S1、BRT 线路网状运营，智慧交通建设等对内交通网络的日趋完善，交通基础设施短板迅速补齐，“交通基础设施建设”工作取得较高评价也在情理之中。“‘两线三片’开发建设”与“‘低散乱’企业整治”两项工作分别作为 2017 年排名前两位的“重点区块建设”与“‘四无’企业整治”工作的升级版，依然排名前五，说明这两项工作的成效获得领导干部认同。

在进展缓慢工作中，领导干部的评价排序是：“培育壮大新兴产业”（10.08）、“人才引进培养”（7.92）、“传统产业改造升级”（7.79）、“招商引资”（7.74）、“企业上市”（6.00）。前五位进展相对缓慢的工作，与前文中温州经济发展存在的突出问题高度契合，这也说明这些工作需要政府部门出台更多行之有效的政策措施来提升工作绩效（见表 5）。

表 5　2018 年政府经济发展工作评价排序（前 8 位）

排名	选项（富有成效）	平均综合得分	选项（相对不足）	平均综合得分
1	“最多跑一次”改革	11.34	培育壮大新兴产业	10.08
2	交通基础设施建设	10.26	人才引进培养	7.92
3	“两线三片”开发建设	8.58	传统产业改造升级	7.79
4	“低散乱”企业整治	8.21	招商引资	7.74
5	特色小镇建设	4.94	企业上市	6.00
6	传统产业改造升级	4.48	数字经济培育	5.72
7	小微园建设	4.44	区域发展协作	5.34
8	三大龙头产业平台建设（瓯江口新区、浙南产业集聚区、浙南科技城）	3.69	金融改革	5.03

（二）“城中村改造攻坚”是2018年政府对社会发展最富有成效的工作

在政府社会发展工作中，“城中村改造攻坚”取代前两年的“社会治安”成为年度推进最富有成效的工作，获得领导干部 13.62 的平均综合评分。2017～2018 年，温州全面推进“大拆大整”“大建大美”专项行动，城市环境和城市品质明显改善。“生态环境治理”、“移风易俗工作”和“平安温州建设”等工作也深受领导干部好评，分别以平均综合评分 10.75、10.46 和 10.22 列居第二至第四位。2018 年温州大力推进生态文明示范创建行动，深入开展“蓝天保卫战”、“碧水澄清战”、“净土开拓战”和“清废规范战”四大战役，加大重污染行业整治力度，深化生态文明体制改革，生态环境治理水平显著提升。2018 年，市区空气质量优良率为 95.1%，比上年同期提高 5 个百分点，居全省首位；PM2.5 浓度为 30 微克/立方米，同比下降 21.1%。“移风易俗工作”是 2018 年温州社会发展中的亮点。开展“简约婚礼进万家”“丧事简办为百姓”等专项行动，党员干部、公职人员等重点人群带头示范，带动整个社会转变风气，是一项得民心、顺民意的惠民工程。“平安温州建设”成效显著，体制机制不断创新、平安网络不断织密、平安基础不断厚实，持续多年在全省平安考核中名列前茅，有力助推温州经济社会实现高质量发展。

在政府社会发展工作方面，“养老机构建设”、“城乡居民增收”、“基层医疗服务体系建设”、“缩短城乡校际办学差距”和“垃圾处理设施建设”等工作成效相对不佳，但又都是基础的民生工作，只有久久为功，持续增加优质公共服务和产品的供给，才能让老百姓有实实在在的获得感（见表 6）。

表 6　2018 年政府社会发展工作评价排序（前 8 位）

排名	选项（富有成效）	平均综合得分	选项（相对不足）	平均综合得分
1	城中村改造攻坚	13.62	养老机构建设	8.31
2	生态环境治理	10.75	城乡居民增收	8.26
3	移风易俗工作	10.46	基层医疗服务体系建设	7.69
4	平安温州建设	10.22	缩短城乡校际办学差距	7.26
5	重污染行业整治	6.41	垃圾处理设施建设	6.96
6	公共文化服务建设	4.91	公办学前教育补短板	6.82
7	群众体育设施建设	4.81	保障就业	6.03
8	城市交通拥堵治理	4.41	城市交通拥堵治理	5.86

（三）73.47%的领导干部对“大建大美”专项行动给予积极评价

在426份问卷中，认为“大建大美”专项行动对促进温州经济社会转型发展效果“好”与“比较好”共有313人，占比达73.47%，106人认为效果“一般”，占比为24.88%；仅有7人认为效果“比较差”或“差”，占比仅为1.64%。总体上看，领导干部对“大建大美”专项行动的工作绩效持积极肯定的评价。

在“大建大美”专项行动九大任务中，“绿地河道联网工程”被评为富有成效工作第1名。“人文景观复兴”和“市政提升工程”两项工作的评价也较高，位列第二位和第三位。与此同时，在九大任务进展不佳的工作排名中，“停车设施建设”、“现代服务业集聚”和“完善公共配套”三项任务推进相对缓慢。

四　2019年温州经济社会发展的趋势判断

就2019年经济社会发展预测而言，领导干部对经济发展前景谨慎乐观，而对社会发展前景预期良好。“加快培育发展新兴产业”、“推进传统产业改造升级”及“强化政府服务意识”和“宜居城市建设”、“完善社会保障体系”及“公共服务有效供给”应是下一年度政府经济社会工作重点。

（一）领导干部对2019年经济发展前景谨慎乐观

在关于2019年经济发展前景预测的调查中，认为经济增速在“7.0%～7.9%”、“6.0%～6.9%”和“6.0%以下”等区间的占比分别为31.92%、38.26%和18.78%，而认为在“9.0%及以上”的有8人，占比为1.88%；而认为经济增速维持在“8.0%～8.9%”和“8.0%～8.9%”的占比均低于10%。总体而言，领导干部对经济增速的评判更为理性客观，经济运行仍维持在中高速区间，但认为经济下行压力将增大。

同时，在经济增速的判断上，不同职级的领导干部预测并不相同，县级干部对经济发展前景的乐观程度高于乡科级干部，47.06%的县级干部认为2019年经济增速将维持在7.0%以上，高出乡科级干部5个百分点。

（二）49.3%的领导干部对2019年社会发展前景预期良好

在关于2019年社会发展前景预测的调查中，选择“好”、“比较好”、“一般”、“比较差”和“差”的占比分别为8.92%、40.38%、43.19%、5.4%和2.11%。分职级看，县级干部较乡科级干部乐观，选择“好”与“比较好”的县级干部占比为52.94%，比乡科级干部高出4.33个百分点。

（三）“加快培育发展新兴产业”“推进传统产业改造升级”“强化政府服务意识”是政府推进经济转型发展的工作重点

对2019年“温州经济转型发展，政府工作重点应放在哪些方面”的调查，“加快培育、发展新兴产业”选项位居榜首，获得426名领导干部8.52的平均综合得分。“推进传统产业改造升级”排在政府工作重点第2位，平均综合得分为8.32。新兴产业发展缓慢和传统产业低端锁定是温州经济的主要短板，2018年伊始温州召开全市新动能培育和传统产业改造提升现场推进会，并制定下发《培育引进新兴产业改造提升传统产业加快壮大温州发展新动能的实施意见（试行）》，从制度供给角度积极引导和培育经济新动能。这两项工作的紧迫性和重要性非同一般，也从另一个维度反映党员干部对经济发展中心工作的把握能力比较强。“强化政府服务意识”排在政府工作重点第3位，平均综合得分为5.38，该选项连续多年排在政府工作重点前三位，可见领导干部对提升服务意识和工作效率非常重视，更认为该工作要绵绵用力、持之以恒地推进。

此外，“推动数字经济发展”“完善基础设施”“加快产业平台建设”“破解中小企业融资难”“破解工业企业用地难”等工作也得到领导干部的关注，位列重点工作第4至第8位（见表7）。

（四）“宜居城市建设”“完善社会保障体系”“公共服务有效供给”是政府推进社会转型发展的工作重点

对 2019 年“温州社会转型发展，政府工作重点应放在哪些方面”的调查，“宜居城市建设”选项位居榜首，获得 10. 17 的平均综合得分。近年来，温州以“大拆大整”“大建大美”专项行动为主抓手，系统提升城市品质和城市能级，但仍然与“宜居城市”和区域中心城市的要求相距较远，城市功能和城市形象有待进一步提升，因此，领导干部把这项工作的重要性排在第一位。“完善社会保障体系”“公共服务有效供给”分别以 7. 02 和 6. 83 的平均综合得分排在政府工作重点第 2 位、第 3 位。

此外，“生态环境改善”、“大力推进城乡统筹”、“完善基层社会治理”、“促进社会公平正义”和“城乡居民增收”位列重点工作第 5 位至第 8 位（见表 7）。

表 7　2019 年推进温州经济社会转型发展工作重点（前 8 位）

排名	选项(经济工作)	平均综合得分	选项(社会工作)	平均综合得分
1	加快培育、发展新兴产业	8. 52	宜居城市建设	10. 17
2	推进传统产业改造升级	8. 32	完善社会保障体系	7. 02
3	强化政府服务意识	5. 38	公共服务有效供给	6. 83
4	推动数字经济发展	5. 1	生态环境改善	5. 85
5	完善基础设施	4. 87	大力推进城乡统筹	5. 70
6	加快产业平台建设	4. 82	完善基层社会治理	5. 10
7	破解中小企业融资难	4. 49	促进社会公平正义	4. 89
8	破解工业企业用地难	4. 28	城乡居民增收	4. 26

五　对策建议

（一）坚持培育、发展新兴产业和改造升级传统产业

一是培育壮大战略性新兴产业。战略性新兴产业是经济发展新旧动能转

换的关键驱动力，是提升产业竞争力和产业结构优化升级的核心环节，战略性新兴产业的发展决定着一个地区的经济实力。依托温州资源禀赋，大力发展新能源汽车、激光与光电设备制造、生物医药、清洁能源、智能电气、新材料等新兴产业，加大新兴产业大企业大项目的招引力度，以行业龙头企业或重大产业项目为依托，实现温州战略性新兴产业的赶超发展。二是深入实施“数字经济”一号工程。温州数字经济产业基础薄弱，但量大面广的传统制造企业和中小企业给数字经济发展提供了广阔舞台，要坚持数字产业化和产业数字化联动发展战略，坚持用互联网、大数据、人工智能革新改造传统产业，实现数字经济与传统产业的深度融合，形成数字经济产业和传统产业相互促进、相互融合的生动发展局面。

（二）坚持紧盯产业目标人才和吸引外来人才落户

一是依托产业优势，紧盯产业目标人才。根据温州重点发展的战略性新兴产业和传统支柱产业，大力开展校地合作，引进设立大院名校温州分校、研究院，争取创办工科类大学，设置优势产业相关专业，为产业发展培育和留住人才。二是构建人才保障住房体系。温州居住成本高企，使很多外来人才望而却步。要积极利用城市“大建大美”的契机，合理规划布局人才保障住房建设，构建“蓝领公寓 + 人才公租房 + 国际人才社区”的人才住房保障体系，满足多层次人才的住房需求。三是大力开展外来人才的人力资本投资，全力打造使外来人才实现自我增值的环境。利用温州本地教育资源和服务购买方式，加大对外来人才职业技能、创业培训、医疗卫生等方面的投入规模，大幅提升外来人才的人力资本水平。

（三）坚持增加公共服务供给和补齐基础设施短板

一是继续坚持做大公共服务增量。以全力满足人民对美好生活的需要为目标，持续做大优质公共服务，尤其是当前社会对优质教育、养老服务、学前教育、文化体育服务等需求较大，进一步加大投入，以全覆盖、高标准的要求提升基本公共服务水平，着力提高老百姓的获得感和满意度。二是优化配置公共服务存量。温州公共服务资源区域配置不平衡现象突出，尤其优质的教育资源、卫生资源、体育资源主要分布在鹿城区，虽然温州城区城市框架在不断延伸，但公共服务配套设施并没有及时跟上，下一步应根据区域人口规模体量均衡配置相应公共服务资源。三是继续补齐基础设施短板。以建设宜居城市为目标，提升城区首位度，补齐在市政道路、地下公共停车场库、市域轨道交通、垃圾处置设施、城市快速交通、城市生态环境建设等方面的短板，发挥温州城市集山、海、江、河、湿地等资源于一体的独特优势，不断提升城市品质能级和影响力，使温州成为外来人才向往的城市。

（四）不断优化营商环境、深入实施乡村振兴战略

一是全面深化“最多跑一次”改革，打造公平、优质的营商环境。在现有改革成效的基础上，对标国际营商环境指数，借鉴其他城市先进做法，全面深化涉企证照、市场准入准营等便利化改革，落实企业投资审批“双提速”改革，持续推进中介服务市场化改革，优化提升温州营商环境。二是高标准实施乡村振兴战略，高水平开展镇村规划编制工作，按照乡村功能定位、人口集聚程度和乡村特色禀赋分类实施规划编制，做好城乡规划统筹，优化乡村在生活、生产、生态的空间布局，实现温州乡村的全面振兴。

附录　样本特征

（一）总体

本次调查研究对象为温州市全市党校系统在校学习的乡科级、县（处）级领导干部。本次问卷发放采用电子问卷形式，共发放调查文件426份，回收426份，有效问卷426份。相对于往年的纸质调查问卷，问卷发放的回收率和有效率均大幅提升。

（二）年龄

在426个有效样本中，“30岁以下”的3人，占0.7%；“30～39岁”的131人，占30.75%；“40～49岁”的217人，占50.94%；“50岁及以上”的75人，占17.61%。样本主要集中在“30～49岁”，占81.69%。

（三）性别

在426个有效样本中，有男性339人，占79.58%；女性87人，占20.42%。

（四）现任职级

在426个有效样本中，任县（处）级的领导干部问卷有68份，占15.96%；乡科级领导干部问卷有358份，占84.04%。

（五）任现职级年限

在426个有效样本中，任现职年限为“1～5年”的有209人，占49.06%；“6～10年”的132人，占30.99%；“10年以上”的85人，占19.95%。

（六）单位类型

在426个有效样本中，所在单位属于市级党政机关的有167人，占39.2%；县级党政机关的106人，占24.88%；乡镇党政机关的56人，占13.15%；事业单位的66人，占15.49%；国企的31人，占7.28%。

B.28 温州市规上工业企业经营形势分析报告

张建东　谢伯寿　张瑞玹*

摘　要： 在对2018年温州市4618家规上工业企业的基本情况、发展态势、发展条件进行调研和分析的基础上，本报告认为2018年温州工业经济呈现“好于预期、好于全省、稳中有进”的发展态势，既面临良好的发展机遇，又面临诸多不确定因素，2019年经济下行压力加大。有必要通过改造传统产业、培育新兴产业、提升营商环境、拓展发展空间等举措，推进高质量发展。

关键词： 温州　规上工业企业　经营形势　高质量发展

2018年温州市规上工业运行显现“好于预期、好于全省、稳中有进”的发展态势，产业结构趋优、创新动力增强。但是，目前国内外宏观经济环境仍然趋紧，工业发展中长期存在的结构性、素质性矛盾依然存在，工业持续回升的基础仍不稳固。为及时了解2018年全市规上工业企业生产经营的动态情况，准确把握工业经济运行态势，本课题组深入有关县（市、区）、行业协会和重点企业开展座谈交流，分析全市规上工业企业生产经营的基本情况和主要问题，提出优化企业发展环境、促进工业经济健康发展的对策建议。

* 张建东，温州市经济和信息化局处长，经济师；谢伯寿，温州市经济与信息化局科员；张瑞玹，温州市经济和信息化局办事员。

一　全市规上工业企业生产经营的基本情况

（一）运行态势总体平稳

2018 年，温州全市规上工业总产值达到 4721.72 亿元，同比增长 10.0%；规上工业增加值达到 996.24 亿元，同比增长 8.4%，列全省第 6 位，较全省高 1.1 个百分点，较 2017 年增速高 0.5 个百分点。分行业看，全市规上工业 33 个大类行业中，有 28 个行业规上工业增加值实现正增长，其中 13 个行业增幅超过 10%。泵阀行业得益于“一带一路”沿线国家和地区、国内市场需求的增长，增加值同比增长 27.2%；电气行业发展较快，同比增长 11.3%；服装行业由于个性化定制和职业装定制发展较快，同比增长 11.5%；汽摩配行业由于国内整车市场需求下滑，增速平稳但有所回落，同比增长 8.1%；鞋革行业由于市场需求不旺，部分龙头企业出现负增长，行业整体增长仅为 4.3%。分区域看，乐清（10.8%）、瓯海（10.4%）、永嘉（10.2%）规上工业增加值保持两位数增长态势；龙湾（2.8%）、泰顺（2.8%）、苍南（4.3%）、瑞安（6.7%）、鹿城（7.4%）落后全市平均水平（见图 1）。

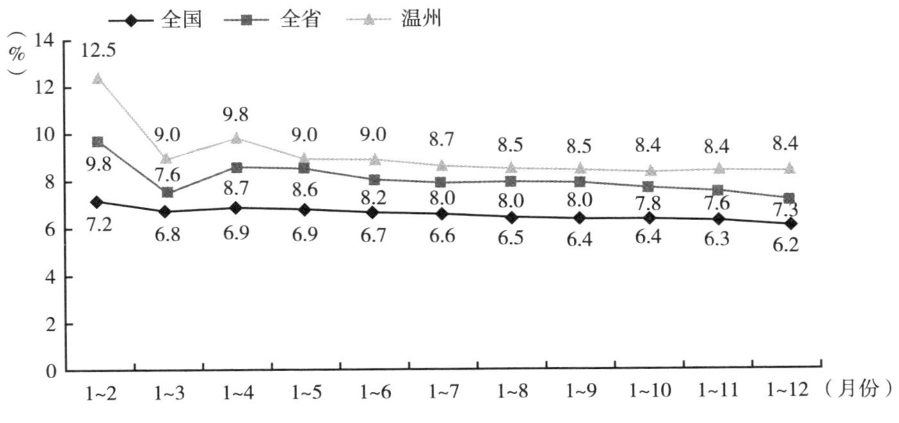

图 1　2018 年规上工业增加值月度增长情况

（二）企业活力逐步提升

作为中国民营经济的发祥地，民办、民营、民有是温州经济的重要特征，也让温州经济具有了较强的自我调整、自我修复、自我提升能力。2018年温州民营企业数量、工业产值、上缴税款、从业人员分别占全市总量的99.5%、95.5%、80%和93%。在温州模式和温州人精神的带动下，温州正逐步成为民营经济创新发展的鲜活样本。

1. 创新主体增加

温州市现有工业市场主体25万家，其中工业企业9.4万家，同比增长5.7%。2018年温州市“小升规”工作取得新突破，净增规上企业644家，居全省第一，规上工业企业总数达到5262家。其中，亿元以上企业825家，10亿元以上企业42家，百亿元以上企业（集团）3家，上市企业27家。2018年全市共2898家企业列入全省“专精特新”企业培育库（累计5440家），55家企业获评全省“隐形冠军”① 培育企业（累计107家），数量均居全省第1位；4家企业获评省级“隐形冠军”，数量居全省第2位；29家企业入选省“创业之星”企业，入选数量居全省第2位。

2. 创新能力增强

温州市连续两年高质量举办“市长杯”工业设计大赛，2018年共收到3029件参赛作品。全市现有高新技术企业1305家（2018年新增391家），省科技型中小企业6216家（2018年新增1802家），省级企业研发中心631个、省级企业技术中心78个、省级企业研究院85个（含重点）。2018年，温州市规上工业R&D经费支出占主营业务收入比重为2.69%，居全省第一，高于全省0.53个百分点；全市规上工业研发经费支出增长33.1%，规上工业新产品产值增长28.4%。

3. 品牌质量提高

全市先后培育38个中国名牌产品，从一个以假冒伪劣闻名的质量重灾

---

① 隐形冠军指在国内或国际市场上占据绝大部分份额，但社会知名度低的中小企业。

区，蜕变为中国名牌产品数量最多的城市之一。现有中国质量奖提名企业3家，省政府质量奖企业4家，浙江名牌产品234个（其中工业201个）。

4. 发展效益提升

2018年，全市规上工业企业中亏损企业仅占8.6%，占比全省最低；全市不良贷款余额129.89亿元，比年初减少36.64亿元，不良率为1.29%，比年初下降0.63个百分点。

（三）产业结构明显优化

1. 传统产业改造加速

温州传统制造业特色明显，电气、鞋业、服装、汽摩配、泵阀等五大传统产业已形成了明显的产业链和区域品牌优势，具有较大市场规模和较强的市场竞争力。2018年，温州市出台十大重点传统产业改造提升行动方案，鹿城、苍南、乐清、瑞安、永嘉等地列入传统制造业改造提升省级分行业试点。全市技改投资同比增长3.3%，增速居全省第一；新增机器人应用1550台，新增省级装备制造业首台（套）产品16项，占全省的15%。浙江华峰新材料股份有限公司入选工信部单项冠军示范企业，电光防爆科技股份有限公司、华峰热塑性聚氨酯公司被工信部列为制造业单项冠军培育企业，华峰氨纶、新亚电子、福达合金、华峰合成树脂等4个企业产品被工信部列为单项冠军产品。

2. 新兴产业快速崛起

温州市大力培育数字经济、智能装备、生命健康、新能源智能网联汽车、新材料等五大战略性新兴产业，编制专项培育方案，加大新兴产业项目招引建设力度，威马汽车等重大项目开始投产见效。2018年，全市高新技术产业、装备制造业、战略性新兴产业增加值分别同比增长10.9%、11.5%和10.1%，占规上工业增加值的比重分别达到54.4%、48.8%和18.6%，比重较上年分别提高13个、3.4个和5.9个百分点。

（四）工业项目加快推进

2018年，温州市工业投资增速较快，全年同比增长10.4%，比全省高

11.3 个百分点，增速居全省第三。

1. 小微园建设形成样板

温州市坚持把小微企业园作为小微企业高质量发展的产业综合体来抓，推进多元主体建设模式，落实“四限一摇”调控政策，建立企业进入退出机制，加大政策扶持力度，提升配套设施水平，推进小微企业园建设提速提质，形成新的“温州样板”。2018 年新开工小微园 23 个，新竣工 12 个（累计 90 个），新竣工面积 345 万平方米（累计 1984 万平方米），新增入驻企业 613 家（累计 3262 家），均居全省前列。

2. 招大引强态势较好

2018 年，温州市围绕“十三五”重点发展产业，以“补链、强链、延链”为重点，引进一批质量高、规模大、带动力强的“大好高”项目，全年共引进亿元以上单体制造业项目 93 个，其中 20 亿元以上项目 7 个。

3. 项目建设步伐加快

2018 年，温州市建立重点技改项目、批而未供项目、已供地未开工项目和在建项目进展情况一月一通报制度，通过助企服务、专题协调、重点督办等多项举措层层推进。2018 年全市新开工工业项目 620 个，完成投资额 120.5 亿元，其中 5000 万元以上项目 204 个。

（五）数字经济重点突破

2018 年，温州市制定实施数字经济五年倍增实施方案，着力构建“二区三中心”（国家传统产业数字化转型发展示范区、数字产业创新发展示范区，国家数字贸易创新中心、数字金融发展中心和智慧物流综合服务中心）特色发展格局，打造引领发展的新引擎。

1. 数字产业化步伐加快

温州市加强数字经济产业项目招引，密切与中国交通通信信息中心、阿里巴巴集团等大机构的战略合作，主动承接台湾地区、深圳等地数字产业生产基地转移，着力引进北斗卫星产业园等一批重大数字经济产业项目和天心天思、国信优易等一批软件、大数据类重点企业，总投资 10 亿美元的集成电路用硅晶圆片项目正在积极洽谈。“十三五”以来，温州数字经济核心制造业增加值年均增长 12.3%，软件和信息服务业主营业务收入年均增长 56.2%。

2. 产业数字化力度加大

温州市大力推进传统制造业数字化改造，形成了一批国家、省级示范试点企业和项目。瑞立集团“新能源汽车电控制动系统智能制造新模式示范项目”入选国家智能制造专项，一鸣食品入选工信部制造业与互联网发展示范试点企业，庄吉等 10 家企业入选国家两化融合管理体系贯标试点企业，正泰等 12 家企业入选省级“上云”标杆，金卡智能等 17 家企业入选省级制造业与互联网融合发展示范试点企业，东经科技等 4 家企业入选省级工业互联网平台企业，东蒙等 5 家企业入选省级制造业双创平台示范试点企业，康奈等 10 家企业和华中科技大学温州研究院等 2 家平台获评省级服务型制造示范企业（平台），全市累计“上云”企业 38500 家，总量居全省前列。

3. 信息基础设施更加完善

温州市实施光网城市战略，加快建设新型移动通信网，全面完成中心城区及县（市）通信基础设施专项规划，“十三五”以来累计新建改造免费 WiFi 设备 24000 余个，WiFi 总量居全省前三；建设改造通信基站 5000 余个，规模总量 1 万余个；4G 网络和窄带物联网实现全市行政村覆盖，网络平均带宽比 2017 年提高 50%，城域网出口带宽居全省第二。

（六）腾笼换鸟成效明显

1. “亩均论英雄”扩面增效

2018 年，温州市制定出台《关于深化“亩均论英雄”改革推进企业综合评价的实施意见》，扩大评价范围，完成 4359 家规上企业和 2415 家用地面积 5 亩以上规下企业的综合评价工作。落实用能、用水、用地、排污、融资、奖评等差别化政策，2018 年全市对 A、B 类企业减免城镇土地使用税 73065 万元，发放各类财政资金补助 86971 万元，新增供地 2684.7 亩，对 D 类企业征收差别化电价水价 5434.3 万元。2018 年，全市规上企业亩均税收为31.6万元，居全省第三；亩均增加值145.1万元，居全省第二；R&D经费占主营业务收入比重居全省第一。

2.“低散乱”整治深入开展

温州市在全省率先启动亩均税收万元以下企业整治，率先制订并实施三年行动计划，打好整治组合拳，2018年共整治亩税万元以下企业1868家。严格按照国家政策，合法、依规、有序推进去产能工作，2018年共淘汰落后产能企业132家，完成39家僵尸企业处置。

3.绿色制造加快推进

加快推进企业绿色化改造，引导企业开展绿色清洁能源和节能技术新产品应用，形成一批省级以上绿色企业示范。红蜻蜓等3家企业被评为国家级绿色工厂，德力西等12家企业被授予省绿色企业（清洁生产先进企业）称号。大力推进节能降耗，继续实施节能降耗“八个一批”行动，深化“万吨千家”企业监察工作，2018年前三季度全市万元生产总值能耗同比下降3.7%，超额完成浙江省下达目标。

二　工业经济运行趋势和影响因素分析

当前，外部环境复杂严峻、不确定因素多、风险挑战大，中美贸易摩擦影响逐步显现，经济下行压力加大。2018年12月，中国制造业指数（PMI）为49.4%，两年多来首次跌破荣枯线（50%），创下了2016年3月以来新低。预计2019年温州市工业经济总体将呈现“稳中趋缓、稳中有变”态势。

（一）有利因素

1.重大战略加快布局

当前，新时代“两个健康”先行区、国家自主创新示范区、国家海洋经济示范区等重大战略布局温州，温州市积极融入长三角一体化发展国家战略，深入与上海嘉定等地合作，为温州市下一步经济发展带来新的机遇。

2. 合力扶工氛围浓厚

党中央强调坚持“两个毫不动摇”，大力支持民营经济健康发展。温州市委市政府主要领导高度重视工业经济发展，深入开展“营商环境提升年”活动，查处一批破坏营商环境的典型案件，组织开展“万名干部进万企”助企服务活动，第一时间协调解决好企业发展中遇到的难点和突出问题，已排查化解 3200 余个问题，全市营商环境进一步提升。

3. 政策扶持力度加大

国家层面，2018 年国务院出台了一系列积极的财政政策。比如，制造业等行业增值税税率从 17% 降至 16%，出口退税率提高 1～5 个百分点，等等。地方层面，浙江省在原有减负基础上，出台《关于进一步减轻企业负担、增强企业竞争力的若干意见》，提出 35 条减负政策。温州市委、市政府对涉企政策进行全面清理整合，出台“两个健康”先行区 80 条新政、降本减负 42 条新政、“高质量发展的若干政策意见”以及企业上市、人才招引等多方面政策，各县（市、区）也出台相应配套政策，全面推进新动能培育。

4. 企业外部条件改善

“大拆大整”取得阶段性成效，城乡危旧房、城中村、“四无”企业等脏乱差基本完成专项整治。“大建大美”“五水共治”“治拥治堵”等专项行动全面推进，城市绿化、卫生、环保、文明等综合性指标得到显著提升。现代综合交通体系加快构建，机场 T2 航站楼基本建成，绕城高速西南线全线通车，市域铁路 S1 线试运营，交通运输服务保障能力大幅增强。“六城联创”圆满收官，温州在 2018 年中国城市大会发布的综合指数榜单上高居第二。

（二）不利因素

1. 中美贸易摩擦的影响进一步显现

美国已公布加征关税的三批清单内商品涉及温州市对美出口企业 2674 家，涉案金额约 12 亿美元，占 2017 年温州市对美出口额的 43.4%，占全市

出口总额的7%，其中涉及对美出口商品总额100万美元以上的制造业企业有234家。2018年中美贸易摩擦对温州市影响不大，鞋革、服装行业商品未纳入加征关税名单，电气、汽摩配行业出口美国商品占比较小；但从长远看，中美贸易摩擦的影响会逐步扩大，除了对直接出口美国的企业，还对产业链上下游企业的市场订单、部分原材料成本、企业信心产生不利影响，特别是2019年加征关税的范围和幅度扩大的可能性依然存在，中美贸易摩擦的影响将会进一步加大。市经信局对200余家重点企业的调查显示，51.1%的企业反映产品订单不足，17.3%的企业反映中美贸易摩擦对企业造成较大影响。2018年全市规上工业出口交货值增速有所放缓，全年增速为6.3%，低于全省平均水平2.3个百分点，居全省第九位。

2. 要素瓶颈制约将长期存在

土地、人工、资金、能源、环境容量等要素将在一定时期内趋于紧缺状态，造成企业成本上升、效益下降。2018年以来，受各种因素影响，全市有495家规上企业亏损，其中96家关停、外迁、破产。租房方面，部分企业反映租房成本较2017年上涨30%~50%，瓯海43.5%的规上企业使用租赁厂房，部分企业因无法忍受高房租而搬迁。人工方面，2018年企业用工平均缺口为7.45%，用工平均成本较上年同期上涨10.19%。2019年1月社保费用由税务部门统一收缴后，部分企业社保税费缴纳额将增加2倍左右。能源方面，受“气荒”影响，龙湾有68家用气企业出现停产限产情况，2018年7~10月平均每月停产10天。

3. 大平台大企业大项目带动力不明显

平台方面，全市“3+12”平台中有11个平台面积达1万亩以上，“3+12”产业平台规上工业企业实现增加值占全市的42.5%，其中三大产业平台规上工业企业实现增加值占全市比重只有11%，瓯江口产业集聚区和浙南科技城正在建设中，产业平台作为制造业发展主战场的作用还没有充分发挥。企业方面，规模在10亿元以上企业仅42家，仅占全省的6%左右；上市公司只有27家，仅占全省的5%左右。2018年，全市103家领军型工业企业实现增加值同比增长9.0%，仅高于规上工业企业0.6个百分点。部分行业龙头企业还出现增速下滑的情况，部分上市公司股票质押融资比例过高。项目方面，温州市工业项目列入省2018年重大工业项目库12个，仅占全省的5.4%，列入“百项万亿”重大制造业项目库16个，占全省的4.1%。2018年151个新开工工业项目中，投资额10亿元以上的仅3个，1亿元以上的仅40个。

三 对策建议

（一）强化数字赋能，改造传统产业

传统产业是温州市实体经济的主体，也是稳定经济增长、改善民生福祉的基础。但是，在经济发展进入新常态的背景下，传统产业暴露的短板十分明显，产业优化升级迫在眉睫，而最关键的手段和突破口就是进行智能化改造。①推进产品智能化，大力发展以智能化产品开发为重点的工业设计，鼓励企业加大创新投入和产学研合作，开展关键共性技术攻坚，高水平举办第三届“市长杯”工业设计大赛，建设温州时尚智造设计中心、浙江创意园、乐清工业设计基地等平台，促进设计与智造融合发展。②推进制造过程智能化，抓好“百项百亿”重点技改，召开泵阀、印刷等行业“机器换人”省（市）级现场会，培育一批智能制造服务公司，加大智能制造技术支撑和推广力度。③推进管理智能化，通过行业云平台、工业大数据等技术应用，提升企业管理信息化、智能化水平，引导企业从“上云”向“用云”转变，着力打造电气、时尚、新能源汽车及零部件、专用设备、包装等五大产业云平台。

（二）强化项目牵引，培育新兴产业

新兴产业是温州未来的发展方向，若新兴产业发展不迅速，新动能不能支撑起温州发展，温州只能走下坡路。对此，首先抓新兴产业谋划。密切跟踪国际科技、产业发展的最新变化，研究解决好“我要什么”“别人有什

么”“怎么引进来”的问题，明确新兴产业发展的方向、定位和重点，并对其进行深入研究，列出需要招引的重点企业和项目清单，做到超前谋划、超前部署、超前行动。其次，抓重大项目盯引。一个重量级项目的引入，会带动一个产业，甚至兴起一个全新的产业。要瞄准数字经济、智能装备、新能源网联汽车、生命健康、新材料等五大战略性新兴产业，紧盯世界500强、行业领军企业、实力集团，争取引进产业先进、影响力大、辐射性强的项目。强化内外温商互动，重点引入具有较高市场知名度的温商品牌企业或者设立新品牌总部。最后，抓重大项目落地。开展重点工业项目常态化管理行动，建立供地项目、开工项目、续建项目、竣工投产项目“四张清单”，对项目进行全过程动态跟踪监测，确保项目落地见效。特别是要加强与中国交通通信中心的战略合作，加快北斗卫星产业园等一批投资强度大、科技含量高的数字产业项目落地，培育一批省级以上电子信息产业重点企业和大数据应用示范企业。

（三）强化减负纾困，优化营商环境

营商环境就是生产力，优化营商环境是建设现代化经济体系、推动高质量发展的重要基础。首先，大力推进助企服务。当前，温州市正在开展以“大走访、送温暖、送政策、解难题、建机制、强领导”为主要内容的“万名干部进万企”活动，把问题化解作为活动的重中之重，不能搞形式主义。建立问题分类分级化解等机制，坚持因地制宜、分类指导、上下联动、精准帮扶，个性问题因企施策，共性问题成批化解，简单问题基层办理，疑难问题领导挂帅，紧急问题即时处理，复杂问题集中攻坚，切实为企业解决一批土地、资金、技术、人才、市场等方面的问题。其次，全面落实降本减负。当前，国家、省级层面都出台了降本减负政策，温州市也出台了降本减负42条和高质量发展系列政策，对于这些政策要落实到位。加强政策的宣传，通过新闻媒体、政府网站，加大政策宣传力度。结合助企服务活动，深入企业、行业协会宣讲政策，进一步降低企业税费负担和企业用能、用工、物流、融资、用地、制度性交易成本以及涉企中

介服务收费。强化政策刚性兑现，可建立企业负担监测点，对降本减负和财政扶持政策兑现情况进行定期专项督查，对政策不兑现、兑现难、兑现慢等问题进行督促整改。最后，打造高效审批环境。以深化“最多跑一次”改革为突破口，再造审批流程，创新审批机制，全面落实全流程网上审批、并联审批、模拟审批等改革举措，以技术革命推动“放管服”改革提效增速，大幅压缩行政审批时间，力争实现企业投资项目竣工验收前审批“最多90天”。全面放开中介市场，涉批中介机构准入实行“零门槛”，打破地域垄断。

（四）强化要素改革，拓展发展空间

当前，资源、环境等要素制约不断加剧，粗放型外延式的增长方式已难以为继，必须切实转变经济发展方式、优化资源配置方式，才能实现经济的再次腾飞。首先，深化“亩均论英雄”改革。建立“亩均论英雄”综合评价大数据平台，以企业、行业、园区三个“全覆盖”为目标，将工业企业全部纳入评价范围，并向省级工业园区和市级示范小微园拓展延伸。强化综合评价结果应用，全面落实用地、用能、用水、排污、奖评、融资等资源要素差别化配置政策，让资源要素向符合产业发展导向的新兴产业、效益好税收多的优质企业、带动力强的重大项目倾斜，加快推进产业结构调整。②加强土地要素保障。土地紧缺是当前制约温州工业发展的重要因素。一方面在增量上做文章，把工业供地列入对各地考绩的内容，确保每年新增供地30%以上要用于工业项目，确保全市新增工业土地1万亩以上。对于城市建设需要对工业企业或工业区进行搬迁的，建议应同步规划新增工业用地空间，确保工业用地总量只增不减。另一方面在存量上做文章。经初步统计，目前全市批而未供、供而未用工业用地约1.5万亩，大力推进批而未供、供而未用、用而未尽、建而未投、投而未达等“五未”土地清理行动，清理出的土地用于工业项目。加强闲置厂房供需对接，提高工业土地产出效益。③加大小微园建设力度。小微园建设是破除“低散乱”、摆脱路径依赖的重要举措，温州已经取得了明显成效。建议建设力度再加大，按照“主导化

集聚、标准化产出、综合化配套、智慧化管理、物业化运营”的要求，加快新一轮小微园建设规划布局，加大小微园供地力度，加快小微园项目建设进度。对于现有的小微园，要全面实施“五集五度”绩效评价，加快推动小微园基础设施、入园企业、管理服务和政策落实四大升级，强化入园企业培育提升。

B.29

2018年温州市消费投诉情况分析报告

周小白　汪　涛*

摘　要： 近年来，温州市消费投诉量总体呈逐年上升态势，其中2018年增长22.91%。投诉主要分布于日用百货、交通工具、食品饮料、通信器材、装修建材、电信服务、居民服务、文化娱乐服务、餐饮服务、维修维护服务等领域。教育培训、房屋装修、二手车交易类投诉年度增幅最大，电信服务、汽车销售与维修、预付式消费类投诉持续偏高，餐饮和网络购物类投诉出现回落。维权存在检验鉴定难、部门间联动机制不健全、民事调解的法律效力低、基层维权力量日趋不足等问题，建议通过政府主导引领、行政和司法保护、经营者和行业协会诚信自律、人大和社会监督、加强消费教育等手段多维度推进消费者权益保护工作。

关键词： 消费投诉　消费维权　消费者权益保护

根据温州市12345市长热线、温州市市场监管局、温州市商务局相关消费者投诉统计数据，课题组对2018年温州市消费投诉情况、消费者维权存在的问题等进行分析，并提出相应的对策建议。

---

* 周小白，温州市消费者权益保护委员会副秘书长；汪涛，温州市消费者权益保护委员会秘书处办公室主任。

一　2018年消费投诉基本情况及热点

2018 年温州市共受理消费者投诉 31026 件，比上年增长 22. 91% 。根据《消费者权益保护法》对“消费”的分类，商品类消费投诉 18835 件，占总量的 60. 71% ，服务类消费投诉 12191 件，占总量的 39. 29% 。

（一）商品类消费投诉持续增长，通信器材、交通工具上升幅度最大

从 2016 ~2018 年数据来看，商品类消费投诉数量呈逐年上升态势，排在前五位的是日用百货、交通工具、食品饮料、通信器材、装修建材，2018 年上述五类投诉共占商品类投诉的 78. 86% 。其中，日用百货类投诉 4911 件，依然占据商品类投诉首位。其他依次是：交通工具类投诉 3761 件，同比增长 36. 86% ；食品饮料类投诉 2733 件，同比增长 20. 34% ；通信器材类投诉 1925 件，同比增长 39. 29% ；装修建材类投诉 1134 件，同比降低 6. 36% （见图 1）。

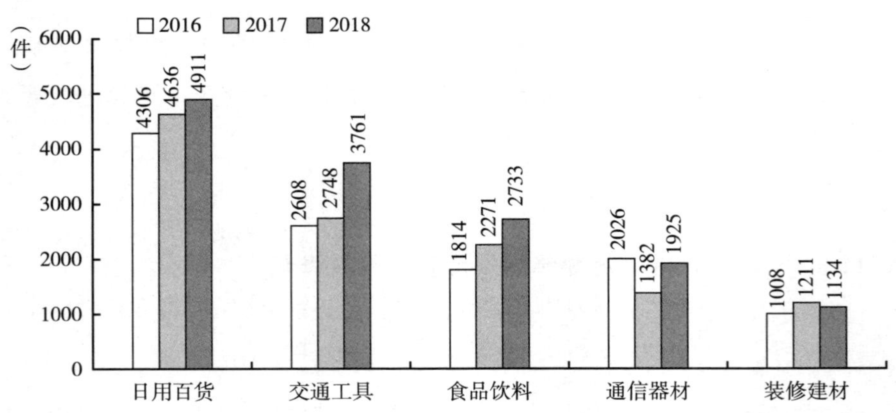

图 1　2016 ~2018 年商品类消费投诉数量排名前五的商品

（二）服务类消费投诉总体回升，餐饮、维修类有所下降

从 2016 ~2018 年数据来看，2018 年服务类消费投诉在上年有所下降的

基础上再次回升，占比排前五的是电信服务、居民服务、文化娱乐服务、餐饮服务、维修维护服务，投诉量共占服务类投诉的63.12%。其中，电信服务类投诉以2993件居首位，同比增长33.56%；居民服务类投诉1839件居第二，同比增长16.17%；文化娱乐服务类投诉1314件，同比增长40.09%；餐饮服务类投诉1020件，同比下降5.20%；维修维护服务类投诉508件，同比下降1.93%（见图2）。

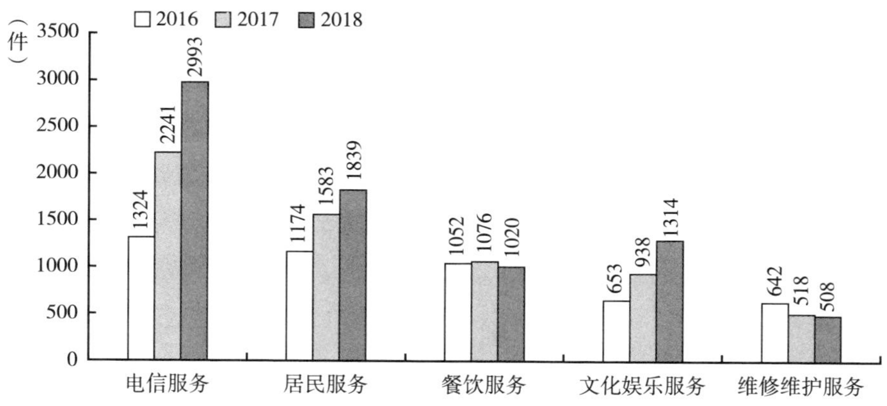

图2　2016～2018年服务类消费投诉数量排名前五的服务

（三）2018年消费投诉热点

1. 教育培训服务同比增长近2倍，是增长率最高的类别

2018年共受理教育培训投诉330件，同比增长186.96%，成为消费投诉的新热点。其中，婴幼儿、学生培训占37.82%，主要涉及早教、托管及体育艺术培训等；成人教育占62.18%，主要涉及英语、财务、美容美发及才艺培训。投诉的主要问题有教学效果达不到预期，经常换老师导致教学不稳定，擅自变更课程内容、课时安排，学员因居住地变化、身体健康等原因转让或退费被拒，因装修延误和招生不足不能按期开班。

2. 房屋装修类投诉大幅度增长，首现经营者跑路

统计显示，2018年房屋装修服务等消费投诉同比增长高达170.20%，

总量为408件。其中，合同纠纷占72.66%，质量问题占27.33%。投诉反映最多的问题是工期延误，一些家装企业盲目扩张抢占客流，施工和管理队伍却不足以维持业务运转，一处延期处处延期。其次是由合同约定不详尽引发的纠纷，经营者以“低价”为噱头吸引消费者签约，但在合同上没有将施工项目、费用，商品和材料的品牌、规格、型号、等级、数量、价格等予以明确，实际结算大大超过消费者预算。此外，建材质量不合格、样品与实物有偏差、装修效果未达到业主要求等也是投诉热点。值得注意的是，2018年经营者倒闭成为全国各大城市家装消费市场最大的危机，温州也有两家装修企业先后失联，令客户预付的装修款无法追讨。房屋装修类纠纷还存在处理难问题，主要原因有：一是装修专业性强，责任鉴定往往需要第三方鉴定机构或人员介入；二是主管部门和行业协会的指导作用发挥有限。

3. 汽车投诉增长率快速回升，其中二手车投诉增长七成多

交通工具投诉包括机动车销售和维修服务，2018年共受理该类投诉3761件，同比增长37.37%。质量、合同、售后问题分别占总量的45.65%、22.73%、12.55%。质量类投诉主要集中在新车故障、配件质量不合格、以非原装的配件冒充原装配件。合同类投诉主要集中于未按合同约定的时间和车型交车，指定保险、按揭和购买配件等强制消费行为。售后服务投诉主要集中在：一是以不在4S店维修保养为由拒绝履行三包义务；二是同一部位多次维修仍未修好；三是召回车辆未及时通知消费者回厂处理。

2018年二手车投诉处于高位增长，全年579件，同比增长76.52%，投诉问题主要有二手车经营者存在隐瞒车辆事故信息、篡改车辆里程等行为。投诉快速增长的原因主要有以下几点：一是随着全市汽车保有量和换购人群迅速增加，二手车市场规模不断扩大，家用二手车的消费纠纷随之增多；二是《浙江省实施消费者权益保护法办法》对家用二手车交易经营者的责任和义务做出新的规定，为此类纠纷维权提供了有力依据；三是经营者法律意识淡薄、诚信意识缺失，利用信息不对称的优势获取更大利益成为行业潜规则。

4. 电信服务投诉主要体现在费用纠纷

2018年共受理有关电信营运商的投诉2993件，比上年增长33.56%。

投诉的问题主要有费用纠纷、业务办理不规范、通信信号弱、设置不合理规定等，分别占该类投诉总量的49%、15%、8%、4%。费用纠纷具体表现为：因合同到期或未按消费者要求停止服务产生欠费，业务介绍不全面产生不明项目费用，未经消费者同意擅自开通、变更或停止业务。费用纠纷产生的原因主要有：一是运营商提供的服务项目繁多，尤其是部分套餐设计过于复杂，若营业员介绍业务时表达不清楚、不全面，很容易造成误解；二是资费查询过度追求网络无纸化，不利于老年人等不擅长网络的用户及时掌握费用情况；三是提速降费政策对部分老客户更改套餐有所限制，引发不满。此外，有投诉反映老城区基站改造导致住户无信号，运营商强制要求用户换号码改套餐，新建小区电梯、地下室信号弱没及时解决，过户、保号、注销等业务手续烦琐，条件设置不合理。2018 年三家运营商各自推出的“流量不限量”活动，因未告知用户流量达到100G 后将被限制使用流量，也成为消费者热议的焦点，相关部门已对此采取了“叫停”措施。

5. 食品安全类投诉以过期变质居多

近年来，食品安全方面的投诉举报量呈逐年上升趋势。2018 年共受理该类投诉3753 件，同比增长12.13%。其中食品类投诉2733 件，同比增长20.34%。投诉量最多的是肉、禽类制品，共计397 件，同比增长27.65%，主要问题为肉质变腐发臭及外包装食品标签不规范；烘焙食品类投诉211件，主要问题有发霉变质、商品过期；饮料类投诉165 件，主要问题有商品过期和出现异物；酒类投诉125 件，主要问题为过期及疑似假冒。2018 年接到餐饮类投诉共计1020 件，同比下降5.20%，投诉以质量问题居多，占总量的32.94%，如发现食物变质、环境不整洁、餐具不卫生、菜品中含有异物等。

6. 预付式消费集中于美容美发和健身行业

2018 年共计受理预付式消费类投诉2379 件，主要分布在美容美发洗浴、健身、购物等行业，投诉主要反映经营者违规开卡、无理拒不退还预付卡余额、单方面擅自变更服务内容、格式合同设置霸王条款、卷款跑路等问题。目前预付式消费乱象丛生的主要原因有三个方面，一是经营者普遍缺乏法律意识，对发卡条件、合同事项、行为规范的认知度低，对预收款管理混乱，缺乏监督；二是消费者无有效途径获取经营者真实信息，对风险的判断不足，面对“大金额大折扣”诱惑往往失去理智，投入过多资金，预付资金一旦转移至经营者，消费者的权利单方面依赖于经营者的自律来实现；三是主管部门法定职责落实不到位，商务部门作为预付式消费的主管部门，没有设立相应的执法机构，对于经营者的违法侵权行为，仅作为民事调解来处理，没有给予相应的行政处罚，无法达到惩戒和警示的目的。维权部门注意到，经营者在清算破产期间仍存在通过收取预付款、虚假转手商铺来逐步限制消费者使用权等恶意侵权行为（见图3）。

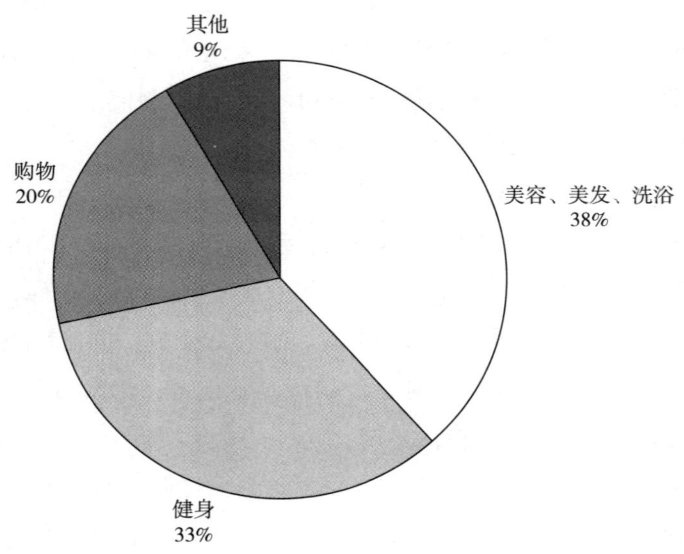

图3　2018年预付式消费投诉行业分布

7. 网络购物类投诉首次出现回落，多为标签标识不规范

2018年共接到有关网购消费投诉4722件，同比下降12.6%。由于网购商品的投诉受理以经营者所在地为管辖原则，网购投诉量的下降表明近年来温州电子商务经营者的服务有明显进步，网络销售的商品质量也有很大提升。2018年网购消费者的诉求主要涉及商品质量、广告宣传、售后服务等

方面，分别占41.16%、19.17%、13.77%。反映的问题主要有：商品破损，表面存在瑕疵，未标注厂名、厂址和合格证；售后问题有不按时发货、不履行网购商品七日无理由退换货及商品的三包义务。投诉商品主要集中于服装鞋帽和通信产品，分别占投诉的32.06%和22.27%，其中通信产品集中在电商大户浙江某信息科技集团有限公司，被投诉主要原因是发货和退款不及时。

二　消费维权存在的问题

随着消费升级的步伐加快，商品和服务的科技含量越来越高，消费内涵和形式越来越复杂多样，维权工作出现了很多新的问题。

（一）商品和服务的检验鉴定难

虽然《消费者权益保护法》对耐用商品或者装饰装修等服务有6个月的瑕疵举证倒置规定，但鉴定结论是由生产厂家出具的，一旦消费者对此有疑义，则必须按照民法“谁主张，谁举证”的原则，委托第三方检验检测机构鉴定，但高额的检测费往往超过纠纷商品本身的价格。此外，一部分商品使用过后就丧失了检测样本的条件，有的商品需要做破坏性实验才能得出鉴定结论，有的鉴定结果仍不足以认定责任归属，种种限制使消费者对鉴定检测望而却步，从而加大了争议解决的难度。

（二）部门间联动机制不健全

在我国行政保护是履行保护消费者权益的一项重要的法律制度，《消费者权益保护法》规定，职能部门在各自职能范围之内开展消费维权工作。各部门分工不够明确，在一些方面主次难分，同一纠纷事件往往又涉及不同部门的规章，以汽车消费为例，销售涉及商务部门、质量与三包涉及市场监管部门、维修涉及交通运管部门，再如商品房投诉，质量及合同由住建部门监管。职能有交叉也有盲点，容易出现部门间相互推诿扯皮的现象。

（三）民事调解的法律效力低

《消费者权益保护法》规定的消费纠纷解决途径——与经营者协商和解、向行政部门投诉、请求消费者组织调解，实质上都属于民事调解范畴，调解结果也以双方达成一致意愿为前提，一旦经营者拒绝调解或配合，调解将无法进行。调解协议不具备法律强制力，若一方不履约，也会导致调解失败。不少经营者利用消费者畏惧诉讼周期长、费用高的心理，对消费者的合理要求以无理拒绝或故意拖延方式逃避责任，侵权违约方不能得到应有惩处，受害方不能得到足额补偿，导致群众对调解的公正性产生怀疑。

（四）基层维权力量相对不足

新的消费领域、消费形式给行政部门消费维权工作提出更高要求。一部分行政部门没有专设的消保机构，也没有相应的处置消费者投诉举报的程序，通常是由相关业务科室的人员兼任。承担大部分消费维权任务的市场监管部门，在近几年的机构整合中，由于其职能增加了食品药品、质量技术监督、物价检查等，在繁重的执法任务下，基层市场监管所实际从事消费调解的人员越来越少。高速增长的投诉量与处诉人员配备极不相称，也是影响消费纠纷处置效率的因素之一。

三　对策建设

针对消费维权热点、难点问题，如何营造安全放心的消费环境，更好地满足人民群众对美好生活的期待，增强消费对经济发展的基础性作用，必须通过政府主导引领、行政和司法保护、经营者和行业协会诚信自律、社会组织和媒体监督、消费者自我教育等手段多维度进行。

（一）政府主导全面推进“放心消费”建设，提振消费信心

首先，将“放心消费”创建纳入政府考核。由县级政府牵头，乡镇街

道、各行政主管部门为责任主体，根据当地经济特点选取条件较好、消费集中度较高的商圈、行业先行创建。各行政主管部门要在创建的目标、内容、形式上给予经营者指导和规范，利用创建契机提高产品质量和服务水平，破除行业侵权潜规则。

其次，对“放心消费”创建予以财政支持。各级政府应将创建经费列入当地财政预算，专项用于宣传教育、硬件建设、环境改善，以及对部分小规模经营者的改造补助，让群众对“放心消费”创建可观可感可享。同时，设立奖励基金，对创建成果好的企业和社区（园区）进行鼓励，用于对消费纠纷的先行赔付。

最后，发挥信用体系的激励作用。政府将经营者落实消费者权益保护情况纳入信用评价项目，在行政主管部门和消保委组织建立信用信息推送机制，将“放心消费”“无理由退货”的单位列入信用红榜，提升守信经营者的获得感和荣誉感；将严重侵害消费者合法权益的单位及其负责人列入黑榜，有效惩戒失信行为。

（二）行政和司法保护资源合理配置，提升维权效能

第一，优化投诉平台建设。统一政务咨询投诉举报平台，开发消费者投诉专业数据库。建立高发性、群体性、区域性消费投诉预警机制，及时提醒行政主管部门和消保委组织关注和监督。

第二，完善部门协作机制。加强各行政主管部门在消费维权工作上的配合，以消费维权工作联席会议制度为依托，实现消费维权工作信息共享、协同配合、联动响应机制，形成维权合力。成立专业协调小组，对汽车、房地产、预付式消费投诉等涉及多个部门职能的，由协调小组牵头，各部门共同研究协力解决。

第三，鼓励部门购买服务。市场监管、邮政管理等消费投诉调解任务繁重、人员配备不足的部门，以及商务、建设等没有设立消费者权益保护专业机构的部门，可以通过向社会力量购买服务等方式，委托人民调解组织、民间团体、行业协会、中介服务机构等第三方组织，实施民事纠纷的调解。

第四，加大行政处罚力度。各行政部门在处理消费者投诉中，发现经营者存在违法行为的，要依法及时对违法经营者进行约谈批评、责令改正，符合立案条件的转入行政处罚程序对其立案查处，列入失信“黑名单”。通过“以案促管”有效震慑违法经营者，提高违法侵权成本，从根本上规范整个市场秩序，维护广大消费者的合法权益。

第五，发挥诉调对接机制。法院与消保委组织、行政部门加强协调配合，建立健全消费纠纷多元化解工作机制，完善民事诉讼与行政部门调解、社会组织调解、当事人和解的有机衔接、相互协调机制，引导当事人优先选择成本较低、对抗性较弱的纠纷解决方式。同时，鼓励投诉双方当事人对和解、调解协议进行司法确认，保障协议的履行。对于无理拒绝或故意拖延消费者合理要求的行为，消保委组织要发挥公益职责支持消费者诉讼，并予曝光。

（三）社会监督促进市场主体规范经营，倒逼诚信自律

首先，加强人大、消保委组织的监督力度。市人大定期组织全市消费者权益保护工作监督检查，敦促行政部门切实履行法定职责。消保委要积极向人大提供意见和建议，参与地方性法规的立法调研，开展商品和服务的社会调查评价，及时曝光违法侵权行为。

其次，强化行业协会自我监督、自我规范职能。积极组织会员参加“放心消费”创建，制定行业性“放心消费”目标和项目。参与制定行业性合同示范文本，并在会员中全面推广使用，事先防范侵权事件的发生。参与消费维权事件处置，为纠纷提供技术检验和鉴定服务，提高消费纠纷处理的公信度和便利度。

最后，利用保险实现预付资金保障。鼓励预付式消费的经营者对收取消费者的预付款建立保险赔付机制，一旦商家经营不当倒闭清算，可由第三方保险机构向消费者赔付预缴资金的余额。同时，搭建信息披露平台，公示预付式消费商家的市场准入、发卡备案、资金监管、资金保险、消费投诉等信用信息，方便消费者评估“放心指数”。

（四）加强宣传教育，提高消费者的自我保护能力

第一，建设国民消费教育体系。在市、县两级设立国民消费教育中心，制作群众密切关注的商品和服务的消费知识专题片，定期组织讲座，对优劣商品进行比对展示。在行业协会和领头企业、社区设立教育基地，接受消费者参观、咨询和体验。教育中心和基地以引导科学、绿色的消费观为主旨，服务辐射乡镇与街道，重点面向消费知识相对薄弱的农村，以消费者升级带动消费升级。

第二，编定商品（服务）消费指引。汽车、家装、电器、食品等消费环节多、专业性强的商品或服务，行业协会分门别类编定消费指引，指导消费者正确把握每个环节，学会辨识和拒绝侵权行为，提前防范，避免落入陷阱。

第三，正确引导舆论破除谣言。新闻媒体积极配合行业主管部门就商品和服务质量的检测、鉴定结果予以发布，引导消费者正确选择。对来源不明的负面信息尤其是食品安全类传言，应先与行政主管部门核实，行政主管部门要及时应对、快速调查、公开披露，引导群众不信谣、不传谣，共同营造友好、安全、健康的消费环境。

B.30
温州小精尖科技型企业现状与发展对策研究

阮爱清　朱康对　叶海景*

摘　要：　“小精尖”企业主要指具有“专精特新”发展方向，或是在一定细分行业具有优势地位的中小企业。文章以企业营业收入、税收贡献、成长性和研发投入等指标作为小精尖企业的选择标准，形成温州典型小精尖企业和小精尖培育企业库。通过对典型小精尖企业和小精尖培育企业中的突出企业进行调研和访谈，分析温州小精尖企业的成长路径及面临的挑战。建议从政策环境、创新服务平台、人才支撑等方面多管齐下，以加快推进小精尖科技型企业的优质成长，使其快速成为温州经济高质量发展的“四梁八柱”。

关键词：　温州　小精尖企业　科技型

为了进一步掌握温州小精尖企业的整体情况，课题组对温州现有的60家小精尖企业进行初步调查，同时走访了相关管理机构、行业协会、技术平台和民间投资机构。将调查了解到的情况进行分析，总结温州小精尖企业的现状，梳理小精尖企业发展过程中的相关问题，在此基础上提出相应的对策建议。

---

* 阮爱清，中共温州市委党校公共管理学教研部副教授；朱康对，中共温州市委党校经济学教研部主任、教授；叶海景，中共温州市委党校经济学教研部副教授。

一　温州小精尖企业概况

通过调查访谈相关方面的专家和实际工作者，最终选择以下几个维度来确定温州小精尖科技型企业的基本特征。

（1）营业收入。本报告设定小精尖企业的营业收入范围为5000万元到4亿元，其中两亿元以上的企业是典型的小精尖企业，5000万元到2亿元营业收入的为小精尖培育企业，营业收入在3500万元到5000万元的企业设定为小精尖预备培育企业。

（2）税收贡献。由于营业收入等企业个体数据的获得性原因，本报告在筛选小精尖企业的时候，也参考税收数据。税收为1000万元到3000万元是典型的小精尖企业，300万元到1000万元税收贡献的为小精尖培育企业，将税收贡献在100万元到300万元的企业设定为小精尖预备培育企业。

（3）成长性。成长性是小精尖企业的重要特征，本报告设定营业收入或纳税额连续三年年化增长率超过20%的是典型的小精尖企业，在波动的情况下，三年年平均增长率为20%的为小精尖培育企业。

（4）研发投入。高研发投入是小精尖企业的重要特点。本报告按照销售收入的不同，设定典型小精尖企业的研发经费投入为不低于销售收入的3%；小精尖培育企业的研发经费投入不低于4%；销售收入不足5000万时，不低于5%。考虑企业研发经费数据的获得性因素，本报告同时参考省级或市级企业研究中心的设立状况确立认定条件。

（一）典型小精尖企业

根据企业规模、成长性和研发投入，对温州中小微企业进行筛选，得到温州典型的小精尖企业共计137家。其中，高新技术企业46家、高成长科技型中小企业8家、隐形冠军培育企业9家、省科技型企业100家。

（二）小精尖培育企业

根据企业规模、成长性和研发投入，筛选得到温州典型小精尖培育企业，共计472家。其中高新技术企业110家，高成长科技型中小企业52家，隐形冠军培育企业23家，省科技型企业421家。

二 小精尖企业发展面临的问题与挑战

通过对60家温州典型的小精尖企业以及小精尖培育企业的现场调研、访谈，课题组发现温州小精尖企业发展存在以下问题与挑战。

（一）涉企政策及其服务通道有待打通

调研中发现，受访企业家对政府近两年出台的政策给予支持，认为政府的政策水平不断提高。部分企业家充分肯定政府抓重点项目，鼓励支持发展潜力比较大的企业的思路和做法。同时，企业家提出“温州的营商环境水平的高低，根本上来说，是由温州的中小民营经济的生存感受决定的。”近年来温州市重视民营经济发展，各级政府出台了很多好的政策文件，但是到了中小企业身上却感受并不明显。企业家形容这些是“躺着睡”的文件、“选择性”的政策、“吃不透”的政策、“不能落实”的政策和“高不可攀”的政策。有些政策的落实，最终是因基层其他工作的“简单”和“方便”管理而被耽误，从而损害企业应有的利益，也在一定程度上打击了其他企业家的积极性。这些现象的产生主要有几个方面的原因。一是企业缺乏统一的涉企政策获取渠道。二是政策发布缺乏透明度，基层往往同时运用不同的文件，根据企业对象与领导的关系程度，“选择性”地执行文件，而不是执行最新的政策文件。随着监管的加强，“懒政”现象又让企业陷入“办事难”的境地。三是政府的政策缺乏弹性和改进机制，常常用“改不了”来应对政策执行中发现的明显缺陷。

（二）动能转化平台和创新环境有待加强

小精尖企业家普遍反映温州缺乏为企业服务的科技创新服务平台。行业短板的扶持、市级省级设计和研发中心建设与维护等，都需要政府干预。政府投入不足，就很难通过建设研究所和相关的科技创新平台，把人才引进来为本地的大量企业服务。目前温州的许多工业区连最基本的公寓、公租房配套都没有，很难让员工安心工作。一方面，大拆大整是城市发展的重要举措，同时带来了企业人员居住成本急剧上升的巨大挑战。另一方面，政策过于死板，缺乏创新性，导致一些资源被浪费。近两年温州的城市面貌发生了很大的改变，但是工业区仍然是脏乱差随处可见，这些都与经济和社会发展需求不匹配。随着“80 后”和“90 后”成为就业主力群体，工业区环境无法满足他们对工作和生活环境的要求，成为制约现有工业区持续发展的重要因素。

（三）政府服务亟待全面提升

受访企业家表示，温州的政府服务有待提升，主要体现在以下几个方面。一是小精尖企业仍然缺乏直接和间接融资渠道。涉企服务仍然存在很多需要优化的环节，存在一些多余的审批事项，造成很大的资源浪费。二是地方政府拿出很多“真金白银”的优惠，而没有配套优质的服务，依然无法达到预期的效果。目前还存在优惠政策落地难，存在“只能找熟人办，该办的不办或是拖着办”的情况。企业家反映，相关服务投诉的可操作性很差，企业落地在当地，可能会得罪政府部门和公务员，给企业带来不利影响。目前企业对配合区域转型提升带来的风险和成本有所顾虑。相比外地，温州市新开发区域的配套不完善，导致企业不敢积极搬迁，害怕因此造成大量员工流失。

（四）人才支撑仍需强化

受访企业家中 95% 都认为人才对企业发展的制约越来越明显。一方面温州的高房价，成为阻碍人才扎根工作的重要因素。另一方面，企业人才子女的入学问题，始终是民生关注的重点，成为许多企业引进人才的难点和痛点。关于解决企业中层干部和技能人才子女的入学问题，目前的政策门槛过高，很多人才无法享受。

三　加快小精尖企业培育和发展的对策建议

（一）全面升级涉企政策，打通服务通道

一是建立统一的企业政策发布和服务平台。按照不同类型划分模块，相应的内容交给负责的相关部门进行维护和更新，保证最新版本政策的可查性和可获取性。二是全面开展涉企政策的时效性梳理。按照国家、省、市、区不同层级进行，集中清理之前的过期和无效政策。对于现行政策进行集中的网络公布，并充分收集来自企业对象的反馈信息。三是明确牵头部门。建议由经信委牵头，对所有涉企政策进行发布前审查，重点审查政策的可执行性；会同相关部门以及领域相关专家谨慎评估政策出台的连带效应。四是形成政策闭环。基于政策发布平台设立涉企政策执行反馈通道，为政策评估提供信息基础。基于政策反馈，对于需要及时调整的情况进行必要的政策版本升级。五是对于企业的认证和奖励政策不要政出多头，尽量归口到财政或是税收部门，有利于提高执行效率。

（二）借力动能转化平台，培育产业创新环境

加强政策保障，强力推进工业区的科技创新服务平台配套。将科技创新公共平台纳入现有的正在建设的工业区建设中，作为必备设施进行规划。同时将世界前沿相关科技政策的解读纳入科技创业平台，为行业发展注入最鲜活的信息。可以考虑与企业合作，将合适的企业研究院升级为行业技术创新服务平台。创新小精尖企业研发培育。对于纳入研发培育库的企业，指导其形成规范研发投入的辅助账，并监督落实与联合认证，再以项目补贴方式发放。或者在初期直接给予培育企业重点科研项目支持。

（三）全面提升政府服务

设立温州地方性的融资信用平台。鼓励金融创新，国资参股或控股的金

融机构可以依照企业利润和税收增长情况，给予有潜力的企业信用贷款。地方政府产业基金可以考虑设立科技贷款专项，给企业在产品研发和机器换人过程中迫切需要的科技贷款提供支持。鼓励和引导小精尖走新三板挂牌和地方股权交易市场的道路，以拓宽直接融资渠道。切实提高涉企服务效率和质量，进一步梳理有关的涉企服务。政府加大对基层工作人员的职业教育，帮助他们转变思路，可以创新“飞行检查”的质量巡查方式，加强对企业的服务监督。

着力理顺企业与政府的沟通渠道。通过网络发布和基层联系，切实解决好政商关系。进一步拓展和用好涉企政策发布平台，在隐去部分商业信息的基础上，凡是应该透明公开的信息都尽量发布。政府服务企业的项目，尤其是服务多家企业的政府采购和服务外包项目，可以通过公开政府相关具体要求的方式，来保障受委托企业的行为和服务受到被服务对象的监督，从而有效保证服务质量。

土地使用方面，建议工业用地优先供给高新技术企业和传统优势产业。建设宽松公平的供地环境，对于一些潜力还没有发挥出来的企业，可以采用先租后买的方式进行，根据企业后续发展情况提供优先购买的机会。近几年政府要快速建立小微园，提供充分的工业厂房，以利于温州经济的发展，此外还可以探索可分割产权的厂房销售方式，从而更好地满足小精尖科技型企业的发展需求。

（四）强化人才支撑

首先，科学测算人才政策的收益面。受访企业家建议对温州的人才政策进行测算，包括实际的受惠面有多大，其中企业人才所占比重有多少。其次，从平台支撑和环境支撑两个方面强化人才支撑。建议政府将人才政策的补贴费用转化为对人才公寓和子女入学两个方面的优惠政策。可以盘活既有资源，调用国有资产中空置的房子，将其短时间改造提升为人才公寓。在子女入学方面，可以探索基于税收贡献的子女入学名额分配制度，为引进关键技术人才解决子女入学问题，从而助力实现人才支撑。最后，从招才引才、

存量人才提升、新人才储备与培养、人才安居四个方面，通过精细化的规划与管理，为温州民营经济发展提供人才保障。

（五）传统工业区改造升级

对符合温州未来规划的主导产业，下定决心，搭建科技创新公共服务平台。在硬件上，不断进行资源挖掘，进行合理的空间拓展。在软件上，要推进信息技术的应用，引导中小企业借力智能制造，加快“机器换人”，要有意引导优质中小企业与大型骨干企业配套发展。改造升级工业区配套环境。从绿化、道路、公交、公租房建设、文化娱乐中心、医疗等方面，改造提升现有工业区。创新机制，探索与税收挂钩的给地建宿舍机制，在企业快速成长期，打造真正的留人组合拳。对靠近工业区周边的“大建大美”工程也充分考虑工业区改造升级的需求，城市为工业发展升级留出空间的同时，也留住了企业发展所需要的技术和人才。

（六）设立小精尖培育专项

小精尖培育专项主要包括产业链招商、助力传统产业升级的新兴产业以及投资产业培育等方面。产业链招商指在进行招商的过程中，特别注重完善温州产业链的发展需求，将有助于补齐温州优势产业的项目和促进温州传统产业提升的项目引入温州，帮助其落地发展。重点引进私募基金等投资机构在温州注册，有效引导温州民间资本的同时，有效增加温州的税收收入。本地投资机构不久的将来会成为温州小精尖企业的重要投资力量。

B.31

温州地方金融风险监管进展报告

章 炜　方大林　李 炜　李康杰*

摘　要： 近年来，随着互联网和信息技术的快速发展，以P2P网络借贷为代表的互联网金融得到了蓬勃发展，地方金融行业生态和服务模式正在发生迅猛改变，在一定程度上支持了实体经济发展、满足了大众投融资服务需求，但同时带来了诸多风险隐患。如何有效管控地方金融风险，已成为当前地方金融监管部门打好金融风险防范攻坚战的首要任务。本报告以温州金融综合改革地方金融监管实践为基础，围绕地方金融监管模式的创新演变，分析新形势下地方金融监管面临的挑战，从理论等角度审视探索“天罗地网”监管模式，并提出了下一步的深化实践建议。

关键词： 地方金融　监管模式　“天罗地网”

2012年3月28日，国务院决定设立温州金融综合改革试验区，并提出以“规范发展民间融资”为首的12项改革任务。之后随着全国首部地方性金融法规——《温州市民间融资管理条例》（以下简称《条例》）等改革政策的落地，温州在全国率先走出了地方金融法治化监管之路。2015年3月24日，在金融综合改革三周年之际，浙江省发布了关于深化温州金融综合

---

* 章炜，温州市人民政府副秘书长、温州市金融办党组书记；方大林、李炜、李康杰，温州市金融办。

改革试验区建设的意见，提出“推动地方金融监管创新”等新12条任务，明确了实施靠前监管、推动联合监管等举措。可以说，随着金融综合改革的推进，温州地方金融监管的理念与重点也在发生变革，这不仅是适应形势发展的需要，也是不断提升地方金融监管有效性的有益探索。

从2012年温州民间借贷风波到2015年云南“昆明泛亚有色金属交易所事件”，再到2018年P2P平台“爆雷潮”的发生，无一不表明当前地方金融监管模式中存在职能交叉与真空并存、政出多门、手段不足、权责不清以及权责不对等问题。如何探索风险隐患早识别、早预警、早发现、早处置，实现事后“救火式监管”向事前、事中“预警式监管”转变。从理论与实践来看，亟须树立“立体式”监管理念，在地方金融“天罗地网”治理框架下进行分层设计，既要发挥地方金融监管权“行使”中的协同，又要发挥大数据、人工智能、网格力量等“手段”的合力。

一　温州地方金融监管对象及特点

自2012年在全国首设地方金融管理局以来，温州依托“1+X”监管政策体系，在区域内探索地方金融统一监管模式①，监管对象主要围绕小额贷款公司、融资性担保公司、地方各类交易场所、典当行、商业保理公司、非融资性担保公司、寄售行、农村资金互助会、民间资本管理公司、民间借贷服务中心、民间融资信息服务企业、中小企业票据服务公司、行业协会应急转贷管委会、投资（咨询、管理）公司等14类主体（见表1）。

2014年《国务院关于界定中央和地方金融监管职责和风险处置责任的意见》明确地方政府对不吸收公众存款、限定业务范围、风险外溢性较小的金融活动的监管职责。2017年第五次全国金融工作会议再次提出要压实地方金融监管责任，加强对“7+4”类机构的监管，即负责对小额贷款公

① 即实行审监分离制度，在不改变各类地方金融组织主管部门的前提下，由地方金融管理局统一进行日常监管。

表 1　2012～2018 年温州市地方金融监管对象明细（不完全统计）

单位：家

序号	主体名称	2012年末	2013年末	2014年末	2015年末	2016年末	2017年末	2018年末
1	小额贷款公司	31	44	45	45	45	45	44
2	融资性担保公司	40	31	33	30	27	28	24
3	地方各类交易场所	4	4	5	5	5	5	5
4	典当行	71	78	81	81	81	79	83
5	商业保理公司	0	2	2	5	6	5	5
6	行业协会应急转贷管委会	0	8	16	18	18	18	11
7	民间资本管理公司	6	9	11	10	10	10	10
8	民间借贷服务中心	4	7	7	7	7	7	7
9	民间融资信息服务企业	0	0	24	36	65	55	43
10	中小企业票据服务公司	0	2	5	6	6	6	5
11	农村资金互助会	3	13	39	57	61	59	57
12	寄售行	205	179	168	168	146	111	94
13	非融资性担保公司	15	18	20	21	34	35	37
14	投资(咨询、管理)公司	436	466	626	1093	1949	2023	2160
—	合计	815	861	1082	1582	2460	2486	2585

司、融资性担保公司、区域性股权市场、典当行、融资租赁公司、商业保理公司、地方资产管理公司等金融机构实施监管，强化对投资公司、农民专业合作社、社会众筹机构、地方各类交易所等的监管。剔除部分属于地方创新设立的主体外，现阶段温州地方金融监管的对象与国家确定的“7＋4”类机构基本一致。从近年来的监管情况来看，温州地方金融监管对象主要有以下特征。

一是“小、散、弱”发展特征明显。从 2012～2018 年主体数量趋势来看，虽然个别主体数量有所减少、增势有所放缓，但总体数量呈上升态势，特别是投资类主体，总量占比高达 83.56% 且呈逐年扩张趋势。从规模来看，部分主体仍无明确的准入规则，总体资源占有量相对还很小，大部分主体可能是充当职业化的“资金掮客”或产品代理商，整体实力还不强，抗风险能力较弱。受当前经济形势、监管政策等影响，不少主体已处于僵尸或

半僵尸状态。

二是混业或跨区域经营现象普遍。从业务经营范围来看，大部分投资类公司经营仍处于“灰色地带”，或多或少涉足金融业务且存在一定的混业经营现象，如股票配资、应急转贷、股权投资、私募业务等。有些甚至以短期类、高回报为诱饵，以电子商务、虚拟货币、股权投资、投资理财等各种名义欺骗参与者，制造“庞氏骗局”。从经营区域来看，区域外主体通过设立分支机构跨区域经营现象普遍，网点经营地与总部注册地之间的监管脱钩问题仍然困扰着地方金融风险的有效处置与化解。

三是互联网化趋势与风险并存。业务宣传网络化、经营大数据化已逐渐成为地方金融的新趋势，也催生了诸多风险。一些 P2P 网络借贷平台偏离信息中介定位，风险管理失当，采取“资金池”等运作方式进行期限、资金错配，有些甚至存在虚构借款项目、恶意骗取贷款、挪用客户资金等违法违规行为，造成平台爆雷跑路事件。此外，部分持牌类地方金融组织也在积极试水互联网业务，并在业务模式、交易方式上予以创新与突破，也一定程度上存在风险隐患。

二　新形势下地方金融风险监管面临的困难与挑战

习总书记在 2017 年第五次全国金融工作会议上的讲话精神为我们理顺地方金融监管体制指明了方向：中央明确保留的金融监管职权，地方政府不得越位监管；中央明确授权给地方政府的金融监管职权，地方政府应当严格履职；对于中央不能覆盖的领域和机构，地方政府应当及时主动补齐短板，保证监管不留死角。这一政策定调，既给我们加强和改进地方金融治理提供了难得的机遇，也给我们地方金融监管工作提出了严峻挑战。

（一）如何与时俱进地解决“执法地位”问题是地方金融监管面临的政策挑战

根据《条例》规定，温州市地方金融监管部门主要对民间融资进行监测、统计、分析、管理和监督检查，已具备对涉嫌违法的民间融资行为进行查处和案件移送等法定职责。但从温州实际情况看，《条例》所称的地方金融管理部门只有市政府组成部门（即市金融办），而市金融局不是承担执法职权的主体。从法理上来看，这一主体是唯一的。市金融办和市金融局虽然是两块牌子、一套人马，但两者的职权定位不一样，作为执法主力军的市本级金融局及县级地方金融管理局或地方金融管理中心约90位事业编制工作人员均无法取得执法证。

从全国层面来看，各地虽都已陆续出台相关地方金融监管法规，但受制于立法等级，在实际监管执行方面仍有太多的“无奈”，有职无权、“多龙治水”、交叉监管、监管空白等现象还非常突出。靠地方金融监管部门“单兵作战”，不仅难以有效防控风险，更将导致实践中监管难题的不断产生。究其原因，不单单源于地方金融业态及活动的创新发展，更大程度上也源于地方金融监管权制度设计的非理性与不科学。当前，全国机构改革正在积极推进中，“7+4”类地方金融组织的监管已明确由地方金融监管部门承接，但监管职权仅限定在省级人民政府，省以下不能挂“地方金融监管局”牌子，尤其在县级，大部分金融办将被撤并，与其他工作部门（如政府办公室、经信部门等）整合，自上而下的执法监管体系将有断层。虽然浙江等省已考虑采取授权或委托等方式来解决这些问题，但在后续监管执行方面将面临诸多问题，不利于今后市、县工作的衔接和协调推动。

（二）如何进一步提高风险监测预警效能是地方金融监管面临的技术挑战

随着新兴金融机构的崛起，现代金融产品的创新，新技术在金融领域的运用，地方金融行业生态和服务模式正在发生着迅猛改变。由于其发展的野蛮性，也出现了一哄而上办金融的现象，致使金融乱象丛生，其中不乏打着创新的旗号从事非法金融活动的情况。这些乱象往往具有较强的涉众性、隐蔽性，极易滋生系统性和流动性风险，进而引发群体性和威胁社会稳定的事件。在互联网时代，传统被动式监管模式在实效性、及时性、覆盖面等方面已难以适应金融乱象治理的要求。回归到监管基础设施和技术工具，如何更加有效地破解信息不对称及风险识别的滞后性问题，已是当前地方金融监管迫切需要解决的现实问题。

破解信息不对称及风险识别的滞后性问题，不仅需要实现数据信息的多方采集汇总，更需要有“智能识别”风险的量化模型。从当前各地的探索实践来看，信息资源数据不完整、准确度不够仍是考验成效的大问题。受制于现有体制等，一些关键信息尤其是人行征信、资金流向等方面的信息，仍处于非共享阶段，即使在“事后风险”处置中，受法律法规方面限制，也是地方金融监管部门不能触碰的“禁区”。同时，通过线下网格排查来夯实数据的完整性基础，实现“半人工智能识别”，也将面临人手力量不足、风险识别遗漏等问题，进而影响事前预警的效率及可靠性。此外，当前各地探索的大数据监管模式，除网络抓取外，其他信息绝大部分是限制在所在区域范围，跨区域的信息共享还显不足，或者说在国家层面仍没有统一的监测预警系统。这一现状将造成一定的“监管失灵”，给风险精确预警及防控带来较大的困难。

（三）如何有效解决监管力量不足及监管协同问题是地方金融监管面临的执行力挑战

同地方金融业态及活动的迅猛发展相比，地方金融监管力量及能力建设相对滞后。从实际情况来看，基层地方金融监管部门人员编制较少，监管人员的配备普遍不足。在日常监管工作中，多倾向于常规化、委托式的事后现场检查，根本无力应对风险的事前巡查排摸，更难以承担新形势下的风险防控任务。此外，现阶段地方金融监管部门仍普遍缺乏具备金融监管工作知识储备和经验的专业人才，如何破解监管力量瓶颈，探索延伸地方金融风险排查的触角，是构建地方金融风险防控“全民皆兵”或“梯级嫁接”格局必须考虑的关键问题，也是当前影响地方金融监管成效的主要因素。

在温州层面，虽然《条例》已对“地方金融监管协调机制”这一制度进行设计，但在横向联动方面，部门自身利益格局尚未打破。针对苗头性风险隐患，部门合力防控、消灭隐患的意识还未形成，工作中多以“需依法依规”来拒绝地方金融监管部门协查或风险控制诉求，最终耽误处置时机。工作中因未及时处置而致风险积累并实质爆发的案例也时有发生。在纵向联动方面，市县两级监管协调机制还处于“两张皮”运作状态，两者之间尚未真正打通，部分监管事项在系统内部上下两级间的认识与执行中也存在意见不统一等矛盾，有些甚至存在互相推诿等现象。

在省级层面，浙江省综治办、金融办已联合发文将地方金融风险排查纳入网格化管理，但在实际工作中因涉及的部门众多、工作量大、各地情况不一等，客观存在相关政策到基层出现水土不服、执行缓慢甚至不到位的现象，如在乡镇（街道）基层，综治网格属于政法条线，而乡镇（街道）普遍认为金融办联系的是经发办，两者又分别对应不同的分管领导，给排查任务的落实与协调带来较大的困难；网格（社区）工作涉及综治维稳、计划生育、民政优抚、宣传文化、环境卫生、社会保障等方方面面，网格员大部分精力都放在完成上级下达的任务上，开展金融监管的时间和精力得不到足够保障。

三　构建“天罗地网”监管模式的理论思考

从理论层面来看，各项监管创新举措的设计与出台，基本上是建立在规制经济学基础之上。规制经济学是为了解决市场失灵情况下，政府如何进行监督和管制的学科。地方金融之所以纳入经济规制的范畴，主要因为存在信息不对称等问题，从逻辑来看，既有以防范系统性风险为目标的公共利益论的内在驱动，也有基于依法合规、强调效率的政府公权力强制性监管的规则导向。

此外，地方金融监管与正规金融监管是局部与全局的关系，地方金融是国家金融的重要组成部分。针对当前新形势下地方金融风险监管面临的困难与挑战，亟须重构地方金融监管模式。而地方金融监管模式的有效性主要取决于监管专业水平、监管协同水平、监管资源投入等。从立体的视角来看，我们可以称之为“天罗地网”监管模式（见图1），包括“天网”“地网”“技网”等。

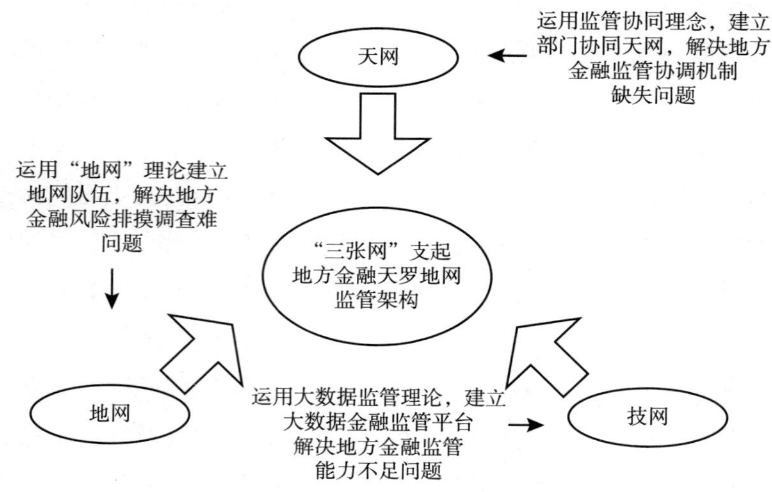

图1　“天罗地网”监管三张网架构设计

1. “天网”体现监管协同机制

从协同层次来看，地方金融监管事权的行使，需要处理好四个层面的协同问题。一是地方金融监管部门与国家金融监督管理派出机构的协调，尤其是在正规金融与地方金融交叉业务、共管领域。二是地方金融监管部门与同级相关部门之间的关系，包括与地方金融监管相关和非相关部门之间的协同。三是地方金融监管部门自身条线上的监管协调，包括区域内上下级和区域外同系统间，这主要涉及跨区域地方金融交叉监管的问题，需明确相关管理原则，即是属人管理还是属地管理。四是地方金融监管部门与相关行业自律组织之间的关系，究竟是指导关系还是监管关系，需确定好政府权力与市场规则的边界，推动两者在地方金融监管中的良性互动。

2. “地网”意味充实监管力量

一方面，网格化管理就是根据属地管理、地理布局、现状管理等原则，将管辖地域划分成若干网格状的单元，并对每一网格内的相关事项实施动态、全方位管理。在庞大的社会治理体系中，网格是最基本的单元，也是地方政府强化社会治理的“神经末梢”。将地方金融风险排查纳入网格，是地方政府充分调动各方资源承接地方金融监管职能的必要之举。另一方面，在网格化管理之外，搭建地方金融监管“全民参与”格局，引导平安建设督导员、金融机构专业人员等融入防控队伍，也将有助于破解力量不足等瓶颈问题，形成横向到边、纵向到底的监管力量架构，从而从源头上遏制非法金融活动的发生。

3. “技网”强调监管科技运用

未来是数据的时代。大数据时代结构化数据与非结构化数据并行，地方金融监管如何从纷繁复杂、海量的数据中提炼出有效的数据，并且用适合的方式展示出来，已成为各界必须认真思考的问题。通过互联网技术尤其是大数据及智能技术，可以构建智能监管监测系统，及时监测地方金融市场的动态大数据，缓解监管面对的信息不对称等难题，如北京的非法集资监测预警平台等。这些信息化金融监管手段针对传统金融监管模式的不足提出了应对策略，进一步拓宽了地方金融监管未来发展空间，可以实现对金融风险的全天候、全流程、全覆盖监测。同时，运用大数据等技术，可以从整体视角审视监管需求，推进监管条线分工协作，以减少金融监管过程冗余环节和流程为目标，避免金融监管被人为分割与重复监管的问题，降低监管成本，真正提升监管的质效。

除考虑上述“三网”模型外，从整体性、有效性角度出发，贯彻落实“天罗地网”监管模式，还需要以系统思维在立法层面、组织完善、政策倾斜等方面给予制度保障，实现地方金融监管能力的有效提升，使之与迅猛发展、快速演变创新的地方金融业务相匹配。

四　温州地方金融风险监管的实践探索及成效

围绕新旧 12 条改革任务，温州始终把主动防范化解系统性金融风险放

在更加重要的位置，紧紧围绕“天罗地网”监管模式制度设计，不断推进地方金融监管创新与探索，取得了初步成效。

（一）探索大数据监管，在全国首创的基础上实现了平台迭代升级

金融综合改革以来，温州市坚持探索“信息化”“大数据”监管路径，于2013年9月在全国首创开发“民间金融组织非现场监管系统”，将16类近900家民间金融市场主体纳入监测，定期采集相关运营数据，及时预警提示风险。在此基础上，与蚂蚁金服合作，升级开发“温州金融大脑”①，整体架构如图2所示，探索运用网络爬虫、人工智能、数据共享等技术，强化对温州企业的信用、风险评级及非法金融风险监测预警。此外，积极参与省金融办“天罗地网”线上监测系统的开发测试，探索实践省市系统融合运用，截至2018年，已累计处置11起互联网金融风险预警信息。

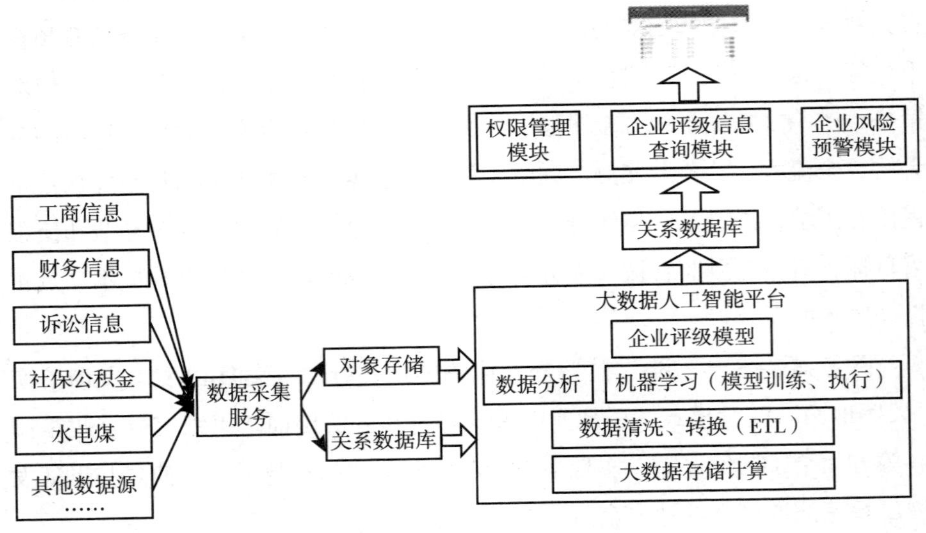

图2　温州金融风险监管“罗盘”整体架构

① 也称金融风险监管“罗盘”，为温州首批10个具有地方特色的数字化转型示范应用项目。

（二）探索网格化监管，依托全科网格推动风险防控层级梯级嫁接

出台《关于加快推进民间融资投融资领域涉稳信息网格化管理的通知》等政策，在全省率先将“地方金融风险排查”纳入全科网格采办清单，通过嫁接基层社会治理“一张网”，融入“浙江省平安建设信息平台”，初步构建起“市—县—镇（街）—村（社区）”风险防控承接通道。目前，温州全市 11 个县（市、区）均已建立网格化管理机制，涉及网格员约 1.3 万人，同时引入金融机构专业力量打造地方金融风险兼职防控员队伍，有效延伸网格“外围服务圈”。截至 2018 年 8 月底，全市网格共认领排摸各类市场主体近 6000 家，组织网格参与交易场所清理整顿“回头看”、互联网金融整治、非法集资排查等专项工作，累计处理各类地方金融异常事项 252 件。

（三）探索横纵向联动，依法率先走出地方金融监管协同治理之路

依托《条例》这一全国首部金融监管地方性法规有关规定，在市县两级成立由政法委、法院、公安、财政、金融等 20 个部门组成的地方金融监管工作协调小组，定期互通金融各领域风险形势，协调推进地方金融风险排查、处置和监管工作，破解地方金融监管协调机制缺失问题。每年组织市县两级地方金融监管部门联动开展现场检查或专项整治，累计下发整改通知书、管理建议书、风险提示函近 500 份，函（移）送相关部门风险排查结果、案件线索近 90 起，清理各类互联网金融企业和交易场所展业机构近 200 家，打击关闭 3 家虚拟货币和 9 家“微盘”交易平台，并在全国率先开出 3 单民间融资执法行政罚单。

（四）探索源头式治理，“堵导结合”构建风险预防宣教体系

出台《温州市理财产品宣传内部征询机制实施意见》，完成 30 余单媒体理财产品宣传的备案申请，防止源头不规范宣传。制定下发《地方金融风险防控操作手册》，将 11 类金融风险异常事项、12 类重点排摸主体以图

文并茂方式展现，引导提升网格员金融防控水平。同时，在全市范围选择50个金融防控重点街镇的文化礼堂，设立“金融讲坛室”“金融咨询室”“金融图书角”等，累计接受咨询近6000人次、发放宣传册近7200本、赠送金融知识书籍2000本，并组织拍摄全省首部以防范金融风险为题材的微电影《防不胜防》①，推动政府、金融机构、律师等组成“讲师团”，运用老百姓看得见、听得到、易接受的方式，开展进村入企、登门入户走访宣传活动，引导投资者提高风险防范意识。

五　深化地方金融“天罗地网”模式的建议

地方金融“天罗地网”监管模式是一个系统工程，涉及方方面面，不可能一蹴而就，需要在实践中不断摸索完善。从当前实践来看，还需从以下几个方面予以深化完善。

（一）从更高的法律层面完善监管体系

温州的改革实践表明，一个行之有效的地方金融监管执法及协同机制必须建立在科学的法律保障基础之上，否则相关机制无法发挥实际作用，不能从根本上解决地方金融监管实践中的执法冲突与监管空白交叉问题。因此，要争取从国家、省级层面统一立法，做好顶层法律设计。一是完善地方金融治理架构，自上而下建立统一归口管理的地方金融工作体系，充实区（县）金融监管组织，明确省（市）、区（县）的金融监管机构的行政隶属、业务指导关系，并赋予相应的监管执法权；二是注重地方金融监管权授予的协同性，促使地方金融监管授权做到合法性和合理性并存，具体而言包括处理好监管权授予在上位法或并行位阶规则之间的冲突与协调问题，解决权责不对等、权力界限模糊、执法冲突等问题；三是在上位法原则监管的前提下，由地方政府制定细则，进一

① 荣获“中国报业深度融合发展”优秀微电影奖。

步厘清地方金融监管事项的分类，如专属事项、共管事项，从法律层面明确监管协助、监管协调、监管协作不同类型的监管协同所要遵循的规则流程，探索金融综合监管。

（二）从更强的技术层面提升监管实效

数据来源的多样性及其质量、风险预警模型的优化程度，事关监管实效。为此，在大数据金融监管平台的架构上，要体现管理一体化、决策一体化、数据一体化、系统一体化、业务一体化的“五位一体”架构。以“温州金融大脑”开发为契机，关键是要抓好数据一体化和决策一体化。数据一体化即通过技术或政策手段实现部门信息共享，进一步打破信息孤岛，使金融数据由局部数据向全局数据变革，由结果数据向过程数据变革，由总量数据向明细数据变革。决策一体化即进一步优化风险预警模型，处理好整体与个体的关系，根据不同市场主体的业务形态实现差异化预警分析，使之与风险特点的差异化相契合。

（三）从更广的主体层面铺设监管网络

当前，“地网”还仅仅局限在网格人员这一层面，在实际推进过程中，因基层组织设置不一、网格人员素质参差不齐等，事项入格仍面临诸多落地难题。因此，要跳出网格重新思考风险防控力量的布局架构，可以借鉴温州交通违规“全民皆交警”的随手拍模式，鼓励各方力量参与地方金融风险防控，如各类地方金融组织的从业人员、政府职能部门工作人员、平安建设督导员以及广大的投资者，等等。要顺利推进全民监管网络布局，前提是要考量设计好“全民防控”的技术渠道以及更深层次的激励政策，如举报奖励制度。关于技术渠道，省级层面要在鼓励市级试点的基础上给予统一谋划与支持；关于激励政策，各地政府在财政上应该予以专项解决。

（四）从更深的知识层面培育干部能力

一是优化监管人员力量配置，多措并举提高人员专业素质。地方政府可以与中央监管部门派出机构、地方高校、正规金融机构等合作，引进其高素质管理人才充实监管力量。二是借助“金融进文化礼堂”讲师团，推动“金融培训进网格”，组织讲师团成员对网格指导员、网格长、专职网格员等开展培训，使网格骨干人员掌握基本金融风险防控知识。三是推广金融机构结对网格试点经验，加强试点宣传推广，通过将金融机构对地方金融风险防控的贡献情况纳入地方政府对金融机构的年度考核范畴，引导激励金融专业力量进一步支持“天罗地网”工程建设。四是将基层金融人才建设与“普惠金融进村入户助力乡村振兴”有机结合，在前期试点的基础上，联合组织部门制定出台实施方案，鼓励金融机构选派优秀干部到重点乡镇交流锻炼，增加交流锻炼的机会，提升基层金融风险网格化管理的能力。

参考文献

刘志伟：《地方金融监管协同机制的法律构造》，《经济法论》2017 年第 2 期。

丁志勇：《大数据与金融监管》，《中国金融》2016 年第 20 期。

刘世平、马新：《大数据在地方金融监管中的应用》，《清华金融评论》2018 年第 3 期。

郭可为：《中央与地方金融监管体制改革之路》，《金融博览》2015 年第 9 期。

郭德香、李海东：《金融改革背景下我国地方金融监管模式研究》，《郑州大学学报》2016 年第 9 期。

B.32

深入推进新时代东西部扶贫协作的几点思考

——以温州市对口帮扶四川省红原县为例

吕金记*

摘　要： 根据东西部扶贫协作和对口支援部署，浙川两省近年来积极开展对口帮扶工作，温州市永嘉、平阳和苍南三县与阿坝藏族羌族自治州红原县结对，双方在援建资金使用、产业扶贫项目创新、精准劳务协作和携手奔小康等方面取得了明显成效，形成了东西部扶贫协作的红原经验，有效助力当地实现整县脱贫摘帽。

关键词： 东西部扶贫协作　对口支援　脱贫攻坚

东西部扶贫协作和对口支援是打赢脱贫攻坚战、实现先富帮后富、最终实现共同富裕目标的大举措。近年来，浙川两省准确把握当前脱贫攻坚面临的新形势、新任务、新要求，聚焦深度贫困地区贯彻中央脱贫攻坚的要求，助力对口帮扶地切实打好脱贫攻坚战，确保到2020年实现现有贫困人口全部脱贫、贫困县全部摘帽的目标。根据安排，从2018年开始温州市永嘉、平阳和苍南三县与阿坝藏族羌族自治州红原县结对，双方在组织领导、资金支持、产业协作、人才支援、劳务协作和携手奔小康等方面开展对口帮扶工作，共同助力当地脱贫攻坚。

* 吕金记，高级经济师，浙江省温州市挂职四川省阿坝藏族羌族自治州红原县委常委、副县长。

一　东西部扶贫协作工作成效

在东西部扶贫协作和对口支援的背景下，浙江省温州市永嘉、平阳和苍南三县与四川省阿坝藏族羌族自治州红原县结对。红原县是阿坝州的纯牧业县，辖区面积8400平方公里，平均海拔3600米，人口4.9万，藏族占84%，辖5镇6乡34个自然村4个社区，属于国家确定的集中连片特困地区之一的“四省藏区”和脱贫攻坚“四大片区”中的高原藏区深度贫困县，集“老、少、边、贫、病、高”于一体，是阿坝州海拔最高、天气最恶劣、生产生活条件最艰苦的县和全国罕见的大骨节重病区，也是国家和四川省新一轮脱贫攻坚县级主战场之一。2014年，经过精准再识别和动态调整，全县有贫困村13个、建档立卡贫困人口1352户5056人，贫困发生率13.58%。根据目标要求，2018年红原县要将贫困发生率降至3%以内，实现脱贫摘帽。2018年以来，温州市结对县与红原县借力东西部扶贫协作和对口支援，采取多种创新举措，倾双方之力开展东西部扶贫协作工作，有力助推脱贫攻坚，实现了整县脱贫摘帽，取得实质性成效。

1. 援建扶贫资金效益发挥明显

近年来，浙江省累计对红原县投入资金5398万元，先后启动实施基础设施、民生工程、产业发展、智力援助等29个项目。按照温州市帮扶三年行动计划（2018～2020年），将投入财政资金1亿元以上以支持红原县精准扶贫工作，实施的援建项目惠及全县贫困人口5056人。

2. 产业扶贫创新形成红原模式

依托当地牦牛资源，推动“合作社＋产业扶贫车间＋贫困户”创新模式覆盖全县建档立卡贫困户。以红原县更攀农牧民合作总社为依托，投入温州援建资金1745万元打造牦牛产品加工扶贫车间、牦牛酸奶生产扶贫车间、牦牛毛加工扶贫车间。通过“牦牛产业扶贫车间”和精准扶贫项目，创立造血扶贫新模式，建立有效利益联结机制，将全县5056名建档立卡贫困人口全部纳入合作社扶持范围，对建档立卡贫困户精准扶贫，实现年人均增收

190 元，解决当地农牧民未就业大中专毕业生 34 人，其中建档立卡贫困毕业生 20 人，上缴农牧民分红利润 186 万元。启动“千企千户”一对一认养牦牛计划。发动浙江企业家一对一认养红原县建档立卡贫困户牦牛，通过市场化运作，依托牧业公司订单式养殖平台，建立“龙头企业 + 基地 + 合作社 + 贫困户”的创新扶贫模式。

3. 实施精准劳务协作有效带动脱贫

坚持“转移一人就业，脱贫致富全家”理念，把就业作为长远的脱贫手段，创新开展劳务输出和转移就业工作，以整建制转移就业筑牢脱贫致富根基，设置多层次工作岗位和爱心公益岗位，进行群众大会宣传、农民夜校宣讲、送岗下乡入户、一对一指导，转变不愿外出就业观念，打开劳务输出新局面。2018 年 230 家温州企业提供了 6846 个就业岗位，通过红原县举办的 12 场就业扶贫活动，吸引当地参与群众 1700 余人，达成就业意向 268 人，实现建档立卡贫困人员 110 余人到温州转移就业，实现红原县 1960 年建县以来最大规模劳务输出。

4. 携手奔小康工程全面推进

加强两地交流、交往、交融，2018 年温州市结对县与红原县党政主要领导互访共 8 批次，116 人。全面开展结对帮扶，完成医院、学校、企业与贫困村等结对 142 对。大力开展脱贫培训，举办贫困村创业致富带头人培训 2 期，培训 108 人次，创业成功 21 人，带动贫困人口 75 人。有效发挥援藏干部人才在脱贫攻坚、教育、卫生等战线上的“桥梁”“纽带”作用，进一步密切了党群干群关系，有力促进了社会和谐稳定。充分整合社会扶贫力量，组织温州多家企业到红原县考察、投资兴业，动员鼓励社会各方面力量，通过各种方式参与精准脱贫，推进帮扶地全面小康社会建设。除每年 3700 万元财政支持资金外，争取到计划外财政援助资金和社会帮扶资金 1800 余万元，是阿坝州各县中最多的。2018 年温州龙湾国际机场与红原机场实现通航，架起了东西部扶贫协作的“空中桥梁”，有力助推两地经贸、文化、旅游和产业等方面广泛和深度的交流、交往交融。

5. 建立顺畅的东西部扶贫协作工作机制

一是建立有效沟通机制。温州市结对县与红原县建立由双方党政主要领导任组长的联席会议制度，每年党政主要领导开展互访活动，各结对镇（村）、单位和组织建立定期对接机制，温州在红原县挂职干部并派驻各类专业人员定期召开工作例会，协调安排部署相关工作。二是建立项目管理机制。双方各结对镇、村、学校、医院和其他结对单位、组织以框架协议和协商明确的合作领域为重点，编制三年扶贫协作安排，明确主要内容、完成时间、推进步骤、项目目标以及职责任务。三是建立科学评价机制。建立"指标合理、对象明确、责任到位、赏罚分明"的考核评价机制，针对扶贫协作主要内容，分别从组织领导、项目开发、实施进度、取得成效、信息报送等方面进行考核评价。四是建立协作宣传工作机制。把加强宣传作为巩固提升脱贫攻坚工作的重要抓手，创新宣传形式、丰富宣传内容，营造浓厚的脱贫攻坚氛围。建立微信工作群，建立月信息报送机制，编印工作简报，及时发布重要工作信息、工作进展和工作经验并对扶贫协作典型事件、先进人物进行宣传，吸引社会共同关注、支持和参与。人民网、光明网、《浙江日报》、《四川经济日报》、《温州日报》和《阿坝日报》等媒体2018年正面宣传报道红原县东西部扶贫协作20余篇次。

二　脱贫攻坚制约瓶颈因素分析

（一）发展潜力较大，但全面发展障碍多

由于地处西部高原，受地域、资源等条件限制，目前红原县经济社会总体发展受制因素较多。近几年红原县经济社会发展速度较快，但财力基础薄弱，财政收入有限（2017年红原县一般公共预算收入4661万元，同比增长8.8%）。区域贫困状况依然比较突出，资金帮扶、智力帮扶、基础设施建设等需求仍很大，促进贫困群众增收致富的投入还要持续加大。极端恶劣天气多发，导致当地平均生产率较低。牧区基础设施和交通干线建设制约瓶颈也亟待突破。

（二）内生动力有待提高，造血功能不强

由于受教育程度较低，贫困人口总体上文化素质低，缺乏生产知识和转移就业技能，创业增收渠道缺乏，自我发展能力较弱。“收入靠牦牛，养牛靠经验”的现象仍然存在，主要从事传统的畜牧业，整体收入低下，难以形成多元化的生产经营模式。而对于乡村旅游和农村电商等促增收的新兴产业，目前参与者大多是自身素质较高、有一定经济实力、市场意识活络的青壮年农民，贫困人口的参与度还比较低。此外，受文化和生活习惯等影响，贫困人口外出务工的意愿很低。

（三）产业发展较弱，增收渠道不宽

红原县以畜牧业和旅游业为主，但企业发展大部分起步晚，产业规模化、品牌化程度不高，而且总量还不够多。虽然畜牧业和旅游业在一定程度上担负了帮助农牧民群众增收致富的重任，但产品销售渠道不广，效益不高，其抵御风险的能力还不强。相当一部分农户靠采挖中药材、出售农畜土特产品等原材料产品和国家政策性扶持（退耕还林、退牧还草、农村低保、特困农牧民生活救助等）获得收入，稳定增收有难度，绿色、特色和优势农牧业还需政府支持其科学、规模开发。

（四）致贫因素复杂，精准扶贫措施实施难度大

由于生产需要，牧户常年生活在气候恶劣、交通不畅、信息比较闭塞的边远牧区，住帐篷、饮溪水，不少牧民群众患有严重的高原地方病（如大骨节病），因病致贫、因贫致病、因病返贫的现象仍然存在。部分群众思想观念还有待提升，科技文化综合素质偏低。部分群众语言交流困难，学习新技术、新知识的能力低下，自身发展动力不足。据红原县扶贫部门统计，截至2018年底，贫困群众中缺资金占58%，缺劳动力占17%，因病致贫占12%，缺技术占8%，动力不足占4%，其他占1%。其中复合型贫困人口占比达23%（两种以上），属于比较典型的“贫中之贫、坚中之坚”。

（五）扶贫合力还不够，尚需形成“大扶贫”格局

从扶贫力量整合看，当前有东西部扶贫协作、四川省内对口援藏、省直部门帮扶等，目标都是脱贫攻坚，但目前还存在各自工作开展、配合和协作有待加强，帮扶资金还没有完全达到“一盘棋”。从政策执行看，扶贫政策与农村低保、新农保、医疗救助、危房改造、困难学生救助等政策整合度还有待提高，部门间信息共享渠道不够畅通，没有形成“一本账”，导致既有交叉重复，又有部分空白盲区。从社会力量扶贫看，社会帮扶尚未形成合力，帮扶质量和水平有待提升，各种帮扶资源有待整合，仍然存在“碎片化”现象。从扶贫专业队伍看，受人员编制限制，扶贫系统自身建设也有待加强，基层扶贫工作力量还不够强。

三　深入推进东西部扶贫协作工作的建议

（一）实施扶智扶志工程，补齐造血功能不强的短板

习近平总书记强调，“贫困群众既是脱贫攻坚的对象，更是脱贫致富的主体”，要强化扶志扶智工程，转“授其鱼”为“授其渔”，从“钱”的扶贫更多地转向“人”的扶贫，“富口袋”前先“富脑袋”，通过技能提升培训充分调动群众自身的自信心、积极性、主动性和创造性。一要创新技能培训方式。结合温州的优势，积极推行“订单”培训模式，重点开展符合当地实际的培训，提高贫困群众的独立创业就业能力。要结合劳务协作，从温州选派一批专业技术人才，推动先进理念、技术、信息、经验等要素快速融入贫困地区。通过“互联网＋”远程授课、现场教学、结对帮扶等形式，共同推动贫困人群素质提升，为当地培养一支“带不走”的队伍。二要完善培训组织体系。建立被帮扶地县、乡、村三级培训组织网络体系，建立相应的业绩考核和政策效果考核评估机制，通过强有力的监督措施形成对培训机构的约束机制，强化群众培训的政府行为。要利用温州资源，在当地建立

浙川劳动技能培训实训基地，辐射阿坝州四个草原县和周边地区，切实提升贫困群众的劳动技能。三要完善就业援助制度。全面推进公益性岗位进村活动，引导公益性岗位优先安排给本村贫困户。加快发展劳务合作社，帮助就业困难农民匹配劳务岗位，积极探索有劳动能力且有转移就业意愿的贫困户，通过扶持购买就业岗位，实现转移就业脱贫致富。

（二）实施产业带动工程，补齐增收渠道不宽的短板

要从“政策扶贫”更多地转向“产业扶贫”，把产业发展作为促进贫困农民增收的重要渠道，有效拓宽贫困农民的增收渠道。一要培育发展特色优势产业。做好“牦牛产业”和全域旅游带动致富的文章，借力温州与红原机场通航，打造一批特色牧旅结合小镇和乡村，推动旅游与畜牧业深度融合带动脱贫。二要加大创业支持力度。设立致富带头人扶贫专项基金，培养一批产业发展带头人。助力当地出台支持政策，支持贫困户参与农村电商等新兴特色产业发展，对重点帮扶对象创办牧场游、牧家乐和民宿等给予政策支持。三要建好产业扶贫利益联动机制。按照“龙头企业＋专业合作社＋基地＋贫困户”的组织形式，利用温州援建资金和人才力量，完善股权分红、固定分红等利益共享机制，促进当地群众持续受益、稳定脱贫。通过以浙商引浙商的办法，将温州企业引入红原，成立公司化运作实体，在发展产业的同时吸纳和带动贫困户劳动力就业和脱贫。

（三）实施精准脱贫工程，补齐扶贫举措不准的短板

只有坚持精准方略，才能确保脱贫实效。要紧盯扶贫对象，整合扶贫政策，聚焦扶贫项目，全力落实精准扶贫措施，确保“一个都不能少、一户都不能落”。一要精准务实设计扶贫政策举措。在底数进一步明确、确保贫困对象真实精准的基础上，按照对象的实际情况定目标、定政策、定措施、定责任，严格落实扶贫专项资金的精准投向，把资金、政策和具体措施等精准“滴灌”到扶贫对象上，确保帮扶到户工程达到预期目的。二要精准分类开展各项帮扶。对有劳动能力和劳动意愿的扶贫对象，通过以奖代补，提

供信息、技术、服务等方式，有针对性地引导其发展养殖、旅游服务业，参与电商及公益性岗位，依靠自身力量脱贫致富；对中等偏下的贫困户，采取点对点式的帮扶，全力帮助其充分就业；对老弱病残的群众，将符合政策条件的全部纳入低保，实现兜底保障，并尽可能协调一些力所能及的就业岗位。三要精准科学设定扶贫新目标。整县脱贫摘帽解决了生存问题，下一步就面临“如何让生活更好”的问题。要更准确把握低收入群众多层次、长期性需求，东西部双方制定扶贫目标既要系统全面又要重点突出，既要尽力而为又要量力而行，要更加注重有针对性地解决社会保障、基础设施、公共服务、基层治理等问题，让扶贫挖到根上、扶到点上，实现更高水平的“两不愁三保障”。

（四）实施合力攻坚工程，补齐攻坚合力不足的短板

树立“大扶贫”理念，努力构建专项扶贫、行业扶贫、社会扶贫三位一体的“大扶贫”格局。一要整合各类扶贫资源。健全统一领导机构，协调、统筹、整合分散在各部门的资金、项目和政策，整合东西部扶贫协作和省内对口支援资金资源，集中财力解决最突出的贫困问题。二要加大行业扶贫力度。加大挂钩帮扶力度，落实县、乡两级挂钩单位与扶贫重点村结对帮扶活动，引导机关、企业等单位积极参与结对帮扶，引导各相关行业部门把资源、资金、人才、技术投向贫困村和贫困户。三要凝聚社会扶贫力量。充分利用贫困户信息数据，建立“众扶”平台，将贫困户、贫困村的需求信息与社会各界的扶贫资源、帮扶意愿进行有效对接、互联互通，实现社会扶贫资源的有效配置。积极引导东部社会力量主动与贫困村结对共建，发挥资本、技术、信息等优势，通过捐赠救助、产业发展、就业促进等多种形式参与扶贫，整合社会各界力量助推当地脱贫致富奔小康。

B.33

温州行业协会商会发展报告

缪来顺*

摘　要： 温州行业协会商会在推动传统产业转型升级、协助民营企业拓展市场、优化民营企业发展环境、承接政府职能转移、参与公共政策制定等方面发挥着积极作用，但在职能定位、整体结构、内部治理等方面存在职能定位不够清晰、行业协会商会被细化分化、服务人员力量单薄等影响其功能有效发挥的问题，需要从功能定位、资源整合、内生动力、队伍建设上整体推进行业协会商会实现高质量发展。

关键词： 行业协会商会　民营经济　温州

温州市民营经济起步较早，为满足行业发展需要，促进民营经济健康成长，行业协会商会应运而生。因此，大多数温州行业协会商会的内生动力源于市场机制的作用，具有自发性、民间性。温州早在2006年开始探索实践行业协会商会与行政机关脱钩。其主要做法是，取消原来业务主管单位，授权工商联为工商领域社会团体业务主管单位。2008年尝试行业协会商会与行政机关人、财、物等方面脱钩，并取得了一些实质性进展。2012年在政策层面放松“一业一会”的限制，走向“一业多会”的竞争格局。2013年全面启动包括行业协会商会在内的社会组织直接登记制度，一方面大幅降低行业协会商会开办的资金数额，另一方面取消原来行业协会商会注册登记或

* 缪来顺，中共温州市委党校副处长、副教授。

年检时的业务主管单位前置审查。进一步松绑后，行业协会商会在数量上有了较大幅度增长。截至2018年6月，温州全市有行业协会商会482家，其中市属协会商会160家，县属协会商会322家。[①] 为了扶持行政脱钩后行业协会商会的发展，2013年温州市选择鞋革行业协会作为承接行业经济运行分析、国际贸易壁垒调查等6项政府职能的试点，选择服装、眼镜、金属、建筑材料等行业协会商会承接“打造中国纺织服装品牌中心城”“职称评审”等单项职能试点。2015年在试点的基础上，全面推开行业协会商会承接政府职能工作。温州市在2017年3月选择部分全市性行业协会商会开展与行政机关脱钩第一批试点工作，并在试点的基础上逐步推进全面脱钩工作。行业协会商会如何创造性地发挥自身优势和功能，扮演好政府、企业、市场之间桥梁纽带的角色，在助推民营经济高质量发展中发挥积极作用，成为当下必须要研究的重要课题。

一　行业协会商会的发展现状

温州行业协会商会在推动传统产业转型升级、协助民营企业拓展市场、优化民营企业发展环境、承接政府职能转移、参与公共政策制定等方面发挥了积极作用。

1. 建设公共服务平台、助推智能化改造、提升人才素质，推动传统产业转型升级

单个民营企业往往难以应对市场变化带来的冲击，更难以主动适应市场变化倒逼自身转型升级。行业协会商会往往可以通过整合会员企业个体资源，发挥整体优势和规模效应，在对市场发展趋势进行研判的基础上，做出产业发展的战略选择，引领行业内民营企业的发展，推动传统产业转型升级。其主要做法有以下两种。一是建设产业升级公共服务平台。面对经济下行压力增大、传统产业产能过剩，行业协会商会通过大量调研和市场研判，

① 数据来源：温州市工商联内部资料。下文数据如未做特殊说明，均来源于温州市工商联。

牵头建设产业转型升级公共服务平台，围绕产业链提供增值服务，促进产业集聚，降低交易费用，提升产品的质量和竞争力。2018 年汽摩配行业协会牵头组织相关会员企业联合世界500 强企业深圳宝能、江苏国泰打造“一带一路”（温州）汽车零部件供应链产业园。温州五金商会为了突破传统锁具市场饱和、产能过剩的困境，积极引导锁具企业向智能锁转型，使智能锁具实现爆发式增长，并助力“中国锁具出口基地（温州）”顺利通过中国五矿化工进出口商会认定。

二是提升企业人才素质。高素质人才是企业转型发展的核心要素。行业协会商会通过搭建专业技能人才供求信息平台，举办企业家、专业技术人才培训班，组织专业技能大赛等，引进人才、培养人才，以满足产业发展需要。2018 年，市服装商会组织 500 多名企业代表、高技能人才参加时尚产业创新发展专题研修班、零售业未来发展趋势培训班等，组织 48 名技能人才赴北京服装学院学习进修，举办制版师技能大赛等，提升企业家、专业技术人员素质，为建设中国服装时尚定制示范基地提供支撑。鞋革行业协会组织行业高技能人才赴陕西科技大学学习鞋革产业创新发展热点、难点问题，拓宽高技能人才视野；举办“中国・瞿溪真皮大世界”杯鞋类设计师和制鞋工职业技能竞赛，展示设计师和制鞋工风采，营造互学互比氛围，提升行业技能人才素质。

2. 举办博览会、展销会、行业峰会，协助民营企业开拓市场

温州行业协会商会通过组织各类博览会、展销会、行业峰会等，对接国内外市场，推广区域行业品牌，提升产品知名度与美誉度。市五金商会组织企业参加上海国际五金展、2018 年中国（温州）物联网年度峰会及论坛，推销与展示系列智能锁产品；眼镜商会举办中国（温州）国际眼镜展，推动眼镜出口贸易。服装商会组织企业参加在上海举办的中国国际服装服饰博览会等，助力温州服装品牌走向国际市场，汽摩配协会通过中美汽车售后市场合作平台发布会，成功获得“北美 NAAP 汽车零部件采购服务中心”的授权，推动汽摩配产品走向北美市场。

3. 加强行业自律、维权服务、区域品牌打造，优化民营企业发展环境

温州行业协会商会在优化民营企业发展环境方面的作用，主要体现在约束与规范企业行为、维护企业合法权益两个方面。一是通过行业自律，约束与规范企业行为。温州市协会商会列出41个行业的会员诚信名单、黑名单，通过信息公示，使不诚信行为、不诚信企业无所遁形；出台46个行业规范、27个行业标准，引导企业树立质量第一理念，提升产品品质；建立10个质量安全风险监测点、21个打假维权联络室等，实现行业产品质量共治。其中比较突出的例子是，金属协会构建的行业信用体系通过商务部评审，被授予"诚信中国·信用建设特别贡献单位"；合成革商会成立环保自查自纠队，推动行业"三废"治理和节能减排；鞋革行业协会联合市质检院承办皮鞋行业"品字标浙江制造"综合质量比对发布会，通过对标国际先进标准，查找皮鞋产业的行业通病与短板，提升企业质量管理水平。二是成立维权组织，维护企业利益。全市行业协会商会共组建28个行业维权组织，参与涉及合同纠纷、商标侵权、知识产权侵权、不正当竞争、劳动争议、消费者权益保护等方面民商事案件的庭前调解或提供相应的法律援助，维护会员企业的合法权益。三是打造区域品牌，维护产品整体形象。行业协会商会通过组织申报"中国鞋都""中国电器之都""中国服装名城"等"国字号"区域品牌，提升区域产品整体形象，扩大产品知名度、美誉度，为行业发展提供更广阔的市场空间。

4. 承接政府转移职能

截至2018年12月，市县两级行业协会商会共承接221项（次）政府转移的职能与购买服务工作。汽摩配协会承接"人才工作站"职能，2018年通过举办46场次的汽摩配专业人才交流会，打通1万余名专业人才与500多家企业供求信息渠道，将人才岗位的匹配率从不到10%提高到50%；建筑材料协会承接职称评审职能转移，依托人才工作站开展人才培养和职称评审工作，全年累计评审中、初级职称1500余人；眼镜商会承接行业贸易壁垒预警职能，设立企业预警联络点、海外预警联络点和预警工作网站等，较好地完成预警服务；塑料行业协会承接塑料专业职称评审与产业损害预警监测服务；物流商会承接市道路运输管理局货运纠纷调解，2016～2018年共处理投诉、货物纠纷案件500起，案值达500多万元，涉及物流企业200家，处理率达100%。

5. 主动参与制定国家与地方相关政策

参与公共政策的制定、完善与执行，是行业协会商会发挥作用的重要途径。在国家政策层面，温州眼镜商会通过深入调查研究，对国家质检总局拟将眼镜产品纳入强制性产品认证的政策动议提出反对意见与充分的论据，最终该项政策动议没被通过，国务院决定取消工厂制造型眼镜生产许可管理，降低了工厂制造型眼镜企业进入门槛。在地方政策层面，行业协会商会在工商联的指导下，主动参与《政府职能转移目录》《政府向社会力量购买服务年度目录》《具备承接条件社会组织目录》的制定，使政府职能转移更加切合“放、管、服”的改革要求。

二　行业协会商会发展存在的问题

温州行业协会商会对民营经济的健康发展起到了一定的积极作用，但也有部分行业协会商会没有发挥应有功能。究其原因，从职能定位、整体结构、内部治理角度来审视，行业协会商会还存在职能定位不够清晰、行业协会商会被细化分化、服务人员力量单薄等问题。

1. 从职能定位角度来看，部分行业协会商会职能定位不清晰，作用发挥有待提升

调查发现，一些规模较大的行业协会商会，如鞋革行业协会、打火机行业协会、塑料行业协会、汽摩配行业协会等，通常能较好地发挥其职能，但是不少规模较小的行业协会商会职能定位不清，作用发挥有待提升。主要表现为以下几方面。一是职能不清晰。一些行业协会商会对自身的职能定位并没有清晰的认识，也没有年度工作计划。二是服务层次较低。一些行业协会商会难以提供诸如制定行业技术标准、解决国际贸易争端、参与产业发展的公共政策制定等服务，而只是提供一些初级的会员互益服务。三是缺乏前瞻

性。大部分行业协会商会对行业发展趋势缺乏研判与把握，缺乏对产业发展的引导。四是惠企服务不够。一些行业协会商会不能代表企业利益，难以维护企业合法利益，很少为企业提供产业链的增值服务。

2. 从整体结构角度来看，行业协会商会被过度细化，行业代表性弱化，增加企业负担、消耗企业家精力

"一业一会"的政策约束被取消后，温州行业协会商会呈井喷式发展，"一业多会"现象遍地开花，但行业协会商会被过度细化带来的负面影响不容忽视。

一是弱化了其行业代表性。被细化分化的行业协会商会，由于自身视角狭小，无法代表行业整体利益，也无法对行业发展进行系统谋划，更无法在行业品牌推广、行业标准制定上有所作为。被细化分化的行业协会商会为了吸引企业加入，只能不断地强化会员利益，即所谓的"会员逻辑"，而弱化其行业利益代表的职能。依赖"会员逻辑"进行运作的行业协会商会，受会员的影响较大，往往因惧怕惩罚会员导致会员流失，而对会员的某些短视行为变得视而不见，但终将对行业的长远发展带来损害。

二是增加会员企业负担。据温州市工商联不完全统计，中小企业通常加入 3 家协会商会，多的则有 20 余家。一般而言，加入一个行业协会商会，普通会员每年需要缴纳 800 元至 1200 元不等的费用，会长级、副会长级会员则需缴纳 10000 元至 50000 元会费。对于民营企业而言，一年的会费计算下来也是一笔不少的支出。

三是会员交叉重叠，消耗企业家精力。一家企业加入了不同的行业协会商会，必然导致会员交叉重叠。加入协会或社会团体较多，导致不少民营企业家精力消耗在应付大量雷同或相似的活动、会议上，难以专注于生产经营活动。

3. 从内部治理角度看，行业协会商会队伍力量薄弱，严重影响其有效履职

从行业协会商会的内部治理角度看，人才队伍是至关重要，直接影响到其能否有效履行职能。

当前，人才队伍建设面临如下问题：一是专职人员数量相对不足。市工

商联的一份调查发现，市级行业协会商会专职工作人员平均为3.51人，其中专职工作人员超过5人的占17.0%，2人以下的占31.9%。规模较大的行业协会商会专职人员服务会员企业数量比均低于1:90。二是秘书长职位缺乏合适人选。秘书长一职通常需要较强的组织策划能力、沟通协调能力等，对人才素质要求较高，行业协会商会通常到党政机关物色退休或退二线干部来担此重任。《关于开展领导干部兼职专项督查的通知》（温组发〔2018〕36号）要求，现职机关工作人员不得在行业协会商会兼职，领导干部退（离）休后三年内不得在行业协会商会兼职。退（离）休干部确因工作需要在社会团体兼任职务的，须事前审批备案，兼职不得领取薪酬、奖金以及各类津补贴。三是普通工作人员难以安心工作。通常行业协会商会普通专职工作人员薪酬较低，职业发展前景暗淡。

三　推进行业协会商会高质量发展的对策与建议

针对行业协会商会存在的问题，调研组认为应着重从功能定位、资源整合、内生动力、队伍建设等四方面入手，整体推进行业协会商会高质量发展。

1. 聚焦主业，明确行业协会商会功能定位

制定行业协会商会标准，引导行业协会商会对照标准，聚焦服务功能，强化自身建设。为了推进温州经济高质量发展，实现新旧动能转换，行业协会商会更要有国际视野和战略眼光，既要从“大处着眼”，又要从“小处着手”。首先，制定本行业的发展规划，为企业发展提供决策参考，推进行业整体转型升级。其次，宣传国家鼓励支持类、淘汰禁止类产业政策，引导企业把握产业发展大势，未雨绸缪，提前规划。再次，制定行业标准、行业规范，引导企业提高产品质量与品质，满足消费市场的迭代升级。最后，为企业提供实实在在的优质服务，降低企业运营成本。行业协会商会要通过高峰论坛、展览会等平台建设，降低企业分摊成本，协助中小微企业开拓市场；帮助企业解决劳资冲突，反映企业诉求，提供法律咨询、纠正执法不规范等专业优质服务，使民营企业家把更多的时间精力放在企业经营上。

2. 整合资源，做优做强行业协会商会

针对行业协会商会细化分化、会员重复率高、部分服务能力不足等问题，调研组建议加大资源整合力度，引导其健康发展。

一是通过“淘汰、扩充、引导”的形式，做优做强行业协会商会。根据行业协会商会功能定位，制定行业协会商会标准和考核办法，定期对协会商会进行考核评估，及时淘汰“僵尸”协会商会与不达标的协会商会；对类似于中介服务机构的行业协会商会，要打破垄断，引入竞争机制，发展多家同类协会商会同台竞争，促进其服务质量和水平的提高；对于过于被细化分化的行业协会商会，引导其整合为具有一定行业代表性的协会商会，强化其对行业发展的统筹谋划。

二是实行“一套人马，多块牌子”的运行模式，降低会员重复率。实行“多块牌子，一套人马”的运行模式，由温州总商会统筹协调“多块牌子”的工作。这种运行模式一方面从体制上解决了不同协会商会会员高重复率的问题；另一方面便于温州总商会统筹安排各种活动，降低企业家由于会员身份重复，多次参加无效活动的概率，释放企业家忙于参加会议、活动的精力。

三是出台企业加入协会商会总数量的限制性政策，减轻企业负担。政府部门通过出台限制性政策为企业撑腰，如规定一家企业加入行业协会商会总数量不能超过 3 家。民营企业家可以此限制性规定为“挡箭牌”，避免加入过多的协会商会，减少企业会费负担和企业家精力消耗。

3. 加强引导，激发协会商会发展的内生动力

通过政策引导，激发行业协会商会发展的内在动力，打造一批功能健全、机制完善、服务高效的标杆型行业协会商会，引领协会商会高质量发展。第一，建立行业协会商会培育中心。政府部门可以廉价出租如温州总商会大厦等物业给行业协会商会，使行业协会商会集聚在一起进行培育。第二，进一步加强政府职能转移或政府购买服务。引入竞争机制，通过招投标形式向行业协会商会购买服务，以倒逼行业协会商会加强规范建设，提升自身承接政府购买服务的能力，以适应激烈的市场竞争。第三，制定奖励政策

弥补公共产品供给不足的市场失灵。第四，设立行业协会商会发展专项基金，引导协会商会强化规范化建设。

4. 多措并举，加强行业协会商会队伍建设

通过政策创新，多措并举推进行业协会商会队伍建设。第一，选好会长、副会长。通过民主选举的方式，推选政治素质高、服务意识强，具有行业发展战略眼光与广阔视野的企业家做会长、副会长。第二，支持机关干部到行业协会商会挂职锻炼。建议组织部门出台政策鼓励机关干部到行业协会商会挂职锻炼，担任类似于农村指导员或第一书记的职务，了解营商环境中的难点与痛点，帮助企业解决实际困难和问题，提升营商环境，助力民营经济健康发展。第三，允许退休干部到行业协会商会担任秘书长。温州应利用“两个健康”先行区政策创新空间，允许退休干部发挥自身优势，到近三年未分管过领域的行业协会商会任职，并允许给予适当的劳务报酬，以弥补高素质人才的短缺。第四，挖掘协会商会的优势，壮大兼职秘书长队伍。以金融业与行业协会商会“共生利益”为基点，鼓励金融业管理层兼职行业协会商会的秘书长，架起金融服务民营企业的桥梁。第五，鼓励大学生加入行业协会商会队伍。建立科学的薪酬体系，吸引大学生到行业协会商会工作。通过薪酬增长制度、职称评审晋级等留住优秀的专职工作人员。

附　　录

Appendix

B.34
1978～2018年温州经济社会发展主要指标

年份	地区生产总值（万元）	第一产业（万元）	第二产业（万元）	第三产业（万元）	人均GDP（元）	财政总收入（万元）	人民币储蓄余额（万元）	年末户籍人口（万人）		城镇居民人均可支配收入（元）	农村居民人均纯收入（元）	城镇居民恩格尔系数（%）	农村居民恩格尔系数（%）	城镇居民住房建筑面积（平方米）	农村居民住房建筑面积（平方米）	初中毕业生升学率（%）	卫生医疗机构床位数（个）
								城镇	农村								
1978	132150	55744	47361	29045	238	13477	4511	55.98	505.28	—	113	—	—	—	—	—	5826
1979	150186	62498	55400	32288	265	13781	7242	57.70	513.93	—	—	—	—	—	—	—	6449
1980	179689	68437	73121	38131	312	17089	10783	59.04	522.38	—	165	—	—	—	9.5	—	6951

续表

年份	地区生产总值（万元）	第一产业（万元）	第二产业（万元）	第三产业（万元）	人均GDP（元）	财政总收入（万元）	人民币储蓄余额（万元）	年末户籍人口（万人）		城镇居民人均可支配收入（元）	农村居民人均纯收入（元）	城镇居民恩格尔系数（%）	农村居民恩格尔系数（%）	城镇居民住房建筑面积（平方米）	农村居民住房建筑面积（平方米）	初中毕业生升学率（%）	卫生医疗机构床位数（个）
								城镇	农村								
1981	191755	69904	78928	42923	327	18076	14367	61.73	531.10	477	270	59.95	—	—	10.1	—	7186
1982	213686	88608	75839	49237	358	19100	18482	64.32	537.81	514	298	56.89	—	—	13.1	—	7372
1983	243432	93190	91797	58445	401	23067	24912	65.95	545.51	536	313	63.47	—	11.46	13.6	—	7737
1984	302064	112740	116447	104420	490	27352	31717	69.51	551.01	605	345	56.64	59.45	11.88	15.4	28.1	8289
1985	378045	128045	160970	89030	605	40579	36044	85.10	544.09	819	447	54.63	57.34	—	17.1	19.2	8428
1986	449140	140772	194156	114212	710	50329	59761	88.86	547.35	1020	508	53.24	54.13	11.56	18	26.71	8881
1987	549554	175792	233083	140679	859	60944	76291	91.99	552.00	1176	626	51.71	54.73	—	19.5	22.13	9207
1988	692077	205865	290740	195472	1067	75419	94946	95.42	557.55	1602	832	56.84	53.67	—	20.4	19.42	9841
1989	728378	207848	316565	203965	1110	87672	199361	97.11	562.63	1895	924	57.51	51.82	14.84	21.3	28.48	9935
1990	778977	213424	347959	217594	1174	88929	311059	98.28	568.70	2007	929	58.47	54.84	15.41	21.4	27.67	10135
1991	929184	243483	412663	273038	1387	99391	415505	99.66	572.89	2354	1044	59.16	54.60	—	22.3	26.19	10202
1992	1268594	237351	663989	367254	1877	118946	554207	102.08	576.91	3156	1200	51.88	57.22	13.82	22.3	24.7	10261
1993	1960634	261792	1144698	554144	2874	186767	680182	104.53	581.04	4369	1474	49.34	53.89	14.27	23.2	32.42	10661
1994	2958650	306284	1726585	925781	4294	216837	987766	107.53	584.87	5625	2000	53.95	57.77	16.37	25.3	68.66	11249
1995	4016636	414154	2311076	1291406	5778	264921	1420469	111.24	586.66	7507	2801	54.41	51.26	17.16	28.4	50.69	11303
1996	5070549	473725	2952381	1644443	7232	321986	1994759	114.31	590.06	8277	3371	51.89	56.28	17.06	29.4	52.81	11288
1997	6018516	516825	3444436	2057255	8520	387066	2556952	119.76	588.59	9034	3658	48.92	60.21	20.04	30.7	54.23	11655
1998	6720564	531329	3810420	2378815	9423	459864	3229434	123.90	594.14	8968	3833	47.44	54.08	20.68	28.6	54.4	11905
1999	7290748	523703	4048362	2718682	10128	551533	3795863	127.16	594.46	10339	4024	42.65	51.20	23.28	31.0	58.7	12381

续表

年份	地区生产总值（万元）	第一产业（万元）	第二产业（万元）	第三产业（万元）	人均GDP（元）	财政总收入（万元）	人民币储蓄余额（万元）	年末户籍人口（万人）		城镇居民人均可支配收入（元）	农村居民人均纯收入（元）	城镇居民恩格尔系数（%）	农村居民恩格尔系数（%）	城镇居民住房建筑面积（平方米）	农村居民住房建筑面积（平方米）	初中毕业生升学率（%）	卫生医疗机构床位数（个）
								城镇	农村								
2000	8220172	532070	4556311	3131791	11276	738727	4641487	130. 93	605. 39	12051	4298	43. 45	49. 43	25. 63	33. 7	66. 9	12411
2001	9243037	561894	5022548	3658594	12532	961088	5829091	134. 13	604. 68	13200	4683	39. 22	46. 43	26. 92	34. 1	72. 96	12946
2002	10523525	544913	5688237	4290376	14241	1262601	7459660	138. 26	600. 86	14591	5091	38. 13	43. 66	27. 70	38. 2	79. 47	14131
2003	12124850	556719	6604186	4963946	16369	1517719	9203153	142. 95	599. 33	16035	5548	37. 13	44. 65	28. 67	38. 4	83. 47	15481
2004	13889065	626205	7461479	5801381	18662	1824359	10040379	148. 15	598. 04	17727	6202	37. 43	45. 13	29. 16	39. 4	85. 72	16309
2005	15963530	648867	8668845	6645818	21335	2049213	11613127	152. 61	597. 67	19805	6845	32. 61	44. 63	31. 30	40. 0	88. 10	16839
2006	18375038	655084	10064859	7655095	24390	2410894	14763429	156. 98	599. 50	21716	7543	35. 22	42. 55	31. 51	41. 3	89. 83	18223
2007	21589094	680862	11704211	9204020	28387	2932606	16380211	161. 06	603. 51	24002	8591	36. 38	44. 52	33. 52	42. 3	95. 32	18612
2008	24242923	766843	12867606	10608473	31403	3397842	20850242	164. 44	607. 55	26172	9469	38. 36	47. 55	30. 16	42. 1	96. 07	19304
2009	25273442	803100	13142400	11327942	32588	3607243	26172245	167. 12	611. 99	28021	10100	36. 34	46. 32	30. 93	44. 1	95. 51	20380
2010	29250426	936932	15334626	12978868	37359	4114300	29161226	170. 20	616. 60	31201	11416	35. 2	43. 11	30. 5	43. 0	95. 8	22617
2011	34185315	1078751	17607162	15499402	43132	4856156	33422645	171. 34	627. 02	31749	13243	36. 2	44. 9	32. 3	43. 8	96. 1	22783
2012	36691832	1142171	18529900	17019761	45906	5178928	36169626	169. 50	630. 70	34820	14719	37. 8	45. 7	33. 2	45. 8	96. 5	26159
2013	40038617	1153905	20154845	18729866	49817	5656347	38212517	169. 73	637. 51	37852	16194	38. 8	46	41. 7	42. 2	97. 3	29729
2014	43030500	1179400	20297000	21554100	53094	6124400	38831144	176. 38	637. 32	40510	19394	31	37. 7	42. 1	42. 1	97. 6	31464
2015	46198400	1232400	21015300	23950700	50809	6779200	95774600	404. 40	406. 81	44026	21235	31. 9	39. 4	42. 62	42. 97	97. 6	35182
2016	50454000	1388100	21126800	27939100	55165	7239600	102133100	310. 00	508. 14	47785	22985	31. 6	39	43	43. 1	98. 1	35688
2017	54531700	1440800	21492200	31598700	59177	7782600	108754900	381. 55	442. 98	51866	25154	31. 7	37. 2	43. 3	45. 4	98. 1	39947
2018	60061600	1417500	23795300	34848800	—	8952600	117366600	—	—	56097	27478	—	—	—	—	—	—

注：2015 年以前城镇人口为非农业人口，乡村人口为农业人口，受户籍制度改革影响，当年统计数值有较大变动；数据整理与计算：王健。

皮书起源

"皮书"起源于十七、十八世纪的英国，主要指官方或社会组织正式发表的重要文件或报告，多以"白皮书"命名。在中国，"皮书"这一概念被社会广泛接受，并被成功运作、发展成为一种全新的出版形态，则源于中国社会科学院社会科学文献出版社。

皮书定义

皮书是对中国与世界发展状况和热点问题进行年度监测，以专业的角度、专家的视野和实证研究方法，针对某一领域或区域现状与发展态势展开分析和预测，具备原创性、实证性、专业性、连续性、前沿性、时效性等特点的公开出版物，由一系列权威研究报告组成。

皮书作者

皮书系列的作者以中国社会科学院、著名高校、地方社会科学院的研究人员为主，多为国内一流研究机构的权威专家学者，他们的看法和观点代表了学界对中国与世界的现实和未来最高水平的解读与分析。

皮书荣誉

皮书系列已成为社会科学文献出版社的著名图书品牌和中国社会科学院的知名学术品牌。2016 年，皮书系列正式列入"十三五"国家重点出版规划项目；2013~2019 年，重点皮书列入中国社会科学院承担的国家哲学社会科学创新工程项目；2019 年，64 种院外皮书使用"中国社会科学院创新工程学术出版项目"标识。

中国皮书网

（网址：www.pishu.cn）

发布皮书研创资讯，传播皮书精彩内容
引领皮书出版潮流，打造皮书服务平台

栏目设置

关于皮书：何谓皮书、皮书分类、皮书大事记、皮书荣誉、
　　　　　皮书出版第一人、皮书编辑部

最新资讯：通知公告、新闻动态、媒体聚焦、网站专题、视频直播、下载专区

皮书研创：皮书规范、皮书选题、皮书出版、皮书研究、研创团队

皮书评奖评价：指标体系、皮书评价、皮书评奖

互动专区：皮书说、社科数托邦、皮书微博、留言板

所获荣誉

2008 年、2011 年，中国皮书网均在全国新闻出版业网站荣誉评选中获得“最具商业价值网站”称号；

2012 年，获得“出版业网站百强”称号。

网库合一

2014 年，中国皮书网与皮书数据库端口合一，实现资源共享。

S 基本子库
UB DATABASE

中国社会发展数据库（下设 12 个子库）

全面整合国内外中国社会发展研究成果，汇聚独家统计数据、深度分析报告，涉及社会、人口、政治、教育、法律等 12 个领域，为了解中国社会发展动态、跟踪社会核心热点、分析社会发展趋势提供一站式资源搜索和数据分析与挖掘服务。

中国经济发展数据库（下设 12 个子库）

基于“皮书系列”中涉及中国经济发展的研究资料构建，内容涵盖宏观经济、农业经济、工业经济、产业经济等 12 个重点经济领域，为实时掌控经济运行态势、把握经济发展规律、洞察经济形势、进行经济决策提供参考和依据。

中国行业发展数据库（下设 17 个子库）

以中国国民经济行业分类为依据，覆盖金融业、旅游、医疗卫生、交通运输、能源矿产等 100 多个行业，跟踪分析国民经济相关行业市场运行状况和政策导向，汇集行业发展前沿资讯，为投资、从业及各种经济决策提供理论基础和实践指导。

中国区域发展数据库（下设 6 个子库）

对中国特定区域内的经济、社会、文化等领域现状与发展情况进行深度分析和预测，研究层级至县及县以下行政区，涉及地区、区域经济体、城市、农村等不同维度。为地方经济社会宏观态势研究、发展经验研究、案例分析提供数据服务。

中国文化传媒数据库（下设 18 个子库）

汇聚文化传媒领域专家观点、热点资讯，梳理国内外中国文化发展相关学术研究成果、一手统计数据，涵盖文化产业、新闻传播、电影娱乐、文学艺术、群众文化等 18 个重点研究领域。为文化传媒研究提供相关数据、研究报告和综合分析服务。

世界经济与国际关系数据库（下设 6 个子库）

立足“皮书系列”世界经济、国际关系相关学术资源，整合世界经济、国际政治、世界文化与科技、全球性问题、国际组织与国际法、区域研究 6 大领域研究成果，为世界经济与国际关系研究提供全方位数据分析，为决策和形势研判提供参考。

法律声明